文妖与先知

张竞生传

张培忠 著

人民文学出版社

图书在版编目（CIP）数据

文妖与先知：张竞生传／张培忠著． ——北京：人民文学出版社，2024
ISBN 978-7-02-018247-3

Ⅰ.①文… Ⅱ.①张… Ⅲ.①张竞生（1888—1970）－传记 Ⅳ.① K825.46

中国国家版本馆 CIP 数据核字（2023）第 179051 号

责任编辑　付如初
装帧设计　陶　雷
责任印制　张　娜

出版发行　人民文学出版社
社　　址　北京市朝内大街166号
邮政编码　100705

印　　刷　北京盛通印刷股份有限公司
经　　销　全国新华书店等

字　　数　455千字
开　　本　890毫米×1290毫米　1/32
印　　张　20　插页1
版　　次　2024年1月北京第1版
印　　次　2024年1月第1次印刷

书　　号　978-7-02-018247-3
定　　价　93.00元

如有印装质量问题，请与本社图书销售中心调换。电话：010-65233595

目　录

孤独的寻梦人

陈平原

这是一个倔强而又孤独的叛逆者，一个出师未捷便轰然倒下的寻梦人，一道欢快奔腾越过九曲十八涧的溪流，一颗划过天际瞬间照亮漫漫夜空的彗星。曾在上个世纪20年代"名满天下"的北大哲学教授张竞生，竟然凭借薄薄一册《性史》，赢得生前无数骂名，也收获了半个多世纪后的风光。

不过，单就"性学""计划生育""爱情大讨论"等立论，尚不足以穷尽张竞生五彩斑斓的一生；更何况，所谓"性博士"的命名，本身就有很浓厚的嘲讽意味。实际上，这是一个趣味极其广泛、讲究"体悟"与"会通"、刻意追求"读活书"，并以"鉴赏的态度"看待人生的哲学家（张竞生：《两度旅欧回想录》及《爱的漩涡》）。有趣的是，此奇才之所以长期被埋没，政府迫害以及民众愚昧固然是重要因素，但此外，还必须直面一个残酷的事实：真正让张竞生"无地自容"的，正是占据20世纪中国思想学术主流地位的五四新文化人及其后学。在一个专业化潮流已经形成的时代，蔑视"专家"，断然拒绝国人普遍信仰的"科学"与"哲学"，转而主张直觉、顿悟、情趣的"美的思想法"，就很难得到学界以及大众的认可。所谓"以'美治主义'为社会一切事业组织上的根本政策"，虽妙不可言，可在我看来，却纯属乌托邦（张竞生《美的社会组织法》一书

"导言"对此有自省）。批判真假道学，主张"爱情四定则"，提倡"情人制"，或者编一套玄秘的"审美丛书"，这都没有问题，偶尔还能得到"何等痛快"的赞许（周作人：《沟沿通信之二》）；可出版"赤裸裸"的《性史》以及主编"专注性学"的《新文化》，却不可避免地会与主流学界反目成仇。

我并不否认，张竞生因缺乏必要的专业训练，谈论"性教育"时，多想象与夸饰之词。也正是这一点，导致其在论战中不断败北。打个不太恰当的比方，就好像敏感的卢梭与学识渊博的以狄德罗为代表的百科全书派，之所以由合作走向冲突，原因既有政治立场的分歧，更包括性格与才情的差异。如此天性叛逆，自信而又孤僻，多情且又放诞，注定了张竞生一路走来，不可能步步莲花，反而是处处荆棘。好在张博士屡败屡战，勇气实在可嘉；而这背后的因素是：留学法国，学的是唯心论哲学，喜欢的是浪漫派文学，一生行事，师法18世纪法国启蒙思想家卢梭。

照罗曼·罗兰的说法，卢梭的《忏悔录》"为小说的艺术打开探索内心生活的堂奥"，是"第一批浪漫主义者的母亲"（罗曼·罗兰：《卢梭的生平和著作》）；张竞生描述浪漫派之"幻想""反抗""直感"以及"极端的情感"，同样以卢梭为先导。这些"立身行事都要有特别处""爱恨都要到极点"的浪漫派文人，与国人之普遍推崇"中庸"，形成了极大的反差。"他们不能受人谅解的，就因太伟大与不肯依阿取容。他们受诅咒处，正是他们不可及处"—— 当张竞生写下这些热情洋溢的赞词时，当不无"夫子自道"且"自叹自怜"的意味（张竞生：《烂漫派概论》）。从早年的博士论文《关于卢梭古代教育起源理论之探讨》，到北大教书时的专著《美的人生观》《美的社会组织法》，到离开学界后的译述《卢骚忏悔录》《梦与放逐》《歌德自传》《烂漫派概论》《伟大怪恶的艺术》，一直到晚年撰写"'半自传式'的小品文"《浮生漫谈》《十年情场》《爱的漩涡》等，几乎张竞生所有的著译，都隐隐约约可见卢梭的影子。

从晚清开始，国人不断推崇法国思想家卢梭，从政治的《民约论》（今译《社会契约论》），到教育的《爱弥儿》，再到文学的《忏悔录》，表彰的重点随时代氛围而转移。在我看来，不仅学问与立场，甚至包括性情与行为方式，最合适作为卢梭信徒或私淑弟子的，莫过于张竞生。其主张"痛快地生活"的《浮生漫谈》，以"山野"开篇，以"儿童"作结，某种程度说明了其为何与20世纪中国主流学界分道扬镳。特立独行、敏感而偏执、思维跳跃、推崇常识而蔑视专家、想象力丰富而执行力薄弱、逆境中抗争、终其一生不断进行哲学思考且将这种思考落实在日常生活中，这样的人物，不免让人产生无限遐想——这是一个生错了时代、选错了职业因而注定命运多舛的浪漫派文人。

这种性格以及生活趣味，放在苏曼殊、郁达夫等浪漫派作家行列，也许更合适。在《十年情场》中，张竞生多次引用苏曼殊的诗句。其实，无论浪漫性情、异域风味，还是那些半真半假的小说或自传，二人颇有相似处。记得浪漫得近乎颓废的现代小说家郁达夫，曾这样评论苏曼殊："他的译诗，比他自作的诗好，他的诗比他的画好，他的画比他的小说好，而他的浪漫气质，由这一种浪漫气质而来的行动风度，比他的一切都好。"（郁达夫：《杂评曼殊的作品》）日后，随着研究的深入，我们大概也会发现，这个被严重扭曲的哲学博士，也是"人"比"书"还可爱。

作为最早译介卢梭《忏悔录》的哲学家，张竞生曾谈及此书的意义："这部《忏悔录》供给我们许多人情世故，可以由此知道古今中西之人心原是一样，这已值得一读了。况且有许多奇事逸致，非在18世纪的法兰西不能得到，更使读者得了无穷的宝藏。"（张竞生：《〈卢骚忏悔录〉第三版序》）不妨借用此视角，来谈论张竞生惊涛骇浪、起伏不定的一生——你会惊叹，此人怎么经常与政治史、思想史、学术史的"大人物"或"关键时刻"擦身而过？这不是一个声名显赫的"成功人士"，在某种意义上，甚至可以说是个"失败者"，可他提供了一个独特的观察角度，帮助我们串起了一部"不一样"的中国现代史。

假如此说成立，那么，为张竞生写传，就不该局限于传主生平，而必须有更为宏阔的视野。更何况，张竞生本人已撰有《浮生漫谈》《十年情场》等，若跳不出此窠臼，很容易被传主的自述所覆盖。好在本书作者张培忠君深知其中奥秘，为撰写此书投入了大量精力（所谓"念兹在兹近三十年，积累考证近二十年，研究写作近十年"，参见本书后记），广收博采，兼及作家的揣摩、学者的考证，以及尽可能详尽的田野调查，故此书多有可观之处。

如此评传，我能先睹为快，实为幸事。我与作者一样，都是潮州人，对于张竞生这位先贤早有耳闻，只是囿于成见，不曾给予必要的关注。直到应邀写序，阅读了大量张竞生著译，对这位前北大教授的印象方才大为改观。可惜的是，深入的专题探究，既无法仓促完成，即便完成，也不适合作为评传的序言，只能留待日后单独发表。

2008年7月20日于香港中文大学客舍

楔　子

　　悠悠华夏文明史，上下五千年间，涌现过许多纵横捭阖显赫一时的大人物，当然也不乏离经叛道饱经颠沛的小人物。这些小人物往往四两拨千斤，影响世道人心，移易风俗习惯。张竞生以其对性的研究，成为中国性学第一人，并与柏拉图、霭理士、弗洛伊德、金赛博士等并列，成为古今中外影响人类性爱观念的重要人物之一。

　　中国封建史绵亘两千余年，迨至清末，革命风潮此伏彼起，除旧布新，波澜壮阔。张竞生顺天应人，乘时而动，追随孙中山，参加同盟会，被孙中山委任为南方议和团的首席秘书，成为革命军中马前卒。他辅助伍廷芳，与袁世凯正面交锋，与清政府讨价还价，宵衣旰食，折冲樽俎，促成清帝退位，终结封建王朝。作为缔造历史的参与者与见证者之一，张竞生为中华民国的奠基挥锹培土，为民主政治的转型推波助澜，虽终其一生未竟其志，却也功不可没。

　　张竞生是一个旧传统的革新者，旧世界的破坏者，也是一个乌托邦的建设者。他一生奉行卢梭的理论，当炮火连天、民不聊生时，他却跑回山之崖水之湄的故里饶平，认为这里正是推行卢梭在《社会契约论》中所阐述的政治试验的理想实验室。于是，他开公路，辟苗圃，办农校，开展了轰轰烈烈的乡村建设运动。为引起当国者对农业、农村、农民的重视，他特地用六个银圆打制了两把小银锄，分别寄到南京和延安。他还呼吁筹组中国农民党，把一盘散沙的农民组织起来，去开辟和建设一种全新的生活……

不言而喻，张竞生的种种"超阶级，超政治"的试验最终逃脱不了失败的命运。

张竞生敢想敢做，超迈千古，特立独行，为此不惜与自我作战，满含激情，满怀悲壮。

张竞生，一位20世纪中国的堂吉诃德！

第一章　混沌初开

一、待诏山下

1888年2月20日，张竞生出生于广东省饶平县浮滨区桥头乡大榕铺村，一个地处粤东屋脊待诏山下殷实的新加坡归侨之家。

饶平素有"省尾国角"之称，虽僻处一隅，交通闭塞，却也山川形胜，地灵人杰。相传南宋末年，皇帝赵昺被元兵追杀，一路盘山过岭，南逃而来，从百花山到乌岽山，几次险遭不测，是逶迤的山峰挡住了敌人的视线，是神奇的山洞提供了庇护的屏障。当一行人来到凤凰山时，宋帝赵昺已疲惫不堪，焦渴难耐，侍从连忙上山寻找果腹充饥之物，荒山野岭之所，自是别无长物，侍从只找到一些形似鸟嘴的青翠树叶，宋帝赵昺饥不择食，抓过来就塞到嘴里大嚼起来，顿时口舌生津，烦躁尽消。宋帝赵昺感慨万分，多亏此地草木山川，有情有义，遂钦赐凤凰山为待诏山，鸟嘴茶为待诏茶。所谓待诏，原指待命供奉内廷、专门侍奉皇帝的人，宋帝赵昺用以封赠凤凰山和鸟嘴茶，在历史上传为美谈。

传说虽然美丽，现实却是残酷的。张竞生出生的年代，遭遇的是另一个朝代的天崩地解，千年未有之变局像飓风一般席卷了古老的东方帝国，长期的闭关锁国与积贫积弱，使这个曾经以天朝上国自居的大清王朝一落千丈。国际上，强敌环伺，虎视眈眈，中英因鸦片贸易一战再战，铁桶般的国门被撕开了缺口；在大英帝国扩张主义的驱动与坚船利炮的威慑之下，原来以广州为桥头堡的"一口通商"一变而为广州、厦门、福州、宁波和上海等国门洞开的"五口通商"；旧的创伤尚未愈合，新的灾难又接踵而来，一连串的失败战争，使软弱无能的清王朝陷入了丧权辱国、任人宰割的可怜境地。在国内，清政窳劣，皇权弛禁，民不聊生，暴动蜂起。前后长达十四年的太平天国起义，横扫大半个中国，撼动了清廷，加速了清王朝的覆灭。

风雨飘摇中，一个稍显黧黑的婴儿呱呱坠地了。

> 我生于农历的正月九日，与我父同样生日。是日为俗称的"天公节"。这个节名甚奇特，我个人考据，是历史上所称黄巾首领张角的纪念节。张角是当时著名的农民首领，自称为"天公"，其弟为"地公""人公"。虽则反抗不成，但民间仍然秘密地对他纪念，尤其是我们的张姓，在封建社会里，仍然以保存他的同宗为光荣。所以"天公节"是姓张的特殊节名，邻近乡里和别姓，并无这样的节名。（张竞生：《浮生漫谈》，香港三育图书文具公司，1956年，第95页）

乡里习俗，逢年过节，照例要做酵粿，摆桌碗，祭拜祖宗，祷告神明。这天是天公节，用人起了个大早，正准备生火淘米做供品，忽然从北屋传来主人家又诞下一个男婴的消息。张家上下顿时热闹起来。最兴奋的要数爷爷张向若，他高兴得合不拢嘴。用人告诉他，村里祠堂后的卧虎山，昨天夜里隐隐约约传来一阵阵的读书声，今

远处是逶迤连绵的待诏山余脉，张竞生从这里走向世界

早主人家就添了男丁，一定是文曲星下凡。

爷爷张向若对此深信不疑。他大半辈子走南闯北，虽说经多见广，却也颇吃了没文化的苦。离家乡不远的樟林港，是他常年进出的地方。听老辈人讲，早在康熙年间，清廷放松海禁，潮汕的渔夫和农民迫于生计，集资造船，漂洋过海讨生活，第一艘红头船就从樟林港驶出，驶向太平洋的彼岸。据史料记载，清乾隆、嘉庆、道光、咸丰四代皇帝一百多年间，从樟林古港乘红头船漂泊到暹罗或美加等国的潮汕人就有150万人之多。这些人没有知识、没有文化，被卖"猪仔"，做苦力，有些葬身海底，有些客死他乡，命运是很悲惨的。他常常介绍乡人到新加坡去做工，自己也到过新加坡，是远近有名的"水客"。所谓"水客"，就是像他一样经常来往于樟林港与新加坡，专门为华侨带送侨批或物件的单干户。他不识字，睁眼瞎，是无根的浮萍，虽半生漂泊，到头来落得上无片瓦，下无寸土，

日子过得恓恓惶惶。他一辈子也忘不了樟林港上无数次地呜咽吟唱的潮汕民谣：

> 一船目汁一船人，一条浴布去过番。
> 茫茫南海水迢迢，从此家乡万里遥。

因此，他满心期望子孙后代能断文识字，金榜题名，荣华富贵，光宗耀祖。眼下这个孙子，生有吉兆，日后定能出人头地，大富大贵。他一早就交代用人焖甜糯米饭、煮红鸡蛋，挨家挨户地送给本家同宗，既是报喜，也是炫耀。

奇怪的是，对于张竞生的出生，父亲张致和似乎并没有像爷爷那样兴高采烈。那时，父亲已没了初为人父的兴奋。张竞生排行第三，在他之前，已有了大哥江湖，二哥江楼。父亲遂为他取名江流。江流江流，就像村前的车田溪，最终要流入黄冈河，汇进太平洋，神秘的不可知的远方，就是它的指引，就是它的归宿。而名字是为人父母者对于下一代的期许、暗示与隐喻。张竞生接受了父亲最初的馈赠，就仿佛接受了与生俱来的命运。

父亲生性聪明，悟性极高，虽家境贫穷，少年失学，却嗜好读书，常常在农忙之后或更深夜静之时，于煤油灯下阅读历史书籍和古典名著，如《三国演义》《水浒传》《东周列国志》《西游记》等，故能通晓世情，左右逢源。父亲年轻时在家种田，偶尔也跟随做"水客"的爷爷到新加坡去跑单帮。不久，父亲的岳父家在新加坡设立侨批馆，主要负责海外华侨与国内侨眷收付款项的金融汇兑，以及兼营运销、收找业务等。这个侨批馆，相当于现在的银行兼商店，由于信誉可靠，服务良好，业务越做越红火，急需有人去帮助打理生意，支撑门面。父亲便漂洋过海来到新加坡，继承了外公"批银"的事业。这是家庭经济的转折点，也是父亲人生的转折点。父亲用心经营，开拓批路，服务侨胞，又克勤克俭，精打细算，经过许多年的打拼，终于挣下一份不菲的家业。

父亲毕竟不是以逐利为目的的职业生意人，虽然开过批馆，见过世面，但本质上始终是一个土头土脑的乡下人，当初背井离乡到南洋闯荡天下，怀里揣着一包用红纸裹着的家乡的泥土，表示不忘故土，一朝稍有积蓄，就毫不犹豫地返回家乡买田置地，重新回归故土，过着优游林下的乡间士绅生活。然而，在张竞生童稚的心灵里，透过父亲所看到的却是一个野蛮恐怖的乡村社会，以及一出支离破碎的家庭惨剧。

乡村社会聚族而居，因为山林水利纠纷，宗族观念各异，邻村之间长期以来形成了族间仇杀习俗。大榕铺村虽说是张姓大宗，但隔壁的东官村王姓却是强邻，五祉村杨姓也不是省油的灯。大榕铺遂因为市场生意上的买卖与东官村大打出手，也因为灌溉用水而与五祉村常常发生械斗。父亲少年时曾参与本村与东官村的集体械斗，不幸后脖颈中弹，没有及时取出，长在肉里成了死弹子，虽已不足为大患，但每逢阴天下雨，总是隐隐作痛，成为折磨终生的暗疾。印象最深的是一天早晨，张竞生刚起床，父亲眼泪汪汪地告诉他，一位堂哥在与五祉村杨姓的械斗中被枪弹打死了，尸体刚刚抬回来，满脸血污地摆放在村的祠堂里。械斗的惨烈与血腥就像烙印一般刻进张竞生的脑海，在他的精神世界里投下一道浓重的阴影。

小时候的张竞生有着双重的不幸。他不仅置身于时时强敌环伺的社会环境，而且要早早地面对互相倾轧的家庭氛围。曾几何时，他也有过一段温馨幸福的童年时光。母亲出身于与大榕铺村相隔数里的荔林村的大户人家，性情和顺慈爱，通情达理，勤俭持家，一家人其乐融融。然而，父亲性格上的固执己见，刻薄寡恩，使他不顾全家人的强烈反对而纳妾再娶，从而把家庭推向了灾难的深渊。

张竞生的父妾是婢女出身，俗称"赤脚"。她家在潮安县，从小给城里人做婢女，沾染了搬弄是非的毛病。她给父亲做陪房后，恃宠放刁，极尽挑拨离间之能事，使父亲渐渐疏远了母亲。连续生了两个弟弟甲申和甲乙后，她更加鸠占鹊巢，有恃无恐，常常恶言相向，闹得鸡犬不宁。情令智昏的父亲居然把大兄与二兄赶到新加坡，家里遂为她一手遮天，大嫂二嫂不堪凌辱和摧残，双双服毒自杀！

世事的艰辛与家庭的变故，给童年的张竞生打上了一层灰暗而沉重的人生底色。

二、月光少年

毫无疑问，张竞生童年的天空战云密布，阴霾蔽日，如果把父爱当作日光的话。事实上，张竞生与父亲的关系始终处于紧张的冲突之中，这种冲突严重地影响张竞生性格的形成，而父亲的悭吝、专制、独断专行像阴影一样笼罩着张竞生，他以后性格中的执拗、偏激、极端以及与社会的难以协调等负面倾向便与他早年的精神创伤有着深刻的联系。

幸运的是，双亲中对张竞生影响更深、呵护有加的，还数母亲。因为最初的教育是最为重要的教育，而这种教育往往经由慈爱而又勤劳的母亲之手来完成。母亲从不多事，却也绝不怕事，她不是那种逆来顺受的传统乡下女子，而是极有主见，极有原则性。有时父亲想克扣母亲家用的钱财，她就跟父亲据理力争；有时妾室想故意找碴儿，她就毫无惧色地与妾室大闹一场。她的强悍个性既是出于护雏舐犊的本能，也是生存环境逼迫的产物。

母亲的身教有绝不妥协的斗争哲学，更有温柔敦厚的传统美德。那时家里已是大家庭，吃饭时人多手杂，特别是小孩子们，一不小心，总是把饭掉到黑乎乎的泥地上。母亲没有训斥，而是专注地把一颗一颗的饭粒捡起来，吹干净，然后全吃到肚子里。这使张竞生惭愧，也使张竞生感动。

而在张竞生幼小的头脑里，记忆最深刻的，是母亲卧室里那张硕大无比的龟床。床身是沉实黑亮的花梨木，四屏都雕花刻鸟，精致绝伦，上下屏分别是"龙凤呈祥""百年好合"，后屏则雕满"麒麟送子"的图案。最令他着迷的是眠床脚，三只用红砖垫着，另一只却垫着一只活的金钱龟。潮汕习俗，龟有着很强的适应性和生命力，是健康长寿的神物，吉祥如意的象征，殷实人家用龟支垫床脚，以求富贵长寿，因而有"龟床"之称。

张竞生不解："金钱龟这样子不吃不喝，不歇不睡，会死掉的。"

母亲安慰说："龟的生命力很强，定期喝些水，或者喂喂蚊子，它就能够活着。"

从"龟床"中，母子得到了启发，更得到了鼓舞。虽然生而不幸，虽然世道艰难，但在这个世界里，没有过不去的火焰山，也没有不能受的苦日子。龟犹能熬，人是万物之灵，岂能自暴自弃，哭哭啼啼，没有出息？

转眼间，张竞生已长到八岁，该上私塾了。

浮滨张厝共有四个村：桥头、溪楼、大榕铺、宫下。私塾设在浮滨张厝的开基祖地宫下村，私塾先生是村里有名的老秀才，饱读四书五经，在邻近的四乡六里，颇有些名声，人称为德先生。

大榕铺到宫下有三四里路程，中间隔着一些平缓的山坡和一畦畦碧绿的水田。开学那天，母亲一大早就领着张竞生来到宫下的张氏祠堂，见过为德先生，交了进学发蒙的一年资费，一个文盲母亲就这样把心爱的儿子推进了文明的门槛。对儿子来说，母亲是第一任老师，也是最好的老师。但对母亲来说，儿子的希望在教育，儿子的成才靠先生。就像木材需要木匠的精雕细刻一样，懵懂的学童需要先生智慧光芒的照耀。为了使孩子受到先生更多的关照，获得更细心的指点和教育，除了该缴的学费外，母亲又偷偷地另外塞给了为德先生六块大洋。

母亲的苦心感动了为德先生。更重要的是，张竞生生性颖悟，智力过人，又资质俊秀，聪明伶俐，在十来个族中子弟中，为德先生一眼就看出张竞生是一个可造之材，他打心眼里喜欢上这个有些黝黑的学生，特地为他取了一个学名，叫张公室。

张竞生自然不懂得这是什么意思。为德先生告诉他，就像自己的名字出自《论语》中的"中庸之为德也"一样，他的名字则出自秦相李斯《谏逐客书》中的一句话："强公室，杜私门。"

为德先生还专门解释了其中的含义，张竞生听得云里雾里，似懂非懂。但从先生郑重其事的态度和不厌其烦的语气里，他领悟了只可意会、不可言传的关切与器重。

念书就从《三字经》《百家姓》《千字文》这些最基本的儿童启蒙读物开始，以后随着年级的提高，逐步增加了《幼学琼林》《增广贤文》《龙文鞭影》《论语》《孟子》《诗经》《楚辞》等经史子集的内容。

张竞生出生时住的房子，
一个新加坡归侨之家

　　求知是艰苦的，许多孩子因此把读书视为畏途，只有那些真正的读书种子，才不把念书当作苦差事。张竞生从小就对读书怀有浓厚的兴趣，这不仅是天性使然，而且他也从中获得了一种自然野趣。因为路远，他每天都要起大早到宫下村去读书，母亲不放心他一个人走路，就常常陪着他一起走到学堂。

　　这时节，晨曦初露，朝雾朦胧，太阳尚未出山，如镰的新月悬挂在村边的榕树梢头，清冷如银的月光洒在路面上，掺进母子细碎而节奏清晰的脚步声中。响应着这种二重和声，张竞生边走边背诵"人之初，性本善"，或者"天地玄黄，宇宙洪荒"等等，往往到了学堂，前一天的课文已经背得滚瓜烂熟。虽然这内容也难免佶屈聱牙，但当它与一路上的亲情融融、春虫唧唧、凉风习习相结合，它就会变得奇妙无比，其乐无穷！因此，张竞生的课文念得比别人多，比别人好，为德先生对他就更加另眼相待了。

张竞生也常令为德先生大伤脑筋。他过目成诵的智力优势使他在同学中很快就确立了威信，而他的淘气与顽皮又帮助他在同学中巩固和扩大这种威信。孩子们敬畏先生，因此对敢于挑战先生的同学自然格外佩服。张竞生身手敏捷，喜欢上树掏鸟窝。有一次，他抓了一只鹧鸪，悄悄地放进书篮里。上课的时候，他趁为德先生转身去板书时，把手伸进书篮，用力地捏着鹧鸪，鹧鸪"咕咕"地叫了两声，为德先生回头疑惑地望着大家，课室一片静默；他一转身，"咕咕"的叫声又响起来，惹得大家哄堂大笑，张竞生却装得一脸无辜，跟大家一起傻笑。

夏日中午，燠热难耐。午饭后，为德先生吩咐大家在课室背书，不得到处乱跑，然后就照例到寝室去睡午觉。张竞生本是无拘无束、奔放不羁的山间自然之子，整日被囚在祠堂里背诵子曰诗云，他难受得抓耳挠腮。祠堂外芒果树上声嘶力竭的蝉鸣一阵阵地鼓噪，空气仿佛要燃烧起来一样，张竞生再也按捺不住，朝大家眨了眨眼。大家心领神会，纷纷溜出祠堂，直奔不远处的荔林溪，一个个扎进小河，浸泡进清凉世界里。

临近上课，大家才匆匆地提着衣服，像猫一样闪回座位。看这架势，为德先生心里已明白了几分。俗话说，擒贼先擒王。他踱到张竞生的座位前，问他中午是否到小河里洗澡了，张竞生虽然心里发虚，但还是嘴硬。说时迟，那时快，为德先生一把抓起张竞生的右臂，用食指指甲一划，一道雪白的印痕呈现在大家的眼前。

张竞生理屈词穷地垂下了脑袋，一副甘愿受罚的表情。

为德先生绷着脸让张竞生背诵上午刚教过的《大学》"诚其意"一节，自忖如背不出来再收拾你。

张竞生却气定神闲，朗声诵道："所谓诚其意者，毋自欺也。如恶恶臭，如好好色，此之谓自谦。故君子必慎其独也……"

张竞生背完了，为德先生愠怒的神态也缓和下来了。但他仍不罢休，望着天井里的炎炎烈日，道"火云当午热如焚"，要张竞生对出下联。

张竞生沉吟片刻，从容对道："清露临晨凉似洗。"

全班同学都欢呼起来，为德先生也暗暗吃惊，这小子涉猎广泛、博闻强记，遂不再为难他，还破例给大家放假半天。

为德先生对张竞生宽严相济，在张竞生就无异于放任纵性，只要先生管束稍懈，他就会设法溜出课室，钻进豆棚瓜架，或者徜徉于山边水涯，独嚼黄瓜的清脆与红薯的甘甜，或者体验极目苍穹流连山水的快慰。而很多时候，他就像啸聚山林的绿林好汉，领着一班同窗好友到河里摸虾捉鱼，上山追风采果，弄得人心浮动，无心向学。

宽容总是有限度的，当越过底线，事情就会走向反面。这一次，张竞生结结实实地闯了祸。那天，趁着先生午休，张竞生带着大家跑到山上去采摘"多年"（一种山稔子）吃。乌黑发亮紫液欲滴的"多年"，让张竞生和伙伴们兴奋得翻筋斗、吹口哨，边摘边吃，边吃边玩，直到红日西坠，忘记了上课，也忘记了回家。

家长急了，一个个找到祠堂要为德先生管教好张竞生，不要让他带坏他们的孩子。为德先生气得脸色发青，又无言以对，为息众怒，他只好劝告张竞生另择良师。

临别的时候，为德先生诚恳地对张竞生说，你天分很高，材堪造就，不是先生狠心，实际上先生已经没有更多的知识可以传授给你。每一个人的心灵有它自己的形式，必须按它的形式去指导才能取得成效。为了受到良好的教育，你不应该只跟随我一个先生，应该到更大的地方去长见识。

张竞生理解为德先生的良苦用心，他没有怨恨，只有感激，他向为德先生深深地鞠了一躬。

三、童试落第

离开了私塾，告别了童年，张竞生一时无所事事，父亲又不管不顾，处境颇有些尴尬。

张竞生这一代知识分子，既是旧时代的先知者，又是新时代的落伍者，永远生存在夹缝中，尴尬的命运就像笼罩在他们头上的一片阴云，挥之不去。

在私塾时，张竞生口诵手默的都是四书五经，而耳听眼看的却已是康梁变法和推行新政。有一次竟然听说要废除延续了一千多年的科举制度，同学们且喜且忧，喜的是从此可以把经书扔掉，忧的是拆除了仕进当官的千年栈道，何处是归程，何方是出路？正在迷惘之际，又听说光绪被囚瀛台、慈禧再度垂帘听政，大家心情愈益复杂。

执拗而倔强的少年张竞生一刻也没有忘记为德先生对他的告诫和期许：走出去，就会有出路。在张竞生幼稚的心灵里，考秀才登举人中进士，当大官做老爷，显赫乡里，光耀门楣，这样的想法不能说没有，但尽快离开这个压抑的家庭却是他的当务之急和强烈愿望。

1904年秋季，全县将在县城三饶镇举行例行的童试。得到消息的第二天，张竞生约了邻村的两名学子，挑着一担行李，径向三饶镇日夜兼程地赶路。

这天清早，露重更深，张竞生辞别因过度劳累而略显苍老的母亲，踩着雨霁后泥泞不堪的村路，来到荔林溪渡口，与邻村的两个学子会合后，乘坐小木船溯江而上。河道弯多流急，又是逆水行驶，船老大挥汗如雨地拼命划着小木船，船仍然行得很慢，两岸青山连绵不绝隐隐约约，舷边鸥鸟穿梭往来忽前忽后，一派田园风光的动人景象。然而，赴考心切的张竞生没有心思欣赏风景，却为老牛拖破车一样的行进速度暗暗着急。来到溪头渡口，已是日近黄昏，只好在一户曹姓人家借宿一个晚上，第二天再跋涉二三十里的山路，爬上御史岭，绕过文明塔，三饶镇便一览无余尽收眼底了。

三饶古镇是饶平县的县城，素有"一城居中，千山环拱，祥发三溪，文起三饶"的美誉。早在南宋宋高宗绍兴二十七年，状元、龙图阁学士王十朋曾游历三饶，他夜宿双溪口，环视饶城古邑，只见山川挺秀，城垣嵯峨，望海东峙，尊君北耸，天马南来，百花西拱，四面环山，八面来风，深感如此形胜之地，他日必将人文蔚起，于是握管濡墨，大笔一挥，题下了"天下大乱，此处无忧；天下饥荒，此处半收"的碑记。

明成化十三年，朝廷从潮州府海阳县中分出八个乡另立新县，置县时，便以三百年前王十朋的碑记寓意，取"饶永不瘠，平永不乱"之意，定名饶平县，县治设在三饶镇。建县的当年，饶城大兴土木，修筑官府衙门，庙宇楼台，防护城河，尤其是巍峨壮观的饶平学宫，俗称孔子庙，即孔庙。这个建筑，是中华文明史的缩影，也是科举制度的象征，因为每次让全县学子牵肠挂肚而又决定全县学子人生命运的童试都在这里举行。这是一个令人向往的福地，又是一个令人畏惧的禁地。

中午时分，张竞生三人各自挑着一担行李赶到孔庙，先熟悉了一下考试的地方和路线，然后才到离孔庙只有一墙之隔的东巷租了一间民居住下来，一面安排食宿，一面准备考试。邻村的两个学子资质平平，如何应付当前这场考试心中没底，知道张竞生文采出众，便各自请张竞生作了一篇范文，抄了塞到鞋底，计划明天考试时偷偷带进考场。

考试开始了，考生们从城里城外齐集孔庙，找到自己的座位坐下，然后应卯，接卷，埋头作答。题目在四书五经范围，这难不倒张竞生，他不但熟读经书，对那些"帖括"之学，就是所谓"考试指南"之类，也是颇下了一番功夫的。因此，他游刃有余地完成了试题，连考两场，他都是第一个交卷。

一个月后考试放榜，他一副胜券在握的样子，邀约两位同伴一起到孔庙看榜。意想不到的事情发生了，两位同伴都高居红榜，张竞生却名落孙山。曾经仰他鼻息、以他为师的同伴顷刻之间高飞远扬，喜出望外地挤出人群去向家人报捷，而他却是落坡的凤凰不如鸡，独自咀嚼着失败的苦果，这个打击太大了，这个刺激太深了！

张竞生踯躅于三角街头，满腹的委屈没处诉说。考场往往是"赚得英雄尽白头"的牢房，而张竞生初出茅庐，就遭到迎头痛击，他不服气，他要输个明白，问个究竟。辗转得来的消息，宗师认为他的策论写得太好，不可能是他自己的手笔，肯定是"马文"，也就是枪手的文章，有意把他摒落，除非他托人来说情。别的考生到处拉关系找门子，包括他的两个同伴，都使了一大笔钱去打点，唯有张竞生自恃才高，不找宗师说项，结局也就可想而知了。

科举的黑暗与腐败，使张竞生感到无奈，更感到愤怒。

科举制度作为封建时代的一种文官选拔制度，就其总体而言，不能说乏善可陈，尤其是初创时期，充满着勃勃生机，其最大的特点就是从根本上打破了豪门世族对政治权力的垄断，使天下英才，无论是贵族，还是布衣，都能够沿着这一个通道参与国家的管理，成为统治者中的一员，从而使国家的发展和稳定有人才保证和制度保证。唐太宗在一次殿试中，看到鱼贯而入的满朝举子，志得意满道："天下英雄，入吾彀中矣！"但是，随着时间的推移，科举制度日渐显露的弊端使这种人才选拔机制走向了反面。马克思曾深刻地指出，一个统治阶级越能把被统治阶级中的最杰出的人物吸收进来，它的统治就越巩固；相反，它的统治就非常危险。这种负面能量的积聚，常常会产生难以估量的后果。这种极端的例子，历朝历代所在多有。唐朝末年，黄巢年轻时曾多次参加科举，却屡考屡败，在彻底绝望后，他题了一首《不第后赋菊》以抒不平之气："待到秋来九月八，我花开后百花杀。冲天香阵透长安，满城尽带黄金甲。"长期压抑一朝爆发，公元880年，黄巢揭竿而起，率领农民起义军攻城略地，成了大唐王朝的掘墓人。清朝末年，洪秀全在广州三次落第，大病四十天，而后创立拜上帝会，登高一呼，走上了推翻清朝的道路。就在张竞生试水科场的十多年前，曾经名动京师、声腾中外的"南海圣人"康有为考秀才三战三北，考举人又六试不酬，真可谓累试不第满面羞！但显然康有为更有耐性，第七次终于考中举人，而且连科及第，由举人而进士，一时风云际会，竟成为光绪皇帝推行新政的核心智囊，最后百日维新失败，逃往日本，流亡海外。相比之下，张竞生的这点委屈又算什么呢？这样想着，张竞生布满阴霾的心仿佛清朗了许多。

有意思的是，张竞生参加的是有史以来最后一次科举，他与千年科举擦肩而过，又分道扬镳。他命定地属于另一个时代。

四、琴峰书院

1905年，清廷下谕，废除在中国整整实行了一千三百年之久的科举制度，同时宣布实行新政，兴办新学。

张竞生随即考入了由琴峰书院改办的县立小学。琴峰书院始建于清乾隆年间，原名在城书院，后因书院所在的大金山形似琴台，光绪年间改名为琴峰书院，是远近闻名的教授旧学、培养士子的所在。科举废止后，县立小学首批面向全县招生五六十人，年龄、学力相差悬殊，有些是三四十岁的秀才和童生，有些是十五六岁尚未进学的布衣，张竞生以初生牛犊的锐气闯进这个鱼龙混杂的群体，一时颇有新鲜之感。

学校依山而建，形成一个回形建筑，左右是二层楼房，教师和校工住楼上，学生住楼下。庭院矗立着两棵亭亭如盖的黄皮树和夜来香。前厅楼上题名雨化楼，取春风化雨之意，就是学生上课的地方。

与旧学相比，新学的最大特点是侧重自然科学并实行分科教学，它更加注重学生知识的积累和智力的训练。学校开设了国文、算术、历史、地理、体操和日文，聘请了来自广州的一位著名教师乔家铎担任授课老师，每天六节功课，全部课程都由乔家铎老师一人包办，

1905年，张竞生在由琴峰书院改办的县立小学读书，图为该校雨化楼一角

同学们戏称他为"全能教师"。

一个教师要应付所有的学生和所有的课程，而且这种分科教学的新教育制度是刚刚引进的舶来品，它的不尽如人意，挂一漏万，甚至荒腔走板是不言而喻的。但乔家铎仍然受到学生的喜爱和欢迎，他博闻强记、诙谐幽默，为渴求新知识的学子打开了一扇全新的窗口。民主自由的政体，声光电化的神奇，流畅动听的外语，在在显示了一个新派教师的魅力。尤为令人耳目一新的是他对待学生的态度，完全没有科举时代那种说一不二的师道尊严派头，他品格敦厚，性情温和，跟学生以兄弟相称，与学生打成一片。只要一下课，他

总是被学生团团围住，学生问这问那，他总是有问必答。虽然薪水不高，每月不过三十元，只够他养家糊口，但他丝毫不以为意，依然安贫乐道，依然敬业乐群，因此也益发受到学生的爱戴。

十七岁的张竞生从乔家铎老师的言传身教中，感受到乐观的品质和精神的力量，对于一个颇有慧根和热爱思考的学生来说，这种领悟将使他终身受用不尽，这是形而上层面的收获；形而下层面的收获，则是乔老师的体操课，这使他从此热爱上体育锻炼，因为他从小就有轻微的肠胃病。有一段时间张竞生的身体孱弱不堪，令母亲十分担心，通过锻炼，他的身体渐渐结实起来。因此他领悟到，只有加强体育锻炼，才能发展自己的体力和智力，才能成为一个真正的现代人。还有一个收获，就是在地理课上，乔老师给他们讲解了地圆学说，使他打破了中国是中央天朝上国的迷障，懂得了天体运行的规律和山外有山、天外有天的道理。这些科学观念的确立，不但使他产生了探究学问的兴趣，而且使他观察世界的视野逐渐阔大起来，他开始感到琴峰山麓这座全县最高的新式学堂越来越逼仄和窄小，虽然义举祠的先贤朝夕相处，岳武穆的英魂深入骨髓，雨化楼的一桌一凳、小学堂的一草一木仍是那样的亲切，然而，他渴望走出去的心愿已是愈来愈强烈了。

半年后，张竞生考入了汕头岭东同文学堂。岭东同文学堂是清末爱国诗人、生于台湾的抗日英雄丘逢甲于1901年在汕头创办的。丘逢甲在他亲自撰写的《岭东同文学堂序》中大声疾呼他的办学宗旨：一个国家的强弱是由国民的素质所决定的，而国民的素质又以他们所受的教育如何来决定。要拯救中国的危亡，就必须先兴起人才，而人才要兴起就非改革教育不可。中国的教育出路何在？他的主张就是要"中学为体，西学为用；中学为纲，西学为目"。因此，学校以传授算学、理化、外语等新课程新知识为主，属于西学性质。在具体操作上，考虑到整个新教育制度基本上都是移植日本的，而且"西学条目繁多，时乎已迫，不能不借径乎东文"，为方便教学，丘逢甲还聘请了不少日本人任教。

丘逢甲先进的教育思想，吸引了粤东地区许多有志有识的青年学子来投考。当时的学校教育，处于新旧体制转轨的非常时期，旧的规范打碎了，新的规范还没建立起来，课程教材尚不健全，学生程度参差不齐，为了尽快与新学接轨，学校采取折中的办法，不论年龄和等级，只要国文过得了关，任何学生都可越级考入任何学校。

日本老师的教学，使学生们感到趣味盎然，更使张竞生感到惊奇不已。有一位日本老师，身材魁梧，身体健壮，任教体操和博物学，他在教体操喊口令"一、二"时，仍然保存日本的口音"一施、尼"，同学们感到好玩，偷偷地跟着学嘴学舌，队列里便嗡嗡嗡嗡地响成一片，日本老师停止了喊口号，不满地盯着大家，大家才规矩起来，装模作样地比画着继续操练。

张竞生随大流地做着体操动作，内心却感到纳闷：日本人不是被称为"倭奴"吗，怎么学校里的这些日本老师都长得牛高马大，而且个个神气活现？下课后他悄悄地跑去请教本地的老师，得到的答案是：自从明治维新以来，日本政府勒紧腰带办教育，励精图治，有独霸天下的战略意图。因此，他们精挑细选那些身材高大而又颇有学问的人到中国来任教，一方面改变中国人对其根深蒂固的印象，另一方面，与欧美各国争夺中国的教育权，以实现他们开疆拓土，从政治经济文化全方位地控制远东的战略图谋。听完老师的分析，张竞生对日本老师既佩服又痛恨！虽然道不同不相为谋，但他也懂得了"师夷长技以制夷"的道理，科学知识没有国界，救国必先救己，只有学好本领，强大自己，才能为国服务，战胜对方。因此，这个时候的读书和学习，张竞生已经有了较为明显的自觉意识和国家观念。

在上博物学课有关生殖器一节时，日本老师别出心裁地以学校的木棉花为标本，详细地讲述了生殖器的构造和雌雄分别，有些同学羞羞答答、扭扭捏捏，把这当作不堪入耳的不伦之论，张竞生却听得津津有味。他第一次认识到人的身体的神秘，以及与大自然的某种神奇的对应关系。日本老师这种将平常的生命现象陌生化和审美化的教学艺术，也像一颗神奇的石子，击中了张竞生那根渴求知识的神经，激发起了他探索未知边界、破解身体密码的好奇心。

台湾志士丘逢甲。他在《马关条约》割让台湾给日本时，曾英勇率兵抵抗，失败后内渡潮汕，落籍海阳，在潮汕积极办学，传播民主思想

当然，这只是一颗埋在冻土地带的种子，它仍处在生命的冬眠期。

此时此刻，张竞生正被卷入一场特别的学生运动，这就是"废止朝食"运动。

"废止朝食"是为了锻炼身体而提倡不食早餐，明治年间曾风靡日本。清末学者、气功学家蒋维乔笃信此功，奉行最力。他曾根据日本人美岛近一郎的著作编撰而成《废止朝食论》一书，对中国人影响很大，尤其是年轻学生，争相效仿，一时间似乎成为莘莘学子砥砺意志、富国强种的不二法门。鲁迅在《故事新编》里曾描写过废止朝食的做法；毛泽东年轻时受到他的老师杨昌济的影响，曾实行冷水浴、静坐、废止朝食三种健身法，提出了要文明其精神必先野蛮其体魄的口号；周恩来在日本神户留学时，改包饭为零食，每天废止朝食，实行"素食"和"不婚"主义。流风所及，由国外而国内，由大城市而中小城市，废止朝食俨然在学校里蔚成风气。

张竞生是实行废止朝食运动的积极分子。作为少年学生，正是长身体长知识的时候，发育快，饭量也大，这是生物进化的自然规律。有一种观点甚至认为，一个人的大脑功能如何，很大程度上取决于早餐吃什么。但生当乱世，加上父亲对待读书采取一种不冷不热的态度，张竞生的伙食费时常接济不上。现在实行废止朝食，不食早餐，只饮些茶水，早上空腹既合乎卫生，又可以把早餐的费用加到中午和晚上两餐，一天的总食量总营养不减，还可以锻炼身体，何乐而不为？张竞生带头实行，还到处鼓吹，许多同学也跟着实行起这种既卫生又经济的不食早餐制度。当然，大多数人都半途而废，只有张竞生说到做到，天天坚持，逐渐养成习惯，成为伴随终生的生活习惯。

西方的谚语说，习惯形成性格，性格决定命运。张竞生在同文学堂形成的探索真理、俭朴生活的良好习惯，使他终身受益无穷。

岭东同文学堂前后只办了七年，但由于丘逢甲亲自把握和指导，培养了不少有志有为的青年，一时群星灿烂，声名远播。如以巨款资助过孙中山革命、后来又与许雪秋共同策划了黄冈丁未革命的谢逸桥，先为同盟会会员、后任南京政府陆军大学校长和广东省政府主席的黄慕松，曾参加黄花岗起义、后任北伐军总司令的姚雨平，中山大学校长邹鲁，广东省军政府总参议朱执信，广东军政府副都督陈炯明等。

在这个人才方阵中，张竞生也许不是最耀眼的，却是最能秉承丘逢甲的教育思想和办学理念，因而也是最具文化意味的。对于学生们的蔚然成才，丘逢甲感到莫大的慰藉和鼓舞，这位充满理想主义和英雄情怀的爱国诗人不禁赋诗赞道：

> 神州大陆殊可哀，纷纷老朽无人才。
> 眼中突兀少年在，令我郁郁心颜开。

山雨欲来风满楼，突兀少年意彷徨。不安分的张竞生又一次听到了远方的召唤。

五、珠江浪涌

珠江口畔，风大浪急；长洲岛上，荆榛丛生。

八国联军的长驱直入深深刺痛了清廷脆弱的神经，他们认为当务之急是建立陆军小学、中学和军官学堂三级制军事院校，加紧创建和操练一支适应近代战争的新军，师夷长技，以抗衡西方列强的坚船利炮。全国迅速掀起一股"军国民主义"的热潮。两广总督岑春煊积极响应，全力推行，于1905年9月，在黄埔长洲岛创办了广东黄埔陆军小学。学校由清廷陆军部直接统率，由岑春煊兼任总办，广招忠勇之士，江南数省有志之士纷纷闻风而动，争先恐后前来赴考。民族的救亡图存把这个昔日名不见经传的弹丸之地推到了时代的风口浪尖上。

1906年8月，张竞生考入广东黄埔陆军小学第二期法文班。陆小当时招考的情形是一期招一个文种，第一期是日文，第二期是法文，第三期是德文，第四期是英文。毕竟是新生事物，招考第一期学生时，尚不为一般人所注意，到第二期时，新政已经深入民心。大势所趋之下，青年学子一传十、十传百，投考的学生竟多达三千多人，其中多数是士大夫阶级的子弟，也有出身于资产阶级家庭的。考场设在原来乡试的地方，科举取消之后，清政府几乎将此当作国家的抡才大典，竞争的激烈程度比之以前有过之而无不及。张竞生过关斩将，脱颖而出，幸运地跻身于被录取的一百人之列，成为陆军小学的一名学员。

陆军小学名为小学，实际上教学的程度与当时的高等学校并无区别，而且任教的教授都是一时之选，各有其过人之处。比如，赵懿年教历史，臧励和教地理，一名日本人担任校医兼教生理学，都能结合国内实际和国际形势，讲解得别开生面，很受学生的欢迎。另有四位日本军官专教操练，动作规范别致，孔武有力，无论是严寒酷暑，还是刮风下雨，都要求学生按照制式练习徒手和执械动作，后来又分为步队、马队、炮队等进行专项训练，那一望无垠的大操场常常被学生操练得尘土飞扬，杀声震天。按照陆军部的计划，学生在黄埔陆军小学学习三年后，再入南京陆军中学，又升到保定士官学校，毕业后就成为清廷新军的一名军官了。

这无疑是一个诱人的前景，也是那些出身底层又渴望改变命运的学子不可多得的晋升之阶。然而，清政府正处于风雨飘摇之中，孙中山领导的中国同盟会已于一年前在日本成立，革命党人像野火一般渐成燎原之势。得风气之先的陆军小学于是成了传播革命思想、发展革命党人最好的温床。

虽然初来乍到，但张竞生已在静观默察，寻找志趣相投的同道者。

新到任的陆军小学副监督赵声成了张竞生和一班热血青年的精神领袖。赵声字伯先，江苏丹徒人，因生于农历二月十一日，恰百花生日前一日，故号百先。他身材魁伟，声音洪亮，剑眉倒竖，眉宇间有一股威严之气，人称"活关公"。他早年毕业于江南陆师学堂，曾游历日本，有浪漫情怀，在南京与诗僧苏曼殊惺惺相惜，成为莫逆之交。苏曼殊曾在《燕子龛随笔》中，记述了他们的友谊："赵伯先少有澄清天下之志。余教习江南陆军小学时，伯先为新军第三标标统，始与相识，余叹为将才也。每次过从，必命士兵携壶购板鸭黄酒。伯先豪于饮，余亦雄于食。既醉，则按剑高歌于风吹细柳之下，或相与驰骋于龙盘虎踞之间，至乐也。"

赵声明里与文人骚客诗酒唱和，暗中加入同盟会，串联同志宣传革命。两江总督端方察觉后为安全起见，把他从南京新军三十二标标统调任至广东黄埔陆军小学任副监督，相当于学校二把手。主持校务的是一位名义上毕业于日本士官学校，实际上不学无术、官气十足的监督韦汝聪。

赵声到任的第三天晚上，张竞生就冒着秋雨，来到走马楼二楼一间宽敞的寝室，向他请教人生哲学和革命道理。

刚落座，又有人推门进来，与赵副监督握手而笑。

张竞生随即站起来，自我介绍道："饶平张公室。"

来者也客气地点点头，说道："合浦陈铭枢。"

原来，赵声到黄埔陆小赴任前，广州同盟会秘密机关的负责人之一姚雨平已事先向赵声介绍过陈铭枢，并约好单独前来晋见，没想到张竞生已捷足先登。

师徒三人一见如故，促膝交谈。张竞生知道赵副监督满腹经纶又豪放不羁，就放胆跟他讨论起蒲松龄《聊斋志异》中的反清思想。张竞生说："蒲松龄虽一介布衣，却很有胆识和骨气。《聊斋志异》表面上谈狐说鬼，实质上别有深意。'鬼'音'贵'，即贵族贵人的意思，而'狐'音'胡'，暗指统治汉人的满洲人。所以《聊斋志异》在鬼狐满篇的背后，是对清王朝和贵族阶层的讥讽与不满，有很强的战斗性和现实性。不知这样认识对不对，请赵监督教导。"

张竞生居然有这么深刻的认识，赵声面呈欣喜之色，着实把他褒奖了一番。

陈铭枢也不甘示弱。他父亲是一个秀才，童年时随父亲读书，他也濡染了一些旧学的功底，遂大谈了一番宋明理学的言论，如"其心若正，莫不是福；其心若邪，莫不是祸"之类。没想到赵声听后，立即疾言厉色道："中国的礼教，经过朱熹已是变本加厉，发展到'存天理，灭人欲'，更是走到邪路上去，成了吃人的东西。我们投身革命的人，对待这些东西，应该感到深恶痛绝，不能再受到它们的毒害！"

赵声的一席话，对陈铭枢无异于当头棒喝，对张竞生也是醍醐灌顶，这样的狮子吼和海潮音，他们闻所未闻，更使他们终生难忘！

从赵声的寝室出来，张竞生与陈铭枢踏着夜色漫步来到学堂门前的大榕树下，各自诉说着满腹的心事。没想到相差只有一岁的二人也有着惊人相似的身世经历：都有一个爱抽大烟却毫无怜子之心的父亲，都有一个蛮横无理极尽挑拨离间之能事的继母，都有一段颠连困顿不堪回首的求学苦旅……

张竞生年长一岁，从此两人兄弟相称，情同手足。

以后隔三差五，他们就聚到赵副监督的寝室，聆听教诲，接受指导，而且队伍在悄悄地扩大，蒋光鼐、邓演达、李章达、吴奇伟、王鸾等都参加进来。看看时机成熟，赵声把孙中山先生那"驱除鞑虏、恢复中华、建立民国、平均地权"的革命理想向大家做了详细的讲解与宣传，又从鸦片战争开始，历数清王朝的腐败无能与丧权辱国。大家听了以后，无不感到热血沸腾，义愤填膺。不远处笼罩在一片黑暗中哗哗流淌的珠江，间或有一星半点的渔火像流星一般划过混浊的江面，随即又寂静无声；沉闷的汽笛时断时续地传来，仿佛一声声无奈的叹息。此情此景，让大家对于国家前途和个人身世，更加怀抱了无限苍凉悲壮之感。

赵声环顾大家问道："你们情愿做清廷的鹰犬吗？"

大家压低声音齐声说道："不愿！"

赵声从箱子里取出一本《民报》递给张竞生。《民报》是在日本东京出版，号召起来革命、铲除清廷统治的很有力量的宣传品。又取出一本谭嗣同的《仁学》给陈铭枢，另把《扬州十日记》《嘉定屠城记》等禁书分送其他同学，并嘱咐大家千万要注意保密，互相交换阅读。

陆小是新式军校，没有成规可循。在日常的教育和管理中，韦汝聪重外表，讲排场，性格猥琐而庸碌；而赵声则重实际，讲效果，

赵声像。1911年领导黄花岗起义，失败后抑郁而终，1912年被南京临时政府追赠为陆军上将

疾恶如仇，敢作敢为。至于二人的政治思想和领导方法，更是形同冰炭，水火难容。因此，同学们都爱戴赵声而厌恶韦汝聪。赵声不仅使全校师生倾倒，也受到新军的普遍崇拜。当时广州军人在各种集会时都异口同声地称赞赵声，开口"赵百先"，闭口"赵百先"，甚至有人说成"我们的赵百先"。对此，韦汝聪是看在眼里，恨在心头，因此，处处排挤和打压赵声，对赵声的一举一动虎视眈眈，常常无事生非，故意找碴儿。为避免暴露，张竞生、陈铭枢不敢太频繁到赵声的寝室，他们便利用星期日，邀约思想进步的学生到离训练场不远的僻静的山冈后面，交换进步书刊，交流读书心得，宣讲革命道理。那内敛着的激情犹如地火在悄悄地运行着、积聚着。

当然，也有松弛心神乃至酣畅淋漓的时候。张竞生、陈铭枢和一班同学喜欢晚饭后到江边散步，江风浩荡，心旷神怡，这时，音乐老师就会带领大家引吭高歌，一起合唱石更作词、辛汉配曲的《中国男儿》。此曲当时风靡一时：

> 中国男儿，中国男儿，
> 要将双手撑天空。
> 长江大河，亚洲之东，
> 巍巍昆仑，翼翼长城，
> 天府之国，取多用宏。
> 黄帝之胄神明种，
> 风虎云龙，万国来同，
> 天之骄子我纵横。
>
> 睡狮千年，睡狮千年，
> 一夫振臂万夫雄。
> 我有宝刀，慷慨从戎，
> 击楫中流，泱泱大风，
> 决胜疆场，气贯长虹。
> 古今多少奇丈夫，
> 碎首黄龙，燕然勒功，
> 至今热血犹殷红。

这首歌慷慨激昂，沉雄有力，像世界闻名的法国国歌《马赛曲》一样节奏明快，催人奋进。长洲岛上，黄埔江岸，这一曲响遏行云的壮歌常使张竞生热泪满衣襟。

六、黄埔风潮

在黄埔陆军小学第二期法文班里，张竞生、陈铭枢、邓演达曾获得过"三小"的"美称"。

张竞生被称为"小个子"。他身材略为矮小，脑门较突出，常常鼓着腮，努着嘴，一副愤世嫉俗的样子，却是班里读书最用功的学生，每天、每礼拜都制订了详细的学习计划，争分夺秒地苦读各门学科，连最枯燥乏味的军事参考图籍都一丝不苟，如《阵中要务令详解》十厚本和《作战纲要详解》七大本，就是利用节假日一本一本地啃完的。他还坚持每天记日记，不管训练多苦多累多晚，他都要趴在煤油灯下记上一页当天的亲历亲见所闻所思，作为个人的精神修炼和人格养成的重要手段。而他兴趣最为浓厚的就是学习法文，经常在晨昏余暇独自跑到江边大声朗读，因此，每次考试总是名列第一。同学们无不佩服他是"小个子"能耐大。

陈铭枢被称为"小眼睛"。他小时候受到后母的虐待和折磨，每逢吃饭的时间到了，他就缩在门侧悄悄地窥视，看到父母和弟弟妹妹都围拢坐定了，他才偷偷地溜进去，侧身蹲下，狼吞虎咽地把饭塞进口里。他从来未敢吃过一顿饱饭，偶尔实在太饿，多添半碗饭吃，就会遭到劈头盖脸的斥骂。食不果腹，生病更无人搭理。有一次，他的眼睛疳积上目，没有及时请医生，炎症愈来愈严重，几乎成为瞎子，舅舅怜悯他，到处采集蚱蜢虫烧成灰后泡水给他喝，整整服了一年药才治愈了眼病，却也落下了左眼小而弱的后遗症。与张竞生截然不同，陈铭枢最不喜欢功课，整天醉心于宣传革命，传阅秘密小册子。每星期值班教员都要在班上宣布各人的学科和制图的成绩，他的学科成绩位居全班最末一个，制图则满纸涂鸦潦草不合规格，常常惹得全班哄堂大笑，他却毫不在意。他的强项就是射击精准，百发百中，同学们遂打趣他"独眼更狠"，他也不以为忤，颇有大将风度。

邓演达则被称为"小不点"。他是广东惠阳人，父亲是秀才，在本地教书，一向助人为乐，人称"好好先生"。受父亲的影响，邓演达从小就有一种悲天悯人的情怀。在陆军小学的同学中，他年龄最小，开始并不起眼，还常常受到年龄大的同学的嘲笑和欺侮，每逢此时，他就圆睁双眼，拳头相向，把对方逼到墙角。大家都称他是"铁汉"，再也没有谁敢惹他。

但单调刻板的军校生活使性如烈火的邓演达快憋不住了，他感到不能空有革命理论，应有革命行动，是到了应惹一惹谁的时候了。这天刚好是星期天，于是，他拉上陈铭枢到课室里找张竞生，三个人到操场后的僻静山冈商议应采取什么行动来打破这种沉闷的局面。

张竞生说："去年7月，《人公报》曾以'剪发易服议'为题广为讨论。今年以来，南方各省，主要是学生和士兵已开始有人剪辫，只是我们陆军小学还没有人站出来做这件事。"

陈铭枢恨恨地说："番鬼佬总是讥笑我们是'拖尾奴才''豚尾奴'，真是奇耻大辱！"

"留辫本是女真人的风俗，清军入关后，则把它当作民族统治的工具。1645年6月15日，顺治颁发剃发令：'今者天下一家，君犹父也，父子一体，岂容违异，自今以后，京师内外，限旬日，直隶各省地方自部文到后，亦限旬日，尽令剃发，遵依者，为吾国之民，迟疑者，为逆命之寇。'要求各地按照满洲人的发式，剃掉前额和周围的头发，梳成辫子，不服从就要杀头，叫作'留头不留发，留发

邓演达像。国民党左派领导人
之一，农工民主党创始人之一，
1931年被蒋介石秘密杀害

不留头'。围绕着辫子的去留问题，全国就有几十万人被杀头！"张
竞生语气沉重地说，"看来剪辫与否已成为拥护革命与否的主要标
志。清廷盯得很紧，虽说今非昔比，但也是人命关天的事情。"

邓演达慷慨激昂地说：**"欲除藩篱，必剪恶辫！现在不剪，更待
何时？"**

陈铭枢也主张马上剪辫，以一新耳目，引领风气。三人遂商定
在第二天的操练课上当堂剪辫，以为号召。为取得较好效果，三人
于当晚又分头串联了一些进步学员，以做响应或声援。

第二天操练课后，中间休息的时候，张竞生、陈铭枢、邓演达

陈铭枢像。曾发动福建事变反蒋，晚年归心佛学。与张竞生关系甚好，曾资助其旅欧译书

一跃跳上操场中间的土台，同声宣布革除陋俗，剪辫易服，说完手起刀落，长长的辫子应声坠地。人群中有人大声叫好，有人拼命鼓掌，多数同学则错愕不已，但听到热烈的叫好声和鼓掌声，也跟着鼓起掌来。这时，蒋光鼐、李章达、吴奇伟、王鸾等纷纷登上土台，剪掉辫子，跟从响应的有数十名之多。

这个突然的举动震惊了学校，韦汝聪监督大发雷霆。按规定这些剪辫的学生将被开除，但因人数太多，更主要的是赵声副监督暗中斡旋，曲予回护，校方只得从轻发落，每人仅记大过一次，以示薄惩。

虽受处分，但大家仍兴高采烈，悄悄跑到操场旁山冈边去庆祝一番。

恰在此时，报上登载了一条消息，内容是说清廷陆军部将在黄埔陆军小学选派二三名学生到法国士官学校留学。看到这个消息，张竞生欣喜万分。两年来赵声副监督耳提面命秘密宣传已使张竞生看清了清廷腐朽透顶的本质和必将覆灭的命运，暗下决心要追随革命党人走上倾覆清朝、恢复汉室的道路。有一段时间，他内心苦闷不已：既已想做革命党人，那现在所学何用？即使学好了本事，将来出去当军官，岂不是给清朝驱驰，为虎作伥？剪除辫子后，他已萌生去意，决定离开陆军小学，但究竟到哪里去，要干什么，他却是茫然无知。选派学生到法国留学的消息，使张竞生找到了方向，看到了曙光。

听说选派的必须是最优秀的学生，张竞生感到胸有成竹。他的各科成绩均名列前茅，这是老师和同学都有目共睹的，而法文更是出类拔萃，次次考第一，几乎无人匹敌；再说他的人缘也不错，无论从哪个方面看，他都是选派的最佳人选。因此，他胜券在握而又充满期待地等着好消息从天而降。

一个星期过去了，毫无动静。

一个月过去了，仍杳无音信。

张竞生感到纳闷。他索性叫上陈铭枢、王鸾等人，径往赵声副监督的寝室探听虚实。

张竞生焦急地问道："赵监督，听说陆军部将在学校选派优秀学生到法国留学，是否确有此事？"

赵声望了望大家，就在张竞生的前面坐了下来，无可奈何地说道："确有此事，陆军部在一个月前就下发了文书，但被韦监督呈文取消了。"

"为什么？"张竞生愤怒地站了起来。

"你先坐下来听我说，事情复杂着呢！"赵声把张竞生摁到原来的座位上，把事情的原委和深层的因素向张竞生做了详尽的分析：韦汝聪是一个盛气凌人的政客，不但不学无术，而且心术不正，同学与他没有感情，他对同学更不负责。学校里都知道他们两个正副监督势不两立，也知道张竞生是跟他赵声关系密切的优秀学生。按照选派条件，你张竞生必然榜上有名，这是韦某人最不愿意看到的，他对你带头剪辫闹事还余恨未消呢，让你出国，那不是放虎归山吗？因此，韦监督利用职权，谎称学校没有这样程度的学生可供选派，一纸复文就把宝贵的出国留学指标推掉了。这种玩弄权术、压制人才、打击异己的做法，就是韦某人惯用的伎俩。

张竞生越听越气，牙齿咬得咯咯响，最后从牙缝里迸出一句："韦汝聪这个辫子，这个王八蛋！太可恶了，太霸道了！"

一连数日，张竞生都闷闷不乐。留学法国的美梦破灭，他对陆军小学的最后一缕留恋之情也丧失殆尽。他只想早一点离开黄埔陆军小学，离开这个没有公平可言的地方。

一度，向来好学上进名冠一时的张竞生变得百无聊赖，做一天和尚撞一天钟。没想到阴差阳错间，又闹出了一场更大的风潮。

按照陆军部的核定，每个军校学生的伙食费是每月八块钱，经过韦监督等一批贪官污吏的雁过拔毛和暗中盘剥，实际真正落实到学生的日常伙食已是大打折扣，不是米饭太粗劣，就是菜蔬没油水，因此，学生对饭堂的伙食十分不满。更令人讨厌的是，开饭的时候，同学分桌而食，八人一桌，每桌总有一两个饕餮之徒，不守规矩，上桌就抢，以致吃得较慢的同学，到了第二三碗饭的时候，已是残羹剩菜，学生对此早已怨声载道。

张竞生对这种有辱斯文的流寇习气深恶痛绝，遂与同学王鸾商量要采取行动，制止这种行为。征得学长同意后，他们两人便暗中摸清情况，重新编排座位，由同意在一起的同学每八人合成一桌，那些平时抢食的合为一桌。这个办法得到大多数同学的欢迎和支持，就餐时便纷纷按照新的座位对号入座。但那少数吃惯了霸王饭的抢食者见状却火冒三丈，声称张竞生跟他们过不去，他们也要让张竞生吃不了兜着走，一上来就指责张竞生、王鸾没权给他们派定座位，又谩骂张竞生、王鸾故意把他们的座位安排在空气污浊的角落里，不但拒绝就位，而且把饭桌一掀，大打出手，制造了轰动一时的"饭厅风潮"。

韦汝聪查明事件的始作俑者又是张竞生和王鸾，气急败坏，扬言要严加惩处。本来，张竞生和王鸾如果愿意写悔过书，保证今后不再滋事，就可降级再回到学校继续读书，但张竞生宁折不弯，誓不低头。韦汝聪恼羞成怒，遂下辣手，把张竞生和王鸾二人开除了。

消息传出，全校哗然。

其时，赵声因在一次校务会议上，对韦汝聪的倒行逆施痛加斥骂，使韦汝聪下不了台，结果闹到新军督办公署，赵声只好辞职，并调任燕塘新军第二标标统。走到人生末路的张竞生决意要请赵声再一次指点迷津。

燕塘军营与白云山能仁寺毗邻，那段时间，陈铭枢恰好在能仁寺养眼病。张竞生与王鸾遂请陈铭枢邀约赵声在能仁寺相见。

第二天上午，张竞生、陈铭枢、王鸾在能仁寺见到了他们的精神导师赵声。师生四人在古旧的寺院和僻静的小径一边漫步一边畅谈。这时，寺里有一位和尚，俗名陆龙杰，是黄埔陆军小学第一期未毕业同学，因反抗家庭包办婚姻，愤而弃学出家。他正坐在廊下专注地临摹颜鲁公法帖。赵声见陆龙杰的书法颇有些功底，就招呼大家坐下来跟他攀谈，得知他的身世后，若有所悟，立即赋诗一首，写成两幅条幅，一幅送给陆龙杰，一幅送给张竞生。诗为：

> 愿力未宏因学佛，英雄失路半为僧。
>
> 月明沧海归来日，万里蛮山一点灯。

接着，赵声又用苍劲的笔法写了"宏毅"二字的横批分别送给陈铭枢和王鸾。

然后，赵声回转身来，意味深长地对张竞生说："公室，屡仆屡起，坚韧精进，是一个佛门弟子应有的修持。至于革命党人，不应只是做一个度己的自了汉，应以出世的心怀去做入世的事业。"

张竞生坚定地点了点头，感激地对赵声说："赵监督，我明白了。"

赵声随即修书一封，让张竞生和王鸾到新加坡去投奔孙中山。

第二章　从晚晴园到总统府

一、追随孙中山

1908年3月，张竞生与同学王鸾历尽艰辛，云水迢迢来到新加坡投靠孙中山，决意做一个驱除鞑虏、恢复中华的革命党人。

在广州准备起程前往新加坡的前一天晚上，班里举行了一次饯行的晚餐会，既是话别，又是鼓气，更是激励，近百名同学轮番过来敬酒，有的还慷慨解囊，资助旅费。同班同学陈铭枢握着张竞生的手，嘱咐他代为转达对中山先生的景仰之情，并以好男儿志在四方、不成功便成仁的英雄气概相期许，说得张竞生热血沸腾，恨不得一脚迈过南海诸岛，踏上那一片神奇的土地。

这天，张竞生、王鸾两人一前一后来到新加坡中心区的大人路12号。在青龙木树下驻足，眺望眼前这座白墙红瓦的别墅式建筑，张竞生知道，他们已经来到了东南亚革命活动的指挥中枢——晚晴园。

晚晴园是一幢别致的二层小洋楼，始建于19世纪末，最初是广东潮汕饶平籍橡胶业巨子张永福买来供养母亲的寓所。张永福取李商隐诗句"天意怜幽草，人间重晚晴"之意，命名为晚晴园。张永福是中国革命事业的热心支持者，也是孙中山革命事业的忠诚追随者。1906年4月6日，在孙中山的亲自领誓下，南洋群岛第一个革命组织——中国同盟会新加坡分会在晚晴园二楼举行宣誓仪式后正式成立，张永福被推选为副会长，后来改选时当选会长。为推翻清朝的腐败统治，孙中山先后八次抵达新加坡，其中有三次被张永福安排住在晚晴园，后来张永福干脆将别墅转送给孙中山。同盟会的青天白日旗就是孙中山在晚晴园亲自创制的，由胡汉民起草的同盟会章程是在晚晴园制定的，中国同盟会南洋总部也附设在这里。胡汉民曾说："南洋是本党革命的策源地，是本党革命的根据地。"晚晴园成了革命志士聚会与策划起义的场所，更成为热血青年追寻理想的圣地。

在二楼宽敞的客厅里，孙中山接待了张竞生、王鸾同学二人。孙中山刚过不惑之年，身穿一套朴素的白色中山装，满面光彩，神态自若，虽不十分魁梧，却洋溢着一股逼人的英气。初出茅庐又远涉重洋的张竞生陡然站到孙中山面前，既激动又慌乱。他忙掏出赵声的书信，恭敬地呈给中山先生过目，接着鼓起勇气，把自己如何在黄埔陆军小学带头宣传革命、带头剪去辫发、带头清理餐霸以及如何被开除、如何请求先生给予出路的事情一五一十地向孙中山做了详尽的报告。

听完张竞生的讲述，孙中山沉吟良久，态度蔼然而又语意坚决地说道："你们都想错了！我们革命党人正应为满清军人，用他们兵器攻倒他们！你们先前受了一面宣传，以为做满清军人，就是欺负汉族的，这是指那班无知识、无民族心的军人说的，例如曾、左、李，那班代满清打义和团的混账军人确实这样，但我现在所宣传的，是希望一班革命者去当满清的军人，然后乘机起义打倒清廷，恢复汉室。还是劝你们回内地做革命党吧。我在此时无法潜入内地，只

好在国外活动，这不过是临时的办法。根本解决，当然在国内起来
革命，而不是在国外宣传就了事的。说到帮你们到外国去留学，养
成深造的革命人物，我此时的财力，是无法济助的……"

张竞生千里去国，面谒先生，满以为从此以后即可追随中山先
生于左右，或远适他国成就一番事业，没想到孙中山一席诚恳的大
实话，给了他当头一棒，使他懵懵然从云端里一个筋斗摔了下来。
他这才感到自己原来的想法是多么幼稚，轻率地离开陆军小学是多
么错误！

听了孙中山先生的一番话，张竞生很是后悔。但是后悔已不济
事，他转念一想，既来之，则安之，反正要来一趟新加坡也不容易，
不如先找一个地方住下，再相机而动。

新加坡晚晴园今貌，其已成为重要的纪念地，前方有孙中山坐像

张永福是饶平县钱东镇锡坑村（现为樟溪镇青岚村）人。在广州读书时，张竞生就多次听乡里人说起张永福，黄冈丁未起义失败，一时风声鹤唳，革命志士相率退走香港或新加坡避难，张永福来者不拒，在晚晴园接济多达一百多人，使落难中的家乡人感激涕零。因此，张竞生十分希望能住到张永福家里，既可与张永福畅叙乡情，更重要的是可多寻找些机会就近向中山先生请教。没想到事不凑巧，听说这回孙先生领导的镇南关起义、防城起义又遭到失败，胡汉民、汪精卫、黄克强、邓泽如都纷纷退守新加坡，全都住在晚晴园。随后，张继、林时爽等人也同时到来，住在一起。晚晴园已是人满为患，有些房间还要二三人共宿一床。

看到这个架势，张竞生只好找到离晚晴园不远的端蒙小学，住进同是潮州老乡的校长何先生家中。

过了三四天，张竞生、王鸾又来到晚晴园找孙中山。刚上到二楼客厅，就见到青天白日旗，第一次看到这幅在镇南关起义中竖起的同盟会新创制的党旗，张竞生肃然起敬，精神更为奋发。

上次见面交谈，孙中山虽然不赞成张竞生的肤浅做法，却十分赞赏他的革命志向。这一回，孙中山兴致勃勃地向张竞生他俩详细介绍他眼下在新加坡所从事的革命工作。

孙中山是一位革命意志十分坚定的领袖，黄冈起义、防城起义、镇南关起义相继失败，并未动摇他"必以流血得之"的共和理想。在晚晴园短暂休整的间隙，他共做了三件事。首先，领导革命党与保皇党展开笔战，揭发保皇党的无民族性与虚伪。笔战在各自的报纸中展开，保皇党以《南洋总汇报》为主阵地，革命党以《中兴日报》为主战场。《中兴日报》于1907年7月12日创刊，主席张永福、监督陈楚楠、司理林义顺。先后主笔政者为胡汉民、汪精卫、居正、

孙中山与同盟会新加坡分会正副会长张永福（左）、陈楚楠（右）合影

田桐、林时爽、张西林、王斧、何德如、林希侠、方瑞麟等。在孙中山的主导下，革命党一时战将如云，但孙中山主张攻心为先，以理服人为上策，胡汉民于是写了大量文章痛击康有为。双方对峙交战最为激烈时，汪精卫出马应战，孙中山也挥戈上阵。他鲜明地指出，保皇党寄托于清朝贵族实行的新政是完全失败的，执政者是慈禧一派人，腐败到不堪言说。而光绪皇帝已被禁锢废黜，即使能得位，也不能有所作为，不过是一个毫无学问与政治才能的少爷派。戊戌变法所以失败，便足证光绪毫无政治手腕。就国内外时势看，

非用武力把清廷打倒，一切新政是无希望实行的。

说到这里，孙中山把那张载有他文章的《中兴日报》拿给张竞生，文章署名竟然是"南洋小学生"！

孙中山的慷慨陈词已使张竞生内心震撼，见到署名，他更佩服得五体投地。张竞生由衷地说："先生尚且称革命的小学生，我们愿为先生的马前卒！愿先生不弃！"

孙中山摆摆手，表示署什么名字乃不值置喙的小事，关键在于文章的内容。这次在新加坡与保皇党短兵相接的论战，有着十分重要的价值，不仅淋漓尽致地阐明了同盟会的革命主张，而且向海外华侨广为宣传，引起华侨的注意，促使华侨同情和支持革命。这是孙中山在新加坡致力最勤的第二件事。讲到这里，他特别强调团结华侨的问题，南洋华侨素有洪门的组织，这个社团有渊深的历史和光荣的传统，我们正好从华侨的爱祖国本性出发，联络洪门一切人物，鼓励他们有人出人，有力出力，为光复革命事业做出贡献。

张竞生知道，孙中山已经讲到了革命的策略问题。既要打击反动派，又要团结同情派，还要组织战斗派。这是孙中山着手的第三件事，就是考虑如何在海外组织一班青年回归中国实行直接的革命事业，因为这是事关同盟会前途命运的秘密，孙中山只约略地说个大概，并没有深谈。

望着窗外摇曳的青龙木和篱笆上盛开的胡姬花，张竞生迷惘的内心亮堂了许多。张竞生感到，同是革命党人，与赵声相比，中山先生更加深谋远虑，也更为精神焕发。

孙中山一直住在晚晴园，全神贯注地策划革命事宜或接待各地访客，对外的事务一概由胡汉民或张永福经办。

半个月后，张竞生、王鸾第三次来到晚晴园谒见孙中山。孙中山仍然不厌其烦地向张竞生详细论述系统的革命学说和革命行动，并且推论到做学问，如何才能得到真实的学问。

离开晚晴园的时候，张竞生暗暗惊奇：孙中山心忧天下，奔走国事，却不轻慢一个不谙世事的少年，一而再、再而三地促膝倾谈，启发点拨，如对故人。小子何幸，因缘际会中，得以与被清廷目为"四大寇"之首、同盟会党魁的中山先生纵论时局、畅谈革命！于张竞生，这如遇天人、如聆天音的经历，岂非人生的奇情快事？

不知不觉间，张竞生、王鸾已在新加坡住了一个多月。盘缠告罄，前途未卜，想着再回国内重入军队，既不愿意又不容易。当下，两人感到十分苦恼，进退两难。彷徨数日，无计可施，只好又往晚晴园请教孙先生。不料这次他们只在楼下见到了胡汉民，胡汉民说孙先生有要事急需处理，无暇与两位相见，劝说他们还是回内地当革命党，以便里应外合，因势成事。才交谈了几句，胡汉民因《中兴日报》股份太少，销量太多，资金周转不灵，急着到外地招股筹款，也与张竞生二人匆匆握别。

二人沮丧地离开晚晴园。回到端蒙小学，见到何校长，张竞生劈头就问："孙先生为何拒不接见我们？"

何校长苦笑着摇了摇头，递给张竞生一张保皇派办的报纸《南洋总汇报》，只见头版赫然刊登着一条消息："清廷新从广州派遣两刺客来刺杀孙中山，已抵达星洲。"

张竞生倒吸了一口凉气，内心叫苦不迭。报载清廷派刺客到新加坡追杀孙中山，并要求新加坡总督驱逐孙中山出境，言之凿凿，真假莫辨，为安全计，孙中山深居简出，多加警惕，原也无可厚非。何校长不明就里，说："说不定孙先生以为你们是刺客嫌疑人，所以不见你们吧。"

看来，新加坡已非久留之地，但起程回国，囊空如洗，连买船票的钱都没有了。张竞生只好为一间小印刷店出版一本汉英对照的小册子，以挣取一小笔旅费。没想到，完工那天，店老板却拒绝按约支付，张竞生忍无可忍，就跟店老板争吵起来。店老板蛮横地说要请警察把他驱逐出境，王鸾见形势危急，忙请来何校长出面调停，这才避免了一场风波。

何校长见他们处境委实艰难，又为他们代出旅费，帮助购买了第二天返国的船票。

张竞生两人从小印刷店出来，漫无目的地在街头踯躅。经过一间咖啡店，一阵香气扑鼻而来，这才感到已是饥肠辘辘，遂走进店里，找了一个角落坐下，各要了一杯咖啡，这是他们平生第一次喝咖啡。张竞生刚呷了一口，感到又苦又涩，像喝中药一样难以下咽。王鸾啐得满地都是水渍，张竞生则硬着头皮把这杯黑乎乎、苦涩涩的咖啡咽了下去。他自嘲地想道，这人生的第一次远行，就像人生第一次喝咖啡一样，既刺激、过瘾，又无奈、苦涩。

新加坡之旅虽然无功而返，却也不虚此行。至少，张竞生面谒先生，面聆教诲，并且深深懂得，要有所作为，必须回到国内；要革命成功，必须屏弃旧垒。

二、父亲的礼物

阴雨连绵的梅雨时节，张竞生从新加坡铩羽而归，心里郁郁寡欢，寻思着只有按照孙中山先生的指引，继续北上求学，才能走出重重困境，才能成就一番事业。

这时，父亲的阴影再次笼罩了张竞生。对于张竞生北上求学的要求，父亲表示坚决反对。父亲的道理很简单，张竞生读的书已够多了，管财理账已绰绰有余。他希望张竞生子承父业，在家乡学做生意，不要往所谓读书这个无底洞再扔钱财了。

父子关系一贯形同水火，原来一个在家村居，一个在外读书，倒也相安无事。这下子短兵相接，大有一触即发之势。毕竟父亲虽是原来的父亲，儿子已非原来的儿子！张竞生悲愤地想，这些年，因为庶母的挑拨离间，父亲一度不接济他的学费，使他的学业几乎难以为继，因此，内心里对这种"父亲过失"一直耿耿于怀。现在，作为父亲，又对自己儿子的前途横加阻滞，新仇旧恨，一齐涌上心头。张竞生血气方刚，盛怒之下，跑到三饶镇县衙门口击鼓鸣冤，状告父亲。

张竞生的忤逆行为，在饶平县引起轩然大波。开明者誉之为有志气，保守者骂他是不肖子。但不管如何，张竞生的这次反抗斗争取得了胜利，在县令龙朝翊的调解和劝谕下，父亲不得不勉强同意张竞生继续外出求学。但，真要继续求学，必先娶了老婆。不孝有三，无后为大。否则，就是告到京城去，老子也要奉陪到底！

二哥江楼担心张竞生犟脾气上来，又跟父亲顶牛，就婉言相劝，要张竞生顺了父亲的意，把亲事办了，也是给老父亲一个台阶下。

只要能读书，即使委屈自己也在所不惜了。张竞生决定顺坡下驴，热热闹闹地把婚事办了，仿佛不为自己，只为父亲。因为那是父亲送给自己的绝无仅有的"礼物"。

张竞生十岁的时候，曾按照父亲之命、媒妁之言，与邻村年仅八岁的姑娘许春姜订婚。那时少不更事，也没有一面之缘，全凭父亲一句话，就订了终身。

一位美国汉学家在谈到中国五四那代人时曾感慨地说：他们在

思想上猛烈地反传统，而行为上却十分的传统。的确，他们是旧时代的遗腹子，又是新时代的早产儿。他们的前脚也许已迈上世界潮流的快车道，可身后却往往背上了家庭的重负与情感的重负。与张竞生同时代后来又成为北京大学同事的鲁迅和胡适都无一例外地遭遇了同一种命运。

操办婚事的那天，张竞生像木偶一样任人摆布，而揭开新娘盖头的那一刻，张竞生更是如被一瓢凉水兜头淋下，登时就冷了半截，仅有的一点热情和幻想都被抛到爪哇国去了。张竞生不禁哀叹道："我前世不知犯什么罪过，今生竟得到这样的伴侣！"

这份强加的"礼物"对他的心灵造成创伤，给他的人生留下阴影，都变成了他今后家庭生活的隐患。当然，这一枚无意结下的苦果也为张竞生日后思考妇女观、婚姻观，直至人生观提供了直接的现实材料和思想资源。在反思这一场由父兄包办的婚姻时，张竞生颇有切肤之痛：这是小孩子式的夫妻。不久，这样的小孩子又生出许多小孩子！这是小孩的世界。小孩式的夫妻结合后，也就在小孩式的生命间死去了！

结婚一个多月，名为夫妻，却形同陌路，新娘矮胖的身材、俗不可耐的谈吐，都让张竞生感到索然寡味。他记挂着早点外出读书，于是独自到上海，进入法国天主教会所办的震旦学校学习。

震旦学校位于上海法租界的徐家汇，是法国天主教挺进中国的桥头堡和大本营。他们到中国办学的目的，并非为了开启中土民智，发展华人教育，而是为了宣传西方宗教，输入殖民文化。因此，学校的教师全部由法国教士担任，除国文由中国教士任教外，其余的课程全部由法国人教授，尤其注重法文的课程。而所谓法文课程，实际并无什么高深的学问，只是老生常谈的宗教中的教义。

震旦学校原址 —— 徐家汇天文台

学校的组织，也完全宗教化。他们希望学生通过中规中矩的学习而成为天主教的忠实信徒，或者至少为法国人所用，成为他们控制中国的工具。张竞生虽然对这种教学内容和教育方式极为反感，但是他真心喜欢法文，唯一的志愿就是学习法文，特别是在黄埔陆军小学学习了二年多的初级法文后，打下了基础，培养了兴趣，更重要的是父亲常以不接济学费相威胁，如能通过进一步的法文深造，掌握了这门语言，可为书馆翻译书籍，也算是开辟了一条谋生的道路。

这是张竞生的如意算盘。经历了求学的曲折和身世的漂泊，张竞生深感潜心向学、业有专攻，拥有一张安静的书桌，扎实地掌握一门学问，这样的机会对他来说是多么来之不易，因此格外地珍惜，也格外地用功。可是，进学校不久，张竞生就感到深深的失望，这些所谓的法国老师不但不学无术，徒有虚名，而且装腔作势，为师不尊，把肉麻当有趣。他们不但身穿中国长衫，足蹬敞口布鞋，头上留起了垂垂的豚尾，旁若无人地招摇过市，而且私生活极不检点，作为教士规定不能结婚，暗中却逛窑子、养情人，其乖张怪诞的行为令人侧目。更为离谱的是，他们以办学为幌子，却不务正业，凭借法租界的势力大做地皮生意，开办出版社、印刷厂，还有气象台和教堂等等，为教会攫取巨额财富，在徐家汇俨然一个独立王国。

乘兴而来，败兴而去。遭遇了这样的学校和这样的老师，张竞生只好自认晦气。在震旦学校读了一个学期后，张竞生再也待不下去了，就辗转到了北京，准备投考京师大学堂法文系。

京师大学堂始创于1898年，是西风东渐的结果和维新变法的产物。其开办之初在京师设立师范馆、仕学馆、译学馆、医学馆，后来添设进士馆和实业学堂，旨在培养和储备经邦济世的各类英才。取消科举制度后，新学兴起，人才辈出，为适应培育英才的需要和富国强民的情势，学部奏请清廷准许京师大学堂遵循西方大学通例，开办各分科，以扩充科系，整齐学制。得到清廷照准后，京师大学堂即行文各省，要求各省督抚学政就近调考咨送预科新生，符合条件的考生也可自行赴京投考。张竞生带着京师大学堂公布的招生告示，从上海的震旦学校来到京师大学堂，从后门进去报名，他渴望成为这所中国最著名的高等学府的一名学生。

离入学考试还有半年。初到京都，一切都是那么新奇而瑰丽，香山有诱人的秋色，八达岭有壮观的长城，昆明湖有粼粼的波光在闪耀，甚至八大胡同也有许多神秘的故事，这些对年轻人都是不可

京师大学堂分科大学文科教学楼遗址

抗拒的诱惑。然而，张竞生不为所动。他找到了宣武门内的一间巍峨的大洋楼，又进入了法国教会所办的法文高等学校，继续争分夺秒地学习法文，虽然教材教程和授课方式与上海的震旦学校如出一辙，一样令他难以忍受，但他想着要考进京师大学堂，不抓住时机学多一点，学深一些，却斤斤计较于所谓僵化的教条，岂非舍本逐末，不得要领？于是他更加发奋地学习，整整半年，没有走出宣武门一步！

　　1909年2月23日至25日，张竞生参加了京师大学堂的入学考试，考试的科目有中文文论、外国文论、中外历史、代数算术、平面几何、物理化学等。张竞生有备而来，以自愿投考的身份，过关斩将，顺利地考进了京师大学堂法文系。

三、谋救汪精卫

京师大学堂原是国家养士育材的首善之区，但目今天下方多事，清廷正处于大厦将倾之际，纷乱的局面与动荡的人心必然越过矮矮的围墙，波及到校园中，尤其是声势日众的革命党人起义，一次比一次更强烈地撼动清廷，使清廷上下人心浮动，杯弓蛇影。在法文系里，张竞生、林庚白、孙炳文、陈和铁、胡先骕等几个少年学生，已经受过革命洗礼，经常聚在西斋的自修室里议论时局，也有以诗酒唱和为掩护，暗中进行宣传鼓动的。

物以类聚，人以群分，这几个热血少年头角峥嵘同进同出，与暮气沉沉管理严苛的学校当局相比，早已显得格格不入，分外惹眼，而最为学校当局所不能容忍的，就是他们头上的辫子已被剪去多时，倘不严加管束，任由他们招摇过市，无异于纵容造反。因此，进入学校不久，张竞生等人就遭到大学堂总监督刘廷琛的悬牌申斥，限令他们蓄辫自赎，否则立即予以开除。

刘廷琛是一个顽固的保守派和强悍的死硬派，他本能地维护本阶级的立场和利益，死心塌地地效命清廷，极端仇视学生运动和党人起义。1908年1月，刘廷琛就任京师大学堂总监督，在他到任不到十天内连续下发两道禁止学生开会结社的禁令。1908年1月4日的禁令称："学生干预政事，开会结社，历奉严旨查禁……各学堂学生自应一体凛遵，潜心向学，各学堂管理员等亦当随时随事训诫劝导……"这道禁令似乎过于简略，或者过于温柔敦厚，未能体现刘廷琛以严治校的霹雳手段，1908年1月9日，刘廷琛又下发了第二道禁令："不准干预国家政治及离经叛道、联盟纠众、立会演说等事，

均经悬为厉禁 …… 如有废弃读经讲经、功课荒弃、国文不习，而教员不问者、品行不端、不安本分，而管理员不加惩革者，不惟学生立即摒弃惩罚，其教员、管理员一并重处，决不姑宽 …… ”

在如此强大的压力下，大学堂颇有风声鹤唳的情势。张竞生等人虽不至于惊慌失措，但好汉不吃眼前亏，为避其锋芒，也需别思良策。急中生智，张竞生买了一条假辫钉在帽子上，遇到查堂或外出时，把帽子戴起，颇能蒙混过关。其他同学也纷纷仿效张竞生，假戏真做，一场小小的危机就这样消弭于无形。

然而，树欲静而风不止。革命风潮已势如燎原，京师大学堂也远非世外桃源了。

张竞生进入京师大学堂几个月后，就从进步学生孙炳文那里得知，汪精卫等革命党人正在积极准备暗杀活动，以此警醒国民，唤起革命意识。

汪精卫，这个名字似乎有点熟悉 …… 张竞生想起来了，一年多前，在新加坡的同乡张永福的晚晴园里，曾多次听孙中山先生提起这个名字，孙先生称赞他文章写得好，又有很强的行动能力。其时，汪精卫因参与组织河口起义失败正退守新加坡，就住在晚晴园里，只是时机未到，两人缘悭一面。

汪精卫，本名汪兆铭，1883年5月4日出生于广东三水，少时聪明伶俐，才思敏捷，早年留学日本，追随孙中山参加革命，参与筹建同盟会，被大会选举为评议部部长，参与创办同盟会机关报《民报》，为《民报》的重要撰稿人，“精卫”就是他在《民报》上发表文章使用的笔名。

革命形势像潮汐一样，有时潮涨有时潮落。为了应付非常情况和非常局面，同盟会成立后，专门设立了暗杀部，由年轻的女革命党人方君瑛负责，邀请流亡日本的俄国无政府主义者传授暗杀技术，汪精卫、黄复生都参加学习。当革命处于高潮之际，汪精卫并不迷信暗杀活动，他认为，革命是不能"刺杀一二宵小而唾手可得之"的，暗杀活动只能作为通权达变的"最后武器"。当孙中山在中国南部发动的潮州黄冈、惠州七女湖、钦廉防城、镇南关、钦廉上思、河口等六次起义相继失败后，革命暂时转入低潮，资产阶级和小资产阶级知识分子的软弱性和动摇性的先天弱点日益突现出来，同盟会会员中相当程度地滋长了一种沮丧情绪，一些革命者对继续做艰苦细致的革命发动工作失去耐心，一些革命者则彷徨悲观日渐消沉。而康有为、梁启超却幸灾乐祸，乘机讥讽同盟会领袖为"远距离的革命家"，"徒临人于死，已则安享高楼华屋"。清廷也虚张声势，宣布"预备立宪"，以欺骗舆论，维持皇权。在这种情势下，汪精卫既愤怒又失望，为了"挽回党人的精神"，"谋一击清廷重臣，以事实表现党人之决心"，汪精卫决定实施其"短兵相接"的暗杀计划，希望"借炸弹之力，以为激动之方"。

对于汪精卫的暗杀行动，孙中山、黄兴、胡汉民等同盟会领袖都曾直言相告，陈明利弊，一再劝阻，但汪精卫"意志已决，莫能挽回"。1909年11月上旬，汪精卫、黄树中、喻培伦等暗杀团成员怀着壮士断臂的悲壮悄然踏上北去的征途，汪精卫在致孙中山及南洋诸同志的告别信中说："盖此时团体，溃裂已甚，维持之法，非口实可弥缝，非手段可挽回，而在吾等努力为事实所进行，则灰心者复归于热，怀疑者复归于信。……弟等之为此事，目的在于破敌，而非在于靖内变也。""革命党之行事，不能以运动为已足，纵有千百之革命党运动于海外，而于内地全无声响，不见有直接激烈之行动，则人几忘中国之有革命党矣。故运动与直接激烈之行动，相循而行，废一不可。"临行前，汪精卫又对胡汉民等依依惜别："此行无论事之成否，皆必无生还之望。""弟虽流血于菜市街头，犹张目以望革命军之入都门也。"其壮怀激烈殉道以返的场面令人泫然涕下。到京以后，汪精卫还多次以书信形式向胡汉民说明暗杀行动的重要性和必要性："革命党人只有二途，或为薪，或为釜，薪投于火，光熊然，俄顷灰炉；而釜则尽受煎熬，其苦愈甚。二者作用不同，其成饭以供众生之饱食则一。"并血书八字以赠胡汉民："我今为薪，兄当为釜。"

1910年1月，在黄复生先行一步潜入北京建立机关后，汪精卫、喻培伦、黎仲实、陈璧君等相继潜入北京，在北京琉璃厂火神庙夹道秘密集合，并在东北园租赁一间房子，作为活动据点。为避人耳目，特意开设"守真照相馆"作为掩护。然后，汪精卫叫喻培伦、黄复生重返东京，把炸药装在棉背心的夹套里，穿在身上带回北京。这样，万事俱备，众人伺机等待下手的机会。起初，汪精卫计划炸死庆王奕劻，因戒备森严不能近身而作罢，又准备改刺刚从欧洲考察军事归国的贝勒载洵、载涛，因真假莫辨无功而返。最后决定炸摄政王载沣，载沣是宣统皇帝溥仪的父亲，溥仪年纪尚幼，摄政王实际主持一切政务。汪精卫他们认为，刺杀摄政王实际上就是刺杀太上皇，更有一种惊听回视的效果，他们被这个伟大的目标激动着，也为此而苦心焦思，反复谋划。摄政王府坐落在地安门外后海鸦儿胡同附近，经过周密踏勘，刺杀的地点确定在摄政王上朝必经之地的甘水桥。为了加大爆炸力，汪精卫还在骡马市大街鸿太永铁铺铸造了一个可盛四五十磅炸药的"铁西瓜"（炸弹壳），偷偷运回守真照相馆，连夜赶制成大型炸弹。

1910年3月31日深夜，月黑风高。汪精卫与喻培伦、黄复生蹑

喻培伦像。曾参与刺杀摄政王，后在黄花岗起义中牺牲，为"七十二烈士"之一

行至什刹海附近的甘水桥埋设炸药，在挖坑掘土时，因狗吠声四起，不能继续工作。次日深夜，喻培伦、黄复生两人在原地将炸弹埋好，但因敷设的引炸电线太短，不够连接到隐蔽处引爆，只好明日再来。第三天晚上，黄复生、喻培伦正在桥下接电线，被桥上一个男子发觉，黄、喻匆匆返回住地。情况紧急，经连夜集议，推喻培伦去东京重购炸药，黎仲实、陈璧君往南京、广州、南洋筹款，再相机行事。

那个原想跟踪妻子红杏出墙的男子，无意中却撞破了一起惊天大案。清政府接报后，以"铁西瓜"为线索严加追查。4月16日，北京警察厅逮捕了汪精卫、黄复生、罗世勋。在审讯中，汪精卫写了长达数千言的"供词"，他历数清廷祸国殃民的罪愆，抨击清廷预备立宪的骗局，宣告了清廷必将覆灭的命运。"此真燕雀巢于屋梁，而不知大厦之将倾也。""中国之情势，非于根本上为解决，必无振起之望。""非摧去强权，无由收除旧布新之效果也。""故革命诸人，以为欲达民主之目的，舍与政府死战之外，实无他法。"

汪精卫被系狱中，料定必死无疑。这是他谋定后动的必然命运，现在求仁得仁，他也就泰然处之。他在狱中写下了《被捕口占》四首，其中一首道：

> 慷慨歌燕市，从容作楚囚。
> 引刀成一快，不负少年头。

张竞生、孙炳文、林庚白等京师大学堂里面的进步学生捧读着这从狱中辗转流传出来的铿锵有声、悲壮动人的革命诗句，感动得热血沸腾，进一步强化了投身反清革命的决心。彼时的他们岂能想到汪精卫会成为革命之路上的小丑呢？

汪精卫在京被捕的消息传开，刚刚抵达新加坡的胡汉民闻讯大惊失色，捶胸顿足道："精卫死矣！"同行的黄兴和赵声都长吁短叹，痛惜革命党折损了一员大将。几天后又得到消息，说清廷正在严加审讯，没有马上施以极刑。

恰在此时，黎仲实、陈璧君昼伏夜行一路潜逃来到新加坡，也带来了汪精卫的最新消息。原来，载沣一开始就要处死汪精卫、黄复生，因同盟会会员程家柽正在肃亲王善耆府中任家庭教师，他趁机做了善耆的工作。他对善耆说："国家如杀汪、黄，则此后党祸日夕相寻，非朝廷之福。"善耆也因清政府正标榜立宪，为收买人心，以从轻发落为有利，便劝说载沣不予刑辟，将汪、黄交法部永远监禁。载沣虽恨不得剥汪精卫的皮、喝汪精卫的血，但一想到目下革命党势焰正盛，汪又是骨干分子，倘若杀了汪精卫，引爆了火药桶，惹出更不可收拾的事端，岂非小不忍而乱大谋，只好听从善耆的劝告，判令汪精卫等终身监禁。

胡汉民等得知清廷尚无杀害汪精卫之意后，旋即开展紧急营救，遂与赵声、黎仲实、陈璧君等人摒弃其他革命工作，以营救汪精卫为第一要务。他们多次磋商，共谋营救良策，密商的结果是准备募集一笔款项赴京活动。因陈璧君倾慕汪精卫，视汪精卫为未婚夫，奔走营救筹措费用最力。

经费落实，胡汉民坚持要一同赴京观察形势，以便有所动作，

年轻时的汪精卫与陈璧君

陈璧君、黎仲实极力反对，认为这样做不但于事无补，而且还会使目标更容易暴露，拖累其他同行的同志。胡汉民于是以哀求的眼光望着赵声，没想到赵声却赞同陈、黎的意见，他还向陈、黎提供了一个极重要的线索，让他们到京师大学堂法文系找张竞生想办法。赵声简单地介绍了一下张竞生的情况后，满有把握地说："公室是一位极热诚的革命同志，他一定不会让你们失望的。"

刺杀摄政王事件的发生使清廷大员成了惊弓之鸟，为安全起见，他们纷纷加强了保卫，一时遍地腥云，满街狼犬，初夏的京城一派肃杀。京师大学堂更是严令学生不得私自外出，违者将予以惩处。

忽然有一天，一个名片中写着"张俞人"的陌生人径到西斋的寝室来找张竞生。正值多事之秋，张竞生警觉地询问对方，来者何人？有何贵干？对方示意张竞生不要吭声，进到房里再说，张竞生遂把张俞人引到小客厅里一个隐蔽的角落。刚刚坐定，张俞人就屏声静气地说："赵伯先让我们来找你！"

赵伯先是张竞生革命的启蒙者和引路人，但偌大的京城谁也不知道他张竞生跟革命党有这么隐秘的渊源，来人一见面就单刀直入地点破这层关系，可见是了解内情的。

张竞生关切地说："赵监督现在何处？你们找我什么事？我能办到的一定效力。"

张俞人遂把汪精卫刺杀摄政王被捕后，国内和海外的革命同志十分关注，同盟会领导人千方百计寻求营救，胡汉民、赵伯先亲自部署和具体安排，陈璧君、黎仲实四处奔走的情形密告张竞生，然后直截了当地说："我与黎仲实、陈璧君、方君瑛等专程从新加坡

京师大学堂西斋旧址，1910年4月，张竞生曾在此参与谋划营救汪精卫

来，想打通关节，把汪先生从监狱里救出来，伯先说你是我们的同志，所以前来找你商量办法。"

听了张俞人的话，张竞生惊喜参半。惊的是这种诛灭九族的大事，现在参加进去，一旦事机不密，暴露出来，不但自己引来杀身之祸，还要牵连到监狱里的汪先生遭受更大的苦难；喜的是能够参加救助为民族解放不惜抛头颅洒热血的革命党人，是一项无上光荣的事情，即便担着杀头的风险，也应尽自己的一份努力。张竞生便问张俞人，打算如何营救汪先生？张俞人说他主要是来通报情况，如蒙允诺，陈璧君将于晚间亲自与张竞生密谈。张竞生满口应承。

当天晚上，张竞生偷偷溜出西斋，与在沙滩街角等候的张俞人会合后，两人东躲西藏，拐弯抹角，终于在一条暗巷的小寓内，见到满面凄凉憔悴的陈璧君。

张竞生的出现使数天来几经辗转处处碰壁而又担惊受怕的陈璧君重新燃起热望。既是同志，又是同乡，陈璧君内心踏实了几分。

看到陈璧君愁容满面的样子，张竞生一时不知道怎么样来安慰她。为了打破沉闷的气氛，张竞生半是叹息半是惋惜地说道："可惜汪先生这样牺牲。以他的才能，何必做这等危险的事情；只要几个普通党人，就可暗杀满酋。自己一面，应利用笔锋去鼓吹；另一面，应在国外号召，内外呼应，方可成事。"

话刚说完，张竞生就有些后悔，因为这个时候说这些话实在没有意义。没想到，这却唤起了陈璧君的激情和斗志。陈璧君激动地说："正因为汪先生不能无谓地被牺牲掉，我们才要拼尽全力营救他；也因为汪先生是一名'文武全才能员'，我党要革命成功，才不能没有他！"

接着，陈璧君向张竞生提出了详细的三步营救计划。第一步，因为都是广东老乡，请张竞生以汪先生表弟的身份到法部监狱探监，摸清敌情，传递信息，鼓舞汪先生的斗志。第二步，按照清朝的条例，花二万多元捐纳一个实缺的主事，再谋为法部监狱的监狱官，这样就可以设法把汪先生放走。第三步，如果明的不行，就来暗的，偷偷地从狱外隐蔽处挖一个地道，直通牢房，以此救出汪先生。

这个女子胸有韬略，临难不乱，讲得头头是道。张竞生开始还有一些犹疑，经陈璧君这么一鼓动，觉得自己此时此刻不站出来一起营救汪先生，枉为男子汉，也辜负赵监督的信任。

第二天中午，张竞生以表弟身份来到法部监狱北监探望汪精卫。事前，陈璧君通过关系买通了狱卒，因此，张竞生一路畅通无阻，而且还带了一篮鸡蛋进去。见面的时候，张竞生一语双关地告诉汪精卫，姑妈一切都好，请他不要挂念。临走时，张竞生意味深长地盯了一眼那篮鸡蛋后，才交给汪精卫。汪精卫心领神会。

等那位看牢监的狱吏锁好牢门刚转身，汪精卫就迫不及待地把十多个鸡蛋一一细察，终于在其中一个鸡蛋上发现陈璧君的笔迹——"忍死须臾"四个字。汪精卫欣喜若狂，当即咬破手指，血书"信到平安"四字答还陈璧君。

张竞生就这样，帮汪陈二人传书奔走，但多日下来，营救却毫无希望。这时，孙中山由美国的三藩市取道檀香山、日本来到香港，当即约胡汉民、赵伯先、黄克强等商议当前形势与再度举行起义的计划。孙中山一见到胡汉民，就对他说："我知子等谋营救精卫，我意再起革命军，即所以救精卫也。夫谋杀太上皇而可以减死，在中国历史亦无前例，况于满洲？其置精卫不杀，盖已为革命党之气所慑矣。子亦尝料满洲必覆，则何不劝仲实、璧君诸人，集中致力于革命军事，而听其入京作无益之举，中于感情，而失却辨理力，我不意子亦如是也。"这就是说，只有发动革命军起义，取得革命胜利，才是营救汪精卫的最好办法。胡汉民接受了孙中山的意见，通知在北京营救汪精卫的陈璧君、黎仲实立即返回香港，准备参加广州起义。

四、阁楼上的风景

陈璧君、黎仲实撤出京师，远扬而去，在他们固然脱离险境，可保无虞，但张竞生却时刻处在危险的威胁之中。因为毕竟京畿重地，森罗万象，所谓"党人"寥若晨星，倘有风吹草动，搜捕起来如同探囊取物，易如反掌。具有讽刺意味的是，张竞生等冒死相救的汪精卫，此时却在肃亲王善耆施展的各种软化手段面前，精神的防线正在发生可怕的动摇，出现消极情绪，产生妥协心理。为进一步控制汪精卫的思想，善耆专门派人在法部监狱另辟一间装裱一新并配有家具的房间给汪精卫单独使用，"复赠以图史百帙"，并多次找汪精卫密谈，表示倾慕，甚至对《民报》所阐述的革命主张，也认为不够彻底。老谋深算的善耆广征博引，用睥睨一切的傲慢姿态，以探讨学理的礼贤下士风度，慑服了这个血气方刚的"革命"青年。贝子溥伦也曾到狱中探视。在他们的拉拢下，汪精卫的思想起了变化，对自己的革命行动开始表示了忏悔。这种变化，在汪精卫被监禁后期的诗作中已表露无遗。如他在《有感》一诗中写道：

> 忧来如病亦绵绵，一读黄书一泫然。
> 瓜蔓已都无可摘，豆萁何苦更相煎。
> 笳中霜月凄无色，画里江城黯自怜。
> 莫向燕台回首望，荆榛零落带寒烟。

在这里，汪精卫已把革命党与清王朝之间的殊死斗争，比喻为兄弟相残，而诗中流露的凄凉寂寞的心情与刚入狱时"从容作楚囚"的慷慨激昂相比，前后判若两人。在《述怀》一诗中，他竟对自己的革命行动自责自悔起来：

> 平生慕慷慨，养气殊未学。
> 哀乐过剧烈，精气潜摧剥。

革命意志产生动摇，思想境界不啻有霄壤之别。他甚至对清室产生了感恩心理，在后来回忆这一段狱中生活时，汪精卫情不自禁地写道："救我命的是肃亲王。肃亲王为使我抛弃革命的决心，用尽了种种方法。"难怪北方革命党人曾指出："兆铭在狱时，固已投降民政部大臣肃亲王善耆。"

对高墙里汪精卫的变化，张竞生自然是蒙在鼓里。更为要命的是，恰在此时，为加强对学生的管制，学部又专门下文咨明京师大学堂："如学生有被人诱惑，敢于干涉政事，或教员等从中鼓动等情，即予分别开除斥退，毋稍宽纵，是为至要。"张竞生自忖所参与的不仅仅是干涉政事，而且是成为朝廷钦犯的同党，情节不知要比这个严重多少倍，现在风声一日紧似一日，倘被发觉，头颅落地，不过是旦夕之间的事，因此，惶惶不可终日。讲席上国文教习郭立山先生墨守桐城家法，作文虽颇具删繁就简的能耐，讲课却极不流畅，期期艾艾，不知所云，令人昏昏欲睡。至于专业课里那两名法文教授，所汲汲用心的不过是那一堆味同嚼蜡的法义义法而已，其他的就黔驴技穷，难以为继了。在这种情势下，张竞生很想断然退学，一走了之，但转念一想，真要放弃京师大学堂，父亲是绝对通不过的。如果就这样不管不顾地离校，家里不再供给经费，以后就只好终身失学了。

留也不是，走也不是，进退两难，学校如同监牢，这简直是活受罪。张竞生整日彷徨失措，不知所终，再也没有心思用功做学问，只求能够敷衍功课及格，其他时间就漫无目的地东走走，西逛逛，借以消磨穷极无聊的时光，排遣郁闷惶恐的心情。

一日，张竞生百无聊赖，独自步出西斋的寝室，来到位于马神庙西侧四公主府的藏书楼，想找些闲书来看看，以抚慰他那颗躁动

位于马神庙西侧四公主府的京师大学堂藏书楼，该址现为人民教育出版社的宿舍楼

不安的心灵。

四公主是乾隆皇帝的四女儿和硕和嘉公主，生于乾隆十年（1745），1760年十六岁时下嫁大学士一等忠勇公傅恒之子福隆安，1767年去世，年仅二十三岁。按清朝旧制，驸马与公主之间有种种君臣之礼相隔，仪式繁琐，公主不宣召，驸马不得进见，故公主驸马多数都是不和睦的怨偶。但相传这位四公主却与众不同，与驸马情爱甚笃，虽相伴仅七年却生育了很多子女。故有人称四公主为"那个时代的改革分子"。张竞生走在四公主府院内的甬道上，望着典雅的红墙和墙外高大的绿柳，摸着自己"这个时代的改革分子"的脑袋还扛在肩膀上，苦笑着摇了摇头，多日紧张的神经松弛了下来，心情一下子也开朗了许多，不觉足下生风，绕过院中的小荷池，穿过前堂的日晷柱，悠然步进藏书楼。

藏书楼在四公主府里院的二楼，原来是公主的梳妆楼。一股书韵墨香扑鼻而来，张竞生简直有些沉醉了，他一头扎进了书海，一读就是一整天。他终于找到了自己苦难岁月的洞天福地，以后天天跑来藏书楼读书。

也许要寻求精神痛苦的解脱之道，张竞生最先对佛教的书十分感兴趣，几乎把馆藏的佛书都翻了个遍。大概是悟性不高，或者是慧根太浅，或者是没有佛缘，他感到那些佛书了无意趣。倒是一些高僧传里写到的特立独行，嘉言懿行，颇引起他的共鸣和思索。其中一篇《齐京师中兴寺释僧印》的事迹深深地吸引和震撼着他：

> 释僧印，姓朱，寿春人。少而神思沉审，安苦务学。初游彭城，从昙度受三论。度既擅步一时，四远依集，印禀味钻研，穷其幽奥。后进往庐山，从慧龙咨受法华。龙亦当世著名，播于法华宗旨，印偏功构彻，独表新异。于是东适京师，止中兴寺，复陶思涅槃及余经典。宋大明中，徵君何点招僧大集，请印为法匠，听者七百余人。司徒文宣工、东海徐孝嗣，并把敬风猷，屡请讲说。印戒行清严，禀性和穆，含恕安忍，喜愠不彰。时仗气之徒，问论中间，或厝以嘲谑，印神采夷然，曾无外意。虽学涉众典，而偏以法华著名，讲法华凡二百五十二遍。以齐永元元年卒，春秋六十有五矣。

释僧印的"偏功构彻，独表新异""厝以嘲谑……曾无外意"的创新精神和处变不惊的风度，使张竞生如醍醐灌顶。

同学中能够如张竞生般安下心来泡藏书楼的实在是凤毛麟角，有一位四五十岁的人引起了张竞生的注意，此公就是大名鼎鼎的老学生陈汉章，他的"独表新异"的个性，使张竞生又见识了同时代的"另类高僧"。原来，陈汉章与陈石遗相仿，也是专攻经学。他是浙江象山人，读书博杂，学问甚好，京师大学堂慕其名，聘他为教员，但他到学校后，却被藏书楼丰富的藏书所吸引，于是做出了一个令人瞠目结舌的决定：不当教员当学生，以求能尽览藏书楼的书籍。此事在京师大学堂也有不同反响，有的视为怪事，有的传为美谈，但在张竞生看来，这种为读书而读书、为学问而学问，只问耕耘、不问收获的志行与操守，是值得肯定的。

在藏书楼里，张竞生领略了绚丽的色彩，也看到了独特的风景：

在这个礼教森严的藏书楼，竟然被我发现一本奇书，一本德文的奇书呢，它乃将世界各民族的女子阴户影为图相，赘以说明书，以为比较研究。这本书乃一德国学者游历世界实地考察的。虽则其中的阴户种种色色，千形万状，有的那样阔，那样大，又如南非洲荷东托族的小阴唇特别长，臀部格外高的介绍，因为都是照事实说出的，所以不能说它是淫书，最多只可说是奇书。

有人要这样问："既是学者，又有钱游历全世界，别项学问又那样多，偏去考究那个秽亵的阴户问题，实在太无谓吧！"现先当知的是对这个问题的观察点，常人与学问家，根本上不大相同。常人不肯说，不肯研究，只要暗中去偷偷摸摸。学问家则一视同仁：他们之考究阴户与别项性问题，也如研究天文之星辰运行、日月出没一样。这个并无所谓秽亵，与别种学问并无所谓高尚。同是一种智识，便具了同样的价值。且人生哲学，孰有重大过于性学？而民族学、风俗学等，又在在与性学有关。学问家，一面要有一学的精深特长；一面，对于各种学问，又要广博通晓。无论哪种学问，都可研究。而最切要的，又在研究常人所不敢，或不能研究的问题。（张竞生:《两度旅欧回想录》，原载《读书杂志》第二卷第六期，神州国光社，1932年）

越是压抑的社会，越要寻求人性的释放，这大约也是人类精神领域一种自我平衡和自我补偿的机制。对于日常功课的厌倦，对于现实危险的恐惧，使张竞生对这本德国奇书如获至宝，反复研究、揣摩，并对人类学的发展、性学的神奇发生了浓厚的兴趣。这本书的书名叫《世界各民族女性人体》，是一本人类学著作，作者施特拉茨是德国著名的人类学家，他为了写作本书，克服种种困难，游历世界各地，在非常困难的情况下，收集整理了世界各主要民族女性人体形态的图片与资料，并结合文化艺术进行评述，为人类科学的发展留下了重要文献资料，也为研究和欣赏女性人体美留下了宝贵的遗产。这本书在1901年出版，藏书楼收藏的是中国唯一一本，大约是京师大学堂首任总教习、美国传教士丁韪良罗致进来的。只能说人与书的相遇也是有缘分的。

此时，汪精卫已经入狱一年，再也没有人来找张竞生谈论营救的事情，革命党人都到南方忙着组织起义。四月的一天，张竞生从孙炳文那里听到了一个令人震惊的消息：三月下旬，根据孙中山先生的指示，赵声任总指挥、黄兴任副总指挥，策动和领导了广州黄花岗起义。这次起义，原来计划十分周密，由于同盟会会员温生才突然刺杀广州满将军孚琦，而使敌军加紧了戒备，打乱了部署。起事那天，又因赵声未能在预定时间带援军进城，以致黄兴率领的一百多人的小分队遭遇张鸣岐、李准防营大部队，三路合围，寡不敌众而遭失败。黄兴侥幸逃出，而去年曾与汪精卫一起谋炸摄政王的喻培伦以及其他七十多人却壮烈牺牲，这就是后来闻名于世的"黄花岗七十二烈士"。

对于此次失败，胡汉民和黄兴都能面对现实，唯独作为总指挥的赵伯先始终悲愤难抑，深为自责，忧思之下，竟得了盲肠炎，等到送往香港的医院进行手术治疗的时候，腹腔里面已经化脓感染，没几天就去世了。广州起事前，黄兴专门写了一幅书法送给赵伯先："丈夫不为情死，不为病死，当为国杀贼而死！"赵伯先看了连声说好，引为同道，没想到天不遂人愿，伯先没有战死在广州的革命暴动，却病死在香港，真是令人唏嘘不已！

对于赵监督的英年早逝，张竞生十分悲伤。回想赵监督的雄豪英武以及对自己的谆谆教诲，张竞生不禁潸然泪下。他遥望南天，寄托哀思，想到死者长已矣，生者何戚戚？自己再也不能困守深院，蹉跎岁月。藏书楼的风景虽然旖旎，但在乱世之下，也不过是海市蜃楼，太虚幻境。国难当头，应该效法先烈，挺身而出，奔走国事。自古英雄出少年，张竞生由赵监督想到了广东老乡丁日昌。丁日昌当年回乡之后，病体沉重，加上官场倾轧，心灰意冷，因而表示要一心钻研古文，不再问人间事。李鸿章很不客气地批评他说：你这样做，不是不可以成为一大名家，将作品藏之名山，传之后世，但从汉朝到现在，不患无文人学人，察其究竟，仍不过是文学而已，"于当时奚益？于后世奚裨？人生如朝露，倘及时得手，做成一件两件济世安民顶天立地事业，不更愈于空言耶？"李鸿章的话如雷贯耳，催人猛醒，丁日昌于是再次扶病出山，办洋务，肃吏治，成为官拜一品的封疆大吏。

先贤先烈，导夫先路，张竞生感到自己也不能满足于做一个自了汉，偏安一隅，苟且偷生，要做一番济世安民的大事业。张竞生又跃跃欲试了。

五、军中马前卒

1911年10月10日，农历辛亥年八月十九日，在经历了前十次由同盟会党人领导的起义失败后，武昌起义一举成功，消息传遍大江南北，各省纷纷响应，相继宣布独立。清王朝的统治顿时陷入了土崩瓦解的局面，清政府惊恐万状，为挽救行将覆灭的命运，一面重新起用袁世凯为内阁总理大臣并派往湖北镇压革命，一面释放政治犯，以缓和矛盾，涣散革命党人的斗志。在不到半个月的时间内，清王朝连续发布了《罪己诏》和开放党禁的上谕。10月30日，内阁奏请释放汪精卫等人。11月6日，司法大臣绍昌再次奏请释放汪精卫等。同日，清帝发布上谕："法部奏党禁即开，拟将监禁囚犯政治革命嫌疑人犯，请旨悉予释放，并抄录亲供呈览各折片，汪兆铭、黄复生、罗世勋均着开释，发往广东交张鸣岐差委。钦此。"当天，汪精卫等即被释放出狱。这当然是拜武昌起义风卷残云之赐，也应了孙中山只有起义成功才是营救汪精卫的最好办法的预言。

汪精卫、黄复生、罗世勋出狱时，在法部监狱门前受到北京各界一千多人的热烈欢迎。张竞生也专门从京师大学堂赶来接汪精卫。既是同乡，又是战友，还是非常时期的"亲戚"，两人相见，分外激动。这一年多来，张竞生为了汪精卫担惊受怕，这下子总算是一块石头落地。那一份辛酸和苦楚，汪精卫是感同身受的，也是十分领情的，于是相约从此有难同当，一起为革命事业打拼！

张竞生把汪精卫送到佛照楼旅馆住下来后，径回京师大学堂，继续暗中从事革命活动，成为革命军中马前卒。

此时的汪精卫，声名煊赫，风头一时无二，正可谓一出狱门，身价百倍，成了各派势力争相拉拢和结纳的对象。袁世凯正是看中了汪精卫的特殊身份和利用价值，先是通过他的亲信梁士诒与汪精卫暗通款曲，11月13日，又亲自出马，在东华门外锡拉胡同会见。袁世凯向汪精卫表示早就同情革命，赞成改革，汪精卫信以为真，便向袁世凯道出革命党人希望袁以所拥兵力赞襄革命、推翻清廷、实现共和的立场，袁世凯强调中国目前办共和几乎是不可能的，汪精卫当即表示："中国非共和不可，共和非公促成不可，且非公担任不可。"袁世凯沉吟不语。

1911年11月15日，在袁世凯授意下，汪精卫与当时的君主立宪派重要人物杨度共同发起组织了"国事共济会"，旨在策应革命，促成和议。11月27日，张竞生离开京师大学堂，与汪精卫一起赴天津，筹组同盟会京津保支部。辛亥革命后，南方各省的同盟会成为公开活动的政党，而北方特别是京津地区仍处于清政府的反动统治和严密控制之下，革命党还处于地下斗争状况，不便公开活动，但革命组织和团体仍如雨后春笋般地建立，除同盟会、共和会外，还有铁血会、克复学会、光复团、北方共和团、振武社、急进会、女子北伐队、女子革命同盟等。天津的共和会公开号召青年学生"断发"，一时成为革命风尚，还出现了"天足会"，反对妇女缠足。

1911年12月1日晚上九时，共和会、铁血会等众多革命团体以及北方的革命志士齐集天津法租界汪精卫的寓宅，参加中国同盟会京津保支部成立大会。张竞生从下午就开始协助汪精卫忙碌着各项筹备工作，特别是在安全保卫上采取了不少措施。为了确保同志们的安全，会议确定在晚上召开。参加成立大会的，除了汪精卫和张竞生外，还有黄复生、李石曾、赵铁桥、黄以镛、易昌辑、杜黄、黄君颀、黄慎仪、袁羽仪、陈宪民、程克也等十多人。汪精卫主持了成立大会，并按程序进行宣誓和选举，会上大家公推汪精卫为会长、李石曾为副会长。会内分设总务、军事、交通、财政、党务、参谋、宣传、妇女、谍查暨暗杀等十部。彭家珍任军事部长，黄以镛任党务部长，孙炳文任宣传部长，白逾桓任参谋部长，赵铁桥任交通部长，暗杀部不设部长，直属会长、副会长。参加京津保支部的同盟会会员中，以川籍最多，共八十三人，其余直隶籍十四人，鄂籍十三人，粤籍十二人，苏籍、黔籍各十人，豫籍六人，闽籍、鲁籍各五人，滇籍三人，湘籍、皖籍各二人，浙籍、吉籍各一人。会员分布之广泛为其他革命团体所未见。

同盟会京津保支部成立后，筹措活动经费成为当务之急。除了会员捐助一点外，主要由汪精卫和李石曾负责筹措。家资颇丰的陈璧君大力襄助，李石曾也倾囊接济，第一次便出银六百两。李石曾是清朝原协办大学士、兵部尚书李鸿藻的儿子，家道殷实，少怀大志，此前又在巴黎经营豆腐公司，积累了雄厚的经济实力，对草创时期的京津保同盟会贡献巨大。天津兵站部副官彭家珍，负责转运军需，他被赵铁桥、黄以镛发展为京津保同盟会会员后，为京津地区的革命行动提供了马匹、枪械、军粮、军用免费或半费火车票等很多帮助，使京津保地区革命事业如火如荼地开展起来。

张竞生是一介穷学生，对革命没有资金资助，却有一腔热情和勇气，汪精卫就用其所长，专门从会中拨出几千元，叫他和张俞人二人日夜兼程带往烟台，去奖助同盟会会员、关外都督蓝天蔚（字秀豪，湖北黄陂人，先毕业于湖北武备学堂，后进日本陆军士官学校，与吴禄贞、张绍曾并称"士官三杰"）和他的起义部队。没想到他俩赶到的时候，烟台的警察和清军的部队已经把蓝天蔚的起义部队打败了，张竞生和张俞人找不到蓝天蔚，只好返回天津向汪精卫报告。

鉴于"自武昌起义以来，各省响应者殊少，鼓吹革命与宣传主义，似为刻不容缓之图"的情况，京津保同盟会于12月20日在天津创办《民意报》，由汪精卫任总编辑、赵铁桥任总发行，以鼓吹实行"中央革命"为宗旨，造成革命的浓厚氛围。与此相呼应，张竞生回到京师大学堂，跟同学孙炳文、甄元熙等从隐蔽走向半公开，通过各种方式向同学们鼓吹革命的精神，他们还暗中散发《扬州十日记》《嘉定屠城记》等书，提倡思想自由，这些书都是当年赵声引导张竞生走上革命道路的启蒙读物，现在由张竞生向同学们进行宣传，他内心既无限忧伤，又充满自豪，他感到这是对赵声先烈的一种最好的纪念。

那时候，革命党人认为暗杀清廷要员是革命成功的捷径，确定谋刺的主要对象有三人：内阁总理袁世凯、军咨府副大臣良弼、度支部大臣载泽。袁世凯被列为首要对象（南北议和开始后，汪精卫反对刺袁），意在"擒贼先擒王"。

张竞生虽不是"敢死队"的正式成员，但也参与了自制手榴弹和多次行动。为了显示革命的决心，张竞生、孙炳文、甄元熙等同学常常结伴外出，不论在散步、上食店，还是会朋友、走亲戚，每人的手巾都包上几枚鸟蛋一般大小的土制炸弹，这些炸弹并非为了炸敌人，而只是一种风气，显出自己的威风罢了！况且，这样携带炸弹，不但对敌人不起什么作用，反而随时会有炸伤自己的危险。他们为革命的激情所鼓荡，豪迈而又机智地与清政府的鹰犬进行斗智斗勇。女会员郑毓秀多次参加"敢死队"的行动，她不过二十岁，穿起西装，有时再加上面纱，打扮成一个娇滴滴的小姐。她与比利时公使馆的一位比国办事员认识，同盟会就利用她运送大包大包的军械品。她常常带着这些军械品到北京的东交民巷站下车，然后不动声色地，像普通女子一样，以找人的名义，从容地到比国使馆去存放所带的危险物品。

从天津回京不久，按照汪精卫的安排，张竞生参与了东安门的东洋车（即黄包车，最初由东洋传入）车夫暴动，这次暴动是得到袁克定的同意和帮助的。那天晚上，由京津保同盟会派出数十人，鼓动和收买几百位东洋车车夫，趁着月黑风高、不易辨别的时机，群起鼓噪，此起彼伏地叫起"打倒满帝"的口号，并投扔了许多手榴弹，持手枪射击，一时枪声大作，口号震天，折腾了几个小时。因为事先袁克定已暗中嘱咐军警不要干涉，最后以同盟会员和东洋车夫的胜利示威而撤退。袁世凯据此向清廷示警，在京城之内，皇宫之旁，革命势力十分活跃，非他袁世凯将无法应付局面。

1911年12月中旬，张竞生陪同汪精卫由北京往天津，乘津浦车至上海。一个多月米，张竞生与汪精卫朝夕相处，组织会党，鼓动群众，联络各方，奔走国事，虽险象环生，却意气风发。

12月25日，清晨的黄浦江大雾弥漫，寒风凛冽。在吴淞口的海关码头上，簇拥着来自全国的各路诸侯和上海的头面人物，除了革命党人，欢迎人群中最为醒目的要数黎元洪都督派来的十位代表，此时离武昌首义已长达七十五天，各省烽火遍地，却群龙无首。大家忘记了深冬的寒冷，引颈翘首眺望着迷茫的江面，焦急地等待着一个众望所归的流亡领袖的归来。

武昌起义成功时，孙中山正流亡到美国，在科罗拉多州典华城（今译丹佛市）一家卢姓餐馆中打工，当他接到黄兴打来的电报后，当即离开科州，经华府由伦敦回国，先乘大英公司马尔当轮船抵科伦坡，在该处改乘"特凡哈号"轮船，每抵达一个口岸就发电报回国及世界各地，经过新加坡及香港时，许多革命党人到岸欢迎并一同随行到沪。

上午九时三刻，一艘由香港开来的英国"特凡哈号"邮轮徐徐靠岸。在美国大将郝末里、广东都督胡汉民以及同盟会元老吴敬恒、马君武、张继等的陪同下，孙中山激动地站到甲板上，向如潮水一般涌过来欢迎他的人群频频挥手，脱帽致敬。邮轮刚刚停稳，前来迎接孙中山的革命党人陈其美、黄兴、伍廷芳、汪精卫、张竞生等一拥而上，与孙中山热烈握手，紧紧拥抱。这是一个历史性时刻，也是一次牵动各方神经的靠岸与登临，人们预感到纷乱的局势将发生重大变化。因此，中外记者蜂拥而上，"咔嚓咔嚓"地照相不止，并纷纷提出问题要求孙中山回答。孙中山只是微笑地望着大家，不停地说着"谢谢"，随即与大家分乘汽车前往哈同花园。

这是张竞生第二次见到孙中山。新加坡一别四年，正是因为孙中山的教诲和指点，他才由一名不谙世事的少年成长为一名胸怀匡时济世之志的青年革命党人。

六、南方议和团首席秘书

战事方兴未艾，时局扑朔迷离，交战双方，包括各派政治势力，各有各的算盘，各有各的角力。当此之时，最大的问题，莫如议和；议和的目的，在清帝退位。南北议和，关系重大，可谓牵一发而动全身，直接影响具有两千年帝王专制政治传统的中国历史转型的发展路向。

1911年12月7日，清廷特授袁世凯为南北和谈的全权大臣。袁

1911年南北议和的会场：上海英租界市政厅

世凯接到谕旨后，当即委任邮传大臣唐绍仪为总理大臣的全权代表，前邮传大臣杨士琦、学部侍郎严修、清宪政馆提调杨度、外务部主事魏宸组为参赞，全国各省各派代表一名共二十二人于当天在内阁集中，次日即乘坐京汉铁路专车南下，与革命军进行和谈。

与此同时，南方各省代表齐集武昌，江苏、安徽、江西、浙江、湖北、湖南、广东、广西、山西、陕西、云南、贵州十二省代表公推中华民国外交部总长伍廷芳为南方议和总代表。

这时，孙中山尚滞留海外未归，而在革命阵营内，旧军阀出身的黎元洪威信不高，又远在武汉，没有多少号召力，黄兴便成为南方和谈的实际主持人。这样，根据孙中山、黎元洪和黄兴等的意见，革命军迅速组成了阵容强大的议和代表团。

由于汪精卫专函举荐，孙中山亲自确定，张竞生以首席秘书的身份，全程参与南北议和的各项工作。按照南北议和谈判的规定，总代表有发言权和决断权，参赞要发表意见，需由随员（即职员）记录下来交给总代表，或低声向总代表陈述，再由总代表向对方总代表提出；随员是工作人员，只负责具体事务，没有发言权。张竞生除负责会议记录和会务统筹外，最重要的任务就是会同李范之、曾广益两同志，按照孙中山以及民军的其他领袖的意图，拟订和谈政策，提出谈判策略，应对突然事件，并把和谈情况整理后随时做出报告。张竞生明里辅佐伍廷芳，暗中协助汪精卫，居间协调，劳形案牍，忙得不可开交，常常通宵达旦地工作。

12月26日，上海同盟会在哈同花园欢宴刚刚回国的孙中山，共商组织临时政府大事。参加这次会议的有黄兴、宋教仁、陈其美、胡汉民、汪精卫、张静江、居正、马君武、张竞生等，全体一致同意推举孙中山为临时大总统，但在讨论政府的组织形式时，却发生了究竟采用总统制还是内阁制的激烈争论。这反映了同盟会高层上的严重分歧，也体现了对民主形式的不同诉求，最后由各省代表表决通过采用总统制。

12月29日，各省革命代表在南京举行临时大总统选举会议，到会者共十七省四十五人。由浙江省代表汤尔和任主席，广东省代表王宠惠任副主席，江苏省代表袁希洛任书记。会议首先将头天晚上预备投票结果揭晓，有候选资格的为孙中山、黄兴、黎元洪三人。选举以每省一票为原则，共十七票。选举结果，孙中山得十六票，黄兴得一票。孙中山以超过投票总数的三分之二以上，当选为临时大总统。

1912年1月1日晚十时，南京两江总督府装饰一新，成为中华民国临时总统府。孙中山在欢呼声和礼炮声中，宣誓就任中华民国第一任临时大总统，并亲自宣读誓词：

倾覆满洲专制政府，巩固中华民国，图谋民生幸福，此国民之公意，文实遵之，以忠于国，为众服务。至专制政府既倒，国内无变乱，民国卓立于世界，为列邦公认，斯时，文当解临时大总统之职，谨以此誓于国民。中华民国元年元旦。

这篇彪炳史册、终结封建王朝的誓词就是出自汪精卫之手。在此历史转型时期，汪精卫使出浑身解数，活跃于各派政治势力之间。他带领张竞生等人，与伍廷芳一起，于12月29日、12月31日，连续两次与唐绍仪举行会谈，双方唇枪舌剑，互不相让，就实行共和问题、清帝逊位问题、南北两军退兵问题、召集国会问题等进行激烈辩论，一些问题互有进退，一些问题相持不下，处于胶着状态。

袁世凯重出江湖和主持议和，所有行动都指向一个目标，就是由他当大总统。孙中山一回国，袁世凯就指示唐绍仪阻止南方选举临时大总统。唐绍仪既未能阻止南方的选举，所签协议又于袁不利，袁世凯遂翻脸不认人，以"遽行签约，逾越职权"为由，将唐绍仪罢免去职，撤回北京。

风云突变，南北和谈濒临破裂，刚刚坐上中华民国临时大总统交椅的孙中山一下子被推到腹背受敌的境地。孙中山对严峻的处境有着清醒的认识，他在履新当天就电告袁世凯："公方以旋转乾坤自任，即知亿兆属望，而目前之地位尚不能不引嫌自避；故文虽暂时承乏，而虚位以待之心，终可大白于将来。望早定大计，以慰四万万人之渴望。"孙中山光明磊落，一言九鼎，有救国救民之心，无贪权恋栈之意。但老奸巨猾、翻云覆雨的袁世凯却忽和忽战，待价而沽。孙中山只得以革命的两手对付反革命的两手，他一面调兵遣将，部署北伐，一面运筹帷幄，指挥和谈。然而，革命阵营里，章太炎等认为"论功应属黄兴，论才应属宋教仁，论德应属汪精

孙中山就职临时大总统

卫",对孙中山当选临时大总统颇不以为然,处处掣肘。更为要命的是,总统府国库空虚,难撑大局。一次安徽前线军情告急,粮饷皆缺,都督孙毓筠派专使来求援。临时大总统朱笔一挥,拨十万元济急,当总统府秘书长胡汉民持此总统朱批,前往财政部拨款时,发现国库之内,只有十块大洋。

京津保同盟会尚有一点经费,或许可以解燃眉之急。于是,汪精卫派张竞生把数千元经费上缴南京总统府,并当面向孙中山报告当前南北议和的形势和困境。

一天下午,在总统府西花厅的小会议室,张竞生单独面谒孙中山。张竞生向孙中山报告南北议和团自去年12月17日正面交锋后三次会谈、六次停战的曲折经历,以及双方的表现和问题的症结。

孙中山专注地听完后,一针见血地指出了南方代表团的实权问题,以及和谈的策略掌握。面对云诡波谲的和谈困局,孙中山说:

"此次南方议和代表团之代表，虽由伍廷芳任之，但实权则密令汪精卫负责。伍为外交部长，南方各省推为代表，原属至当。但伍乃大官僚出身，性贪财贷，喜物质享受，昔年任驻美公使时，其随员均纳贿出卖，回国后，置华厦于沪滨，骄奢淫逸，非革命党人也。当其当选代表后问余：'此次议和，如能达到如美国之内阁制度，满廷则保存虚君，可乎？'余坚决反对曰：'吾人革命之目的为推翻满廷，建立民国，断不能再由满廷保留虚君位。'总之，不论从何方考虑，伍绝不能代表南方革命利益。良以各省所推，不得不予以任命，然终怀疑其是否真能称职也。故于代表一席外，另命汪精卫、王宠惠、王正廷、纽永建等为代表团参赞，暗授汪精卫以全权，凡事须由参赞团同意方能由代表签订。至于重要事项，又须吾等同意，方可执行。"

孙中山面授机宜，颇使张竞生茅塞顿开，革命营垒中竟也有如此错综复杂的关系，他一下子似乎成熟了许多，也感到面对这个天崩地解的历史二峡，不能不全力以赴，小心从事。于是他又向孙中山请示如何协助汪精卫开展工作。孙中山说："精卫前以暗杀摄政王，名驰世界，出狱后，在天津组织京津保同盟会，仍为革命与袁世凯做斗争，故付以重任，使尽量发挥其革命意志，然其有时不免感情用事，望参赞团、秘书团协力助之。"

临别时，孙中山反复叮嘱张竞生要注意保守秘密，并及时向汪精卫汇报，同心协力尽快促成共和。而身处政治漩涡的孙中山既对时局洞若观火，对袁世凯既想当婊子又想立牌坊的伪善心态了然于胸，于是，在1912年1月22日，孙中山不失时机地提出了议和的最后五条解决办法，其主要内容是清帝退位，孙文辞职，袁世凯赞成共和，举为临时总统。这项声明正中袁世凯下怀，他遂加紧逼宫

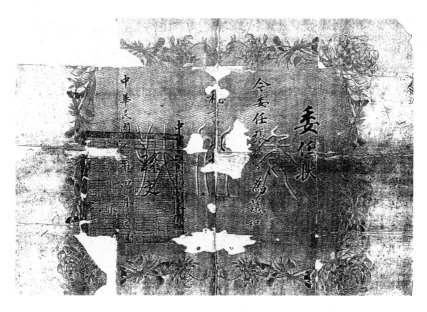

孙中山为张竞生补发的议和秘书委任状，1912年4月1日

的步伐。2月12日，隆裕太后偕同宣统皇帝溥仪在乾清宫颁布退位诏书；2月15日，袁世凯以全票当选为中华民国临时大总统；3月10日，袁世凯在北京宣誓就任中华民国临时大总统；4月1日，孙中山宣布解除自己的临时大总统职务。

就在宣布解职的同一天，孙中山作为中华民国临时大总统的最后一项工作，就是亲自签署并补发了委任张竞生为南方议和秘书的委任状。

七、稽勋留学第一人

南北一统，天下初定。

1912年3月13日，中华民国第二任临时大总统袁世凯任命唐绍仪为民国第一任国务总理，并负责组阁。唐绍仪得以任总理，乃是他参与南北议和，兼得南北双方公意的结果。

3月下旬，唐绍仪带着俞人凤、顾维钧、曾广勷等人到南京接收临时政府。原来追随孙中山打天下的革命党人，面临着何去何从的命运选择。出路无非是这几条：要么北上做官，要么留守南京，要么出洋留学。对于原来随侍左右的总统府秘书处职员和南方议和团职员，孙中山在卸任前都逐一亲自找他们谈话，征求他们的意见，最大限度地满足他们的愿望，实现他们的理想。

南北议和结束后，张竞生又一次来到这座有着拱形落地窗的熟悉的平房，又一次走进了这间朴素的小会客室。张竞生刚刚在洁白而又精致的沙发上落座，孙中山就迈着稳健的步伐进来了，他一进门就夸奖张竞生协助汪精卫出色地完成了南北和谈，实现了南北统一，是民国的功臣。随后，孙中山诚恳地询问张竞生今后有何打算，张竞生表示，过去忙于革命，虽然前后读了几所学校，但兵荒马乱，并未学到真正的本领，现在民国已经建立，自己还年轻，希望能到国外继续深造，以开阔眼界，学习知识，达成民主救国、科学强国的目的，将来为国家的建设做更大的贡献。孙中山频频点头，对张竞生"不以财帛为念，不以禄位动心"的志向十分赞赏，当即批准了张竞生的申请，并告诉张竞生，他已同意派遣稽勋留学生的计划。

派遣稽勋留学生，是西学东渐、培养人才的客观需要，也是适应形势、安抚人心的现实选择。辛亥革命成功后，一部分革命党人急流勇退，深谋远虑，把眼光投向异国他乡，以求学得一技之长，近可谋生，远可报国。如曾与秋瑾、陈伯平等设立锐进学社的革命功臣尹志锐等人，过去"尽力民国，坚忍卓绝，以次光复沪、宁，经营惨淡"，"现复热心响学，拟赴外洋"，他们很快获得陆军部发给的出国川资及学费各一千五百元，顺利出行。另一些革命党人则居功自傲，伸手要官，而政府所能提供的职位有限，于是就采取折中的办法，即由政府派遣出洋留学。如湖北省"自共和成立，英俊青年，群以起义元勋自炫。不肯精研学术，专以要求位置"，"黎副总统穷于应付，不得已乃仿湘省办法，选择其确有功绩，尚待深造之士一百四十人，拟以一百二十名遣送日本，学习陆军、法政、实业，余二十人则皆英法文程度甚高者，拟即咨送美、法、德各国留学"。一时各地出国留学之风盛行，但缺乏组织协调，各自为政，一片混乱，亟须临时政府积极干预，集零为整，统一派遣。

1912年3月29日，孙中山卸任前，在南京中华民国临时总统府秘书处前院与秘书处人员合影
（前排坐者自左至右：萧友梅、唐绍仪、孙中山、胡汉民、冯自由；前排站立者右一为谭熙鸿）

恰在此时，唐绍仪奉命南来接收临时政府。孙中山郑重其事地对唐绍仪说："余不能为同志干禄，然有志留学于外国者，新政府当资遣之。"

负责留学事宜的临时稽勋局经过严格考选，确定了第一期稽勋留学生共25人。具体名单如下：

张公室（广东）　　　　留法学习文科；

谭熙鸿（江苏）　　　　留法学习经济；

杨杏佛（江西）　　　　留美学习实业；

冯　伟（广东）　　　　留英学习路矿；

曾广智（广东）　　　　留美学习路矿；

萧友梅（广东）　　　　留德学习教育学；

饶如焚（广东）　　　　留日学习法科；

邵逸周（安徽）　　　　留英学习矿学；

刘式菴（安徽）　　　　留美学习机械工程；

刘鞠可（广东）　　　　留美学习路矿建筑工程；

黄芸苏（广东）　　　　留美学习文学与群学；

任鸿隽（四川）　　　　留美学习化学；

赵　昱（广东）　　　　留美学习政治学；

邝　辉（广东）　　　　留美学习机器；

余　森（广东）　　　　留美学习机器；

王　夏（四川）　　　　留美学习经济；

宋子文（江苏）　　　　留美学习机械工程；

曾鲁光（云南）　　　　留日学习矿学；

熊传第（江苏）　　　　留日学习文科；

何　超（广东）　　　留日学习文科；

何建南（广东）　　　留日学习文科；

邹卓然（广东）　　　留日学习文科；

彭　砥（广东）　　　留日学习文科；

李文彬（广东）　　　留日学习文科；

何春田（广东）　　　留日学习文科。

在这批人中，张竞生以南方议和团首席秘书名列榜首，其影响自是非同一般；谭熙鸿、任鸿隽、杨杏佛、萧友梅、刘鞠可、黄芸苏等是临时总统府秘书处的职员，其他人也多为有功于辛亥革命的青年；还有一些是对辛亥革命有功人士的子弟，如曾广勷的弟弟曾广智、冯自由的弟弟冯伟、邹鲁的族弟邹卓然等。这些出国留学生虽由国家提供经费，但不归教育部按一般留学生管理，而由临时稽勋局以"酬勋"名义，享受全额公款出国留学待遇，由临时稽勋局负责管理，因此，也叫稽勋留学生。为保证留学活动的顺利进行，临时稽勋局对稽勋留学生的派遣及管理工作做了比较周密的安排，并制定了详尽的管理办法。

民国初年的稽勋留学生一共只派出了两期。第一期的顺利出行，在革命党人中起到良好的示范效应。刚刚辞去湖北省实业司长职务的李四光得知不少革命党人由公费派送出国学习的消息后，想到自己"力量不够，造反不成，一肚子的秽气，计算年龄还不太大，不如再读十年，准备一份力量"，遂向黎元洪提出继续到国外留学的要求。1912年11月初，黎元洪打电报给中央政府，力陈"李四光……等二十二员，劳勋卓著，精力富强，咨送西洋俾宏造就"。湖北是辛亥革命的首义之地，如果袁世凯不批准，对他还打着的"拥护共和"

1912年10月17日，由中华民国稽勋局遴选的25名留学生，出国前部分合影于上海。其中有谭熙鸿（前排左2）、刘鞠可（前排左5）、张竞生（前排左7）、杨杏佛（后排左1）、任鸿隽（后排左4）、萧友梅（后排左6）、宋子文（后排左7）等

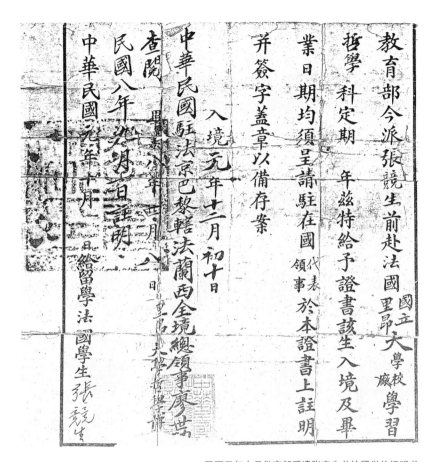

民国元年十月教育部派遣张竟生赴法留学的证明书

的旗号不利，于是他只好又批复同意，但同时也批示道："鄂省首倡
共和，非各省可比，所请将李四光等二十二员分期派遣出洋，应即
照准，此外不得据以为例。"1913年7月，临时稽勋局派遣了包括李
四光、王世杰在内共二十六人的第二期稽勋留学生出洋留学。1913
年下半年，冯自由又呈袁世凯，请饬教育部将已经批准的第三期稽
勋留学生汪精卫、朱家骅、曾仲鸣、张群、戴季陶等六十六人的出

发费尽速下发，以便早日放洋。不久，冯即被告知"库款支细，此项经费实属无从筹措"，第三期稽勋留学生终未成行。

稽勋留学，成为张竞生人生的一个转折点。在上海等待启程去法国时，为表达对西方进步思想的强烈向往，以及自强不息追求理想的坚定信念，张竞生毅然改名明志，以壮行色。他从严复翻译《天演论》的"物竞天择，适者生存"的进化论思想中得到启发，从中各取一个字，把张公室改为张竞生。这是他的第二次改名。第一次是老师给他改的，源出中国经典，充满着一种大公无私和集体主义精神，带着强烈的传统文化色彩。这次改名，是张竞生的自主选择，源自西方经典，洋溢着个人奋斗的英雄主义，打上鲜明的现代意识烙印。事实上，那一代志在天下的热血青年，只要读过赫胥黎的这本书，无不受到影响，也常常会萌生改名的冲动。比如，先于张竞生投身革命并且为国捐躯的著名女革命家秋瑾改字为竞雄，后来成为张竞生在北大同事的胡洪骍改名胡适，而几乎成为他死对头的陈炯明则改字为竞存。

可以毫不夸张地说，在广州珠江边，张竞生实现了革命与斗争的第一次启蒙。在上海滩，张竞生实现了民主与科学的第二次启蒙。对于即将到来的异国求学生涯，张竞生怀抱热烈的憧憬。

第三章　从巴黎到里昂

一、在赴法邮轮上

1912年10月，张竞生与谭熙鸿登上赴法邮轮，从上海起程，驶向遥远的法兰西。

谭熙鸿，江苏吴县（今苏州市吴中区）人，1891年出生于上海一个普通市民之家。他幼年失怙，四岁时父亲不幸去世，与母亲相依为命，靠母亲的辛勤劳作读完小学，十六岁时考入上海电报局做练习生，两年后转至天津成为职业报务员。他与张竞生的缘分就是从天津开始的。他们同时加入京津保同盟会，同时成为南方议和团的秘书，如今又同船出海，奔赴异国他乡。本来，谭熙鸿是被派往美国的，因为李石曾的关系，遂改派法国，这样，张竞生与谭熙鸿得以朝夕相处，同志加兄弟，从此结下不解之缘。

站在后舱的船舷边，凝望着渐行渐远的故国家园，张竞生心潮起伏。乘长风破万里浪，祖逖击楫中流，郑和七下西洋，不都是到大风大浪中去铸就勇毅性格，开拓广阔胸襟吗？虽然浊浪滔滔，前程未卜，但与其当一个井底蛙终老乡里，何如走出去成就一番事业，大丈夫理当如是。当初从家乡到汕头，乘坐渔船漂荡在江海之间，汹涌的波涛一阵阵地扑打到木船上，那时他胆战心惊，以为就要葬身鱼腹了。如今乘坐万吨邮轮，从黄浦江到太平洋，经印度洋过地中海，才完全领略了大海的变幻莫测与神奇魅力：

> 船到南洋各阜头，都有停泊，有的停留了二日久，我得此能够领略这些地方的风景与人情风俗。而最使我骄傲的，是无论到南洋哪一地方，都有我们华侨，在商业、工业、农业及社会上有贡献。
>
> 船到印度洋，有时是波浪平静，海天一色，常见飞鱼溅波，海鸥翱翔。遇到波浪兼天涌时，纵然大船也如一叶似的颠簸于无限的大水流中，常使旅客在此瞻眺的衣服潮湿。我每当大风波时，更为喜欢在船面与它周旋。
>
> 在这长期的万里浪中，除却狂风暴雨外，未免觉得单调乏味，只有在日出日落时，月升月下时，看到它们从海水摇荡中一步一步地上升，一到水面好似跳出水飞到天上。那时也就显出整个大地的光芒；每当它们下沉时，好似到水里去隐藏，整个不见时，天地就现出寂静的景象。（张竞生：《浮生漫谈》，香港三育图书文具公司，1956年，第75页）

万里去国，长旅寂寞，却有美景当前，不亦快哉！十多年后，同样到法国留学的严济慈在旅途中也遭遇了同样动人的场景，而且动静相宜，情景交融，更带上一种浪漫的色彩，"夜坐甲板上，三人谈笑，眉月当头，动人遐思，此吾在船上第一次赏月也"，"至二十二日，午后海平如镜，时见飞鱼出入水面，此种平静光景殊梦想不到，仰卧看云乃不能不思家矣"。

此时的张竞生惯于走南闯北，惯于天涯孤旅，况且他曾经是职业革命者，乡愁对于他来说，不啻是邮轮的后舱所排出的一条条雾气迷蒙的水带，不断地出现，又迅速地消失。更多的时候，他独自沉浸在眼前的自然美景，以及对过去人生历程的回味和反思中。这种自我省察仿佛使他照见了自己，重新发现了自己，有一种惊听回视的效果。给他印象最深的就是同桌吃饭的一对外国母女：一位老妇偕一年约十岁的少女。她们母女于相敬爱中，另有一团和气，好似小朋友一样。少女天真烂漫，而又极守规矩。比如她食葡萄，用掌遮嘴，食后放在盘上，其葡萄状如未食，一粒一粒好好的尚极美观。张竞生见状，十分惊讶，在少女离去后，他受到好奇心的驱使，悄悄取一粒观察，见她食葡萄的方法，乃是将葡萄的下梢，用牙轻轻咬破一个小孔，缓缓吸其内质，吸完之后，徐徐用口吹风入孔内，这样葡萄内虽空洞，外貌则极美丽。凡此经过，因用掌遮嘴，又食得甚缓，故旁人不知端倪。

张竞生叹为观止，又自愧作为一个中国大学生竟然连一个外国少女都不如：回视自己盘中，葡萄粉骨碎尸，狼藉不堪寓目。唉，我真是一个书呆子，连食一粒葡萄也不会！

这次吃葡萄事件让张竞生印象深刻。中国人历来自诩有博大精深的饮食文化，但在此刻的张竞生看来，中国人简直就不知食法。西餐用刀叉，虽与中国人用箸稍有不同，但食法的大纲，彼此都应一样：食不可太快，当闭紧嘴缓缓咀嚼，口有食物时不可说话。在西餐说，当先食菜肉，待落肚后，始用手送以细块的面包，待面包落肚后，如需要时，始用饮料，这是一种合于自然及仪礼的次序。在中餐说，虽不能严格守定菜肉、饭及汤料（或饮料）轮流的次序，但切不可总食一件以遗其余；故最可恶的是同桌食，菜肉无多，其中一人一味抢食菜肉，不肯用饭，而使他人不得菜肉以送饭。

张竞生留学时像

　　对于中国人吃饭的毛病，张竞生可谓有切肤之痛。当年在黄埔陆军小学读书时，他就由于改革伙食而被开除。刚才在与外国少女一起吃葡萄时，张竞生感到自惭形秽的同时，更加感到改革中国吃法的必要和紧迫。怎么改革，张竞生开出了他的药方。

　　张竞生认为，中食之最当改良处，应将公食改为分食。这事本来甚便，只要各人多双箸，多一匙，多一碗，多一盘，就可向人公共盘碗取物到自己的盘碗内，然后用自己的箸与匙食。在学校与军队尤应如西食一样，既免传染，又免争端，借此又可养成缓食的风气。

　　道在日常生活中，学问也在日常生活中。邮轮过了印度洋，进入地中海，到达马赛和巴黎就指日可待了。张竞生且行且思，妙想缤纷。留学法国是他全面接受多种影响、思想成熟定型的时期，而赴法途中的亲历和思考是他思想定型的一个起点。这个起点使他一开始就以开放的心怀感知自然、热爱自然、享受自然，以纯粹学术的眼光考察人生问题、研究民生问题，包括在深致雅人看来不登大雅之堂的食饭与放屁之类问题的考究，这样的一种思维方式一朝扎根就伴随终身，不管带来的是荣誉还是伤害。同时在这个起点上，张竞生不仅仅真切地体会到中西之间个体的差异，而且真实地看到群体之间的差异。后者的差异使他的民族自信心受到了摧毁，此后的刻苦学习与深度融入当地社会的过程就是重建自信的过程。

> 在船中与一从上海归国的法人谈论。他说："我们法国一切都比中国进化，即如农事一项，待您到法国后，就知中国的毫未讲究。"我一听之下，以为法人惯于吹牛罢了。我总想——也如别个中国书呆子一样想——我国数千年以农立国，而且地少人多，例如我乡每人不过耕一二亩田，自朝至暮，在田中工作，有一枝草也被拔去，这样治农，尚安得说"毫未讲究"吗？及我到法国后，始知此君所说不谬。第一最使我触目惊心的是头一次从马赛到巴黎，在车上望见一路所有山阜都是种麦或葡萄，其山顶稍高的则养林木，总之并无一隙地空过。回视我们的山坡，则都成为废地，相形未免见绌。即如平阳，不知多少美地竟为坟墓所占。其在法国，因行公墓制，不但墓美，而且地尽可耕。他如农器的精良，种子及肥料的进求，除虫及水利的研究，以及副产品水果、家畜等的调护，凡此都为我国农人所梦想不到者。一行比较，我们的农业真是幼稚到不堪说了。（张竞生：《两度旅欧回想录》）

有趣的是，在关于农业这个问题上，法人与张竞生都只是各讲对了一半。中国以农立国，曾经创造了灿烂的农业文明，并非如法人所说的"毫未讲究"，相反，它的"自然状态"的政治秩序在当时的世界上达到了前所未有的高度，成为18世纪整个欧洲的楷模。法国的重农学派理论就是在中国经验的深刻影响下创立和形成的。重农学派的鼻祖弗朗索瓦·魁奈的《论中国的专制主义》成为该派的经典著作，米拉博侯爵对魁奈的著作有这样的评价："它们主要应被研究而不是阅读。大家肯定不能因其文笔的魅力才阅读它们。从我的观点来看，它们提供了丰富的内容，仅仅从大家赋予这些文章的标题就可以发现这些内容，无论是在英语区还是法语区和波兰语区中都一样。中国成了重农学派者们的一种典范和楷模。甚至成了任何开明政治和任何合理经济的表率。"可见，中国的农业曾经是很辉煌的，辉煌到足以担当法国的老师，不仅理论家趋之若鹜，连法国的葡萄种植农也纷纷要求在法国创设一种机制，以使他们能够放心地对付收成丰歉的偶然事件，而这个也受到了中国人那千年不变的原则的启发。（[法]安田朴著，耿昇译：《中国文化西传欧洲史》，商务印书馆，2000年，第770—773页）这样的历史是那位法国人和张竞生所不了解的。但是，他们看到了现状。正如法人所说的和张竞生所看的，先前的先生已经远远落后于曾经的学生，只有急起直追，师夷长技，才是真正的出路，才能重获对话的资格。

甫踏法兰西土地，张竞生就有了一种莫名的沉重感。

二、左岸：哲学会晤处

风浪四十多天，行程三万余里。经过长途跋涉，1912年12月初，法国邮轮到达马赛港，张竞生和谭熙鸿踏上了法兰西这片神奇的土地。他们在马赛港登陆后，当天就转乘汽车直奔巴黎。

1912年12月10日，张竞生与谭熙鸿到中华民国驻法京巴黎辖法兰西全境总领事廖世功处报告入境并签字盖章以备案存查后，就各奔东西各自准备入学考试。

张竞生住在巴黎的"人家客店"。他的目标是巴黎大学，这是一座学术与精神的殿堂，是欧洲中世纪大学的典范，是最古老的牛津、剑桥等英语大学的源头；张竞生曾经就读过的京师大学堂就是仿照它的模式创办的。因此，巴黎大学有"大学之母"的美誉。学校共有理学院、文学院、法学院、医学院、药学院等五个学院。实际上，巴黎大学一度曾有六个学院，中世纪时期，影响最大的是神学院，几百年来，索邦神学院甚至成为巴黎大学的代名词。1885年，神学院被取消，学校遂剩下五个学院沿袭至今，学院之间各自独立，处于同一等级，关系不甚密切，都有权颁发国家文凭及各级学位；各学院都拥有一根做工精细的权杖，作为本学院权力的象征。文学院的那根权杖出于金银匠巴蒂斯特·克洛德·奥迪欧之手，权杖图案简练，顶端置有一本书，书面上搁着一个球体，这种悠久的传统本身就散发着文化的魅力。巴黎大学虽然闻名遐迩，学术严谨，但入学不分贵贱，手续简单，吸引着世界各国的学子像朝圣一般来到它的门前顶礼膜拜，凡有中学文凭的人均可报名注册考试，交纳少量报名费即列为该校学生，此后自选课程攻读，来听课者不拒，以考

张竞生在巴黎的居住地，位于弗尼央蒂街5号的"人家客店"，这张法国明信片上的是1910年的旧照片

试成绩颁发文凭。虽说入学易，不限听课，一年两次考试却十分严格，通过考试即颁发一门课的文凭，直到考完规定的科目才可拿到大学文凭。

一般考生，法语有一定的基础，来到巴黎后再补习强化半年，就可以直接报考巴黎大学了。张竞生自恃法文基础好，他从黄埔陆军小学就开始学习法文，虽然时断时续，但也有七八个年头了，对付入学考试可谓小菜一碟，绰绰有余。没想到，刚住进客栈，就给他来了个下马威。行李甫卸，一时口渴，张竞生向用人要开水喝，

用人开始听不明白，张竞生连比带画，用人只明白水字，遂拿来许
多矿泉水。张竞生几乎无地自容，读了这么多年的法文，居然连
"开水"的法文都弄不清楚，如何来考这个巴黎大学？张竞生又发愤
一番，决心非拿下这个巴黎大学不可！

不过，考什么科目呢？张竞生却犯难了：

> 凡人要读哪一科，当以自己的才力所近为限。多少学生，
> 自己毫无主见，只看社会趋势。例如做官好，则读法政；如军
> 阀好，则读陆军；至于自己才能及性情是否相近，则毫不以此
> 为意。我初到法国也犯此弊。当友人问及读何科时，我答拟读
> "外交"。这当然想入非非。我个人性情浪漫，不能谄媚、用
> 手段，毫无官僚相，喜欢说实话，不讲调协，凡此都与外交官
> 最不相宜，但我那时不知怎样想要学外交。也许在报上曾看到
> 张绍曾为间岛事曾与日本领事交涉，将手枪放在桌上向他这样
> 说："论国势，当然你比我强，但今日个人对个人，我当比你不
> 弱呢。"我不免受这种影响，以为弱国也可有外交。只要外交得
> 人，自可向人争气。（张竞生:《两度旅欧回想录》）

想象着在外交舞台上可以一逞个人的英雄主义，于公可以为国
家效力，于私可以立身扬名，张竞生跃跃欲试了。但是张竞生生性
喜欢特立独行，常以审美的姿态、玩世的心怀知人论世，这样的性
格显然与外交官身份是格格不入的。经过审慎考虑及与友人商量，
张竞生决定报考巴黎大学文学院，专门研究哲学。实际上，早在京
师大学堂读书时，张竞生与同学孙睿明就已立志要学习哲学。在张
竞生看来，学习哲学的人，正如古希腊毕达哥拉斯所说的，在奥林

匹克竞赛里，有些人是为利的，有些人是为名的，而哲学家既不为名，也不为利，只是来看看玩玩，他是玩世的，超出俗务之外，驰神于六合之内，留心于空玄荒渺之中。因此，研究哲学正与张竞生喜欢深思远虑及大胆假设的性情相合。

塞纳河穿城而过，终年不息默默流淌，左岸是巴黎大学，以拉丁区为主的知识区，以其思想、知识和活力为标志；右岸是金融中心，是成功者的乐园，以繁华、成熟、优雅为特征。一个温暖的冬日，张竞生来到了左岸，走进了巴黎大学那气势恢宏的大门。校长说他的法语口音并不纯正，确实，张竞生的启蒙老师，就是一位用英文音教他法文的广东人，难怪他的法语始终带有一丝英国腔调。但他悟性高，基础好，又朴实，巴黎大学文学院哲学系很快就录取了他。流连在宽敞的前大厅，凝望着大厅正面屹立着的古代神话诗人奥墨尔和希腊先哲阿基米德巨型雕像，以及雕像后面剧场的壁龛上，竖立着的巴黎大学校史上具有世界影响的杰出人物索邦、笛卡儿、拉瓦锡、夏尔·罗兰、帕斯卡、黎塞留等的全身塑像，张竞生仿佛找到了安放精神的神龛，他有一种解放感和归宿感。

巴黎大学文学院曾经有过辉煌而光荣的学术史。1828年春天，巴黎大学文学院开设了三门深受社会公众欢迎的课程，这就是维尔曼（1790—1870）的"18世纪文学"、库赞（1792—1867）的"哲学通史"和基佐（1787—1874）的"欧洲文明史"。这几位青年学者才气纵横，风华正茂，他们一步入巴黎大学的讲坛，就以其学识渊博、讲授有方而蜚声遐迩。1830年，文学院开办外国文学讲座，由文学评论家里耶勒（1772—1844）讲授，这是一位"最能激励人们思想的人"。后来又出现十二位著名教授，人称"十二大师"，包括哲学、古代哲学和近代哲学史、古代史、近代史、地理、外国文学等，其

中国公使馆给张竞生出具的
证明书，下有时任大使胡惟
德的签名

中以希腊文学、拉丁诗、拉丁雄辩术和法语诗的影响最大。

　　进入了20世纪初的巴黎大学文学院哲学系，学术与文化的氛围
表现得更为活跃，而且奉行着一种不言之教，学院对学生采取绝对
自由的态度，让学生根据自己的兴趣自主读书，自由做学问，这正
中张竞生的下怀。张竞生认为，所谓哲学，即是研究知识之谓。哲
学家不汲汲于事功，但并不是敷衍偷闲，他置身于名利场之外，而
静观默察宇宙及人生一切大问题，因此，他的知识务求宏大广博，
学问无所不知。他的治学方法，有时用"科学方法"，有时用"艺术
方法"，但经常用的却是"天才方法"。这个方法是凭个人的领悟能

巴黎大学的标志性建筑和前校部所在地，建于 1635 — 1642 年的索邦神学院礼拜堂

力，于不经意间与事物相通。所以，科学方法，即归纳与演绎，是极浅显，谁都可以学习和掌握的；艺术方法，即模仿与创造，大多数人尚且勉强能做到；至于天才方法，即发明与启悟，就不是随便什么人就能学得了的，它是凭个人的特殊心智与其特别遭遇相激发，而运用之妙，存乎一心。像这种方法，只有毕达哥拉斯这样的哲学家，好学深思，妙想天开，才能取得效果。这样说来，学哲学的确是一项十分艰难的事业。张竞生自知才力有限，因此时刻精进，不敢放松。为达到博学真知与融会贯通，从天文、理化及生物与社会学，张竞生都专门到实验室去考察与研究。

哲学是一门高深的学问，在探求知识的艰难道路上，张竞生常能体会到如行山阴道上，目不暇给的精神愉悦，但有时也会觉得这门功课的枯燥无味。为了增加学习哲学的兴趣，张竞生不畏繁难，经常创造条件参加各种学术演讲会或者类似兴趣小组的团体，以放宽知识视野，拓展思维空间。一次参加演讲时听到马能演算高等代数的奇妙，使他产生了研究动物灵性的兴趣；一次加入吸烟会，练习吸纸烟时所喷出的烟缕形状，能成为圈形的，圈数越多，越能成为能手；一次加入学生斗酒会，谁能饮到最多酒而不醉的称为"酒神"；一次加入舞剑会；一次加入化装会……这些活动，减少了张竞生对哲学功课的厌恶，增加了他对社会生活的兴味：

> 我以为学习哲学的人，实则习一切学术一样，除却他们所学的功课外，应把所有一切的学术通通去涉猎，然后才能博中得到约的成功。尤其是近代一切的科学，都是必须博览，始能成为通才。记得在巴黎时，有张君劢问我学哲学的方法，我就劝他把那时所出版的"哲学和科学丛书"，二百余本书买去全行浏览。但他是缺乏科学的兴趣的，到后来终成为杜里舒神秘学说的俘虏。所以无论读哪种专门学术，总要以各种科学为根据，然后才不会偏枯。（张竞生：《浮生漫谈》）

哲学在"会其通"，科学在"究其全"。没有"全"的基础，就没有"通"的提升。因此，张竞生利用学习哲学余暇时间极多的有利时机，兼习了一些实用的学科，其中有一门是医学。巴黎大学里面就有医学院，按照惯例，学医须先行预习一年的物理、化学、生物学的普通科，然后才能进入医学院正式就读。张竞生坚持学习了一年预科，而对于医学院的正科却未能继续坚持学习，这使他懊悔不已，遗恨终生。

张竞生既喜欢读书，也喜欢游历。他常常一个人跑到卢浮宫、凯旋门、巴黎圣母院等名胜古迹游逛，有时也会跑到塞纳河右岸的洗衣船去观看流浪画家画画。他虽然不会画画，但能欣赏，而且有一个要好的同学范君就是画画的。在国内同学时，范君的画画最好，而张竞生最差，遇到考试时，范君自己画完后，就又改用另一种笔法，偷偷地为张竞生代画一张，使张竞生得以顺利交差，通过及格。来到巴黎后，范君受到画画乃"雕虫小技"论调的干扰，一度想放弃画画，在张竞生的劝阻下，才坚持下来，并与两位法国人、一位西班牙人组成"四人群"，过着一种浪漫的艺术与共产生活，一起作画，一起游玩，有饭同吃，有钱同使。张竞生与他们十分投契，经常加入他们的活动，有时感到苦闷无聊，一来到这些艺术家中间，顿觉生气勃勃，那些愁闷的情绪一下子就被抛到九霄云外。张竞生有着极强的艺术鉴赏力，在古典派、自然派、浪漫派、象征派、未来派等各个派别之外，他经常劝导范君要学习和借鉴我国特有的"写意派"风格，就是用一笔画山一丛老树，两笔画一条鱼，数笔画一个人物或风景等的写意手法。范君与他的三位朋友开始还将信将疑，后来终于认真采纳并积极实践，经过数年的努力，终于取得了不俗的成绩，一些写意的画作还拿到位于巴黎九区的拉菲特街上的沃拉尔德画廊展出，这可是巴黎的现代艺术中心和画商荟萃的市场。在那里，张竞生与范君流连忘返，范君获得了创作的灵感，张竞生则受到了艺术的熏陶与滋养。

　　偶尔，张竞生也会悄悄地来到位于蒙特马特山顶的圣心大教堂顶礼膜拜，不为别的，只为体验一下那种庄严圣洁的宗教情感，然后踯躅于丁香树和山楂树交织的山间小径，在用原木或硬纸板搭建的简易酒吧里要上一份他最喜欢吃的法国生菜，配以橄榄油，入口酥脆爽快，味道真是好极啦！当然还有一份通体金黄而又香酥可口的细长面包。这两份美味吃完以后，再要上一杯香馥的咖啡，一边慢咽细嚼，一边迎着徐徐的清风，俯瞰着渐次灿烂起来的巴黎城。张竞生就是这么宽广地接纳着法国的文化并精致地品味着法国的浮华。

张竞生的住址离先贤祠很近，那是他最喜欢去的地方，也是给他印象最深的地方。在先贤祠，他发现了终生奉为精神导师的卢梭。先贤祠是法兰西民族精神的精髓和象征，1791年4月4日，法国制宪会议通过决议，将圣女洁娜维耶芙教堂改名为先贤祠，入祀在历史上为法兰西做出非凡贡献的伟人。伟人的遗体安放在先贤祠的底层，供奉的有思想家、政治家、科学家，但更多的是法兰西的作家和艺术家们。他们有的是两人一个墓室，有的是多人一个墓室。张竞生绕过一层的巨型圆柱，来到地下墓室，赫然看到卢梭与伏尔泰被安放在最显要的位置，并且分别拥有一个墓室。卢梭的棺木上写着："自然与真理之人。"张竞生凝望着墓前肖像上这位钟表匠之子、日内瓦公民，他那卷曲金黄的头发、高高隆起的鼻子、深邃坚定的眼光，经由那些震古烁今雄辩优美的文字，复活了一个民主自由先知的永恒形象。面对这个形象，张竞生不由自主地感到亲切，感到一种精神的契合和心灵的相通。但诋毁与侮辱一直伴随着他，在卢梭诞生两百周年之际，报纸和杂志又掀起新一轮对他的攻击，读着那些诽谤卢梭的文字，张竞生感到困惑不解又饶有兴味，这样一位法国大革命的精神领袖，人们在享受他创造的成果的同时又为何那么讨厌他？这更激起张竞生追索与探究卢梭精神境界的强烈欲望。

有意思的是，张竞生发现，入祀先贤祠的第一人米拉博是法国大革命时期第三等级的著名代表和演说家，19世纪大批评家圣佩韦

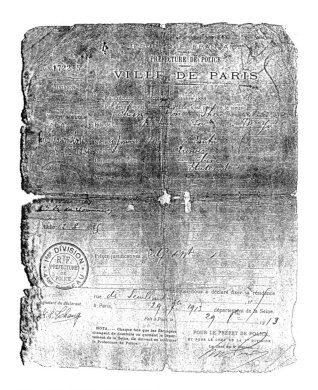

巴黎警察厅为张竞生出具的居住证

评价他是"体现出法国革命新纪元的第一个伟人形象"。而正是这位叱咤风云的革命领袖，竟然在仅四十二年的腥风血雨的革命生涯中，创作了四部性小说，即《性典》《天生的荡子》《男女修道院院长》和《撩起窗帘》，其中《天生的荡子》就是创作于巴士底狱。性与政治成为米拉博短暂人生的鲜明主题。这样的人生似乎十分适合张竞生的胃口，因此，他常常在先贤祠里流连忘返，神会先哲。

张竞生是官费留学，每月学费四百法郎，由中华民国公使馆逐月发给，不得预领。至于出国川资为国币五百元及治装费国币二百元，已在去年出国前即由教育部在京发给。为加强对留学生的管理，

1913年，中华民国教育部公布经理欧洲留学事务规程，除对学费管理做出具体规定外，还对学生外出游学做出规定："留学生因研究学术必须巡历地方或经指定转学他国等特别情形时，得另酌给旅费，但应先具预算书，呈由监督呈部核准。"

有研究哲学的需要，又有经费保障，张竞生考察的范畴从巴黎扩大到外省，从法国拓展到他国。每逢暑假，张竞生都外出到英国、比利时、瑞士、德国等地游历，从山川形势、风景气候到民情风俗、猪圈牛寮实行逐项考察，与书本进行比照，从实际上获取真知：

> 我的方略是：无论何事，应当去亲身考察一番。至于我判断，不是在一事一物上如彼专家一样，乃从一切事物的互相关系上。例如凡一地方当有其人种、风景、气候与种种制度、文

物之特采。但我于观察各地方之后，竟得了一个共同的大纲，即一地方人民的行为，可以由法律、经济、教育、风俗四项综合后之结果去决定。故我们能知某地的法律、经济、教育及风俗是什么状况，同时即可知道此地的人民是什么行为。例如欧美有些国，人民如得到失物，当即拿到邻近的警局，以还失主。（张竞生：《两度旅欧回想录》）

张竞生的哲学学习是颇下了一番功夫的，有学理的精研，也有实证的考察。但就其大略来说，他这一时期所学的主要还是法国18世纪的启蒙主义、理性主义、人文主义的思想，包括卢梭、伏尔泰、狄德罗、格里姆等人的学说，当然，也广泛涉猎了包括普鲁塔克、柏拉图、亚里士多德等古希腊、古罗马的经典作品，这为他的学术研究打下了扎实的根基，也呈现出一缕驳杂的色彩。

三、留法学生会与华法教育会

张竞生既有书生本色，又有革命情怀。书生本色使他能够安坐书斋，潜心向学；革命情怀使他时刻不忘天下穷苦人，在苦读与游学的间隙，他以自己官派公费的特殊身份与便利条件，心忧在法的学子与华工，时时假以援手。

张竞生是革命党出身，他的抱负与胸襟、热忱与经验，使他在早期的中国留学生中显得卓尔不群，更加朝气蓬勃，也更加成熟老练；同时，他的视野并不仅仅局限于皓首穷经，而是常常逸出校园的围墙，投射到更广阔的国内现实和异国生活。其时，国内"二次革命"在袁世凯的血腥镇压下迅速土崩瓦解，孙中山、黄兴等革命

1916年4月，在法合影，左起：汪精卫、李石曾、谭熙鸿、蔡元培

党人再次亡命日本，而更多的同盟会元老派，如蔡元培与吴敬恒全家，汪精卫、陈璧君夫妇与曾仲鸣、方君璧夫妇先后辗转来到法国，由先期到达的旅法元老李石曾安排住在巴黎郊外蒙达尼，这一批昔日豪气干云的革命闯将，此刻却过着前途渺茫、心境迷茫的乡间寓居生活，静极思动，穷极无聊，正寻思着应有所作为，赖以寄托。而此时，在巴黎已留学二三年的张竞生众望所归，被选为中国留法学生会会长。听到当年的老战友纷纷来法大聚会，张竞生喜不自胜，每个星期都跑到巴黎郊外的蒙达尼小城。

在张竞生的带动下，赴法的中国留学生大多数聚集到蒙达尼小城，与汪精卫、蔡元培、李石曾、吴稚晖等畅谈国事，探讨学术，可谓极一时之盛。

1914年春，在蒙达尼城俭学会团讲习会上，张竞生第一次真正见识了蔡元培。辛亥前后，南北议和，对于蔡元培的远见卓识、人格魅力，张竞生是早有所闻。特别是南北达成和议后，孙中山即将辞职，按照约法，袁世凯须到南京接受中华民国第二任临时大总统的大位，南方决定派遣迎袁专使团赴京迎袁南下履职，这个举世瞩目的迎袁专使的领军人物就是进士出身的蔡元培，团员有宋教仁、汪精卫、钮永建、王正廷、刘冠雄、魏宸组、曾昭文、黄恺元八人，后因骤发北京兵变，局势扑朔迷离，迎袁专使团无功而返。但这一来一往，使张竞生这个南北议和的首席秘书看到了蔡元培斡旋南北的政治拿捏与处变不惊的儒雅风度。如今，在异国他乡，在巴黎近郊，当近在咫尺，当张竞生亲耳聆听了蔡元培即席所做的《德儒康德之空间时间说》的演讲，始信人间有大儒，蔡进士熟极而流，学贯中西，确乎进退自如，不同凡响。蔡元培演讲结束后，张竞生主动过去攀谈，说了些久仰之类的话，遂把话题转移到赴法华工的问题上，二人居然不谋而合，越谈越投契。蔡元培鼓励张竞生利用中国留法学生会会长的身份，多为华工做实事，多替华工谋出路。

　　招募国人来法国务工，也就是招募旅法华工，最早从李石曾创办的巴黎豆腐公司开始。李石曾是华人留学法国和华侨在法创业第一人，他于1902年底以出使法国的钦差大臣孙宝瑜的随员身份来到法国，先入法国蒙达尼城农业实用学校学习农学，后进巴黎巴斯德学院随柏尔唐教授研究生物化学，重点从事大豆研究，特别以科学方法研究大豆的功用，发现大豆不但可制成许多有营养的食品，而且可用于制造假象牙，大豆之用可谓大矣。李石曾在大量研究的基础上用法文撰写发表了《大豆的研究》一书。

　　因研究大豆成功，1908年3月，李石曾特发起创办巴黎豆腐公司，并在巴黎附近西北郊区一个叫哥伦布的地方购置机器，设立工厂，聘请同窗好友齐竺山为经理，全面负责公司业务。因当地缺乏劳工，李石曾在留法六年后第一次专程回国招募劳工，几个月后，李石曾与齐竺山带着第一批工人五人，由北京乘火车，经西伯利亚地区和俄、德、比等国回到巴黎。首批华工到达后，公司即日开张营业。为使当地人领略"无味道的豆腐"的真味，李石曾在巴黎蒙帕纳斯大街破天荒地创设了法国第一家中国餐馆，名为"中华饭店"，把中国人生活中的宝贵食品豆腐推到巴黎人的餐桌上，没想到，豆制产品十分受欢迎，生意越做越红火。为适应公司扩大再生产，齐竺山又先后回国招募了第二、三批工人，到1910年8月，工人已增至三十多人。

在李石曾的亲自管理下，工人们都做到以工兼学，生意忙时积极工作，不做工的时候或晚间就学习中文和法文，以及其他的普通常识，工人不许吸烟、饮酒、赌博，这为李石曾日后发起声势浩大、影响深远的留法勤工俭学运动做了初步的试验。也许长期研究大豆，爱屋及乌，李石曾倡言肉食之害，高揭"慎食卫生"的旗帜，主张素食主义，发起成立素食会，更从理论上为巴黎豆腐公司张目。曾流亡巴黎的孙中山，专门参观了巴黎豆腐公司后，对李石曾的理论学说与公司运作赞不绝口，后来在《孙文学说》第四章做了记述："吾友李石曾留学法国 …… 以研究农学而注意大豆，以兴开'万国乳会'而主张豆食代肉食，远行化学诸家之理，近应素食卫生之需，此巴黎豆腐公司之所由起也。"

豆腐公司与素食主义，使李石曾声名远播。前者事关华工生计，后者着眼生活理念，这两者都对张竞生产生了深刻影响。张竞生与李石曾在筹组京津保同盟会时就已相识和共事，这次在蒙达尼城举

创建于1908年的巴黎中国豆腐工厂

行的两周一次的演讲会就是李石曾一手操办的，旅居巴黎多年，他们已是过从甚密的老朋友，由于李石曾的言传身教，张竞生也奉行素食主义，而且终生不渝，从不稍懈，可见李石曾在张竞生心目中的地位与分量。

然而，最让张竞生感佩的是李石曾服务华工的一片虔诚与努力。1910年前后，欧洲各国由于工业的发展，一些国家纷纷到亚洲（尤其是中国）掠夺人力资源。此时的中国正处在外侵内斗的动荡时期。山东、河北、江浙、闽粤等沿海或内陆地区的人们为了活命，或把卖身的钱留给家里，或是干脆直接就上船西渡，漂洋过海来到欧洲。从李石曾由国内带来第一批华工，到1914年，通过各个渠道来法的华工已达十万人之巨。这些华工绝大多数没有文化，加上由于没有任何协议，只能去工厂卖苦力，而且还要受白人的白眼，备受欺凌。

李石曾一面安排乡亲做工，一面又通过私人关系使中国政府与欧洲各国会签有关协议，为广大劳工争取到一些最基本的权益。同时，联络和整合在法的各种团体与机构，全力以赴为华工解决各种实际困难。

张竞生作为中国留法学生会会长，自感配合李石曾做好华工的工作，责无旁贷。但张竞生又苦于学生团体只有满腔热忱，没有经济支撑，力量极其微薄，于是双管齐下，一方面积极向我国驻法公使馆反映情况，争取支持，促成公使馆指派一位年轻使馆人员李骏担任驻法侨工委员，专管华工事务；另一方面，发挥智力优势，开展劳工培训。由张竞生负责牵头，组织热心华工教育的留法学生，开展星期演讲班，每星期一次。讲演的人，除教授法语由当地人充任外，其他课程包括法国的风俗习惯、医疗卫生、功课自修等项目，一律由中国留法学生会安排成绩较优秀的学生担任，而且讲演的所有费用，都由学生会的学生负担，不取华工一分一厘。因此，每次演讲，附近工厂如杜鲁斯、里昂、波尔多等地的工人都闻风而来，趋之若鹜，认真听讲，认真记录。演讲班很受欢迎。

然而，中国留法学生会开办的华工演讲班的火爆场面，却引起了法国陆军部的恐慌与猜疑，他们十分害怕华工受演讲的影响，将来会发生工人罢工或不遵从命令的事情，声称要取缔这类演讲。情急之下，张竞生只得求助我国公使馆，公使馆即派遣驻法侨工委员李骏协助处理，在张竞生的陪同下，李骏专程到法国陆军部说明详细情况，解释演讲只为提高华工的文化程度，别无他图，务请陆军部明察和放心。法陆军部这才网开一面，同意学生会继续举办演讲，但每次都必须将讲演章程、演说人员名单以及演说题目先报备案，经审核同意，认为内容无碍才允许演讲人到华工所在地进行演讲。后来因为种种原因，法陆军部还是把学生会的定期演讲活动禁止了。

多数华工因为工资极低，维持基本生活已是自顾不暇，要参加学习或进修实在是勉为其难，但反过来，华工因文化低，找工更难，形成恶性循环。"因为公使馆对华工不予看顾，以致许多华工失业。当巴黎一度有被德军攻陷危险时，法国政府南迁。我国使馆同时迁移。一群华工，可有二三百人，到使馆要求救济，使馆中人遂请法警严密保护。我适于此时也到使馆领取应得的学费，那位秘书即嘱法警将我暂时扣留。他说这班华工是我鼓动来的，必须由我解散，然后放我自由。我当时是学生会会长，自然与华工们有些接洽。到此地步，只好劝解工人暂散去，再行设法。"（张竞生：《浮生漫谈》，第67页）

1914年7月爆发的欧洲战争，不仅使陷于困境的在法华工雪上加霜，也使留法学生受到波及。"7月，欧战爆发……迨德国攻陷法国北部，法国政府迁都波铎（即波尔多），留法学生亦纷纷南迁，且国内汇款稽阻不到，群起恐慌，先生（指李石曾）与蔡元培组织留法西南维持会，对一时未能收到汇款之学生临时予以接济，因得渡过难关。"（王云五主编：《民国李石曾先生煜瀛年谱》，第31页）

有李石曾与张竞生等爱国志士和热心人士的遥相呼应和密切配合，才使处于困境中的在法华工不因战乱而流离失所，而张竞生则把法国视为另一个更富挑战性的人生战场，他协助李石曾、蔡元培撰发通告，劝说留法中国学生不宜因欧战而轻易放弃学业匆忙返国，同时，积极设法帮助留学生转学到法国西南各省继续学业。

1915年6月，李石曾在巴黎发起成立留法勤工俭学会。最初给他这种思想启迪的，是吴稚晖与他初识时，住到他巴黎铜狮子区寓所那"多送国人赴欧，归来者改良茅厕便是成功"的一夕长谈；而他亲手草创的巴黎豆腐公司里数十名华工工余兼学的尝试则提供了宝贵的实践基础。"勤于工作，俭以求学"，轰轰烈烈的深刻影响中国历史进程的"留学勤工俭学"由此拉开了序幕，揭开了中国近代史和百年留法史的新篇章。

为加大倡导力度，李石曾专门撰写了《勤工俭学传》一书，以卢梭、富兰克林等名人早年做工苦学的实例，激励华工与留学生勤工俭学，有所作为。为广泛宣传勤工俭学的精神和效果，李石曾还把卢梭传、富兰克林传在《旅欧杂志》上连载，传主那不屈不挠的奋斗精神，连张竞生这些不愁衣食的公费生也深受教育和感动。李石曾在卢梭传中写道："卢氏出于工匠之家，身为仆从，卒以勤学宏识，为民国之前导，而比葬于先贤，以世俗眼观之，固足荣矣。此等察视，非但不知卢氏之价值，且适与其意相反，故彼晚年，虽受世人之欢迎，而其意兴萧条，不为之稍减。盖世界一日不光明，则彼一日不安乐，以至积郁而死。后人不知彼之真性，而崇拜其虚荣者，不知凡几。无论其形而为铜像，形而为崇祠，或形而为名墓，东西之习俗不同，而其误谬之心理一也。"于此，张竞生体会了哲学家的价值与荣耀，也深味哲学家的无奈与悲哀！哲学家不仅要为世俗生活而奔波，还要为精神的孤独而荷戟前行。

1916年3月29日，蔡元培、李石曾、汪精卫、张竞生等与法国下议员穆岱、法国大学教授欧乐等在巴黎自由教育会所举行华法教育会发起会。会议开始时，穆岱首先发言，简要介绍他与留法中国团体的朋友们交往的看法和收获，期望华法教育会的成立有助于发展中法两国的文化教育与各项事业。接着，由蔡元培做主题演说，他指出："现今世界各国之教育，能完全脱离君政及教会障碍者，以法国为最。……法国科学之发达，不独在科学固有之领域，乃又夺哲学之席，而有所谓科学的哲学。""此诚中国所深欲以法国教育为师资，而又多得法国教育家之助力，以促进其进化者也。今者承法国诸学问家、道德家之赞助，而成立此教育会。此后之灌输法国学术于中国教育界，而为开一新纪元者，实将有赖于斯会。"

随后，李石曾做专题发言。在张竞生的协助下，李石曾一边演说，一边播放中国团体出版发行的书报与印刷局、生物学研究会、俭学会等各项建设情况的幻灯片，到会者都为李石曾先生的开拓实干精神和取得的成就深感讶异，纷纷交口称赞。

最后，由法国中学教师斐纳和李石曾分别宣读到会者的法国方面和中国方面的人员名单。中国方面的人员名单如下：方君瑛、吴玉章、吴稚晖、汪精卫、李石曾、李汝哲、李晓生、李圣章、李广安、李骏、余顺乾、范淹、姚蕙、徐海帆、陈冰如、陈子英、张溥泉、张静江、张惠民、张秀波、张竞生、陆悦琴、曾醒、彭济群、褚民谊、黄仲玉、齐致、谭仲逵、梁耀霭、蔡子民。

有意思的是，在这个长长的名单中，镶嵌着一些关系特殊的名字，共同见证了这些精英分子在寻求一个民族复兴道路上的努力与探索。其中，黄仲玉是蔡子民（蔡元培）的夫人，方君瑛是汪精卫的原恋人，谭仲逵是张竞生南北议和时期的同志、法国留学时期的同学、日后北大任教时期的同事，而吴稚晖、张溥泉等日后都与张竞生的人生或事业有着密切的联系。

经过数月的筹备，1916年6月22日，华法教育会在巴黎自由教育会所举行成立大会，前次参加发起会的中方和法方人员全体出席，选举产生了中方和法方会长各一名，中方为蔡元培、法方为欧乐，副会长为中方汪精卫、法方穆岱，书记为中方李石曾与李圣章、法

1916年成立的华法教育会所在地

方为中学教师斐纳和农科实业学校教务长法露，会计为中方吴玉章、法方共和工商会代表宜士。会议还通过《华法教育会大纲》，规定本会宗旨在发展中法两国之交通，尤注重以法国科学与精神之教育，图中国道德、智识、经济之发展。其事业略分三类：一是哲理与精神之部分，如编辑刊印中法文书籍；二是科学与教育之部分；三是经济与社会之部分，如工商之组织交易。其中最重要的为第二部分，具体包括联络中法学者诸团体、创设学问机关于中国、介绍多数中国留学生来法、助法人游学于中国、组织留法之工人教育、在法国创设中文学校或讲习班等六个细项。这些工作，有些已经在开展，如"介绍多数中国留学生来法"已由李石曾创办的留法勤工俭学会在张罗，"组织留法之工人教育"由张竞生负责的中国留法学生会先期开展过，其他的各项工作均需在华法教育会的统筹之下渐次展开。

李石曾像。中国留法第一人，开办豆腐工厂，当选华法教育会的中方书记

然而，在实际运作过程中，却遇到了诸多困难：

由于学生事务部组织之不良者半，由于华法教育会、俭学会、勤工俭学会，多有不辨其性质，混为一谈，因而发生误会者又半。今既欲解除一切困难，不得不先辨明此三者之性质。成立之历史，俭学会最早，成立于民国元年，宗旨以纳最俭之费用，求达留学之目的。勤工俭学会则成立于民国四年六月，以"勤于工作，俭以求学"为目的。自此两会，先后成立，来法人数日益增多，同时法国方面亦多注意中法两国文化之提携，为言欲达此种目的，非特设机关，共同集议不可，于是始有华法教育会之组织。是华法教育会为两国文化上之总机关，俭学会、勤工俭学会不过其事业内之一部分。今则混为一谈，多以为勤工俭学会事务，即华法教育会全体之事业，勤工俭学事务办理之不善，益以委罪于华法教育会，如此误会，是直以华法教育会为勤工俭学会之代名，此实大谬不然者也。欲矫此误，唯有俭学会、勤工俭学会对于华法教育会为部分之分立，由两会学生自行分别组织，华法教育会从旁襄助一切。(舒新城：《近代中国留学史》，上海文化出版社，1985年，第94—95页)

困难归困难，华法教育会还是逆风飞扬，知难而上。鉴于来法华工日益增多，急需给予指导，李石曾即以华法教育会名义创办华工学校，蔡元培主持入学考试，替该校编撰德育、智育讲义共四十篇，亲自讲授，并聘请汪精卫、张竞生定期来做演讲。在此期间，蔡元培、李石曾、汪精卫三人分别致函北京政府教育总长、国内有关人士及各地劝学所、小学，介绍华法教育会工作，吁请各省配合积极选派合格青年应募来法。由于内外互相推动，发端于法国的勤工俭学运动逐渐向国内渗透。

1916年10月2日，蔡元培接到教育部的电报，要他回国任北京大学校长。蔡元培旋由巴黎回国履职。此后，在李石曾、汪精卫、吴稚晖、张竞生等人的继续推动下，勤工俭学运动迅速在全国形成了规模，达到了高潮，前后长达十多年。这次空前的留法勤工俭学运动，无论在中国的政治、科技、教育，还是文化、艺术等各个领域，皆造就了无数栋梁人才。其中有后来成为中国政界领袖及要员的周恩来、邓小平、陈毅、聂荣臻等，科学家有钱三强、严济慈，艺术家有李健吾、常书鸿、潘玉良、林风眠等人，可谓群星灿烂，人才辈出。据不完全统计，至1920年（周恩来、邓小平在这一年留法），已有一千七百多名有志青年踏上了法兰西的国土，去开创一份别样的人生。

而在这场声势浩大的留法勤工俭学的大合唱中，张竞生是一串明亮而高亢的音符。

四、留学时代浪漫史

虽然学习哲学，但在本质上，张竞生是一个诗人。诗人对月伤怀，风流倜傥，更充满一种罗曼蒂克的情怀。他有着东方人的矜持，在沉默和淡漠的表情下，却覆盖着火山一样的激情。

1913年暑假，张竞生到法国东部的海滨度假。这是一个小小的渔区，不过数百人的居民，平时显得偏僻和寥落，但它是著名的沙丁鱼场，每逢暑假，巴黎人成群结队拥来度假期、吃海鲜，海滨浴场便热闹非凡了。海边有一家精致的咖啡店，附设有饭馆和舞厅。张竞生与同学每天到海里游泳后，就到这个饮食店兼咖啡店吃饭、喝咖啡和跳舞，遂在店里结识了一位柔情万种的女招待。

那位女招待，年纪不过十六七岁，容貌美丽，身材苗条，是法国与西班牙的混血儿，富有南国的情调，更惹人爱怜的是生得娇小玲珑。张竞生本身"短小精悍"，不管是惺惺相惜或是个人怪癖，他个性上也喜欢"娇小玲珑"的女子。

张竞生虽然本性浪漫，但与女招待萍水相逢，相知不深，彼此关系仍处在不冷不热、若即若离之中。这时，有一位德国的少年博士，也从巴黎大学来到海滨度假，就住在张竞生房间的隔壁，几个异国同学，一起游泳，一起吃饭，一起跳舞，很快就情同手足，那少年博士与张竞生谈得投机，十分要好。有意思的是，这位德国少年博士对那位法国少女招待也情有独钟，千方百计向她献殷勤，时而请她吃饭，时而约她跳舞。德国少年的主动攻势使敏感的张竞生颇受刺激，张竞生青春的力量被调动起来，竞争的姿态被激发起来，好胜的心理被鼓动起来，他与德国少年展开了爱情的争夺战。

张竞生志在必得，这不仅仅是他个人的情感需要，也是维护尊严的一种方式。张竞生认为，他的情敌的国家如此强大，而他以弱国的地位，奋起反击，夺取爱情的胜利，以弱胜强，也是莫大的光荣。因此，张竞生以比德国少年博士更热烈的方式追求那女招待，女招待更喜欢张竞生的机智风趣和浪漫情怀，而对德国博士的苦苦追求不为所动。德国少年博士的情场失意，固有个人气质的欠缺，也有法国与德国累生仇隙，结下世仇，遂使法国女子鄙视德国男子的原因。这样，张竞生占了先机。

张竞生大获全胜，德国少年却郁郁寡欢。爱情双方，两相比较，孰轻孰重，有所取舍，这使张竞生感到在爱的实践中，除了纯真的感情，其他外在的因素也在影响或左右着爱情的成败。

为避开家人的耳目和德国少年的打扰，张竞生与女招待悄悄地跑到另外一个海滨，租了一个小房子，有滋有味地过起了家庭生活。平时，张竞生给女招待讲解和传授法文文法，她文化程度虽低，但一问一答，一唱一和，暮时课诵，倒也其乐融融。此外，就时常跑到海里去游泳，波翻浪卷，水天一色，他们身上只穿着泳衣，时而在海里戏水，时而在海滩追逐，一对如胶似漆的小情侣完全沉浸在情感的波涛汹涌之中。当潮水落下时，他们就在石窟里草泽中寻寻觅觅，捞取鱼虾，每次都有斩获，少则一二斤，多则三四斤，无论丰歉，都已足够小两口饱餐一顿美味。有一次，大潮起来又落下，他们趁机到海沟石丛中捕捉螃蟹，竟然捉到两大筐，有二三百只，大多是雌雄叠在一起，真让他们开了眼界。他们从中得到灵感，也效法自然，在蔚蓝色的天空下，在海潮怒号的叫嚣声里，在鹰隼飞鸣上下的翱翔中，他们紧紧地拥抱在一起！

应该说，法国是浪漫主义的温床，有崇尚男女之情的理论氛围和现实土壤。即便是激浊扬清的法国大革命，也不乏浪漫情调。罗伯斯庇尔既是雅各宾派的政府首脑，又是一个艳情诗人；卢韦是吉伦特派的著名人物，在繁忙的政治活动的空隙，他也创作了《福布拉斯骑士的艳遇》这样的艳情小说；拉克洛在革命军队中历任要职，戎马倥偬中，他又创作了《危险的关系》这样的性爱小说；还有布列多纳，出身于农民家庭，是一个狂热的雅各宾派，他创作的《性欢》等小说，在法国性文学中占有重要的地位。这就难怪生性浪漫的张竞生有样学样，乐于此道了。当秋风萧瑟、洪波涌起的时候，张竞生与他的情人携手同归巴黎，再筑爱巢。这时，女招待已是珠胎暗结、大腹便便了。到临产时，张竞生却突然变得手足无措起来，他不知道如何来安置这一个新生的婴儿。他还在大学读书，学费依靠民国政府供给，且因国内战争，经费时断时续，维持个人的学业尚且自顾不暇，哪里有能力养活一个家庭？因此，只好硬起心肠，学习卢梭的做法，主张由国家公养，把刚刚出生的女孩放到巴黎育婴院寄养。殊不知，几个月后，当他们到巴黎育婴院探望时，院方却告知他们孩子因病夭亡！

晴天霹雳！张竞生与女招待悲痛不已。张竞生十分自责，流下了痛悔的泪水，不该狠心把女儿放进育婴院。女招待却当场发作了歇斯底里症，这是她的一个暗病。女招待出身底层，遭遇坎坷，她父亲患酒精病而死，母亲改嫁给一个渔夫，开着一个小酒店，勉强度日。平常日子，她温柔大方，镇静得体，但遇到大刺激时，就失去知觉，口吐白沫，浑身痉挛。第一次见到这种情形时，张竞生吓得不知所措。女招待虽上过国民学校，但对于法文文法却一窍不通，连写一封简单的书信，也是错漏百出。但她却极其通晓人情物理，办事井井有条，而一般的待人接物也颇得别人的欢心。张竞生对她一则以爱一则以忧，虽说对她怀有深厚的感情，敬重她的高尚人格，但由于她患了歇斯底里症，智力上未能得到提高，再加上老家还有一位结发妻子，于情于理都不能重婚，使张竞生最终未能下决心与她结为人生伴侣。

第一次世界大战爆发后，德国不顾国际公约，突破比利时，长驱直入，横扫法国，不久就兵临巴黎城下。实行战时疏散已是势在必行。张竞生决定与中国友人到伦敦暂居，因无法带上女招待，遂给了她一些生活费后，与这位同居一年多的爱人分道扬镳。

当欧战正酣时，伦敦也被德军的炮火所轰击，偌大的英格兰找不到一处藏身之所，张竞生只好返回巴黎。巴黎早已陷落，德军采取立体作战，除了步兵海陆推进，还派飞机轮番轰炸，巴黎的市民和学生大起恐慌，纷纷逃避。为策安全，刚从伦敦回来的张竞生搬到巴黎近郊凡尔赛宫左侧的一个小村庄住了下来，没有书读，没有朋友，无所事事，喜欢亲近大自然的张竞生每天就徜徉于山间小径，陶醉于鸟语花香，战乱的巴黎成了荒诞的背景。此时此地，张竞生才体会到在一个和平的环境中宁静地读书做学问是一件多么幸福的事情。"人们拥有这些舒适条件并没有什么快乐，而失去它们却深感不幸了。"卢梭的伦理思想成了他目前境遇的最好注脚，他还要反其道而行之，忘掉不幸，寻找快乐。

有寻找就有收获，张竞生意外地发现了一个世外桃源——圣格鲁野花园。他常到那里信步而走，花园里的野花怒放，蝶舞蜂喧，令他流连忘返。"谢天谢地，我就在这野花园遇到我终生难忘的情人。"

一连数日，张竞生在圣格鲁野花园散步，每天都会遇到一位娇小玲珑的少女从他身边擦肩而过。只见她衣裳朴素，淡扫蛾眉，神情郁闷，踽踽独行，一副楚楚可怜的样子。当那少女经过一株高大的橡树，又来到张竞生的旁边，张竞生再也抑制不住好奇心，用法文向那少女打招呼，询问她是哪里人。

那少女疑惑地停住脚步，望着张竞生那友善而关切的眼神，遂告知她是法国北方人，为避战乱与母亲流落到这里，住在附近客店的一个小房间里苟且偷安，因为百无聊赖，每天都出来游玩散心，以减轻家园遭受劫难的思乡之苦。听到这里，张竞生顿起恻隐之心。那少女又继续诉说着家乡陷落后，德军奸淫掳掠，焚烧房屋，毁灭稼穑，无恶不作，以致田园一片荒芜，人民流离失所，说得声泪俱下，义愤填膺。张竞生的情绪也随着少女的倾诉而载沉载浮，悲不自胜。

这时，少女从衣袋里取出几篇刚刚写就的诗作让张竞生读。其中有一首这样写道：

> 家乡何处是？田野变战场，屋舍烟火灭！父母夫妻各离散；或为残身躯，或作骷髅泣！凶虏正飞扬，誓不与两立！何日歌凯旋？我气始静默。

噢，这女孩子原来还是一个民间小诗人呢，张竞生真要对她刮目相看了。"人生何处不相逢，天涯共掬有情泪"，读完她的诗篇，张竞生这个男子汉也禁不住泪水涟涟了。一对异国的青年男女，遂在密密的深林里，互诉衷情，几天下来，已经成为难舍难分的情侣了。

在野花园旁边简陋的咖啡馆，张竞生为了试探她的感情，故意说道："你不会是为了钱财而爱我的吧？！"女孩子闻言变色，把张竞生递过去的一杯咖啡狠狠地推开，严词说道："你试试吧，我连咖啡也不贪取你的，难道这还不足以表示我的真心吗？"说得张竞生无地自容，连连道歉。女孩子这才原谅了他。

山外是兵荒马乱，欧战正酣；山里是郎情妹意，乐不思蜀。"自由，就像天真和美德一样，只有拥有它的人自己才能体会到它的价值，一旦失去它，对它的感受也就不存在。"（卢梭：《论人类不平等的起源和基础》，广西师范大学出版社，2002年，第125页）法国文化的因子正丝丝缕缕地渗入张竞生的骨髓，偶尔邂逅的避难女诗人，让他尽情地啜饮着爱情的美酒。女诗人激情澎湃，时常灵感触发，一挥而就，用素笺抄写奉到张竞生的手里，张竞生便一边吟诵，一边称赞这些诗是天籁，是体察民间疾苦的心弦。情到浓处，女诗人又作了一首定情诗：

> 云霞头上飞，思归不必悲。偶逢有情郎，我心极欢欣！东方游子未忍归，西方娇女正追随。你痴情，我意软，稚草同野卉！洞房花烛日，骄阳放出万丈的光辉。

这些诗句虽然艳情，却并不浅薄。相反，字里行间流淌着某种深情深邃的力量，令张竞生感动不已。他们的情感像葱郁的灌木，无人打扰，自由生长。在深林中，在野花园中，在涉水池中，在奇葩与围篱中，在日光皎皎中，在月色迷蒙中，在鸟雀飞鸣求爱中，他们的情感与日俱增，而周遭的所有一切都在烘托和推动着他们的欢情一步步地迈向高潮。他们最喜欢坐在松软的草地上，喁喁絮语，款款谈心，兴之所至，就在软绵绵的草地上拥吻着，张竞生便觉有一股股的香甜气味从她的周身流溢出来，把他熏得浑身舒泰，心醉神迷。那股使人沉醉的芬芳，让她不啻是"香妃"再世。因此，张竞生就常常把这位少女诗人戏称为"香妃""甜姐"或"花姐"，而他自己，就是一只好采花的昆虫！在寂静的山谷中，在绚烂的芳菲里，虫儿与花姐演奏着一阕阕动人的交响曲。

以拟人的写法描写爱情，歌吟性爱，翻遍中国文学史，大约是无出其右的。虽然老祖宗早就讲过"食色，性也"这样的老话，但在古老中国，男女之情仍然是一个适宜于实践而不适宜于谈论的话题，虽说有些朝代宽容，有些朝代严苛，但终究是一个禁忌，到了宋明的程朱理学，甚至出现了"存天理，灭人欲"这样的极端与反动！张竞生如此开放的性爱观，超越了中国传统文化的重重障碍，并在西方文化的重新塑造下，直接创造了另一种范型，那就是——"审美的人"。他充分认同这种情感，肯定这种状态，更享受这种过程。这中间，谁都没有受到侵害，而是一种共赢。因此，每一次的投入都是那么彻底。在那个野花园，在阳光射入树林反射出千万条金黄色的婆娑中，彼此都迷醉在大自然无声无息的怀抱中。

忽然有一天，女诗人手持一页诀别诗，匆匆而来，告诉张竞生，她刚接到从战场受伤回来的未婚夫的来信，要她们母女明天就要到南方去护理伤员，特来辞行。彼此虽然都充满了离愁别绪，表面却强作欢颜。中午的时候，张竞生提出要到大饭馆请她吃饭，为她钱行。张竞生说："你从上次认识定情的时候开始，从来不愿饮我一杯咖啡，这已完全表明你的高洁情怀。今天我一定要请你吃一次大餐，表达我对你的感情，你当不会辞却吧？"

女诗人欣然接受。两人且饮且谈，既愁肠百结，又深情款款。为缓解沉闷的气氛，张竞生特意谈到了外国的诗歌，女诗人问近来中国是否有大诗人，张竞生就举了苏曼殊的诗作，说明苏是一个感伤主义者，又随口翻译了一首诗念给她听："谁怜一阕断肠词，摇落秋怀只自知！况是异乡兼日暮，疏钟红叶坠相思。"没想到女诗人触景生情，不禁热泪滚滚，洒满衣襟。张竞生慌了手脚，连忙起座相劝："快别太悲伤！人生有别离，才愈有情趣。"

一连数月，张竞生仍深陷在离情别绪中，郁郁寡欢。有时寂寞难耐，就跑回圣格鲁野花园，徘徊林下，睹物思人，益发感慨时过境迁，物是人非，先前的似锦繁花变成可憎之物，原来的悦耳鸟鸣幻作无情之媒！这种变欢娱为折磨的情状，让张竞生只好狠一狠心，从此不再进入圣格鲁野花园了。

为了排遣寂寞，张竞生决定到海边去散心、消遣。在靠近地中海的一处海滨浴场，张竞生天天把自己浸泡在潮波掀动的海水里。潮起潮落，月升月沉，张竞生的寂寞被海浪卷走了，沉郁的烦闷也被海水稀释了，而情感的海域却意外地游进了一位"美人鱼"。

一天午后，平静的海滨浴场突然波涛汹涌，巨浪滔天，原本懒洋洋地躺在沙滩上晒太阳的游人兴奋地大呼小叫，纷纷离开岸边跑到海里去冲浪和戏水。张竞生也情不自禁，跃入水中。此时的海中，两股潮流互相交汇，相激相荡，中间的分界线上，水势更是掀动得厉害，张竞生被卷到漩涡里，失去依凭，无从使力，只好手脚并用，拼命挣扎，却南辕北辙，离开岸边越来越远。张竞生正在恐慌之际，幸亏有一位壮健的姑娘，从容不迫地游到他的身边，身手敏捷地把张竞生托举着摆脱险境，又引他到岸边歇息。

姑娘向张竞生微微一笑，张竞生惊魂甫定，不好意思地向姑娘连声道谢。姑娘见张竞生的法语讲得地道，就与他在沙滩上攀谈起来。张竞生这才认真地打量起眼前这位"美人鱼"：活泼的身体，愉快的神情，蓝色的眼睛，柔软的金丝发，晶莹透亮的皮肤与饱满发达的胸膛。张竞生望着姑娘挺拔的样子，心里暗暗叹服道，难怪能轻易地把我救了出来，原来是一个小女大力士呀！

一番交谈，才知道都来自巴黎，彼此感到亲近了几分。姑娘是卫生员，独自跑到海滨来过暑假；张竞生是留学生，也是来去无牵挂。两个人坐在沙滩上，越谈越入迷，不知不觉已天色向晚，临别时竟有些依依不舍。

第二天，张竞生与卫生员又结伴同行。在昨天历险的岸边，张竞生忍不住问卫生员，何以能养成那样健美有力的体魄，卫生员嫣然一笑，不无得意地说道，她是卫生人员，自然极其讲究卫生，但她所讲究的卫生，不是停留在消极的细心消毒之类，而是在积极地养成钢铁般的体魄，增强抵抗力，以战胜一切的毒菌与病魔。她反对古典式的爱情，在大城市的茶楼、饭厅、舞场上卿卿我我，或者在沙龙里的靡靡之音，在她看来，都是苍白而病态的；她所向往和欣赏的，就是在大自然中，在高山大海间的爱情生活。一口气讲了这些以后，卫生员俏皮地说道，她要提倡与实行一种新兴的"卫生的爱情"，却要把"面包的爱情""势利的爱情"扔到茅坑里。

"卫生的爱情"！这是张竞生闻所未闻的簇新名词，初听之下不免吓了一跳，细细品味却暗暗佩服！卫生员进一步申述道，现代人的爱情是神经兮兮的，在灯光酒廊下的爱情是衰弱不堪的，只有卫生的爱情，在大自然中男女双方充分锻炼好身体，又深深地亲密地与大自然长期接触，而且生活于其中，养成万物一体的同情心，然后男女之间才能有雄伟而温柔的真正永久的爱情。

张竞生正听得目瞪口呆，还来不及反应过来，卫生员已经跑到一处地势较平坦的海岸上，迎着澎湃不息的海涛与呼啸不止的海风翩翩起舞，向张竞生展示天仙下凡的舞姿；然后又淘气地攀上陡峭的高山，在烈日中为张竞生表演飞鸟的翱翔。这种卢梭式的完全回归自然的"精神改造"，使张竞生目不暇接，又兴奋不已。不久，他就在爱情观念超前的卫生员的引带下，一起跑到法国自然派的卫生岛——日出岛，去体验一种全新的卫生的爱情生活。

日出岛是位于法国地中海的一个小岛，周围数十公里，是由迪美医生兄弟二人向法国政府购买土地一千法亩，组织的"国际自然会社"。这是一种乌托邦式的社会实验，社员可以购地建屋，每人五千法郎，除建小屋外，尚能造花圃，辟菜园；也可以付出租金，自设野幕居住。凡加入自然会社的会员，享有充分的自由，倡导天体运动，鼓吹自然主义，与文明社会大异其趣。这种崭新的社会组织在欧洲引起很大的争论，也吸引了许多有识人士和享乐主义分子趋之若鹜。

张竞生与卫生员先到马赛，再来到日出岛。他们就这样在大自然的高山大海中逍遥，身体与太阳、月光、星辰合成一气，心灵与自然的风物和文明的教化融为一体，爱情与浮云、落霞、鸟啼、虫鸣发出和声。他们就这样享受着"卫生的爱情"！

回到巴黎，他们虽然不再联系，但享受大自然的乐趣却成了永久美好的回忆。

巴黎是一席流动的盛宴，永远有新鲜的口味和意外的惊喜。这一年的秋天，张竞生约上大学哲学系的三位同学，一男两女，一起漫游著名的阿尔卑斯山脉。这座欧洲的屋脊，西起法国，经意大利、瑞士、德国，东至奥地利，绵延千里，气势雄伟，高峰终年积雪，山谷河流纵横，是探险和远足的好去处。张竞生和几位男女同学从位于法国境内的阿尔卑斯山脉东南侧开始起步，穿越山脉与意大利及瑞士的交界处。整个秋天，几位同学少年，风华正茂，在金黄色的世界里跋山涉水，在良辰美景中流连忘返。那种与大自然融为一体的愉悦与充盈，是大学课本所不具备的。

> 那次的秋天旅行，是我带头提倡的。我以为秋天既有特殊的良辰美景，我们尤当做出一些特殊的赏心与乐事。我们的服装要具浅的粉黄色，与秋色的金黄相配合。那两位女同学的衣裳淡雅，恰如其分。我们在日未出时，即已启程，领赏秋天特有的黎明，晃耀金黄的光芒。我们在月升上许久才回旅店鉴赏秋月的晶莹神态。在中午野餐时，我们不食鱼肉，只有法国金黄的面包条，涂抹上奶油与糖浆。并无菜蔬，只食粉红色的苹果与葡萄。饮的是晶莹的白葡萄酒与金红的浓咖啡。总之，我们四人从服装与食饮上，务求与秋天风光气象混合为体。我们自称为"秋人"，秋天的人物，晶莹清洁的人物。我们不但在形式上这样表现，我们尚在精神中表演出来。（张竞生：《浮生漫谈》，第139页）

法国是一个浪漫的国家，这里的人们，不论男女老少，又不论对白种人与任何种族人，都表现出一种特殊的风气——情感热烈的风气。这种特殊的民族情感，就像一团团的水蒸气一样洋溢在法兰西国土的每一个角落，它是一个国家的民风，也是一个种族的徽记。在大街小巷，随处可见到人们旁若无人的亲吻，或者不同种族的情人们携手同行的亲密表情，而那些女子迈着特别的步伐——法国式的女子步伐，那样的窈窕温柔，那样的矫捷婀娜，满脸堆着俏，一团尽是娇，更是一道独特的风景。巴黎拉丁区（即学生区），这个学校最多、书店最多、咖啡馆最多、旧书摊最多的人文秀区，则比别区更加反映出这种风流的气氛、"猎艳"的气氛。每逢星期六晚或星期日早晨，一群群打扮得花枝招展的普通人家的少女，在拉丁区大街上徜徉流连，顾盼神飞，等待着心上人的到来与寻欢。

拉丁区的年轻学生从来都是美艳少女的梦中情人，他们青春飞扬，又气质非凡。在这种盛事胜景中，张竞生也是与有荣焉，尽尝个中滋味。而此刻，在明朗秋色里，在崇山峻岭中，张竞生与他的同学，更领略了别样的风光。

> 我们是大学生，当然富有法国学生浪漫的传统精神。我们的浪漫，不是流氓式，而是艺术家的作风。当那夜是中国的中秋时候，我曾为同学翻译苏东坡的著名词句，即："明月几时有？把酒问青天。不知天上宫阙，今夕是何年。……起舞弄清影，何似在人间。……人有悲欢离合，月有阴晴圆缺，此事古难全。但愿人长久，千里共婵娟。"我们在山头月光下，同时起舞，醉态朦胧。舞罢，彼此陶醉于浓蜜的、深入的、口与口紧扣的接吻之中，终夜在野外，彼此交颈而睡，如鸳鸯的交颈那样亲爱，但终不及于乱。我们只在精神上、情感上领受两性的情爱，丝毫未曾有肉欲上的沾染。这是"情友"的情爱，纯净的心灵上的情爱，当然比夫妻的，别有一种说不出的快乐。（张竞生：《浮生漫谈》，第139—140页）

五、异方情操

在炮火连天中，在流连山水时，在衣香鬓影里，张竞生完成了在巴黎大学文学院的学业。数年的浸泡和熏陶，使张竞生从一个法语发音不准的乡巴佬，变成一个出入先贤祠、混迹洗衣船的颇有品位的留学生。在通过考试和答辩，获授巴黎大学文学院文学学士毕业文凭后，张竞生计划继续在巴黎大学求学。索邦神学院由19世纪传承下来的哲学传统，它的多元化发展，它的介入现实的积极姿态，使他产生了浓厚的兴趣，而由社会学家涂尔干、莱维-布吕尔和布格勒教授等开设的社会学课程，更使张竞生着迷。同时，巴黎的浪漫、巴黎的梦幻、巴黎的香醇咖啡、巴黎的琳琅美食……所有这一切，都构成了张竞生除学业之外，迷恋巴黎的理由。

然而，巴黎已经不属于张竞生。不断蔓延的欧战炮火已经使巴黎放不下一张安静的书桌。由于德军兵临城下，不断袭击、骚扰，甚至炮轰巴黎，法国政府不得不迁都至波尔多，许多学校和机关也纷纷南迁或关门大吉。张竞生已无法在巴黎大学上课，只好转学到里昂大学。

里昂是法国第二大城市，是著名的纺织区，也是"丝绸之路"在欧洲的终点，因此，与中国有着千丝万缕的关系。尽管如此，张竞生仍是这所法国东南部著名学府里昂大学的第一名中国留学生。里昂大学以人文学科见长，虽然执掌学政的教授难以像巴黎大学那样群星灿烂，但仍有不少名教授主持法学院、商学院和哲学系，其学术水平也足以称雄法国、享誉欧洲。张竞生师承哲学系教授，全力以赴攻读哲学博士学位。

里昂大学坐落在里昂市中心，与鳞次栉比的民居融为一体，构成一片功能齐全而又巍峨壮观的建筑群。张竞生白天到里昂大学上课，晚上寄宿在一位小学教师的家里。百无聊赖中，不免故伎重演，又伺机谈情说爱。

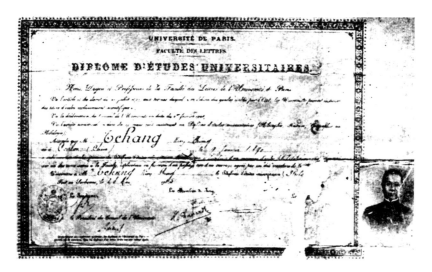

张竞生在巴黎大学所获的学士文凭

那位房东家境殷实富有，有一位正值豆蔻年华的女儿，此女擅长钢琴，曾在全市钢琴比赛中获得第一名，因此，远近有不少有钱人家的孩子慕名前来拜师学艺。其中有一位瑞士少女，天真无邪，又妩媚无比，也寄宿在这户人家学习钢琴。异国少年，同居一室，耳鬓厮磨，日久生情，他们由逐渐接近到无话不谈，虽然房东盯得紧，他们却总有对付的办法，总能在一起谈天说地。

有一次，张竞生故意提高声调，毫不客气地说："以你这样年纪幼稚，思想单纯，是不配讲爱情的！"

瑞士少女听完后，不以为然地撇撇嘴，然后滔滔不绝地予以反驳。她伶牙俐齿，旁征博引，从各个侧面向张竞生表示她能讲爱情——什么爱情都能讲：精神的、肉体的，以及一切奇形怪状的，如《圣经》故事、《天方夜谭》里面所讲述的那些爱情，她都讲得头头是道，令张竞生听得目瞪口呆。

里昂大学哲学系大楼

张竞生也不甘示弱，为了显示他的渊博，他把前两天到里昂美术馆参观时看到的一幅壁画讲给瑞士少女听。这是一幅意大利文艺复兴时期的圣母画，描绘的是圣母接到天使的通知时的情形。画面上的圣母姿态摄人魂魄：整个上半身向后倾，面朝天使，近乎惊恐的面庞露出矜持的神色，而骨盆向前展开，似乎要委身于圣灵。在这里，处女的廉耻和自觉的女性意识交织在一起，若迎若拒，震撼人心，也因此成就了这幅表现诱惑的杰作。

张竞生讲得绘声绘色，竟也把瑞士少女镇住了。但瑞士少女很快就从这种窘态中解脱出来，她以挑衅的眼光盯着张竞生，无所顾忌地说，她不但无所不晓，必要时，她也能实行！

张竞生不由细细端详这位瑞士少女，她确实是一位娇小玲珑的少女，而且弹得一手好钢琴。当她坐在钢琴椅上，手放到琴键上将按未按时，她笑着问张竞生："你想听哪一种爱情曲呢？牧童牧女的两情相悦，还是纺织姑娘的一厢情愿，或者山歌对唱？你想听哪一种爱情曲，我都能满足你的要求，都能马上给你演奏。"

为了显示她对爱情并非一窍不通，相反，而是无所不知，见多识广，瑞士少女不仅信手弹奏许多爱情名曲，而且常常在弹琴的间隙，忙中偷闲地转过身来向张竞生炫耀她还读过许多爱情的书，比如歌德的《少年维特之烦恼》、福楼拜的《包法利夫人》、小仲马的《茶花女》等。瑞士少女如此不屈不挠地表现和表白，就是要推翻张竞生认为她少不更事、不懂爱情的结论。她认为这是对自己的最大侮辱，她要用自己的知识和技能来洗刷，来赢得张竞生的信任和尊重。

张竞生无声地笑着，益发感到瑞士少女的俏皮和可爱。正当张竞生陷入遐思的时候，瑞士少女已悄悄地停止了弹奏，她忽然站起来极天真极迅疾极热烈地给了张竞生一个亲吻，然后就咯咯地笑着跑回她的房间。张竞生愣了一下，也尾随着来到她的房间，轻轻地把门掩上。在静悄悄的房间里，彼此都能听到"咚咚咚"的心跳声，瑞士少女一直深情地注视着张竞生，张竞生遂抱起她那杨柳一般的细腰，目不转睛注视着她那两只水汪汪的大眼睛，只见这两只眼睛像两支熊熊燃烧的火炬，又像是两道掠过夜空的闪电，张竞生懂得女孩的心思，他也正心头撞鹿，但是这么纯洁如水晶明净如秋水的心灵世界，他不愿意再掺入哪怕是一丝杂质的东西，因此，他又轻轻地把她放了下来。张竞生真挚地对瑞士少女说："多谢你，你给我这样的爱情，精神的爱情，极端满足了。我不再想及有别种爱情比这样更高尚。假如我把肉欲加入去，那就万分减少了这样爱情的陶醉了！"

瑞士那大自然的山间清灵和湖水香馥，孕育和涵养了这样一种心灵皎洁、爱情纯净的瑞士少女，这是自然的精灵，造物的厚赐。

这个经历，直接启发了张竞生探究纯粹精神生活的可能性。他正在预备博士论文，初步选定的题目是孔德的社会科学观念论。

奥古斯特·孔德，哲学家、社会学之父。1798年1月出生于法国蒙彼利埃的一个中级官吏家庭，巴黎综合工业学校肄业后，在该校任教。1817年8月，他成为著名的空想社会主义者圣西门的秘书，同时又是圣西门的学生和朋友，深受圣西门学说的影响，甚至比圣西门走得更远，在社会秩序和发展的蓝图上设计得更加完美。他认为，历史在其发展的过程中，相继经历了三个时期：神学的、形而上的和实证的。他率先提出了实证主义哲学学说，创用了"社会学"一词，并对社会学进行了系统化的尝试，强调社会学产生于生物学、化学、物理学和天文学的知识，把数学作为自己的研究工具，因而被认为是社会学的创始人。他提出了"人道教"，把人道教想象成是"以人道的永恒的政府来替代神道的暂时的政府"。他所构想的社会是一个由科学教士统治的强权国家，由科学来取代作为整个世界的组织原则的宗教，在这个新的社会制度中，受崇拜的将是人，将是"最充分地表征生命的最高特性的伟大存在物"。

对于社会学这门新兴的科学，张竞生怀有浓厚的兴趣。从研究社会学，进而研究孔德，研究孔德学说。在深入研读孔德的著作时，张竞生发现，孔德整个实证理论框架的建立是以科学的分类为前提的，而他的整个理论大厦则建立在数学科学的基础上。关于学科的分类和排列问题，孔德这样解释："这种精确的分类使不同的学科达到相对的完善。而相对完善的科学存在于知识的精确程度中，存在于科学不同分支的关系中。这样，我们就可以清楚地看到，那些愈一般、愈简单、愈抽象的科学，它们对其他学科的依赖性就愈小，它们自身的精确程度就愈高，它们相互之间的关系就愈清晰。因此，有机现象与无机现象相比，其确定性系统性较小；地上的动植物现象比天文现象更少确定性和系统性。"

孔德这种纯粹抽象的、理性分析的实证理论，对张竞生来说，是一种真正的智力训练和精神操练，因而是十分有趣的，也是充满魅力的。没想到，一个偶然的时机，一次意外的交往，却使张竞生改变了主意，他放弃了孔德，选择了卢梭，放弃了相对枯燥抽象的，选择了相对感性形象的。

一天，张竞生到车站送客。送走了客人后，张竞生在车站的站台上，碰见一位行色匆匆的女郎，她手里拿着一摞书籍，在经过张竞生身边时，"啪"的一声，有一本掉到了地上。张竞生顺手捡了起来，礼貌而又不失矜持地递还给女郎，女郎客气地向他道谢。张竞生闪电般地扫了那女郎一眼，只见她一身旅行装束，打扮得干净利落，身材如玉树临风，矫捷似飞鸟盘空，那双眼睛炯炯生光，摄人魂魄。当她注视着张竞生时，张竞生竟有一种微醺的感觉。张竞生用纯正的法语向她问好，两人就这样站着匆忙地交谈了几句后，女郎说要急着赶去办公，要到晚上才有时间长谈。

当天晚上，他们约好在一家饭店一起吃饭和聚谈。两人一见如故，大有相见恨晚的感觉。他们一边吃饭，一边饮酒，一边交谈。女郎名叫斯蒂芬，她说自己十分喜欢读小说，每三天必要买一部小说读完；她不但热衷于阅读，偶尔也搞创作；现在正在搜集素材，准备创作一部小说。她问张竞生有什么打算和作为，张竞生告诉她，正在准备撰写博士论文，但是以孔德学说为主题还是以卢梭学说为主题，他还举棋不定，因为这两人的著作他都一样喜欢，虽然卢梭的著作接触得早一些，但孔德的学说似乎更新奇。

斯蒂芬听到张竞生这么一说，高兴得手舞足蹈。她极力撺掇张竞生就以卢梭学说为主题撰写博士论文，她认为卢梭是人本主义者，也是自然神论者，卢梭比孔德更有价值。她遂深入分析卢梭浪漫派的真正意义，卢梭的《论人类不平等的起源和基础》是18世纪辩证法思想的杰作，《社会契约论》是一部宣扬主权在民原则的最深刻最透彻的著作，特别是卢梭的《忏悔录》，向世人展现内心生活的宝库，展现个人本身的一切潜能，是世界文学中最优美的抒情著作之一，也是使浪漫主义文学达到巅峰状态的扛鼎之作。但卢梭的价值长期被忽视，甚至被误解。斯蒂芬进而阐述道，浪漫派实际上是起源于古代的"乐天派"，它不是放纵的而是谨守的人生观；不是狂欢，而是悲伤主义；不是个人的，而是群体的观念；也不是人间世的，而是大自然的寄托。所以真正的浪漫派是反对物质而重精神，反对贵族而为人民，反对个人而为大自然，反对狂欢而偏重于悲伤。这也可说它是反对物质文明，而注重于精神的享受。所以，真正的浪漫派不喜欢都市生活，而乐意到山村水旁；不喜欢高楼大厦，而愿意流连于古堡颓垣；不喜欢歌女舞童，而痴情于忧愁的女性。卢

孔德像。张竞生的博士论文原准备研究孔德

梭就是一个鲜明个案和有效证据，他终生所寄托的是一位贫穷的女工，对于贵族的妇人不过是虚与委蛇和表面周旋而已。

斯蒂芬侃侃而谈，讲得头头是道。张竞生默默地听，却深表叹服。他心想这次是遇到一位"真正的浪漫派"，一位真正理解卢梭的人。斯蒂芬的分析入情入理，他应该选择卢梭的学说作为博士论文的主题，其实从个性与气质上，他与卢梭更加契合，在内心里他也更喜欢卢梭的著作。卢梭那使之着上色彩、获得生命、变得有血有肉的著作，那打动了广大读者的火一般的雄辩和震撼心灵的文字，曾深深地吸引着他、激发着他、鼓舞着他，不仅启发他的智慧，而且还调动他的精神力量。他不应该错过卢梭，不应该辜负卢梭。对了，也不能辜负斯蒂芬。

就在这一刻，张竞生决定选择卢梭学说作为他的哲学博士论文的题目。

斯蒂芬赞许地点点头。她已饭饱酒酣，面红耳赤，讲到兴奋的时候，她双手指天画地，目光飞扬如电。张竞生惊讶于眼前出现了一个活脱脱的西方的史湘云！她毫不掩饰她从十六岁开始就实行真正的浪漫派生活方式，她曾经醉心于考究东方人情操，即浪漫派所喜欢描写与梦想的"异方情操"。她曾认识日本人，但她鄙视他们那种所谓军国主义的派头；她也曾认识印度人，但她失望他们多是印度教徒；她又认识许多南洋客，却觉得华侨不能摆脱殖民地人的色彩。许多年过去了，她也已二十二岁了，她对东方人的认识失望极了。她苦苦寻找一个真正具有东方人的情操的人，愿意献身于他，可惜她始终未能找到。

说到这里，斯蒂芬顿了顿。望着斯蒂芬有些沮丧的神情，张竞生为东方人感到惭愧。正在张竞生暗暗地为斯蒂芬着急时，斯蒂芬却说，今天在车站的站台上，当她一眼见到张竞生，就知道这是一个久居欧洲的留学生，她故意把一本书遗落在地，以试探张竞生的态度。她看张竞生不慌不忙地捡起书，温文尔雅地交到她的手上，并讲出一串漂亮而纯正的法语时，斯蒂芬心中一动，多年想找的那个东方人或许就在眼前！

张竞生庆幸自己没给东方人丢脸，他也没想到，因为浪漫派，因为卢梭，他们竟然走到了一起。到了夜阑更深，即将分手的时候，斯蒂芬告诉张竞生，要经过长时间的考验，才能确定张竞生是否真的就是她所希望寻找的人，并且叮咛张竞生回去后要认真琢磨她所说的真正浪漫派的行为是否的确如此，因为既然要以卢梭作为考究的目标，作为哲学博士论文的题目，或许他对浪漫派有另一番见解，这是学术的自由，也是思想的自由，不能强加于人，也不能强求一律。斯蒂芬说得十分恳切，使张竞生印象深刻，又备受感动。

以后，他们每晚聚谈，引为知己。斯蒂芬鄙视英美人的"金钱主义"，讨厌德国人的"机械主义"，腻烦法国人的"轻佻主义"，她说，她宁愿终身不嫁，也要实行她的浪漫的"感伤主义"。经过一个多月的交往，他们相知甚深，达到了心心相印的地步。在一次晚餐后，斯蒂芬说张竞生的思想和行为完全符合她的标准，她十分满意他的表现。她脸上涨起红晕，两眼燃烧着光芒，她靠近张竞生，热烈地亲吻着他。她要张竞生做她的"模特儿"，完全听从她的摆布。张竞生自然是乐于奉旨行事。就这样行乐了好几夜后，斯蒂芬已是欲罢不能，她表示极愿意请假三个月与张竞生一起到法国与瑞士的边界，在那山区的古堡残迹，野村荒舍，实验真正的浪漫派情人的生活。张竞生也是正中下怀，一拍即合。

他们来到了阿尔卑斯山的东南麓，住在半山腰一个小小的"人家客店"。白天在崇山峻岭间漫游，饿了就采摘山上的野水果充饥，渴了就泡当地出产的蜂蜜水喝，豪放不羁，无拘无束。此行的目的，就是专门为了避开巴黎的繁华与喧嚣，因此，特意寻找那些荒僻的去处，大发思古之幽情。他们在一片山窝找到了一个旧时留存的古堡，院子里杂草丛生，屋顶上苔痕斑斑，四周的墙垣破烂不堪，一派颓败没落的凄凉景象。张竞生与斯蒂芬在那里徘徊踯躅，凭吊古迹，对月伤怀，以发泄郁积胸间的悲哀。有一天，斯蒂芬扮演德军统治下一位破落户公主，将其悲惨遭遇演绎得惟妙惟肖，物我两忘。那种举动，那种表情，都表演得有声有色，父亲如何被俘致残，母亲如何被迫吊死，兄弟四处逃散，姐妹为敌所奸，宗宗件件，感人肺腑，催人泪下。张竞生受到感染，也不觉泪水涟涟，情难自抑，不得不阻止她说："够了够了，我的公主，你的现身说法太动人，太悲惨，我都快受不了啦。况且，你的眼泪也快流光了，你还是保重自己要紧吧！"斯蒂芬这才停止了表演，但情绪还陷在悲伤里。她如泣如诉地对张竞生说道："你以为我真的在演戏吗？你错啦！那是我家里的遭遇，我演的都是真实的人物！我的眼泪我的悲哀，都是从心里流出来的，并无半点的虚假。"张竞生恍然大悟，极力安慰她，在古堡中紧紧地互相拥抱。在她尚在唏嘘啜泣时，张竞生又耐心地劝告她说："放下你的悲伤吧，我的爱神，我们在演过悲剧后，不如来演些喜剧，散散郁闷吧！"斯蒂芬这才缓过劲来，热烈地亲吻着张竞生，半是怜惜半是叹息地说道："也罢，但我们要在保存悲剧的情况下去表演喜剧的情趣。就像这一次，在这个残堡颓垣中，触起了我的无限悲情。我希望你能从我这样的悲伤中得到心灵与肉体的别一种满足，使你领受悲哀的情感比欢乐的情感更高尚、纯洁、诚实、真挚与饱满，也更刻骨铭心而又历久弥新。就像卢梭的爱情，永远地令人牵肠挂肚，又永远地得不到，始终处于无穷的哀愁与不断的怀念之中，那种甜蜜的忧伤难道不比浅薄的幸福更加满足心灵的需要吗？"

卢梭对爱情的理解有着超越18世纪贵族社会淫靡之风的清新气象，他崇尚男女之间真诚深挚的情感，特别重视感情的高尚和纯洁，尤其是他与华伦夫人长期过着一种纯净的爱情生活，那种诚挚的而又遥不可及的情感方式在18世纪是绝无仅有的。在最近的研究中，张竞生发现，卢梭的爱情观甚至与他的教育观在本质上有其相似之处。卢梭在《爱弥儿》中指出："在我们中间，谁最能容忍生活中的幸福和忧患，我认为就是受了最好教育的人。"由此可以看到，爱情上的享受悲哀，正像生活中的容忍忧患，都是卢梭生命中的常态。卢梭的这种爱情观对张竞生的影响是深刻而持久的。当斯蒂芬再次提到卢梭的时候，张竞生情难再抑，他噙着眼泪对斯蒂芬说："我的心肝，你的一泪一字都在我的心坎中颤动起来了，这种悲伤，必将永久地留存在我的心头。"

说完，他们手牵手，腰挨腰，一步一步地在秋风落叶夕阳黄昏的山路中蹒跚着回到"人家客店"。稍事休息两天后，斯蒂芬又导演着要亲身体验浪漫派的别一种情操了。她向山里人家借到了几只羊，一套女牧童装，一套男牧童装。她自己穿上了牧装，张竞生也穿了牧童衣服，大清早就一起赶羊到山上去放牧。斯蒂芬告诉张竞生不要把这看作是假装而应当从实在的生活中去体验，才有实际效果。于是，他们在丛林中，各持着一根小棍子，赶着羊去吃草和树叶。

最让张竞生感到刺激的，就是斯蒂芬把自己变成了女魔鬼的装扮与表演了。只见她脱下原来的衣服，穿上一套五光十色的一条一条所合成的短衣短裤，显得光怪陆离，形容可憎。她怪异地舞蹈起来，时而发出恐怖的鬼哭狼嚎，并不时向张竞生挑衅，问他爱不爱她这样的魔鬼，张竞生实话实说地向她表示，只有惊惧并无爱情。斯蒂芬便装鬼脸做鬼声地说道："你怕我了，不错，我就要你怕，怕到不敢亲近我这个女魔鬼！你还敢像原来那样亲吻我吗？我料定你是不敢了！"斯蒂芬随即唱起阴森可怖的魔鬼曲子，什么墓中骷髅起来跳舞，什么女鬼夜间到她情人家里与他结婚，都是那些骇人听闻令人毛发倒竖的魔鬼曲调。

斯蒂芬终于脱下魔衣，她对张竞生说："我看你脸的颜色都变得青白了，我不愿意这样长久地折磨你，可是你在这里也可体验到精神的作用，如果真的有这样的女魔鬼，无论你爱情如何执着、性欲如何疯狂，也终于不敢去问津吧！"

张竞生深表赞同。虽说谁也没有真正见过魔鬼的样子，但鬼怪的幻象，并非完全出于想象，它有着深刻的心理基础和内心疑惧，以及对于不确定因素的无从把握。从悲哀的浪漫到恐怖的浪漫，斯蒂芬的表演使张竞生领略了更深一层精神空间的奇异景观。

斯蒂芬的表演还没有结束。他们所住的"人家客店"，不但有山光而且有湖景。这个湖景有极美丽的一面也有极晦暗的一面。当清风明月时，水上波纹如鳞，月光从湖边高山的树梢上倒映到湖面上，白天有太阳的光芒照耀，波光粼粼，气象万千，仿佛一个千娇百媚的美人，这是"优美"的一面。当狂风怒发，阴云密布，湖上波涛汹涌，湖边树林里发出咆哮的吼叫，仿佛一只面目狰狞的野兽，这又是"壮美"的一面。斯蒂芬又有感而发了，她与张竞生一边在湖边漫步一边说道："你看优美（温柔的美）与壮美（伟大的美）常常被人分开为两个景象，实则它们不过是一物中从二方面的表现罢了。

今天就这个湖来说，它有时是优美，有时又是壮美的。如果你只看到它一个方面就未免太小瞧它了。就人的心灵来说，在温情表现时，如见到人贫苦衰弱的可怜，见到娇小玲珑的可爱，那时表现出来的就是优美的心情。如果遇到发怒时，见物就抛，遇人即打，这就是壮美心情的表现。哟，我说错了，'见物就抛，遇人即打'，这些不是好心情当然说不到壮美，我不过要说此时的怒气便是内心的壮美罢了。若要解释好一点，就是他若能利用愤怒的心情去发挥他英雄的气概，这才算是壮美的。总之，一个人与世间一件物同时都含有优美与壮美的二方面，要这样去看待问题才能得到完整的美学的观念呢。"

听了斯蒂芬这一番话，张竞生简直佩服得五体投地了，她能发这些高论，几乎到了可以胜任他的博士导师的水平了，他对写好博士论文，已经有了更为全面的把握。这三个月，在山之崖水之滨，张竞生在斯蒂芬的引导下，经历了各种各样的环境，体验了多种多样的情感。她领着他到山峰层峦去，到古堡去，到湖光去，随着时间的变幻，领略了迥异的景色，得到了人生的启迪。

秋去冬来，不知不觉三个月已经过去了。他们又回到了里昂，在车站里，在当初见面的地方，斯蒂芬坚决地要分手了。在即将离别的时候，斯蒂芬郑重其事地对张竞生说："情人总要一别！短则几日，长或到数十年，终于到死去时也要别离的！短时间的相聚，却能给情人以长久的回忆。永久的相守，易生厌恶与冲突。因此，从一开始我就决定我们只有三个月的相爱。此后我与你再不会有再见的机会了。说起来不但你悲哀，我恐怕比你更悲伤。但我们不是已经体验到'悲哀'正是真情爱的人生观吗？我已决定把我俩三个月来所体验的写成一本小说，书名叫作《三个月的情侣》，我想这本书是可以留存在人间的。那么，我们的情爱，不是比我俩——纵然终生相爱下去，更能永久存留吗？别了，我的心肝儿，我俩就从此分手，永无再见的日期了！"

张竞生紧握着斯蒂芬的手，流下了眼泪，斯蒂芬也泪流满面。她掏出一张照片，写上"天长地久，此情绵绵"几个字，递给张竞生作为永久的留念，然后两人深情相吻，紧紧相拥。忽然，斯蒂芬抽身而出，掉头而去，如远去的飞鸿永远地消失在人群里。

张竞生怅然若失，久久地仰头伫望斯蒂芬离去的方向，像泥塑般一动也不动。

几个月后，张竞生悲伤的别离情愫越来越浓厚，有一段时间几乎变成半神经病了，无论白天和黑夜，只要闭上眼睛，便会浮现起斯蒂芬的身影。忽然有一天，他在里昂的书摊上见到了一本新出的小说《三个月的情侣》，张竞生发狂般地扑过去，买了一本就站在原地一口气把它读完。"真正的情感，必定是悲伤的！历来许多大艺术家，如但丁、达·芬奇、歌德等，都因对他们所爱的女子得不到爱情，所以把肉欲升华为灵感而演化为他们杰出的作品！这是悲伤主义的代价，也是悲伤主义的收获。"在小说的最后，斯蒂芬这样写道。

读到这里，张竞生像电击一样猛醒过来，不能再沉湎在悲伤里，也不能这样毁灭自己。而应该收拾心情，开始他的博士论文的写作了。

六、探究卢梭的精神世界

从1918到1919年，张竞生用了整整两年的时间，在卢梭曾经工作和生活过的里昂，开始了对卢梭的天才思想和心灵世界的探秘之旅。这是一个极富挑战性的工作，又是一个极具成就感的工作，因为卢梭不是别人，在整个18世纪的思想史上，卢梭的复杂性与富于争议性，是人所共知的，选择卢梭作为博士论文题目，需要眼光，更需要胆识。

卢梭，法国18世纪最杰出的启蒙思想家、哲学家、教育学家、文学家。1712年出生于瑞士日内瓦的一个钟表匠家庭。他先后当过镂刻匠、家仆、收税人、官吏、家庭教师、乐谱缮写人、外交秘书、乐师和作曲家，直到最后才找到了他自己真正的角色：思想家和文学家。他一生虽然颠沛流离，饱经忧患，却创作了大量的哲学著作和文学作品，如《论科学与艺术》《论人类不平等的起源和基础》《社会契约论》《论语言的起源》《山中书简》《新爱洛漪丝》《爱弥儿》《对话录：卢梭评判让－雅克》《忏悔录》《一个孤独的散步者的遐想》等。他生活的时代对他怀有强烈的敌意和误解，然而他却为这个世界留下了无与伦比的充满激情和想象的文字。1778年，卢梭在阿蒙农维拉去世。生前，他流浪，漂泊，避难，逃亡；死后，却以思想的灵光启示革命，照耀后人。思想家的最大痛苦是不能同时成为艺术家，而艺术家则遗憾不具备思想家那种系统性思想的力量，因此，思想家与艺术家是互为补充的两个侧面。在人类灿烂的星空中，只有极少数天才人物既具有思想家的深刻，又有艺术家的曼妙，卢梭就是这样的人物。他的价值，只有穿越时空的隧道才能愈来愈清晰地显现。

哲学巨匠在卢梭身上洞见了人类本质，革命导师在卢梭身上发现了辩证思想。曾经是革命者，现在正潜心研究哲学的张竞生将发现一个什么样的卢梭？一个人之所以喜欢一个人，记住一个人，进

卢梭像。令张竞生
终生萦怀的人物

而研究一个人，完全是因为他对这个人怀有强烈的兴趣；一个人能理解另一个人的多少情况，深入到什么程度，也跟这个人与那个人的气质、爱好、情趣、学养、经历，以及认知方式、情感方式等息息相关。在张竞生眼里，卢梭是自然主义和浪漫主义的领头羊，他的《社会契约论》是法国大革命乃至世界大革命的急先锋，他的《爱弥儿》是人本教育与自然教育的先声，他的兼具文学与哲理之长的《忏悔录》是情感派文学的集大成者。而所有这一切，都与张竞生的知识背景和全部人生经验紧密结合，产生强烈共鸣。要理解这个人，自己就必须像这个人；唯有盗贼才能理解盗贼，唯有天真汉才能理解天真汉。正是这种高度契合，使张竞生自觉地投入探寻卢梭的精神秘密的行动中，并在这种探秘中，获得了发现的快乐，理解的快乐，相知的快乐。

巴黎市街头的卢梭像

　　卢梭之所以成为卢梭，固然渊源于他的出身，但更重要的是教育的结果：家庭的教育、自我的教育、社会的教育。因此，经过反复权衡，张竞生把博士论文的题目确定为《关于卢梭古代教育起源理论之探讨》。从教育入手，也许是走进卢梭精神世界的捷径，更可能是开启卢梭心灵秘密的钥匙。

　　张竞生开始了大量的深入阅读、资料积累和比较研究，并逐渐理出了博士论文写作的头绪。他一共用了七章的篇幅来展开他的论述，首先用整整两章来阐明古希腊、古罗马的经典作家对卢梭的深刻影响，而这种影响最先是从家庭起步的。

　　卢梭出身于一个小资产阶级家庭，他一出世就失去了母亲，早期的教育完全依赖父亲的引导。他的父亲是一位钟表匠，富有浪漫精神，却又变化无常。张竞生认为，如果在这个世界上有一个小孩既早熟又多愁善感的，那肯定是卢梭。他虽然天生体弱，却异常早慧。父亲一边修理钟表，一边让七岁的卢梭阅读感伤小说，但也让他读普鲁塔克的《名人传》，这本书自从16世纪以来成了所有共和主义者培养公民责任感的教科书。从七岁到十一岁，卢梭被要求通过额外的阅读进入到第二阶段的教育，他阅读了勒苏俄的《教会与帝国史》和《博素埃关于世界史的论说》、纳尼的《威尼斯史》、奥义德的《变态》、福特奈尔的《宇宙和死亡的对白》，以及莫里哀的一些著作。但在所有这些著作里，卢梭更喜欢普鲁塔克的著作，普鲁塔克的著作成了他的最爱，这种独特的爱好不仅说明了一种偏好于情感的爱好，而且显示出他满足于精神上的享受。通过普鲁塔克，卢梭认识了那些"古代的名人"。卢梭写道：由于这些书所引起的我和我父亲之间的谈话，我的爱自由爱共和的思想便形成了；倔强高傲以及不肯受束缚和奴役的性格也形成了；我不断想着罗马和雅典，可以说我是同罗马和希腊的伟人在一起生活了，加上我自己生来就是一个共和国的公民，我父亲又是个热爱祖国的人，我便以他为榜样而热爱起祖国来。我竟自以为是希腊或罗马人了。每逢读到一位英雄的传记，我就变成传记中的那个人物。读到那些使我深受感动的忠贞不贰、威武不屈的形象，就使我两眼闪光，声高气壮。卢梭的父亲在一场诉讼之后离开了日内瓦，从此不再照管卢梭了。因此，阅读普鲁塔克更成为卢梭精神上的依靠，普鲁塔克对于他来说就像是第二个父亲，他是卢梭儿童时代最早的读物，也是卢梭老年时候的最后读物。

当然，在群星灿烂的古希腊古罗马的作家群中，卢梭不会只满足于阅读普鲁塔克。毫无疑问，卢梭同时也是一位柏拉图主义者，柏拉图的《理想国》是他最为推崇的典籍之一，他甚至认为，《理想国》是一本优秀的教育书而不是一本关于政治的书，显然这是一种个人的评论，却也是颇有见地的。实际上，柏拉图对卢梭的启示也是多方面的，通过《理想国》《法篇》《会饮篇》给予卢梭关于教育方法的希腊哲学，通过《蒂迈欧篇》关于上帝和自然的学说，通过《斐多篇》关于灵魂的思想，通过《会饮篇》在爱弥儿与苏菲之间、朱丽与武尔玛之间的纯洁和诚实的看法，最后，通过《政治家篇》，卢梭获得了关于政治的概念。

张竞生的博士论文《关于卢梭古代教育起源理论之探讨》扉页，由法国里昂市市立图书馆中文部前主任溥力先生提供

张竞生在博士论文中鲜明地指出，卢梭的教育理论的要点在于：不要要求学生为他人学习，而要要求他们为自己受教育。受教育者应被培养成为一个成人，但他应该成为一个"自然的"成人，而不是"人为的"成人。因此，柏拉图、普鲁塔克、亚里士多德学派、斯多葛学派、法沃里努斯、西塞罗、色诺芬等，都成为卢梭关于教育的主要理论的古代源头。其中柏拉图主义和斯多葛派关于人的天性的善良的阐述对卢梭产生了深刻影响，普鲁塔克关于人必须具备勇气、节食、谨慎、公正四种必不可少的德行的论述，对于塑造卢梭的精神品质也有着十分重要的作用。张竞生力图对卢梭之所以成为卢梭进行溯本探源和重新还原。

在博士论文的前两章进行总体勾勒后，张竞生分别用智力教育、道德教育、宗教教育、政治教育、女性教育共五章对卢梭教育思想的形成与发展进行条分缕述，提要钩玄，可谓新见迭出，异彩纷呈。尤其是后两章，深刻地洞见了卢梭许多独特思想的渊源关系。

卢梭在他的两篇《第戎科学院的演说》，在他的其他著作里，呈现给我们的自然人是幸福的，是在自然里幸福生活的，没有法律也没有约束。唯有自由的人才是真正的公民，这正是《爱弥儿》的潜在主题，同时也正是卢梭在《新爱洛漪丝》的结尾处借威尔曼夫人之口所表达的准则："人这种存在是太高尚了，他不能像工具一样单纯地为他人服务，而且，在他还没有想好某件适合别人的事是否也适合于自己之前，绝不能被弄去做那件事……伤害一个人的灵魂去取悦他人，这总是有失正当的。"卢梭指出："要寻找出一种结合的形式，使它能够以全部共同的力量来卫护和保障每个结合者的人身和财富，并且由于这一结合而使得每一个与全体相联合的个人又只不过是在服从其本人，并且仍然像以往一样的自由。"这些都根源于斯多葛派的理论：自然平等和法律平等。在斯多葛派看来，每一个人都是上帝的子民，因此所有的人对于自然来说都是平等的，在法律面前也应该是这样。卢梭因此得出结论："每个人都生而自由、平等。他只是为了自己的利益才会转让自己的自由。"这就导致对权力和奴隶合法性更强烈的反对。他寻找这样生来平等和自由的人是徒劳的，他仅仅是能找到一种方法、一种协议和一种契约。在不可转让的和不可分割的公意面前，个人的意愿就不见了。这种个人在最高国家里的融合，是卢梭在社会契约里最独特的和最重要的概念。而这中间意味着也有一种古代的来源：斯巴达存在着一位无与伦比的立法者。

卢梭用了很多笔墨使得女性教育和男子教育一样突出。两性教育的不同之处不仅在于体质的训练，而且还在于认识的天性。卢梭的这些思想包含了那些给予他启发的希腊式道德的思想："但是我认为，从大体上来说，希腊人在这方面的教育方法是很有道理的。青年女子经常出现在公共场合，只不过是女孩子跟女孩子在一起，而不是跟男孩子混在一起。在任何一个节日、集会或祭神的典礼中都可看到一队一队的优秀的公民的女孩子，她们戴着花冠，提着花篮，捧着花瓶和祭品，载歌载舞地玩着，使希腊人的迟钝的感官接触到一种动人的情景，抵消他们粗笨的体操产生的不良效果。""这些年轻的姑娘们一旦结了婚，就再也不在公共场合露面了；她们待在家里，把她们的全部精力用来管理家务。大自然和理性给女性安排的生活方式就是如此。这样的母亲所生育的儿子才是地球上最健康、最强壮、最完全发育的。""大自然将乳房作为美丽的凸起赐给女性，注定不是为胸脯增添光彩而是为哺乳孩子。如果一位女性，当她是健康的，却不想抚养她的孩子，这是反自然的。据我看来，应该是

张竞生的里昂大学博士文凭，1919年4月9日

母亲们自己哺乳她们的孩子并展示她们的胸脯。因为她们要以更多的爱意更多的关心去哺乳，因为她们对她们孩子的慈爱是品质的一部分，甚至如人们所说的是源自内心深处。乳母和家庭女教师仅仅是一种仿制的慈爱，因为她们是受雇佣的。大自然要求妈妈自己来哺乳这些她们自己带到这个世界的小生命。"

在进行了上述阐明后，张竞生指出，是不是首先是普鲁塔克从法沃里努斯那里受到启发，然后是卢梭呢？还是卢梭从他们二人那里汲取呢？这都不重要了，总之卢梭的这些思想是来自于古代经典作家的，这就足够了。

张竞生用皇皇十万言的篇幅来展示他对卢梭的研究与收获。

1919年4月8日，张竞生以《关于卢梭古代教育起源理论之探讨》为题通过了学术论文答辩，被里昂大学学位答辩委员会授予里昂大学文学院哲学博士学位。

费希特说："一个人之所以选择某种哲学，正因为他是这种人。"八年法兰西的寒窗苦读与浪漫之旅，张竞生的最大幸运，也是最大变数，是在精神上遭遇卢梭，挚爱卢梭，研究卢梭，并从中发现自己，塑造自己和完成自己。在卢梭天赋自由与崇尚自然的精神覆盖下，张竞生成为一个空想家、梦幻者和狂热派。喝了满肚子洋墨水，顶着一脑袋蟹行文字哲学，就要回到那个仍然像来时一样古旧的东方国度，福兮祸兮，谁说得清楚？

1919年9月1日，作为一个曾经是满腔热血的革命者，张竞生踌躇满志地踏上了返程之旅。

第四章 从金中到北大

一、首倡节育

1920年2月，在浪涛奔涌的大洋中航行了一个多月后，张竞生回到了阔别八年的中国。

在离开巴黎之后，返回祖国之前，张竞生进行了最后一次游历，他从比利时、荷兰，再到瑞士、意大利，这里的山川风物乃至金发碧眼，都使他心醉神迷。留学的时光，他曾独自前往考察，也曾与同学一起探险，这次的跨国远行，是一种缅怀，也是一种告别。当他正在乐而忘返的时候，一封封加急电报不断地催促他赶紧起程归国。原来，就在张竞生刚刚获得里昂大学哲学博士学位的时候，国内的潮州各属议员就联名聘他为潮州金山中学校长，如今虚位以待已好几个月了。

潮州素有"海滨邹鲁"之称，历来人才辈出，何以区区一个校长，要如此舍近求远呢？盖事出有因。考诸历史，潮州金山中学乃脱胎于金山书院，光绪三十一年，诏令天下，废除科举，因书院经费充足，而且是潮属九县公有，遂改为潮州中学堂。此后，学堂校产不断扩充，事业兴旺发达，到了1919年底至1920年初，学校已是名声在外，成了一块谁都想染指的大肥肉。这时已经担任粤军总司令兼广东省省长的陈炯明，决定把潮州中学堂改名为省立潮州金山中学，纳入官办的范围。潮州地方人士意见很大，议论纷纷，认为本校是用地方公产开办，从未支过省库一文钱，不符合省立的性质，不宜充作官办学校，更为重要的是，大家担忧学校改为公办，校产必定被各级官僚所侵吞或蚕食，就像以前的韩山师范学校一样，所以潮属议员对陈炯明的提议，一体予以回绝。恰在前些时候，学校因租款征收和教员欠薪等问题闹出纠纷，引起潮州地方人士反感，告状到省里，遂使旧校长去职，暂时委托教员郑国藩代理校长。当此内外交困、人心涣散之际，为避免学校被改制，甚至被解体，更为壮声威，振民心，由潮属议员兼两广盐运使邹鲁亲自提议，全体潮属议员联署，举荐已获得法国里昂大学哲学博士学位的张竞生担任潮州金山中学校长。

邹鲁，1885年出生，广东大埔人，字海滨。曾毕业于岭东同文学堂，与张竞生有同学之谊。早年加入同盟会，从事革命活动，后赴日本早稻田大学留学，与陈炯明既是同学又是同志。1920年，陈炯明奉孙中山之命，率护法军从福建漳州回师广州，邹鲁组织义勇军做好接应和联络，并号召驱逐桂系退出广东。全省平定后，孙中山由上海回到广州，组织军政府。军政府总理孙中山要邹鲁担任广东政务厅厅长，新任粤军总司令兼广东省省长陈炯明要邹鲁担任财政厅厅长，孙中山与陈炯明关系微妙，又意见不合，八面玲珑的邹鲁谁也不得罪，既不当政务厅厅长，也不当财政厅厅长。后来，孙中山与陈炯明达成共识，让邹鲁担任两广盐运使，邹鲁这才胸无芥蒂地走马上任。邹鲁是一位善于处理复杂关系的高手，也是一位擅长识拔人才的领导，他到盐警署履新后，发现盐运署里不称职的人员很多，但是回粤的粤军将领所推荐来的各方面人才更多，哪些用

邹鲁像

哪些不用，的确是一个棘手的难于应付的问题。但邹鲁胸有成竹，谋定而后动，他先查明档案，考察旧人已往的工作成绩，然后再咨询盐商，借以了解他们在外面的好坏。这样，他知道旧人中哪一位是好的，当继续任用；哪一位是坏的，应予以撤职。凡有缺额，则优先任用义勇军的将官和粤军将领所推荐的人。不出两个月，盐警署就被邹鲁治理得井井有条，众多人才也各得其所，各司其职，各擅其能，上下面目为之一新。邹鲁善于用人的美名也不胫而走。因此，由他领衔推荐潮汕第一博士且有功于革命的张竞生担任潮州金山中学校长，这无异于为学校找到了一块响当当的金字招牌，也是抗拒陈炯明把学校改为省立官办的最有效的挡箭牌。

邹鲁亲自出面，陈炯明哪有不准之理？陈炯明遂高抬贵手，同意张竞生担任潮州金山中学校长，同意潮州金山中学列入省立范围，但校产仍归地方公有，由地方人士经管。

张竞生衔命在身，归心似箭。当邮轮到达香港的时候，张竞生即计划转道到广州领取潮州金山中学校长的委任状。站在法国邮轮的甲板上，迎着略带腥咸的海风，望着维多利亚港上空斑驳的灯火，张竞生怀着兴奋的心情期待着崭新的开始和不凡的作为，他有这个准备和自信。在法国，他浸淫于浩如烟海的西方学术典籍之中，从古希腊古罗马的思想源头到资产阶级文艺复兴的学术流派，从苏格拉底、亚里士多德的政治和形而上学到狄德罗、伏尔泰的百科全书学派，从普鲁塔克、柏拉图的教育理论到康德、孔德的道德律令，从伊壁鸠鲁、斯多葛派的自然主义到卢梭、歌德的浪漫主义，从西塞罗、贺拉斯的性爱自由到马尔萨斯、李比希的人口原理……他满脑子装的是哲学、文学、政治学、社会学、伦理学、教育学、生物学、性学、优生优育等一大堆洋学问，更重要的是他在自由、平等、博爱这种普遍价值的发源地耳濡目染，所熏陶而形成的自由之思想、独立之精神，使他由一位不乏鲁莽的热血青年转型为一位匡时济世的现代资产阶级知识分子。他是由国家出钱培养的，现在学成归来，理应为国家效力。书生报国，从何下手？最好的途径，就是倾其所学，为国家的发展出谋献策。

为了展示自己的才华和抱负，张竞生字斟句酌，旁征博引，用一些旧纸在船上洋洋洒洒地写了一份建设家乡广东的施政建议，从社会改良、经济发展，到教书育人、民生福祉，都提出自己的见解和思路。其中用大半的篇幅论述在未来社会，人口不加节制的膨胀是人类根本的冲突，尤其是中国存在的重大隐忧和突出问题。因此，中国要限制人口发展，实行避孕节育，推行优生优育，提高人口素质，首先从广东开始实行，并逐步推向全国。

这是一个先知的声音，也是一个天才的构想。对于人口问题，张竞生有过充分的研究和深入的考察。张竞生发现，柏拉图的《理想国》对优生问题、节育问题进行过生动有趣和深入浅出的论述。柏拉图通过他的老师苏格拉底与阿里斯同之子格劳孔的对话，以猎狗或者纯种公鸡的交配与生殖譬喻，指出人类要与猎狗或者公鸡一样，必须用最大的注意力选出最优秀的品种加以繁殖，才不会使品种每况愈下。强调最好的男人必须与最好的女人尽量多结合在一起，反之，最坏的与最坏的要尽量少结合在一起；最好者的下一代必须培养成长，最坏者的下一代则不予养育，如果品种要保持最高质量的话；女人应该从二十岁到四十岁为国家抚养儿女，男人应当从过了跑步速度最快的年龄到五十五岁，只有在这个男女身心两方面都精力最旺盛的时候生育的儿女，才能下一代胜过老一代，才会变得更为优秀。这就鲜明而严肃地提出并思考了人类的优生优育问题。接着，苏格拉底又触及了节育问题，他指出，按照法律要求，结婚必须有假期，新妇新郎欢聚宴饮，祭享神明，诗人作赞美诗，祝贺嘉礼。结婚人数的多寡，要考虑到战争、疾病以及其他因素，由治理者们斟酌决定；要保持适当的公民人口，尽量使城邦不至于过大或过小；理想国的人口数目要设法保持在 5 040 户这个范围内，生育发展得太快时，要抑制它；最优秀的男子女子结婚后，子女由国家来抚养；次劣的男子和次劣的女子搭配，可以不生养子女。柏拉图关于优生和节育的论述虽然篇幅不长，或者准确地说，只是只言片语而已，却闪耀着真理的光芒。很显然，柏拉图已经预料到人口增长有超过生活资料的趋势，尽管他的抑制方法难以让人接受，但是办法本身也说明了柏拉图对人口增长的担忧，这种圣哲的担忧被张竞生敏锐地捕捉到，成为他联系国情经世致用的重要的思想资源。

而真正使张竞生对节制生育的观念由模糊到清晰、由零散到系统，并最终成为对国家政策的重大建议的，则是得益于张竞生对英国著名经济学家和人口学家马尔萨斯的著作《人口原理》的研读与领悟。马尔萨斯1766年生于英国的富有地主家庭，1798年，发表专著《论影响社会进步前景的人口原理》，简称《人口原理》。该书一问世，就在社会上引起轩然大波，此后连续再版七次，在学术界引发长久激烈而尖锐的争议。马尔萨斯认为，在呈几何级数增长的人口与呈算术级数增长的生活资料之间，必然存在着无法避免的矛盾，人类如果不能理性地对人口施以限制，就必将陷入幸福与灾难之间的循环往复。战争、疾病和其他灾难可以抑制人口的增加，但这种抑制方式代价太重，从道德层面，比如鼓励人们实行晚婚、婚前守节和禁欲等方式来限制人口更富于人性。马尔萨斯的思想对查尔斯·达尔文和卡尔·马克思这两位19世纪最有影响的思想家产生了强烈的影响，也在张竞生的学术版图上打下了深刻的烙印。在《人口原理》中，马尔萨斯对中国清朝康熙年间人口剧增的状况与形成的原因进行了令人信服的阐述。马尔萨斯指出，地理的相对优越、皇帝的重农政策、农民的勤劳与贫困、婚姻的崇尚与种族的繁衍，甚至大众对茶叶的嗜好等，都被视为中国人口迅速增长的因素。因此，中国的气候特别适宜生育，在繁育能力上这里的妇女也优于世界上其他地方的人。据统计，中国的领土是法国的八倍，如果把法国的人口按2 600万计算，中国的人口是法国的八倍就是20 800万。但在康熙初年所做的一次人口统计中，全国共有11 052 872户，能从军者为59 788 364人，这一数字不包括王公、大臣、官吏、退伍兵士、文人学士、医师、僧道及二十岁以下的青年，甚至生活在海上或江河中以船为家的一大批人都未列其中。如果把上层阶级和大

马尔萨斯像

量的下层阶级的人都考虑在内，全国总人口将不会少于33 300万人。马尔萨斯在书中引用了《传教和志异书信集》中的记载："一个中国人会没日没夜地在土地上操劳，有时还在没膝的水里干活，吃到的只是少得可怜的食物，喝些煮过饭的无味的米汤。一般而论，这就是他们的全部饮食。"这些记载说明了中国人口增长的凄惨结果。

人口像蝗虫一样疯长，民生像牛马一样不堪。现实的苦难灼烧着张竞生的眼睛，刺痛着张竞生的神经，人类面临着人口增长与资源减少的深刻矛盾，而中国的情形尤为严重。张竞生感到强烈的忧患感与紧迫感，他几乎在奋笔疾书："人类根本冲突就在户口的膨胀一项"，"我想今后各国如有觉悟，则彼此商酌，计较各自的经济如何与全地球的需供若干，用大公无私的眼光及精明的科学方法，限定每国的户口最高度的仅能达到若干"，"如我国说，能永久保存四万万就好了，如不得已时就减少为三万万也够了"，"一国的强盛不在人口的繁多，而在其有相当的人口后，使他们多多有了人的资格"。

挟着这份墨迹淋漓的施政建议书，张竞生弃船登岸，一路迤逦而行，来到了广州。他先到盐警署找到老同学兼举荐人邹鲁，两人阔别多年，自是一番寒暄。张竞生感谢邹鲁的照拂和举荐，邹鲁则连称人才难得，为国举才，这是分内的事。茶过三巡，故也叙得差不多了，邹鲁便领着张竞生到省长公署面见陈炯明。

陈炯明新履要职，又手握重兵，加以一向刚愎自用，对谁都不放在眼里，一副傲慢的样子。张竞生不先通告，突然蹿进他的官邸，让讲究官威的陈炯明十分不悦。出门看天色，进门看脸色，张竞生已感觉到陈炯明的冷淡，他默然想道，当年我陪伍廷芳执行孙中山先生的指示与袁世凯及清廷进行南北议和谈判的时候，不知道你老兄在哪儿待着呢，哼哼，跟我张某人摆什么谱呢！因此，对陈炯明的扭捏作态，张竞生不以为然，也不以为意。邹鲁刚介绍完张竞生的身份，他就大模大样地把那份建议书郑重其事地当面交给陈炯明，希望陈炯明以民生为念，能够采纳和推行。陈炯明接下建议书，耐下性子浏览了一遍，越往下读脸色越发难看，这建议书不仅词句唐突、字迹潦草，不像严肃的文书那样中规中矩，更要命的是所提建议，荒诞不经。竟然提出要限制人口生育，实行避孕节育，还要我陈炯明从广东带头做起，简直是岂有此理嘛！

陈炯明固然不知道实行避孕、限制人口为何物，更要命的是他本人子女成群，让他来施行节制生育的"仁政"，这不是指着和尚骂贼秃吗？陈炯明看到这里，不由恼羞成怒，把建议书重重地摔在桌子上，拂袖而去，再也不愿意出来见张竞生了，连那张潮州金山中学校长的委任状也扣住不发。

张竞生大为惊愕，一时不知所措。邹鲁劝他不必着急，让他先行告退，由自己来收拾残局。

张竞生走后，陈炯明在邹鲁的劝说下，才悻悻然回到客厅。

陈炯明不屑地说："这个张某人，恐怕跟令侄是一路货色！什么留学生，这样的人如何能当校长？"

邹鲁的侄儿是美国留学生，归国不久就患了精神病。陈炯明认为张竞生也是精神病人无疑，否则哪有初次见面就这样不通人情胡言乱语的？

邹鲁极力为张竞生斡旋，软硬兼施，向陈炯明施加压力。他说张竞生对革命有功，又是难得的人才，只是出国多年，甫入国门，不了解国情，建议或有不当，但赤诚可嘉，请省长宽容对待。再说，张之任职，乃潮属议员公举，如今未任先撤，恐潮州地方势力极大，倘有不服，致生事变，于大局稳定不利。请省长三思而行。

邹鲁一番推心置腹的分析，使陈炯明不得不回心转意，同意由省教育厅厅长古应芬照发张竞生的潮州金山中学校长的任命书。邹鲁这才匆匆辞出，去找张竞生。

陈炯明余怒未消。邹鲁前脚刚走，陈炯明后脚就把张竞生那份建议书狠狠地扔进字纸篓里。

张竞生这份充满了真知灼见的节育建议书，就这样悄无声息地躺在字纸篓里。然而，作为一项政策主张而公之于众，张竞生比邵力子整整提前了一年，比马寅初整整提前了三十七年。他是不折不

陈炯明像

扣的中国提倡计划生育的第一人。

二、与孙中山谈系统论

张竞生去国近十年，回到广州，已是人事全非。民国政府是城头变幻大王旗，像走马灯一样换了一茬又一茬。先是袁世凯得陇望蜀，当了大总统还不过瘾，居然做起了皇帝梦，落得万民唾弃，死有余辜；然后是黎元洪继位，张勋复辟，冯国璋、徐世昌陆续登场，军阀混战，乱象纷纷。孙中山只好领导二次革命，从头来，收拾旧山河。

在广州等待领取潮州金山中学校长任命书的短暂逗留时间，张竞生乘机拜会了许多旧时的同志和地方的名流。当听到孙中山先生已移师广州，正在集结新的革命力量，准备积极举行北伐战争，尽快统一中国，张竞生感到十分激动和兴奋，迫不及待地与张继到应元路的大元帅府专程晋谒孙中山。

张继，1882年出生，字溥泉，河北沧州人。早年就读于日本早稻田大学，同盟会员，《苏报》发行人，以笔为枪，奔走国事。民国成立后，与蔡元培、吴稚晖等一同游历法国，与李石曾等一起在法国发行《新世界杂志》，继续宣传革命思想。同时积极参与筹备成立华法教育会，与留法学生张竞生相识相交，十分投契。张竞生回到广州后，从邹鲁处获悉张继就任新成立的中国国民党广州特设办事处干事长，当即前往相见，并约好时间一道去拜见孙中山。

阔别十年，一朝相见，孙中山当年对张竞生的谆谆教诲言犹在耳，现在学成归来，张竞生感到没有辜负先生的信任和重托，遂把留学的情形和学业的心得向孙中山做了详细的报告。孙中山听了以后格外高兴，连连称赞张竞生有志气、有学问，当前国事蜩螗，更加需要像他这样学有专长的人才。张竞生见孙中山兴致很高，遂把事前准备的一个专门问题，即"系统"的问题，提出来向孙中山请教。

实际上，亚里士多德早就说过"整体大于部分之和"。因此，对"系统"问题的研究可以说从古希腊就开始了。而作为现代系统论的基本思想还是这一二年才由奥地利生物学家贝朗塔菲提出来的，他最先是针对"机体生物学"而言，强调生命现象不能用机械论观点来揭示其规律，而只能把它看作一个整体或系统来加以考察。

张竞生说："我觉得欧洲人比我们中国人，无论做学问还是干事情，都比较有系统地去干，这是什么缘故呢？"

说到这里，张竞生顺口念出"系统"的英文system这个单词。孙中山听后大为兴奋，他以大演说家的口才，雄辩滔滔，旁征博引，近取诸己，远取诸物，把一个当前最前沿的理论条分缕析得通俗易懂，一点就通。张竞生深深地折服于先生澎湃的革命激情和精湛的理论思考。

孙中山站在屋子中间，挥动着手势说道："欧洲人因为普遍受科学的教育，所以做事情较有系统。因为'系统'就是对一种学术或一件事情，从头到尾，有始有终，认定一种有科学性的步骤去实现，例如我们的革命说，我们认定中国的革命即推翻清廷，建立共和，是符合科学性的世界潮流，一定能实现的。所以不管在辛亥以前若

1918年3月，孙中山与宋庆龄在大元帅府合影

干次起义的失败，我们总不灰心，一直坚持革命的精神，继续苦干下去，所以得到辛亥革命的成功。不幸，这个成果被袁世凯及一班军阀所盗窃，以致今日革命，尚未成功，所以我们仍然继续革命，主张北伐统一中国，以完成前此革命系统的事业。"

听到这里，张继站了起来说："外边纷纷传说，陈炯明辈公开讲，革命到今日已经很久了，永久在革命，在破坏。应该是建设的时期，不必再说什么革命了。"

张竞生简直难以相信，陈炯明也太过分了，他竟然连中山先生的话也敢不听了。张竞生哪里知道，问题远比这个严重得多。随着粤军回师的胜利结束，陈炯明自以为羽翼渐丰，个人野心日益膨胀，在政治上与孙中山的分歧也日见明显，正如他在回师宣言中所说的"粤军今日，系为乡为国而战，其一切党派及其他问题，均非所知"。这与孙中山所期望的"惟期主义政策，与我一致"，显然是南辕北辙。衡之于国内形势，北洋政府新选举的总统徐世昌，昏庸误国，却事事以总统名义行使职权，对内发号施令，对外恣意借款，都很便利，而军政府却处处掣肘，相形见绌。孙中山感到有从速成立正式政府的必要，否则，便无法与北方的军阀政权展开斗争，于是分别向大家征求意见，大多数国会议员都很赞成，陈炯明却极力反对。对于选举总统和进行北伐，陈炯明更是百般阻挠。对此，孙中山洞若观火，而且展开了针锋相对的斗争。

对于张继的担忧，孙中山只是淡然一笑："革命目的在建设，但建设的目的又要在革命。革命与建设，建设与革命，二者是相因而至的。这个真理为陈炯明辈所不懂，所以他反对我北伐的主张。他只是想着独霸一方，自立为王，哪管什么革命和建设？"

张竞生就把两天前如何满腔热情而来，却在陈炯明那里碰了一鼻子灰的事情向孙中山做了报告。孙中山听了以后十分气愤，当他听到多亏邹鲁的说情，总算保住了潮州金山中学的校长职务后，这才和颜悦色地对张竞生说："你就要去潮州任金山中学校长了，我们就来谈一点教育系统吧。所谓教育的系统，就是从小学到中学到大学，是要有一个统一的系统逐步去发展的，完全不是如现在一样把它截开为几段的。故好的教育，在小学时期已教学生们具有科学与文艺初级的具体学问。到中学不过把这个初级的发展为中级，到大学发展为高级而已。其间的学术，不过只有初级、中级与高级的分别，但根本的具体的学术是一样的。例如以最高深的天文学说，小学毕业生已能了然于所识天文学的大纲与具体的一切学问了。他们比大学的天文系学生，不过是初级的学问，但天文的一切具体的学问，并不比大学生为缺少。因为要这样，因为我们尚以小学为普及教育的基础，所以更要把一切科学与艺术在小学中建立一个整个的系统，然后人民普通文化的程度，才能在社会事业实践中逐渐提高。"

孙中山对教育的深邃见解，使张竞生感到由衷的敬佩和振奋。他若有所悟地说："我在法国看到一本社会主义者的书，主张国民的普及教育应以大学为标准，无论男女，人人都应该读到大学毕业……"

孙中山说："我已看到这本书了，本来就应该是这样的。可惜现在各国只有少数人由于家庭比较富裕而得以读大学，而大部分国民则被排斥在大学的门外。在这个科学昌明、世事复杂的时代，人人要有高等的学识，即人人要大学毕业，才能对付得了这种复杂的局面。希望我国的经济充裕后，规定以大学毕业为国民普及教育的标准吧。"

孙中山的革命生涯又到了一个非常时期，北有军阀虎视眈眈，南有陈炯明暗中掣肘，可谓寸步难行，治丝益棼，整日陷入不胜其烦的斗争漩涡之中。忽然张竞生从欧洲回来，难得平生半日闲，而且就纯粹的学术问题进行了有趣的探讨，这对孙中山来说，无异于最好的休息，因此，谈兴越来越浓，遂又兴致勃勃地纵谈起俄国革命和世界大势。孙中山说："苏俄已成功地建立起第一个社会主义国家，它的发展道路颇有值得我们学习和借鉴的地方。不过就我国现时的经济和人民的文化来说，我们主张先从'国家社会主义'入手，即把许多公众事业如矿产、铁路、银行等划归国营。至于普通工商业与农业暂由人民去自由经营，但须实行'节制资本，平均地权'的政策，以限制个人大规模的掠夺与剥削。"

在大元帅府的办公室里，孙中山与张竞生、张继畅谈了两个多小时。电扇"嗡嗡嗡"地转动着，不时吹动着孙中山的衣领和脸颊，但他毫无一点倦态，既不抽烟，也不饮茶，而总是神采飞扬，滔滔如长江大河奔涌一般地讲演着，时而夹入诙谐的譬喻与精当的例子，使张竞生和张继这两位神情专注的听众，都觉得他不仅是一个信念坚定的大革命家，同时也是一位学识渊深的大学问家。

不知不觉，日已西斜，转眼已到了下午五点多钟，孙中山让张继去请吴稚晖一起来用晚餐，一个是为张竞生接风洗尘，一个是有话要当面跟吴稚晖说。

张继走后，孙中山把广东近来的纷扰，特别是陈炯明心怀异志，出于个人的政治图谋，处处与孙中山作对，反对组织正式政府、破坏总统选举、抵制展开北伐等一系列明修栈道、暗度陈仓的卑劣做法与张竞生做了详细交谈，使张竞生进一步看清了陈炯明的本来面目。末了，孙中山表示，为了革命大业，还是要争取他，开导他，共同来建立支离破碎的民国。张竞生为孙中山对陈炯明的宽大为怀表示赞赏和佩服，但他从自己刚刚所经历的陈炯明的专横跋扈中，隐约感到这中间潜伏的某种危机，因此，他委婉地提醒孙中山，对这个已显露反骨的心腹之患不要掉以轻心。

孙中山微笑不语。看看时间已差不多，孙中山带着张竞生从大元帅府后门一条用木架搭成的走廊上，漫步来到孙中山的寓所。

这是坐落在越秀山南麓的一间小木屋。屋前屋后林木葱郁，榕树柏树浓荫匝地，晚风徐徐吹拂，树叶沙沙作响，一派古朴宁静的景象。张竞生与孙中山有说有笑地来到小木屋，正在里面忙活的宋庆龄把客人迎进屋里，奉茶让座，执礼如仪。张竞生初次见到孙夫人宋庆龄，宋庆龄的端庄、沉静、优雅以及那种大家闺秀兼领袖夫人的独特气质，给张竞生留下了深刻印象。

张竞生一边喝茶一边好奇地打量这间小木屋。屋内并不宽敞，只有一个小厅和两间小睡房，陈设近乎简陋，最引人注目的地方就是到处堆满了书籍和文件。他们在小厅里落座不久，张继和吴稚晖就一前一后进来了。客人一到齐，主人就在这别致的小客厅里摆宴设席，宾主亲密无间，其乐融融地共进晚餐。

为了招待好客人，孙夫人宋庆龄亲自下厨，张罗了一桌别具家乡风味的晚餐。有素菜，有荤菜，用料虽十分平常，却都做得十分精致。主菜就是放置在饭桌中间的一个大型的冬瓜盅，周围搭配着几盘普通的菜肴，造成一种众星拱月的效果。

当孙夫人把香气四溢的冬瓜盅捧到餐桌的时候，大家都为孙夫人的热情好客和高超厨艺发出啧啧赞叹。那个冬瓜盅看起来其貌不扬，却是内蕴丰富，精彩迭出呢。它的头被切掉一小半，里面的冬瓜肉被悉数挖掉，放进鸡肉、火腿、虾仁、香菇等作料，加以适量的油和水，放在蒸笼里整个把它蒸熟。这道滋味浓厚的冬瓜盅就是最没胃口的人见到了也要垂涎欲滴了。

张竞生刚从巴黎归来，巴黎是一席浮动的豪宴，什么美味佳肴没有尝过呢。但是品尝着由孙夫人亲手烹调的美味的冬瓜盅，张竞生不由想起了巴黎中央商场四周餐馆林立的一道同样色浓味重的特色菜葱头汤。在巴黎中心区，无论是"安静老爹"，还是"慕冬之足""法拉蒙"，喝一碗原汁原味的葱头汤，不仅是劳工们的传统，也是老饕们的时尚。傍晚时分，宽阔的街道拥挤着刚刚下班的脚夫、信差、打工仔、大店铺和小零售商店的采买人，他们纷纷拥到这些相对低档的饭馆，一碗葱头汤下肚，就心满意足地往家里赶。这是一个自由的稳定的社会，这也是一幅热闹的升平的景象。可是当他踏足国土，触目所及的却是军阀的割据与流离的灾民，这是何等巨大的反差。

是的，这个反差，正是孙中山夙兴夜寐、苦心焦虑要致力解决的大问题。

在席中，孙中山与吴稚晖、张继、张竞生边吃边谈。他们不饮酒，不吸烟，是一种完全推心置腹的宴客与聚谈。在饭饱菜足接近尾声的时候，孙中山严肃地批评吴稚晖附和陈炯明的"联省自治"主张是要不得的，这不过是军阀割据各个地盘的一种借口而已。

吴稚晖，即吴敬恒，1866年出生，江苏武进人，曾留学日本，游学巴黎。在法国筹组华法教育会时，张竞生就与之相识，虽没深交，却知道他是大名鼎鼎的无政府主义者，几年不见，没想到竟与陈炯明搞在一起，张竞生颇感意外。

关于国家政体，是采取法国之共和，还是美国之联邦，原无一定之规，纯粹视各国不同情况而确定。所谓"联省自治"，包含了两

吴稚晖像

层意思：一是容许各省自治，由各省自己制定省宪，依照省宪自组省政府，统治本省；二是由各省选派代表，组织联省会议，制定联省宪法，建立联邦制国家。陈炯明在广东大肆推行联省自治运动，目的是要以此来反对孙中山建立正式政府，进而达到独霸广东的政治图谋。对此，被陈炯明聘为广东省政府政务委员的陈独秀尖锐地指出："武人割据是中国政象纷乱的源泉，建设在武人割据的欲望上面之联省论，不过冒用联省自治的招牌，实行'分省割据''联督割据'罢了。"陈独秀还一针见血地指出：陈炯明高唱联省自治，"这明明是想拿联省自治的名义，割据西南几省，像这样消极的保守西南，而不积极地进兵北伐，不是破坏统一是什么？"

舆论如此，吴稚晖未免感到心虚和理屈，面对孙中山的批评和诘问，吴稚晖王顾左右而言他。看到吴稚晖一副窘迫的样子，孙中山也就不再为难他，而是语重心长地希望吴稚晖好好地开导陈炯明，劝他转变立场，以苍生为念，以社稷为重，积极赞成北伐的政策，不负民众的期望。

吴稚晖与孙中山的关系是颇为有趣的。在"八国联军"之后的一两年里，孙中山与比他大一岁的吴稚晖都前往日本留学。那时，吴稚晖是中国留日学生中赫赫有名的"吴举人"，而孙中山还是寂寂无名的中山樵。孙中山慕吴之大名想去拜访他，尾巴翘得老高的吴稚晖竟然不要见他，让孙中山尴尬不已。不久，吴稚晖因《苏报》案发，做了政治犯，逃往伦敦避难，这才在伦敦第一次见到孙中山。吴稚晖因做寓公，言语不通，寸步难行，不得不从初级英语学起，而孙中山却是语通英汉、学贯中西的大博士，土举人见到洋翰林，顿时傲气全消，后来在法国加入同盟会，成为孙文主义的忠实信徒。然而，在事关革命前途和国家统一的北伐问题上，吴稚晖却故态复萌，大谈其无政府主义，为陈炯明的所谓"联省自治"张目。吴稚晖是革命元老，他的态度使孙中山感到不满，也引起孙中山的担忧，因此，有从思想上加以狙击的必要。

张竞生和张继也诚恳地劝说吴稚晖要悬崖勒马，不要铸成大错。面对大家的压力，顽固而狡猾的吴稚晖不置可否，只好使出了缓兵之计，他不紧不慢地说："先生北伐的主张是对的，但时间尚有问题，不必太急吧。总需等待适当时机，再来进行未迟。"

对于吴稚晖的骑墙思想和滑头主义，孙中山虽无言以对，却仍然寄予期望，不到最后时刻，绝不轻言放弃，这是孙中山的韧性，也是孙中山的气度。张竞生除了愕然，就是感到无比的沉重。归国几天来，在广州的身历与亲见，使张竞生看到革命阵营的复杂和革命道路的艰辛；革命从来是不能"毕其功于一役"，现在也许又到了另一个艰难的起点，孙中山先生尚且有永远不认输的革命精神，张竞生又有什么理由退却呢？这样想着，张竞生又释然了。

三、金山顶上

1921年2月，张竞生顶着洋博士的头衔来到潮州金山中学走马上任。

金山中学，渊源于人文毓秀的金山书院，发展于社会转型的新式学校，是潮属九县的最高学府。学校位于潮安县城东北隅金山，是一处古木森森、山川形胜的风水宝地。一直以来，学校校长不是前清的举人或进士，就是地方上颇有声望的饱学之士。这次的新任校长张竞生，不仅是潮汕地区历史上第一位留洋博士，而且是思想先进的新派人物，听说尚未到任，就在广州与孙中山会晤，参商治校方略。原就学贯中西满腹经纶，现在又尚方宝剑在手，因此，张竞生的到任，其影响、气势与社会上的舆论，都是以前历任校长所无法比拟的，一时风头无两，万众瞩目，翘首以待新学。

履新那天，张竞生由邹鲁等潮属议员陪同来到金山中学，受到当地政要和全校师生员工的热烈欢迎。大家争睹"洋博士"的风采，而眼前所见的张竞生脸庞棕赤，个子不大，两眼炯炯有神，乍看起来，倒有点像"南洋伯"的样子，众人顿生亲切之感。

面对着全校师生与父老乡亲的期待与热望，张竞生发表了新见迭出而又激情洋溢的履职演说，表示要带领全校师生，高举科学与民主的旗帜，汇入滚滚向前的时代潮流，倾其所学，全力以赴，改

潮州金山中学教学楼，1921年张竞生曾在此做校长

革，创新，进化，为把金山中学办成全省一流、世界闻名的新型学校而努力奋斗！以报答潮属议员的知遇之恩和社会各界的殷切期望！

张竞生一番铿锵有力的话语回荡在金山顶上，振响于师生心头。

金山中学历史上新的一页翻开了。当此矛盾丛集、中西冲突、新旧转型之际，由于校长张竞生的大刀阔斧，振衰起敝，其所留下的历史记录虽然短暂却也是最为浓墨重彩的一笔。

当天下午，张竞生正式到校办公。他刚在校长室坐下，就有老师因公事需要到校长室用印。张竞生交代校长秘书去办理，就在校长和老师都等得有些不耐烦的时候，校长秘书沮丧地从庶务室回来，学校公章遍寻无着，根本无印可用。原来学校一直沿用的前清部颁关防被前任的谢作康校长私自带走，却无人察觉，更无人制止，可见此前的学校管理是多么混乱。学校公章是校长治校理政的凭证，是权力的象征，没有了公章，学校正常的运转就瘫痪了，这才造成新任校长第一天上班就无公可办的尴尬场面。

张竞生满怀歉意把办事的老师送走后，交代校长秘书立即拟文向省教育厅报告更换和启用新校印的请示，并把庶务主任找来，由他带路，把学校里里外外巡视一遍。

张竞生从校长室出发，经藏书楼到教室、餐厅、寝室，一路走一路细细察看。由于专管无人，多年失修，张竞生所到之处，看到的尽是垃圾废土，随处乱堆，庭院通道，杂草丛生，亭台濒临倒塌，楼阁缺少门窗，厨房饭厅，蚊蝇乱飞，臭气熏天，学生寝室，脏乱昏暗，厕所粪便狼藉，无法插足。一派乌烟瘴气、有辱斯文的不堪景象。

张竞生生气了。金玉其外，败絮其中，堂堂金中，竟成藏污纳垢之地，是可忍，孰不可忍？这种猪圈子的环境，他是一刻也不能容忍的。他当即把庶务主任训斥一通，随后召来全体教职员工，分成几组，有的清理垃圾，有的修理门窗，有的粉刷墙壁，有的铲除杂草。张竞生捋起袖子，带头干活，那些平时磨惯了洋工的人，见新来校长动了真格，也都不敢怠慢，纷纷加入了清理金中的行列。一时间，校园里尘土飞扬，热火朝天，一潭止水泛起了阵阵涟漪。

第二天，张竞生亲自主持召开了学校教务及课务会议，全面听取各教学部主任及任课老师的汇报。多数老师的发言都是陈词滥调，强调师道尊严，突出四书五经，而且独沽一味，读书做什么？学而优则仕，就是为了当官做老爷。至于民主意识、科学精神、健全人格、经世致用等等这些更为重要的教育功能，则鲜有人论及。更为严重的是，学校在教育问题上，积弊甚深，学制僵化，课目单薄，重文轻理，土客纷争，各自为政。

教学是学校的生命线。这两天，张竞生目之所及，耳之所闻，从环境、制度到教师，可谓千疮百孔，暮气沉沉。他的心情无比沉重，与欧洲的教育相比，我们的差距何止十万八千里，责任感和紧迫感都驱使他不能不大声疾呼："少年学生是国家的未来，民族振兴的栋梁。少年强则国家强，少年兴则民族兴。欲新中国必新少年，欲强中国必强少年，欲发展中国必发展少年。为国家和民族计，学校和教师有责任和义务去革除一切弊端，为少年学生提供最好的教育，而真正的教育不在于口训而在于实行。"

改革教学，刻不容缓。张竞生从开设拼音课、推广普通话入手，开始系列改革的破冰之举。潮汕地区流行闽南方言和客家方言，学校按惯例分甲乙两班招生，上课是讲闽南方言还是客家方言，两派学生曾大起争端，相持不下，每每因此而发生冲突，经协商后，采取分班另授的方法，即甲班用普通话讲课，乙班用闽南方言讲课，由学生自由选择，这才平息了频频发生的争端。但也带来授课标准不统一、学生语言能力参差不齐等问题。为了强化国家意识和学校认同，提高教育教学质量，张竞生要求全校所有课程必须一律使用普通话教学，并聘请蓝仲安老师教授拼音字母，规范读音和用法，加强交流与沟通。张竞生还在学校大小会议上，带头讲普通话，上有所好，下必甚焉，没过多久，自觉讲普通话就在学校蔚然成风了。

语言是一种工具，更是一种文化，它能对学生起到一种潜移默化和重新塑造的作用。金中要办成世界知名的学校，就必须扩大国际视野，提高学生的语言能力。张竞生在致力于强化普通话教学的同时，注重外语教学，并以此为推手，扭转了学校多年来形成的重文轻理的积习。为此，张竞生聘请了精通外语的杨九如、沈天生、黄达修三位老师专任外语教学，所有年级均开设外语课，高年级的数理化科采用外语课本，有的班级则纯用外语讲课；他还鼓励学生在日常生活中使用英语会话，提高英语口语水平，一时间，教室旁，走廊边，书声琅琅，此起彼伏。

传统教学只动脑不动手，常常在义理辞章上下功夫，对关乎生产生活的技艺往往视为读书人不屑为之的形而下工匠之能，而对于外来的科学技术则视为奇技淫巧加以拒斥，张竞生痛感这种教育观的短视与荒谬，把提高科技素质、造就健全人格作为教学改革的重要内容加以推进。他按西方的标准调整了课程，开辟了实验室，大量购买补充各科的教学标本，标本琳琅满目，应有尽有，其中包括一只巨大的海龟和一具比活牛还大的牛骨骼，放在生物标本室里。上课时老师按图索骥，现场讲解，学生听得趣味盎然，过目不忘。张竞生还帮助植物老师郭希侨，对校内所有的树木花卉，逐一标上中文名、英文名和学名，对号入座，方便辨认。这种具象直观的教学，引起了学生极大的兴趣，受到学生的普遍欢迎，但也招来那些食古不化的老学究们的非议和忌恨，他们对所谓"以夷教夏"的做法很不以为然，只是敷衍了事，甚至暗中抵制。

改革的主流中有潜流暗涌，张竞生看在眼里，却不动声色。为掌握情况，争取主动，他深入课堂，听课评课，查堂指谬。以前学校有不成文的规定，教师上课，不管好坏，只要学生不投诉，谁也无权过问。但张竞生不理这个茬，他经常到各个班上听课，对于声音、仪表、讲解不符合要求的老师，他就当堂给予批评纠正。如果发现学生在课堂上搞小动作，没有专心听讲的，下课后立即被叫到教务处谈话，耐心加以引导。他认为学生的自尊心比较脆弱，要善加保护，而老师处于主导地位，要严格要求，不留情面。地方上颇有名气的老师王慕韩，自恃学问高深，但教学僵化，却抱残守缺，不思改进，学生意见纷纷。有一次，王慕韩盘腿坐在工友为他特设的太师椅上摇头摆脑地朗诵古文。他在讲台上一咏三叹自我陶醉，讲台下的学生却进进出出乱乱哄哄。王慕韩既不理会，也不约束，更没有启发思维鼓励创新的师生双向互动，而是各行其是，那景象完全不像在课堂上，而仿佛是在集市里。正在课室后面听课的张竞生坐不住了，径直走到王慕韩跟前。这时，课室里鸦雀无声，异样的寂静使王慕韩感到蹊跷，不由得停止了朗读。当着众目睽睽的学生，张竞生老实不客气地批评了王慕韩这种完全放羊十分荒唐的教学方式，王慕韩被批得气急败坏，拂袖而去，使一些当堂受过批评的老师也物伤其类，啧有烦言；但更多的老师却受到震动，对课堂教学再也不敢掉以轻心，风气为之一变，教学质量芝麻开花节节拔高。

张竞生认为，教育应该是立体的，而不是平面的。身体太舒服了，精神就会败坏。因此，不但要重视课堂教学，还要重视室外教学，让学生回归大自然，用体操来训练身体，用音乐来陶冶情操，用大自然的风和雨来塑造自由而坚强的心灵。为此，张竞生亲自创设了室外课堂讲学。他每周安排两三个下午，把学生召集在藏书楼侧，他站在通往山顶六角亭的石阶上，学生则沿石阶高高低低地站着，听张竞生讲学。课堂教学打牢知识基础，室外讲学拓宽精神视野，按照这个原则，张竞生的演讲每次都确定一个小专题，以讲故事或者对话漫谈的形式，不拘一格，自由发挥，兴之所至，天马行空，却又充满激情，文采风流。以苍穹作黑板，以绿地为教室，沿着时空的隧道，张竞生娓娓道来，夹叙夹议，向同学们讲述普鲁塔克的《名人传》、卢梭的《爱弥儿》、达尔文的《进化论》、塔西陀的

《伯罗奔尼撒战争史》、乔万尼奥里的《斯巴达克斯》……他认为中国人太萎靡不振了，应该以古希腊、古罗马的强悍精神来改造孱弱的国民精神。

有一次，张竞生动情地讲述了为奴隶的解放事业而献身的角斗士斯巴达克斯的故事。斯巴达克斯从小生长在色雷斯的罗多帕山区，他虽然出身卑微，却有着过人的体力、勇毅的精神、高深的学识、卓越的思想、崇高的德行和伟大的心灵。他作战异常骁勇，但为了掩护战友，屡次落入敌手，英勇不屈。按照罗马的法律，他本来是要被处死的，后来虽免于一死，却沦为奴隶式的角斗士。为了争取自由和尊严，以斯巴达克斯为首的角斗士发动起义，奋起反抗罗马人的暴政，与强大的敌人展开殊死战斗，出奇制胜，以弱胜强，一次又一次地重创罗马军团，最终寡不敌众，角斗士军队最终被强大的敌人包围和消灭，斯巴达克斯抛妻弃女，粉碎诱降，不屈不挠地战斗到最后一息，也屹立起一个起义领袖虽败犹荣的英雄形象。张竞生绘声绘色地讲，学生们全神贯注地听，风吹树梢飒飒作响，春光春雨润物无声，在大自然的课堂上，张竞生以丰饶的异质文化，以适合同学们的心灵形式，对贫弱国度的莘莘学子进行艰辛的精神启蒙和独特的灵魂再造。

校风关系学校的声誉，教学改革走上正轨后，张竞生这才腾出手来开始整顿校风。正人先正己，先从教师为人师表抓起。一天傍晚，张竞生下山散步，在书院下台阶处发现校工抬着装满东西的竹筐下山，神色有些慌乱，引起张竞生的注意，张竞生上前问抬的是什么，校工答："树叶。""去哪里？""送王庶务家。"张竞生叫校工将筐放下，用手杖拨开，见筐中装了几把扫帚。张竞生严肃地批评了校工，要求校工把扫帚立即送回校务处。第二天午会时，张竞生又点名批评了王庶务，并告诫教师员工要洁身自好，从严要求，不得私取校中公物，以天下为公为己任，为学生做出表率，为社会做出楷模，不要做出妨碍师德的事情，玷污教师的清誉。

整顿学生的风纪，则从思想、行动、生活三个方面进行，先由具体而微的宿舍管理入手。金中是潮属九县以公产创办的学校，各县都有学生来校就读，以前学校不注重基本建设，学生只好八仙过海，各显神通，有的住在科举时代遗留下来的试馆，有的投亲靠友寄人篱下，有的租用民居鱼龙混杂，这些远离家庭的学生，白天在校上课，晚上流落社会，造成学校管理上的盲点，社会上各种不良习气乘虚而入，往往使一些学生思想出现混乱，行为产生偏差，严重影响学生的健康成长，败坏学校的声誉，并由校外蔓延到校内，使学生普遍纪律松懈，人心涣散，老师家长深表担忧，有识之士更是大声疾呼。张竞生大刀阔斧，先贴出通告，规定除家在潮安县城的学生可以通学外，其他乡区及外县学生全部集中在学校藏书楼内宿，上下课及宿舍作息，必须严格遵守作息时间，夜间自修和早读，均集中在课室由老师随堂辅导监督，外宿学生也必须到学校参加早操和早读，没有特殊情况不得缺席。为加强管理，张竞生还聘请了曾当过军官的张炳章、王伟和、陈勉吾等三人担任舍监，专门负责整顿学校风纪。他们重新制定各种规章制度，要求学生在行动上做到：整肃服装礼貌，务使齐整端庄；严厉执行校规，启发学生羞耻心，养成其守法习惯；利用个别及全体训练，提高情感理智化，促进个性集体化；养成实际做事不唱高调精神。俗话说，佛要金装，人要衣装，张竞生特别重视学生的仪容，规定学生一律穿制服，制服是赤土布质料，童子军式，上衣一件、短裤一件、布帽一顶、领带一条（领带分四种颜色，每一年级一色），这四件价钱共二十九元，由张竞生亲自设计。足穿长袜及半长筒帆布鞋，学生管这种鞋叫大耳鞋，每双一元，是潮安城内义成鞋店出品的。学生如不按要求穿制服就不准上课。张竞生支持三位舍监沿用部队的做法严格管教学生，他本人也经常巡视检查，督促学生认真遵守，使规章制度不致成为一纸空文，使良好风气得以形成，迅速地改变过去外宿生活自由散漫浮躁放纵的状态。

环境也是育人的重要因素，外环境的脏、乱、差解决之后，就要致力于内环境的绿、美、香的建设。张竞生认为，树儿的绿、花儿的香、叶儿的美、露珠的湿润，所有这些自然景色的生命，能够唤起学生内心的美的感受，是一种潜移默化的精神熏陶，更是一种想象力的训练。当学生的眼睛看见校园里那娇嫩的幼芽时，他们的想象力就会给它加上花、果实、叶荫，以及叶荫下婆娑起舞的神秘景象，这就使环境教育的功能大大地拓宽了。因此，张竞生亲自带领师生员工植树栽花，绿化环境，美化校园。金山西北面有一片荒地，他不使弃置，与美术老师一道，研究规划，辟为花圃，种上芍药、海棠、九里香，既是生物角，又是休憩地。作为一校之长，张竞生也十分重视培养师生员工的民主意识和民主精神，他推进改革，却又不一意孤行。凡是准备实行的改革措施，张竞生都先邀请有关老师及其他人员开会，说明自己的设想，征求大家的意见，当然在他自己认为正确时，并不服从多数。他还在学校显眼处设置意见箱，鼓励老师和学生，把一切不方便面陈的意见以书面提出，对切实可行的具体意见从善如流，立即实行，对需要解释的则单独或者开会予以解答。在张竞生先进理念的治理下，金中正以崭新的面貌，出现在挑剔的潮人面前。

俗话说，新官上任三把火。张竞生上任不到半年，烧的第一把火是整顿教学，第二把火是整顿校风，接下来的第三把火就是整顿校产。

金中的校产十分丰富可观，历来为各界所注目，也为局外所垂涎，各种势力争相介入，遂使校产敝案越积越深。以前在汕头珠池肚的沙田校产，因当地土豪佃户偷移界石，无端地被蚕食近千亩，后来数任校长因在校产的清租理租与收租管租问题上发生分歧，引起纠纷，导致最后去职。校产问题成为校政的一个敏感问题，一般人轻易不敢触及，唯恐处置不慎，引火烧身。张竞生接手校长后，教员的薪水要按期发放，校舍要扩建维修，教学设备要更新添置等，这些都需要用钱，但学校财政捉襟见肘，校产的分布和收入情况却是一笔糊涂账，因此，必须抓紧清查和整顿校产，才能使学校的财政来源有所保障。张竞生明知这是一个雷区，但为了学校的发展，他不得不去蹚这个雷区。他任命教员蔡秋农为校产清理员，即日到汕全面清理校产，并尽快把情况向张竞生报告。

蔡秋农到达汕头后，经过将近一个月的明察暗访，才把校产的状况查了个水落石出。金中校产，除了在汕头市郊珠池的海田外，在汕头市的校产共有三项：一项是位于金山直街一带的店铺，一项是水果店后的栈房和金山街一带的栈地，一项是从乌桥同济桥到福合沟一带的水田。全部校产估计在一百万元以上，但每年的租金仅有一万六千多元，即每年的收益只占总产值的百分之一强，其利率之低，确实是举世罕见。而校产所在的地方却是商业非常发达、地价十分昂贵而且是全国闻名的通商口岸之一的汕头市。

一方面是奇货可居，一方面却价贱如土，原因何在？民国二年，郑宗惠任金山中学校长，成立管理校产委员会，任命陈子会为校产管理委员。陈子会在郑宗惠的授意下，对校产管理进行所谓的全面改革，所有租户一律换发新租赁执照，并且定租期为三十年或二十五年，在租期内，不许金中增租。这是一个吃里爬外的合约，主其事者之幕后交易与公然贪墨昭然若揭。契约一公布，舆论哗然，却也无可奈何。后来吴稼畴出任管租委员，不但毫无作为，最后竟然卷款潜逃，使学校财政更加雪上加霜，并由此开启学校欠薪的恶例。蔡秋农详细地向租丁调查，租丁说，金中校产的租金比邻近店铺的租金往往少一半到三分之二，更为要命的是，从前的店铺和栈地是不定租赁期限的，郑宗惠当校长后，租赁一定二三十年，这无异于作茧自缚。

看来，租金低价尚可以设法调整，而订定年期却是祸延久远，是清理校产最严重也是最困难的问题。弄清底细和缘由后，蔡秋农返回学校向张竞生做了汇报，分析问题症结，请示理租办法。

张竞生意识到，校产问题比想象的要棘手得多。前两天，学校会计向他报告校用已告罄，他很是愕然。开学时，他曾向学校承诺，在任期内，不停滞学校发展，不拖欠教员薪水。现在学期刚过半，经费就亮红灯，唉，没想到，堂堂金中，底子竟这么薄弱。所谓冰冻三尺，非一日之寒。清末，校租由管租员按期征收，交管学官送怡和银庄起息，每月底，学校会计将第二个月教员的薪水和学校其他费用做出预算，登记造册，向银庄申请放款。到了月初，由怡和银庄经理如数送到学校会计处，会计再按照预算进行开支。前些年，郑宗惠对一些做法做了调整，却被卷款一次，又被怡和银庄倒欠一万多元，学校开支遂益形入不敷出、江河日下的景象。为今之计，只有增租解套，才能济燃眉之急。

当天下午，张竞生与蔡秋农一起赴汕头考察金中校产，实地踏勘了海田、店铺和栈地的租赁情况。张竞生站在租户所租赁的汕头市郊珠池肚沙田的田埂上，放眼海滨，只见稼穑葱茏，一望无际。一趟沙田走下来，张竞生心中有数了，决心也下足了：只能增租，不能减租。每块地以五千元为底价，价高者得。消息一出，求租者盈门，租金竟涨到七千五百元。

没想到，这一下子却捅了马蜂窝，张竞生的增租计划遭到原租户的强烈反对。郑宗惠时代，珠池肚的沙田每块年租三千元，后来因为台风袭击，影响收成，就递减到两千五百元。现在居然要比原来猛涨两倍，这比割他们的肉还要难受。这些老租户，一直坐享低租之益，视为理所当然，突遇增租，利益受损，遂联合起来，以租期未满和平时修葺田地由租户承担为由，群起向学校抗争，要求维持原租金。张竞生从学校大局利益出发，苦口婆心，向租户做说服工作，一些租户胡搅蛮缠，张竞生便假以辞色，以不增租就退租相威胁，驳斥了租户的无理要求，为学校争回了一大笔租金。

沙田增租首战告捷，张竞生乘胜追击，要把店铺和栈地订定年期解套，并按市价提高租金，却遭到了顽强的抵抗。这些豪佃乃是城市的油子，不比淳朴的农民，为了既得的利益，他们不择手段，先是集资贿赂清租员蔡秋农，见蔡不为所动，又勾结校内一些张竞生的反对派，散布谣言，联名向省教育厅告状，反诬张竞生、蔡秋农以权谋私，中饱私囊，把水搅浑，引起地方人士对张竞生的反感，并扬言抗缴租金，企图把学校推入绝境。

一时间，学校处于风雨飘摇的险境，张竞生只好中途刹车，重新回到教学改革的轨道。

四、败走金中

1921年4月12日，广东省长公署颁布《男女同校令》。学校教育率先揭橥反对几千年男女不平等的封建专制，这是人心所向，大势所趋。

清末民初，妇女解放呼声日响，女权主义率尔登场。1914年创刊于上海的《女子世界》发刊词这样写道：

> 女子者，国民之母也。欲新中国必新女子，欲强中国必强女子，欲文明中国必先文明我女子，欲普救中国必先普救我女子，无可疑也……（转引自彭小妍：《海上说情欲：从张资平到刘呐鸥》，第1—2页）

妇女问题俨然关乎民族的兴衰成败和国家的前途命运，从清末偏重废缠足、剪发、兴女学、提倡女权等，到五四时期有关女子教育、妇女继承权、妇女独立、女子参政等相关问题，妇女问题一直备受关注，但基本上停留在精英阶层和舆论层面，离普罗大众不啻有十万八千里之遥。比普通国人更早沐浴了欧风美雨的张竞生是五四一代学人对妇女解放呼吁最早实践最力的先驱之一。省长公署颁布男女同校令后，尽管全省响应者寥寥无几，张竞生却积极推行，他不管学校里的意见分歧和社会上的公开质疑，迅速向潮属九县发出招收女生、实行男女同校的公告："本校自下学期开始，实行男女同校，女生考试合格者，可以申请优待，免收学杂费，并供应早餐。"

　　毕竟要打破常规，毕竟是新生事物，民众的接受尚需要时间，虽然有优待女生的规定，但报考仍不踊跃，结果只录取了八名女生：唐舜卿、翟肇庄、戴若荀、戴若萱、张惠君、翁文璧、张文彬、蔡述秋。她们是潮汕地区，乃至广东省最早接受教育的一批女性。近七十年后，当年首批考入金中的女生唐舜卿在《回忆张校长》一文中写道："我是一个教师的女儿，父亲贫穷多生子，兄弟姐妹七八人。我是长姐，金山中学设有优待条例，申请后获得一名优待生，所谓优待条例，就是每季可得津贴冬夏制服各一套，免收学费，午膳在学校寄膳。如此优待对我确实是万分难得，否则以我家庭环境，哪能维持到中学毕业呢？万幸我在张校长教学改革的影响下，终于获得到旧制中学四年毕业。"

　　男女同校的改革，不但使女生身受其惠，而且一新风气，推动教育的发展。为了适应学校加快发展的需要，1921年暑假，张竞生专程到广州访问广东高师校长金曾澄，请他推荐各科教师。张竞生经过精挑细选，聘请广东高师优秀毕业生吴子仪、高子昂、郑嘉猷、刘运铎、吴让三、俞述等分任外语、理化、生物教师；又到汕头聘请黄达修、宋万里为外语、国文教师。恰在此时，潮安人李春涛从日本早稻田大学经济科毕业回国返乡。李是一位聪颖过人、成绩优秀的进步学生，在日本留学时，曾与彭湃、杨嗣震等共同创办"赤心社"，出版《赤心》，学习研究马克思主义和俄国革命经验，探讨中国革命的实际问题。家乡竟有如此才俊，张竞生喜出望外，亲自登门会晤，两人一见如故，又志同道合，张竞生当即聘请李春涛为学监，同时聘请刚由外地回乡的揭阳人吴履恭为副学监，共襄学校发展大计。

　　新学期开始，经过广泛网罗，金中兵多将广，人才济济，张竞生遂把那些不称职的教员坚决辞退。也是事有凑巧，他宣布解聘的那些教师，多数是客籍人，而新聘请的那些教师又多数是潮属九县人，这就授人以柄，说他搞地方主义，引起了客籍师生的强烈不满。张竞生姜本无心，如此构陷，他也是年轻气盛，不加解释也不予置理，继续大刀阔斧地推行教育改革。

体质是衡量一个民族文明程度的一个重要标志，坚持不懈的体育锻炼能产生健康的体魄。张竞生十分重视学生的体育运动，他把金山顶上一个废弃多年的火药库开辟为操场，设朝会场，每天早晨集合学生做早操，他亲自向学生训话一次；每周除军训外，规定体操课时和分班级开展田径、球类活动；内宿生晚饭后由教师率领到郊外散步，还定期组织学生远足旅行，带领男女学生到韩江游泳，以培养学生坚韧不拔的意志和吃苦耐劳的品质。体育课的全面推行，使体育老师俞侠民大有用武之地。他憋足了劲，带领学生开展各项体育运动，积极组织训练球队，准备参加校外比赛，并着手筹备在山后韩江择址营建游泳池。在游泳池尚未建成之前，应学生的要求，俞侠民先在韩江附近教习各种游泳方法。金山后面的韩江有一处名为"青天白日"的危险地带，水流湍急，漩涡暗涌，那些号称浪里白条的游泳好手都不敢轻易进入。一天，一群男女学生正在韩江击水中流，奋勇争先，学生林邦任不慎被急流冲入吐着白沫的漩涡里，他一边挣扎一边求救，可怜那微弱的呼救声很快就淹没在哗哗的水流中，等到发现的时候已经来不及救援，大家眼睁睁地看着他被急流吞噬。

学生游泳溺毙事件，在潮汕地区引起轩然大波。男女一起游泳已是有伤风化，出了人命更是潮州史所未有，指斥谩骂之声，铺天盖地而来。体育老师俞侠民固然难辞其咎，罪魁祸首却是张竞生。

在那些顽固派眼里，张竞生简直是十恶不赦的假洋鬼子。归国不久，张竞生就撰文投寄《汕头民国日报》，呼吁中国人口太多，应当实行计划生育。该报社长许唯心与张竞生是早年的朋友，特别在重要版面以显著篇幅予以发表。张竞生持论太新，又言辞激进，立即遭到另一份立场保守的报纸《平报》的反驳，该报认为按照中国传统礼教，不孝有三，无后为大，多子方能多福，提倡节育，等于自掘坟墓。双方针锋相对，互相攻讦，遂使张竞生在地方上的声望受到损害。

潮客籍的学生之间，本来就有很深的隔阂，当客籍老师被解聘时，一场倒张的暗潮迅速汹涌起来，而溺毙学生事件成了矛盾尖锐化和表面化的导火线。那几名被辞退的教员，暗中勾结客籍学生李寿华、蔡克刚等人，故意寻衅滋事，潮籍学生许乃华等看不过去，与他们论理，两边学生势成水火，终于爆发为聚众斗殴。张竞生闻讯赶来劝解，却遭到客籍学生的围攻，李寿华带头散发传单，诬称张竞生为"精神病人""卖春博士"，扬言要打电报向省长陈炯明告状，蔡克刚等人则群起高喊"张竞生滚出金中去！"潮籍学生也怒不可遏，双方爆发了更激烈的冲突，场面一度失控，混乱中张竞生被客籍学生打伤了右眼，直到县政府出动警察才把这场风潮平息下去。

张竞生的心情恶劣极了，曾几何时，他一腔热血，踌躇满志，想在自己的家乡为父老乡亲干一番事业，却落得如此结局。当权者的非难他能够应对，顽固派的排斥他可以抵挡，旧婚姻的无聊他可以容忍，唯独学生的谩骂和拒绝使他难以接受。教育是他的专业，牛刀小试，就一败涂地，这究竟是为什么？他没有想到，他的个人英雄主义、他的过于峻急自负的性格倾向、他的超越人们心理承受能力的行事方式，使他从一开始推行那套全新的治校方略时就埋下了祸根，尽管他的理念是先进的，愿望是美好的，本性是善良的，他仍然无法避免失败的命运。极高的期望与极惨的跌落，那种巨大的心理落差一下子把他打蒙了，打垮了，他感到万念俱灰。踏着夜色，张竞生踽踽独上金山顶，像幽灵一般来到"青天白日"岸边，登上回澜巨石，只见脚下江水滔滔，激流洄旋，张竞生悲愤地长叹一声，既然事件因他而起，那他就一死了之，以谢师生吧！就在张竞生即将纵身一跃的时候，一双巨手把他紧紧抱住，张竞生定睛一看，原来是学监李春涛。

李春涛把张竞生扶到回澜巨石旁边的回澜亭，张竞生抬头一望，赫然见到亭前的一副诗联，李春涛借着星光，大声念道："折地河声奔足底；脱天峰影落城头。"张竞生不由喃喃自语："好大的气魄啊！"李春涛说："山不转水转，没有过不去的火焰山。张校长你不能不明不白就这么走了！"李春涛苦心开导，分析利弊，提出重整改革的路子。张竞生为刚才一念之差的软弱感到惭愧，但他主意已定，坚决辞职，请李春涛做代理校长。

张竞生遗憾地表示，他原来计划推行新学制，把旧制中学四年改革为三三制，即初中三年高中三年，但已来不及实施。原来打算整顿校产，增加学校收入，提高办学水平后，争取办起一所近代化的岭东大学。现在，只好请李春涛来收拾残局，并继续开拓这份未竟的事业。

两人遂在回澜亭的石阶前坐下，做竟夕长谈。

1921年9月27日，金山中学全校师生集中在府学宫大成殿召开大会。张竞生当众向大家宣布已向上级辞职，由学监李春涛任代理校长，全面负责学校工作。全场为之愕然，接着议论纷纷，张竞生示意大家安静，随后做了告别演说：

"我就要离开大家了，我就要离开大家了！时间就定在明天。我与大家相处几个月，今天将要远行，不是我与金中没有感情，实在是不得已才这么做。实际上，我要离开金中的想法，在几个月前就产生了，今日虽然远行，难免有依依不舍之情。我离开金中后，到哪里去呢，现在还没有想好，或者去上海，或者去西北，或者去欧美，随意漫游。我与同学们都是青年，后会有期，希望大家不必为我担心。现在我虽然离开了金中，但继承金中事业的大有人在，同学们正处在青年时代，年富力强，血气方刚，应当努力用功，专心致志，树立远大的志向，积累丰富的学问，增进有益的道德，塑造高尚的人格，将来成为改造社会的有用之材，这是我对大家的重托和期望。"

张竞生一番语重心长的嘱托，深深地感动着金中的学子，听着台下一片啜泣之声，张竞生心头一热，充满歉疚之情地自我检讨道：

"我做得不满意的，还有体育一科。我当校长以来，整顿了几个月，却遭到失败，以致未能达到目的，取得成功，这是我始终耿耿于怀的事情。体育这一门学科，是确保身心健康所必不可少的，我在上学期的时候就注意到这个问题，所以增加聘请了两名体操教员，希望对体育科目有所加强，不料中途遭受挫折，到今天不了了之，现在我就要离开了，也无法顾及了。希望大家对体育这门学科不要掉以轻心，经重新整顿，认真做好，培养伟大的国民精神，不辜负我的期望，这也是青年的大幸，金中的大幸！同时，我还有一个希望，就是金中的师生要团结一致，同心同德。当今时代，不断发展进化，一个学校，百端待举，必须使教员与学生，目标一致，不能各行其是，教员自负为教员，学生自以为学生，致使师生界限

金山顶上的
回澜亭今貌

分明，感情产生隔膜，思想不能交流，教学不能相长，凡此种种，都是因为思想泥古不化，这是与世界潮流格格不入的。试看现在各地学校，大多能做到与时俱进，而师生也大多能做到同心协力，这是时代潮流，大势所趋，希望大家迎头赶上，不要再错失良机，遗恨终生！"

这是张竞生在金中最后的演说，言者谆谆，闻者戚戚，一言一句都是那么动人心魄：

"还有一个问题，不能不在这里申说清楚的，就是金中的校产问题。众所周知，金山校产之丰厚，是其他学校不可比拟的。如汕头华英岩石各中学，由外国人创办，这些学校每年经费不过几千元，却办得有声有色。我们金山中学，本来财力雄厚，反而变得经费不足，设备不全，什么原因？主要弊端在于校产被他人所侵吞。这次整顿校产，困难重重，舞弊种种，现在还在调查，等调查结束后，店铺和栈地应当酌予增租，这样大约一年学校可增加几万元的收入，将来用这几万元巨款，可以创办一所专门高等学校，或者其他专门学校，培养潮汕人才，这将是一项功德无量的事业。我们潮汕学子有志于读书的人本来是很多的，有的因为路途遥远，未能满足愿望；有的因为家庭贫困，无法继续维持，以致中途辍学，这是十分可惜的。如果能用这笔钱在潮汕开办一所专门高等学校，那么潮汕的学子，进退有据，各得其所，既可免除跋山涉水之苦，又能减轻学费的负担，这真是再好不过的机会了。请大家千万不要自暴自弃！要克服困难，同心协力，把这件大事办成，如此将是我们潮汕人之大幸！时间有限，我就讲这些。希望诸君努力再努力！"

张竞生演讲结束后，与学校师生一一道别。第二天大清早，张竞生想一个人悄悄地离开金中，当他打开寝室的大门时，只见门前黑压压地站着全校师生，大家整齐地排好队，在李春涛的带领下，目不转睛地一齐向张竞生行注目礼。张竞生心头一热，眼泪唰地流了下来，他感谢大家的深情厚谊，就要与大家在校门前作别，但大家执意把他送到潮州火车站。

在站台上，张竞生动情地说："古语说：'黯然销魂者，唯别而已矣！'我们今天离别，不应销魂，而应共勉。我最希望的，是我可爱的青年学生，你们现在在校要刻苦钻研，认真学习，将来毕业后，有的升学，有的教书，有的在社会上做事，样样都出色，行行出状元！至于老师们，我希望大家厉行改革，爱生如子，把金山中学办成全省、全国响当当的学校，在全世界也有一席之地。这样，不仅是全校之幸，也是潮汕之幸，中国之幸！好啦，现在没有别的话说啦，就这样同大家告别吧！"

"张校长保重，张校长保重！"师生们纷纷大声地叮嘱着。张竞生站在车厢里频频向金中的师生挥手道别。

"呜——"小火车一声长鸣，缓缓地驶出站台，突突突地吐着白烟，向着潮汕大地的深处驶去。

张竞生怅然若失地遥望着，站在车窗旁，久久不愿离去。初秋的北风强劲地吹过来，粗粝地扑打在他的脸上，他感到了一丝凉意。

回望来时路，金中师生的面影在张竞生眼前渐渐地模糊了，消失了。

五、受聘北大

这些天，迷惘和彷徨的情绪像阴云一样笼罩在张竞生的心头，挥之不去。离开金中，刚到汕头，正在是浪迹新疆还是闯荡上海举棋不定的时候，张竞生收到北京大学校长室秘书谭熙鸿打来的加急电报，称受校长蔡元培的委托，嘱他火速赴京，共襄北大改革盛举。

在汕头做短暂停留后，张竞生即乘船远扬，奔赴京城。命运似乎充满了变数，张竞生从金山中学这个最初的人生战场败退后，却阴差阳错而又顺理成章地来到了大时代的舞台中心，虽说扮演的仍然是小角色，但他的惊世骇俗、肆无忌惮与尽情挥洒，使沉闷的中国为之侧目。

1921年10月中旬，张竞生万里跋涉，风尘仆仆赶到北京沙滩，在新落成的北京大学红楼校长室，张竞生径直找到了校长室秘书谭熙鸿。

谭熙鸿，这位张竞生当年南北议和的同事兼稽勋留学同学，现在已是重任在肩的北京大学实际事务代理人。这几天，校长蔡元培因为足疾住院，遂在《北京大学日刊》登出启事："元培因病不能到校办公，所有应与校长接洽事务，请与校长室谭熙鸿教授接洽。"因此，张竞生既向谭熙鸿复命，也向谭熙鸿报到。

老友相见，格外亲切。谭熙鸿一边款以香茗，一边向张竞生介绍受聘北大的情况。

对于北京大学，张竞生并不陌生。十多年前，他是京师大学堂的学生，在这里秘密从事革命工作，进而走上由孙中山所领导的旧民主主义革命的道路。从民国元年起，京师大学堂改名为北京大学，真正向现代大学转型，其师法的对象就是张竞生当时正在就读的素有"欧洲大学之母"之称的巴黎大学。1916年10月初，也就是张竞生与蔡元培在巴黎华法教育会成立大会上再次晤面半年后，蔡元培接到教育部的电报，要求他回国任北京大学校长。蔡元培旋由欧洲归国，经上海赴京履新，开始了北京大学百年历史的蔡元培时代的辉煌岁月。

蔡元培担任北京大学校长前后达十年半的时间，其最大的功绩是革故鼎新，确立了"大学者，'囊括大典，网罗众家'之学府也"的历史定位，并遵循思想自由和兼容并包的原则，聘请了一大批有真才实学和创新精神的教授到校任教，不拘一格，新旧咸集，旧派学者如辜鸿铭、刘师培、黄季刚、陈汉章等诸先生，新派学者如陈独秀、胡适之、李大钊、周树人、顾孟余、陶孟和等，均是一时之选，磐磐大材。这些学界精英，有的兀兀穷年，潜心向学；有的传道授业，成为宗师；有的鼓动风潮，转移时势。1919年的五四运动，更把北京大学推到了时代的风口浪尖，蔡元培作为北京大学的革新者，新文化运动的擎旗人，虽然不是五四运动的直接领导，却是五四运动的精神领袖。那一幕幕雄壮的时代活剧，都是在蔡元培的旗帜下进行的。胡适曾经转述美国哲学家杜威的话说："拿世界各国的大学校长来比较一下，牛津、剑桥、巴黎、柏林、哈佛、哥伦比亚等等，这些校长中，在某些学校上有卓越贡献的，固不乏其人；但是，以一个校长身份，而能领导那所大学对一个民族、一个时代起到转折作用的，除蔡元培而外，恐怕找不出第二个。"从这个意义上说，蔡元培是一个伟大的教育家。原京师大学堂师范馆头班生俞同奎在《四十六年前我考进母校的经验》中写道："蔡孑民先生长北大时，人才称盛。学者之外，有提倡小脚的辜鸿铭，有专谈性学的张竞生，就是讲社会革命的人物，亦无不兼收并容。京师大学堂人才，却亦五花八门，无所不具。北大称为伟大，大约就在这一点。"

聘请和容忍辜鸿铭和张竞生这样的异端人物，似乎成了北京大学雍容大度的象征，丈量极限的尺度。在这里，辜鸿铭"拖长辫而持复辟论"，既是清朝的遗老遗少，又思想反动，固然是一个精彩的个案；而张竞生少年革命，思想先进，学问博洽，也膺此恶谥，就大大地有失公允了。实际上，张竞生受聘北大，补了教学上的缺，救了蔡元培的急。

众所周知，蔡元培是现代教育史和美学史上的先驱者，他以中华民国首任教育总长和北京大学校长的身份，提出了"以美育代宗教"的重要理论命题，就不仅仅是一般的学术观点，而影响到国家的教育方针。在任教育总长时，蔡元培发表了著名的《对于新教育之意见》，提出了以军国民主义、实利主义、公民道德、世界观和美育为统一内容的教育主张。在他的影响下，美育作为"五育"之一第一次被写进了国家教育方针，从而确立起我国近代资产阶级教育体系。然而，美育虽写进了教育方针，但要真正推行却不是一件容易的事情。就在蔡元培任校长的北京大学，尽管已经开设了美学及美术史课程，可除中国美术史由叶浩吾讲授外，没有人愿意讲授美学，蔡元培只好亲自上阵为北大学生讲授美学课。但只讲了十多次，就因为足疾住进了医院而停止授课。

美育是蔡元培一生的最爱，岂可因没有教员而遭腰斩？他想起了在法国攻读过哲学和美学并已有一面之缘的张竞生，亲自向学校推荐并经教授评议会评议通过，决定聘请张竞生到北京大学代替自己讲授美学。

蔡元培如此器重张竞生，使刚刚经历了困难的张竞生感激涕零。在张竞生的要求下，谭熙鸿陪同张竞生到西城背阴胡同7号探望病中的蔡元培，专诚表达感谢和问候之意。

1921年10月22日，足疾初愈的蔡元培签署了第二百二十号的北京大学正式聘书，上面写着："敬聘张竞生先生为本校教授，此订。国立北京大学校长蔡元培。"同一天签署的还有续聘的国文系教授吴虞。

蔡元培延聘北大教员，一般分为教授、讲师、助教三种。教授与讲师都要授课；助教不授课，只在系中担任特定的助理工作。教授和助教按月给薪，是专任性质，讲师按授课钟点给薪，属于兼任性质；讲师并非比教授低一级，只不过不是专任而已。张竞生被聘为哲学系教授，月薪是大洋二百四十元。哲学系是北大中的大系，系主任是陈大齐，教授有陶履恭、朱经农、谭熙鸿、徐旭生、李煜瀛、唐钺、胡适、王星拱、蒋梦麟、马叙伦，讲师有刘廷芳、屠孝寔、梁漱溟、钢和泰、张尔田、邓秉钧等。

半个月前，北大已在第三院大礼堂举行开学典礼，朱经农、徐旭生等哲学系新聘教授都在会上做了发言。张竞生已属学期中间加聘的教授，他被安排担任的课目是论理学、唯实派、孔德学说研究等，还兼任本科和预科乙部法文教授，课程十分繁重。而按照北大的惯例，教授所担任的课程，均需自己编写教材，再在授课前将讲义交到学校里油印备用。

初登北大讲坛，张竞生一点都不敢怠慢。要讲好课，首先必须备好课。比张竞生提前四年到北大任教的周作人，当初从地方中学，一下子来到了全国最高学府，怎么样给北大这些天之骄子备课讲课，周作人一开始也有点找不着北，只好求助于他的兄长鲁迅。一般是周作人在白天里把草稿拟好，到晚上等鲁迅修正字句后，第二天他再来誊写并起草。周作人有兄长可以问计，张竞生就只有全靠自己摸着石头过河了。张竞生为北大学生上的第一门课是伦理学，为了一炮打响，把课备好，张竞生在米市大街青年会租了一个安静的住处，闭门谢客，苦战半个月，潜心编写讲义。

张竞生毕竟是一个不安分的人，本来给他安排的课是论理学，但他偏要标新立异，一上来就质疑论理学学科的科学性。别开新张，正本清源，提出了全新的学科概念，并鲜明地提出，应该用"普遍的逻辑"来命名这一新的学科概念。

孔子说，名不正则言不顺，言不顺则事不成。张竞生对于"逻辑"一词的译名从头开始清理，严复译为"名学"，印度译为"因明学"，日本则译为"论理学"。在对此概念做了一番考证后，张竞生

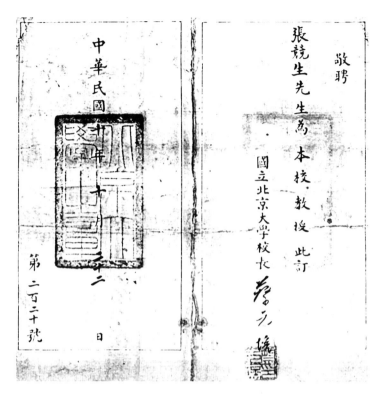

北京大学蔡元培校长颁给张竞生的教授聘书，1921年10月22日

认为，凡要研究一种学问，首先要认识它的本来面目和真正意义。
所以logic应当直译为"逻辑"，这样从读音和字义上俱为优美和巧
妙。使人知道这个逻辑，是从logic而来。是希腊的logos，是思想
的导源，是立言的模范。它不是印度的因明，不是我国的名学，更
不是日本译的论理学。自亚里士多德创造logic后，凡关于这个学理
与格式上，都已具有坚固的基础了。及至近世，哲学方法与科学方
法日加精良。逻辑的内容，自然不能不发生许多变化。就哲学方法
上说，有笛卡儿、莱布尼茨及康德的妙论；从科学方法上说，有培
根、穆勒与罗素等的高见。当此诸家名说争雄之时，我们如果要提

出一个新的意见出来一较短长，当然不是一件容易的事。可是，譬如处在百花竞艳的地方，小小的游蜂儿，也有相当的效用。它自知了不能与群花争胜，但只乐得此采彼啜，制成一种美的蜜和黏的蜡，这些贡献也是不可少的。现在我所希望的，也只愿做思想界一个小小的蜜蜂儿。果能如此，那么，我这个"普遍的逻辑"，纵然不是美的蜜，或许是黏的蜡，横竖也是有一种用处的。它不是拾他人牙慧，也不是贩卖他人的货物。假设这个"普遍的逻辑"真的有用，它不仅仅可以纠正名学和因明的错误，扩张论理学的范围，补助旧有的逻辑所不及；尤其是通过它，能够掌握一种新的思维方法，获得一个完整的知识体系。在探讨"逻辑"的译名时，张竞生还就如何研究学问获得真知提出了独到的见解："我想我人现时考求真学问的条件，第一不可做日本的奴隶；第二不可做印度的奴隶（如佛说及甘底说等）；第三又不可做白人的奴隶；第四更不做本国（主张国粹派等）的奴隶。若能先铲除这四层奴隶的障碍，又再避免培根的四魔，然后才能有独立的思想和新鲜的见解。"

于此可以见出张竞生在学术上的雄心。客观地讲，最早将logic译为"逻辑"，并作为学科名称的是学贯中西的章士钊，1909年，他在《国风报》发表《论翻译名义》一文，明确提出："至logic吾取音译而曰逻辑，实大声宏，颠扑不破。为仁智之所同见，江汉之所同归，乃崭焉无复置疑有矣。"但真正在学理上厘清学科的边界，以《普遍的逻辑》作为教材的名字，同时在大学里开课讲授，张竞生是做得最早并且倡导最有力的一个。

张竞生的《普遍的逻辑》与章士钊的《逻辑指要》一样，都是我国逻辑学的开山之作。张竞生认为，普遍的逻辑乃是研究如何用记号把思想托出去断定外界关系上的事情。两者最大的相同点就是都

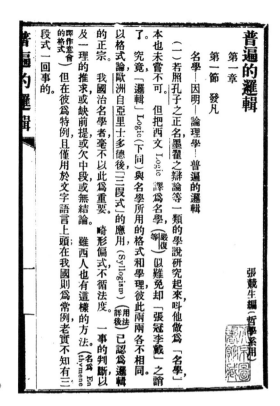

普遍的邏輯

第一章

第一節　發凡

名學！因明！論理學！普遍的邏輯

（一）若照孔子之正名墨翟之辯論等一類的學說研究起來叫他做爲「名學」，本也未嘗不可。但把西文 Logic 譯爲名學（嚴復）以難免却「張冠李戴」之誚了。究竟「邏輯」Logic（下同）與名學所用的格式和學理彼此兩兩各不相同。以格式論歐洲自亞里士多德後「三叚式」的應用（Syllogism）（詳後）已認爲邏輯的正宗。我國治名學者，毫不以此爲重要。畸形偏式不循法度。一事的判斷以及一理的推求或缺前提或欠中段或無結論。雖西人也有這樣的方法，但在彼爲特例且僅用於文字語言上頭在我國則爲常例老實不知有三段式一回事的。

張競生編（哲學系用）

張競生所编的教材《普遍的逻辑》

着眼于中西逻辑学比较研究，西方追溯到亚里士多德，中国则渊源于孔子之正名与墨翟之辩论，而且对归纳法与演绎法等逻辑学上的重要概念做了详尽的探讨。而张竞生的《普遍的逻辑》还从知识论、现象学、因果律、同一律等视角对逻辑学进行了全面的阐述，以引起学生对这门新生的学科有一个准确的把握。应该说，西方逻辑学的传入，拓宽了中国哲学史、思想史研究者们的视野，提供了全新的思路，而张竞生在逻辑学最初的学科建构上是功不可没的。遗憾的是历史往往是成功者的传记，张竞生率先在北大讲授逻辑学，率先编写出至今仍具有很高学术价值的教材《普遍的逻辑》，但由于张竞生的被曲解被遮蔽，后来的逻辑学史对张竞生刻意回避，甚至只字不提，表现出学术研究所不应存在的某种势利，这是很不应该的。

北大虽是全国最高学府，却也并非一块净土。教员之间新旧之争、派系之争潜流暗涌，此消彼长。如黄侃、刘师培是旧派，陈独秀、马寅初是新派；胡适、蒋梦麟是英美派，鲁迅、钱玄同是法日派等。派系林立，盘根错节，一个外来教员要在北大立足，是十分不容易的。同为北大教员的刘半农，是新文化运动的一员干将，但胡适等英美派的绅士却看不起他，经常冷嘲热讽他，使他很感憋气。张竞生留学法国，原也可仰仗某种派系，但他却如闲云野鹤，独来独往，一门心思扑在教学和科研上。在学术上，张竞生已有创见，如何在大学教育上也做些尝试，这是张竞生时常琢磨的问题。

受聘北大不到一个月，1921年11月22日，张竞生就在《北京大学日刊》发表了通信：《哲学系张竞生教授致本校教员学生函》，提出了他对学校教育的改革主张：

　　敬启者，吾校现行八十单位制，学生每星期须上二十点钟功课，仆仆讲堂，其弊在于注入式，而缺于自动力，说者谓无好图书馆，可以参考，非行此制，别无善法。竞生欲求补救之方，敢为陈述，聊备采择。

　　（一）减少单位为六十，学生每星期上五点钟功课，教习功课，比以前约减四分之一；

　　（二）将所减时间，由各教习就所任功课，应须参考外国书中，摘择要点，并为说明，由学生笔记（学生好西文而自己翻译者听之，后由教习改正印行，总之教习与学生，遇此种搜罗参考材料时间，必须由学生自由掌握，至全班学生或轮流若干，担任笔记，尚须斟酌）。

此举可望五益：

（一）学生得在自动单位；

（二）本校参考材料补充、所编得者，公之于世，外间亦得许多新书利益；

（三）图书馆缺乏许多参考书籍，教习有者可取出与学生同用研究；

（四）外国文，旧者有希腊、拉丁、希伯来等，新者有英、法、德、意等，学生一人自然难以全识，今各教习就其所识外国文为解释，学生由是获益不浅；

（五）所得版权，可充校费，或由所任教习与学生分享之。以上所陈，缺漏甚多，望诸先生从长酌夺。

张竞生这份教学建议，体现了以学生为本的教育理念：减少四分之一的教学时间，减轻学生的负担；改变注入式的教学，充分发挥学生在学习过程中的主体作用；教师应主动为学生服务，努力提高教学效率。这些在今天看来是常识性的教学观念，在20世纪之初的北大，仍是空谷足音的先进理念。因此，张竞生的通信，引起了不少人的关注。而他公开主张教师应把图书馆缺乏的教学资料或参考书籍公之于众，与学生共同研究，尤其使大家刮目相看。张竞生曾听沈尹默讲过一个笑话，预科有一位教地理的桂蔚丞老先生，有一位听差专门服侍他上下课。上课时，听差挟一张地图、捧一把茶壶和一只水烟袋，跟随桂老先生上讲堂，把一应物件放在讲桌后躬身退出，下课时才进来收拾。有一次，在"卯字号"教员休息室，学生向沈尹默借书，沈尹默掏出来就给那学生。桂蔚丞大为惊诧，对沈尹默说:"你怎么可以把书借给学生呢,那你怎么教书呢?"沈尹默回答说:"这没有什么秘密呀。书是公开的,学生可以买,也可以到图书馆借。"原来,这些老先生教了几十年的讲义和参考书都是保密的,他们把这些参考书作为秘而不宣的看家本领,一本经书念到老,其教学质量如何也就可想而知了。流风所及,对张竞生的主张与沈尹默的做法感到惊诧莫名也就理固宜然了。

这一年是北大厉行改革的一年。各系的系主任进行了改选,教授评议会进行了换届选举,结果谭熙鸿、胡适、李大钊、俞同奎等十六人当选新一届评议会评议员,校长蔡元培病愈重新视事。虽然不时有学生闹事、政府欠薪之类令人不快的事情发生,世界并不太平,但对只有三十三岁的风华正茂的张竞生而言,他的全新的事业才刚刚开始。

第五章　京华岁月（上）

一、革命本色

五四前后的北大，是学术研究的重镇，革命思潮的中心，还是传播马列的前驱。置身在这个大时代的漩涡中，张竞生不是只满足于当一个"两脚书橱"，也不是随波逐流与世沉浮，作为一个先进的知识分子，他有着自己的学术追求，也有着自己的政治主张。

从讲授《普遍的逻辑》开始，张竞生逐渐成了北大红楼教授圈里引人注目的角色。北大教授，特别是文科教授，一旦列名"卯字号"，就算站稳了脚跟，有了足够的本钱在这个场子里混饭吃了。所谓"卯字号"，当初北大文科教授蔡元培（丁卯），陈独秀、朱希祖（同为己卯），胡适、刘半农（同为辛卯）都是卯年出生，而且名气都很大，因此，北大文科教员的办公室被戏称为"卯字号"，以后相沿成习，一人一间，新派旧派，群贤荟萃。1918年夏天，沙滩的四层红楼落成，北大文科和图书馆迁入新址办公，新的图书馆开辟了6间阅览室、21间藏书库，整整占了新楼的第一层楼。北京大学图书馆主任李大钊想方设法筹集资金，大量购买新书好书，亲自制定借阅、阅览制度，使图书馆成为传播新知识、宣传新思想的场所，也成为文科教授互相交流、新旧人物角力交锋的地方。

（左起）蒋梦麟、蔡元培、胡适、李大钊在北大合影

李大钊的主任室就设在红楼东南角上的两间房子里。张竞生上完课后，必来这里盘桓一番，看看又来了些什么新书，或者有哪些书需要请图书馆购买的；更多的时候则是与李大钊就当前的时局或者正在研究的问题展开讨论和切磋。

张竞生与李大钊可谓一见如故。刚到北大任教不久，张竞生为了备好"孔德学说研究"这门功课，到图书馆寻找孔德的社会学方面的著作和相关资料。在《少年中国》杂志上，张竞生读到了李大钊刚刚发表在该刊的文章《自由与秩序》，作者指出："社会的学说的用处，就在解决个人与社会间的权限问题。凡不能就此问题为圆满的解决者，不足称为社会的学说。""我们所要求的自由，是秩序中的自由；我们所顾全的秩序，是自由间的秩序。只有从秩序中得来的是自由，只有在自由上建设的是秩序。个人与社会、自由与秩序，原是不可分的东西。"社会学是一门新兴的科学，在中国对这门学问进行研究的人，更是凤毛麟角。没想到这位图书馆主任对社会学有如此深刻的见解。张竞生由读文而想见其人，遂到隔壁主任室与李大钊认识、攀谈。

初次见面，互道久仰。李大钊穿着一套普通的布长衣，中等身材，体魄强壮，给人一种踏实诚恳的感觉。张竞生对李大钊在这么短的篇幅中把自由与秩序这个社会学的大问题阐述得如此透彻表示佩服，李大钊谦和地笑了笑，称那只是一篇不值一提的小文章而已。由一篇短文说开去，两人竟然有许多共同的兴趣和话题。他们在留学时代都关注过人的精神解放与自由问题，都曾专门研究过社会学问题，也曾专门研究过妇女问题。李大钊在日本早稻田大学学习时，第一次阅读了日本学者幸德秋水翻译的日文版《共产党宣言》，初步认识到共产党人可以用一句话把自己的理论概括起来，就是消灭私有制；而张竞生在法国里昂大学做博士论文时，曾深入研究过卢梭的《论人类不平等的起源和基础》，其基本思想是社会不平等及人对人的剥削，都与私有制有关。这种共同的话语基础使两人越谈兴致越高，彼此都颇有知音之感。李大钊和颜悦色的笑容，讲话时缓缓地一句接一句的北京口音，给张竞生留下了深刻的印象。

然而，李大钊更多的时候是一位充满激情的战士。在此之前，他曾经发表了令人热血沸腾的著名演说《庶民的胜利》和《布尔什维主义的胜利》，他领导了波澜壮阔的五四运动。1920年3月，他与邓中夏等人发起组织"马克思学说研究会"，建立了一个专门收集马克思主义理论书籍的小图书室，名字叫"康慕尼斋"，即英文"共产主义"的音译。这是中国第一个共产主义研究会，在它成立的时候，李大钊曾与国际共产主义组织取得了联系，列宁给予了支持，并派共产国际代表魏金斯基专程前来中国，与李大钊等人讨论在中国建立无产阶级政党的问题。曾任北大文科学长的陈独秀从上海写信给在北大图书馆工作的张申府，请他征求李大钊对党的名称的意见，李大钊复信给陈独秀说，共产国际的意思是"就叫共产党"。这样，南陈北李一锤定音携手创建了中国共产党，并于1921年7月在上海召开了第一次全国代表大会，一年前还在李大钊手下任图书馆管理员、日后将改变中国命运的青年毛泽东成为十三个代表之一。1921年11月17日，马克思学说研究会在北京大学公开成立后，吸收了许多进步青年参加，也有不少无政府主义者、空想社会主义者赞成马克思学说，张竞生就是其中之一。

1922年3月，世界基督教学生同盟定于这年4月4日在清华大学召开第11届年会，讨论所谓资本主义在中国的发展问题。这一消息激起北京知识界的强烈反对。3月21日，北京各界人士李大钊、刘复、陶孟和、邓中夏、谭熙鸿、张竞生等发起非宗教运动。此事由中国社会主义青年团干事会出面召集，实际主持与组织者为中共北京大学支部诸同志，直接领导者是李大钊。张竞生原来就是同盟会员，搞革命并不陌生，他密切配合李大钊，印发《发起词》，在校内外号召大家签名。《发起词》指出，人是由猿经过劳动生活自己创造的，世界上并没有上帝和天神，宗教迷信起源于原始社会人类知识不足，对自然界一切事物变化不能认识，而统治阶级为了便于统治人民，便故意张大天神的作用，利用宗教来愚民，那些教主，则是统治阶级的帮凶。……我们非宗教的最后目的，是笃信科学，尊重人们的自觉，拒绝帝国主义者的愚弄、欺骗，反对他们的侵略，要求自主、独立。极力铲除依赖性，铲除靠天、靠上帝、靠外国人帮忙的奴隶思想，力求自力更生，自求多福，加强四万万人民的觉悟和团结，争回已经丧失的领土主权，做一个有理智没有迷信，头脑清爽，自由自在和自信的国民。努力钻研科学，追求真理，为广大的人类造福。使四万万同胞从迷信中解放出来，向新的、民主的、自由的社会前进。凡赞成这个运动者请签名并广为宣传。

传单一出，应者云集。北京各大专中学教职员工、国会议员、普通市民等二百多人参加了签名，社会各界积极响应，北京《晨报》《京报》以较大篇幅报道了消息，一些刊物发表了专论进行宣传；李大钊等人还发表文章、召开演讲会揭露了宗教违背科学的实质，批判了宗教麻醉人们灵魂的消极作用。但也引起一些帝国主义报纸如《顺天时报》、天津《庸报》等著论攻击。周作人、钱玄同、沈兼士、沈士远、马裕藻等北大五教授则发表了《主张信教自由宣言》，由周作人打头阵，明确表示反对非宗教同盟运动。陈独秀马上发表文章予以回击，引发了周、陈之间的论战。

非宗教同盟并不因为知识界出现严重分歧而停止活动，相反却以更大的声势发动群众参与。同时，北京青年还成立了非基督教同盟，不久，又并入非宗教同盟。该同盟以马克思学说研究会为骨干，广泛联系北京各学校的师生和学术界的知名人士，会员很快发展到三千人以上。1922年5月10日，非宗教运动大同盟成立大会在北京大学第三院隆重召开，到会者达五百多人，是当时参加人数最多的一次民间团体会议。会议由范鸿劼主持，会上大家发言十分踊跃，张竞生也做了主题发言，呼吁大家团结起来，扫除宗教的毒害。经成立大会推定，李大钊、李石曾、邓中夏、谭熙鸿、张竞生、刘仁静等十五人为干事，负责日常事务，推动活动的深入开展。在李大钊、邓中夏、张竞生等的指导下，上海、汉口、天津、长沙、成都等地都设立分会，有些地方组织撰文或演讲，批判基督教及其他宗教，有些地方举行示威游行与罢课等活动，对宗教进行有力的打击。当然，这次非宗教同盟运动，实质上仍是以一种科学的新宗教反对传统的旧宗教，其激烈的批判言论，可以说反迷信有功，反宗教乏力，那种非此即彼的简单判断不无偏颇之处，但正是在这种共同的战斗中，张竞生与中国共产党人进行了亲密的合作，与李大钊结下了深厚的友谊。

这段时期，知识界表现得相当活跃。北方战争的硝烟初散，直系军阀控制了北京政权，宣布恢复旧国会。恢复的旧国会宣言要制宪，北京各界人士，特别是知识界人士认为要把握机遇，利用制宪的时机，在宪法上明确地规定人民的权利和自由，包括集会、结社、言论、出版、游行示威和罢工之自由。这些有识有为之士迅速在北京发起组织"民权运动大同盟"，进行广泛的争取民权运动。发起人为国会议员李石曾、王法勤、王用宾、胡鄂公、焦易堂和北京大学教授李大钊、张竞生、王世杰、高一涵、皮宗石、周鲠生、马叙伦、黄侃、马裕藻，以及北大学生邓中夏、杨钟健、黄日葵、朱务善、范鸿劼、高君宇等。

1922年8月24日，民权运动大同盟在北京烂缦胡同湖南会馆举行成立大会，出席会议的代表有四百多人。大会在发表的宣言中指出，全国教育家、学生、劳动者和妇女们所受痛苦的来源，简单地说，就是无法律的保障。最大多数的劳苦人民，宪法上剥夺了他们的选举权，所以他们没有申诉疾苦的地方，只好活活地饿死苦死。因此，争取民权运动的四大标的是：集会、结社、言论、出版有绝对自由权；普遍选举；劳动立法；男女平权。规定该会的宗旨为"伸张民权，铲除民权的障碍"。决定创办《民权周刊》，经费由李石曾等捐助。大会最后选举张竞生为主席，选举李大钊、李石曾、邓中

位于烂缦胡同的湖南
会馆

夏、胡鄂公等十五人为执行委员。

民权运动大同盟成立后，张竞生一方面认真授课，一方面积极开展民权运动工作。他在李大钊的大力支持下，首先与中国劳动组合书记部（中华全国总工会的前身，成立于1921年8月11日，是中国共产党公开领导工人运动的总机关）联合，发起劳动立法运动，拟定劳动立法大纲十九条。又联合北京学联向国会请愿，由李石曾出面，招待宪法起草委员会委员，陈述大同盟主张；由张竞生、邓中夏、范体仁等分别撰写文章在北京《晨报》《京报》及《民权周刊》上发表，张竞生还与邓中夏到丞相胡同《晨报》编辑部研究宣传民权，掀起民权运动，为劳苦大众与工人阶级争取权利和自由奔走呼号，不遗余力。同时，发起取消治安警察法运动，由高一涵撰文列举治安警察法对人民集会、结社、言论、出版及示威游行等的无理限制是违反"约法"，不是民国应该有的"恶法"，要求废止；为了互为支援，作为大同盟主席，张竞生还亲自出面，商同学联对此举办示威游行，向黎元洪递上请愿书，要求废止此法。

在李大钊、张竞生的努力下，许多进步团体配合国内革命形势，在促进人们的觉醒、推动民众的爱国运动等方面起到了推波助澜的重要作用，也为揭露战争的残酷、阻止各方军阀的恶战起到了动员宣传的作用。

1922年5月9日，孙中山在广东韶关誓师北伐，前锋直指江西，准备北上讨伐非法总统徐世昌，实现统一全国的计划。此时的直奉战争已迫在眉睫，再加上南方的孙中山和长江下游的皖系势力，一场全国性的军阀混战将一触即发。经年不息的兵连祸结，使哀哀无告的黎民百姓长期处于水深火热之中。国事蜩螗，生民涂炭，引起了那些有着良知良能的知识分子的深深忧虑和严重关切。为避免再发生战事，解生民于倒悬，6月3日，北京大学校长蔡元培暨北京大学教职员向全国发出专电，吁请孙中山与徐世昌同时下野。电文如下：

广州孙中山先生及非常国会议员诸公钧鉴：

自六年间国会非法解散，公等与西南诸首领揭护法之帜以广东为国会自由召集之地点，中间受几多波折，受几多阻力，而公等坚持不渝，以种种手段求达护法目的。开非常国会以抵制北方非法国会，选举总统以抵制北京非法总统之武力。虽有此种手段为诟病者，而公等坚持如故，固以为苟能达护法之目的，无论何种手段不妨一试，且正维公等用此种手段，使全国同胞永久有一正式民意机关之印象，故至今日而克有实行恢复之机会。公等护法之功永久不朽，当为国民所公认。

乃者，北京非法总统业已退职，前此下令解散国会之总统，已预备取消六年间不法之命令而恢复国会，护法之目的可谓完全达到。北方军队已表示，以拥护正式民意机关为职志。南北一致，无再用武力解决之必要，敢望中山先生停止北伐，实行与非法总统同时下野之宣言，倘国会诸君惠然北行，共图国家大计，全国同胞实利赖之。

蔡元培等二百余人叩

此电一出，举国哗然。章太炎、张溥泉（即张继）旋即发表《章太炎张溥泉关于时局之宣言》，通电反驳蔡元培，表示"不驱逐北洋驻防军不止，断不苟且顺从，草间偷活也"；施承谟则严词诘责蔡元培，称蔡等"阻挠义师，令人齿冷""若复妄发谰言，淆惑观聪，是重取辱也"。

这篇引起轩然大波的通电，就是由张竞生在北京大学的小红楼里草拟，以蔡元培、胡适等二百多人的名义发出的。据胡适1922年6月2日的日记记载："今晚席上蔡先生（即蔡元培）提起孙中山的问题，他想邀在座各党的人同发一电劝中山把护法的事做一个结束，同以国民资格出来为国事尽力。席上诸人因往日党派关系多怕列名，我劝蔡先生拟稿即发出，即邀李石曾、张竞生等列名，以友谊劝他。蔡先生说今天本是石曾、竞生发起此议，他明日即发电去。"

吾爱吾师，但吾更爱真理。作为一个具有现代意识而又特立独行的知识分子，在理智与情感的天平上，张竞生选择了前者。毋庸讳言，孙中山是张竞生的引路人，是先生引导他走上了革命之路，也是先生鼓励他走上了留洋之路，先生对他恩重如山。他当然是爱先生的，但君子爱人以德，他深信先生始终是以民族大义国家利益为皈依的。当初，他在先生的领导下参与南北议和，当孙中山先生提出如果袁世凯能使清帝逊位，他将虚位以待，让袁世凯当总统，那时他们一班人是表示强烈反对的，但先生不为所动，一诺千金，不负国民，以成共和。先生从来就不是一个贪恋权位的人。如今，十年过去了，民国已不复当年的民国，而是满目疮痍，江河日下。在此兵荒马乱，民不聊生，国家四分五裂的时候，他觉得有责任向中山先生进言，以息战事，以利民生。于是，他决定联络有识之士，一起劝告孙中山先生停止北伐，并与非法总统徐世昌同时下野，以还政于民。他把这个想法告诉了在法国留学时亦师亦友的李石曾，李石曾十分赞成，但感到单靠他们两人仍是势单力薄，必须找一个更有号召力的人来登高一呼，造成声势。他们不约而同地想到了校长蔡元培。事实上，5月13日，蔡元培、李大钊、胡适等十六名教授、学者已在《努力周报》发表了《我们的政治主张》，提出把建立一个"好政府"，作为现在改革中国政治的最低限度的要求。现在，李石曾、张竞生又有此动议，正好与他们的主张遥相呼应。三人一拍即合，随即分头行动。张竞生着手草拟电文，蔡元培、李石曾则在当天的聚会或宴会中广为联络，动员大家列名联署。

以历史的眼光来看，蔡元培、李石曾、张竞生的联名通电，不过是忧国忧民的知识分子一厢情愿的书生之见。从改良主义的立场出发来观察中国的问题，无论是北方的皖系、直系、奉系等军阀，还是孙中山依赖的南方各省军阀，都不可能用武力实现中国的统一，结束南北之间的战争，所消耗的都是国家的财力，而最终受害的都

位于文华胡同的李大钊故居

是人民。因此，他们既反对北方各派军阀武力统一中国，也不赞成孙中山为护法而诉诸战争，希望通过和平谈判，求得双方妥协让步，来解决南北之间的争端。这就是蔡元培、张竞生等书生之见的可敬之处，也正是其幼稚之处。枪杆子里面出政权，对惯于穷兵黩武的军阀，要求他们主动放下屠刀，无异于与虎谋皮。历史又一次证明孙中山的先知先觉和不屈不挠。尽管连遭失败，他仍屡仆屡起；尽管横遭物议，他仍泰然处之。

就在张竞生起草、蔡元培领衔致孙中山的专电发出半个月后，广东政局发生激变，陈炯明公然叛变革命，炮轰总统府，危害孙中山。孙中山在卫兵的护卫下避过叛军的枪林弹雨，逃离广州，安抵上海。此次事变，举国为之震惊，政局之复杂，绝非书斋里的教授们可以预料。事隔多年之后，汪精卫旧事重提，尖锐地指出："当5

月间，陈炯明免职之后怀怨望，犹不敢为乱，及得蔡电，始借辞发难，有6月10日炮击观音山之变。"把陈炯明作乱归因于这封电报，显然是过甚其词，但所造成的消极影响也是不可低估的。因此，蔡元培、李石曾、胡适等都感到在政治上碰了壁，张竞生内心更感到惴惴不安，他为先前的幼稚而惭愧，也为先生的安危而牵挂。恰好此时李大钊赴上海探望处于困境中的孙中山，谈论两党合作之事。张竞生得知李大钊将往上海，特地请他转达对孙中山的歉意和问候。

在上海，孙中山多次会见李大钊，也单独会见陈独秀，对怎样开创中国革命新局面，以及国共合作等问题，进行深入的讨论。孙中山诚挚地希望李大钊等共产党人加入国民党，帮助他改组国民党进而振兴中国革命。数天后，李大钊、陈独秀等由张继介绍，由孙中山亲自主盟，以个人名义加入了国民党。

李大钊返回北京后，张竞生专程到文华胡同24号一座普通的三合院探访李大钊。在客厅兼书房的西厢房里，李大钊客气而亲切地接待了张竞生。李大钊兴奋地向张竞生谈论此次在上海会晤孙中山的情形。上一年底，李大钊曾陪同受列宁派遣到中国工作的共产国际执行委员和民族殖民地委员会秘书马林第一次会晤了孙中山，这番再次相见，两人"畅谈不倦，几乎忘食"。李大钊体贴地说，孙中山先生对蔡元培、张竞生等要求他下野的电报并不介意，相反，经此事变，他对中国社会各界有了更深的体察。在与李大钊推心置腹的倾谈中，孙中山的革命思想发生了很大变化，开始认识到要想革命成功，仅仅依靠少数地方军阀是行不通的，必须向苏联学习，与共产党联合，走民众的道路。

孙中山成了李大钊和张竞生谈论的中心，两人越谈越投契，不

觉已到午饭的时间。李大钊邀请张竞生在李家便饭，张竞生也不客
气，爽快地答应了。李大钊便引着张竞生来到中间的餐室，刚刚落
座，李大钊夫人赵纫兰大姐就捧出来一盘热气腾腾的北京普通馒头，
两人意犹未尽，边吃边谈。赵纫兰大姐又陆续上了两个素菜和一碗
蛋花汤。饭菜虽然简单，但谈话的内容却愈发丰富了。这时，桌上
的饭菜似乎成了他们谈话的道具，李大钊一边掰着手中的馒头往嘴
里送，一边恳切地邀请张竞生加入中国共产党。李大钊认为，在非
宗教同盟运动与民权运动大同盟中，张竞生的成熟表现及其与自己
的默契配合，实际上已经发挥了一个党外布尔什维克的作用；再说，
张竞生是老同盟会会员，虽未转型为国民党员，却也是理所当然属
于国民党阵线的，目前，已有部分共产党员以个人的名义加入国民
党，国共合作已是迫在眉睫的事情，于是，他十分愿意介绍张竞生
加入中国共产党，并肩战斗，共赴战场。

张竞生骨子里是一个自由知识分子，对于社会责任，虽也有所
担当，但却更重视个人的价值取向和自由发展。因此，尽管心里感
激李大钊的信任，表面却不置可否。沉吟了一会儿，张竞生郑重地
对李大钊说，如果能答应三个条件，他可以考虑加入中国共产党。

李大钊眼睛一亮，满怀期待地说："什么条件，你尽管说。"

张竞生："第一，党的名称定名为'中国共产党'，不要叫'中国
苏维埃'，如果定名为后者，带有明显的殖民地性质。"

李大钊："这个问题已经解决了，去年正式建党时，就已明确定
名叫'中国共产党'。"

此时，中国共产党正在创建的初始阶段，并且处于秘密状态，
因此连张竞生这样的政治活跃分子也不太了解内情。

张竞生继续说："第二，在新疆创立根据地，进可逐鹿中原，败

可退守苏联，这样党可处于进退自如的地位；第三，派遣党员到军队中任职，一俟时机成熟，里应外合，发动兵变，掌握政权。"

李大钊对张竞生富于远见的建议深表赞许，表示要与党的领袖和苏联代表商量反映张竞生的意见。李大钊始终感到张竞生人才难得，因此没有放弃对张竞生的争取。

席上，没有大餐，没有饮酒，但两位知心的同事兼战友却感到滋味无穷，欲罢不能。这时，赵纫兰大姐斟上了两杯淡茶，李大钊和张竞生以茶代酒，郑重其事地碰了杯后，一饮而尽。

二、风生水起

在北大教授中，除了李大钊，张竞生认识较早、交往较多的要数胡适。他们同是留洋博士，同在哲学系，年龄也相差无几，因此，彼此颇有惺惺相惜的味道。当然，在一般人的心目中，胡适博士无疑是风头最劲的一位。他年纪最轻，二十六岁就被聘为教授，与校长蔡元培、文科学长陈独秀有北大"老兔、中兔、小兔"之雅称（蔡1867年生、陈1879年生、胡1891年生，都属兔）；名气最大，以一篇《文学改良刍议》高揭白话文的旗帜，与蔡元培、陈独秀、鲁迅并列成为新文化运动的主将；学术新锐，他一手写白话文，与林纾等复古派叫阵，一手写系列考据文章，向国学权威王国维挑战，更以一部被蔡元培称誉为"截断众流"的著作《中国哲学史大纲》奠定了在学术界的地位。毋庸讳言，胡适也是麻烦最多，他先是与刘师培、黄侃等展开了"白话与文言"之争，后又与李大钊、陈独秀展开"问题与主义"之争。也有很多瞧不起他或者看不惯他的，认为他是徒有虚名的文士，热衷利禄的政客。国学大师、史学系教授陈汉章有一次上课时，举着胡适刚出版的《中国哲学史大纲》，颇为不屑地说："我说胡适不通，就是不通，只看到他的讲义名字就知道他不通。哲学史就是哲学的大纲，现在又有《哲学史大纲》，岂不成为大纲的大纲？不通之至。"史学系主任朱希祖则批评他的《中国哲学史大纲》写得肤浅，并且断言他出了中卷以后，下卷就会写不下去，因为他既不懂佛学，又不懂宋明理学，果然，下卷始终没能出版。胡适的《白话文学史》也只出了上卷，因此，被讥笑为"上卷博士"。

名满天下，谤亦随之。胡适一夜之间暴得大名，风云际会，长袖善舞，不免使人眼花缭乱，也很让一些老冬烘产生了那么一点酸葡萄心理，连梁启超这个"开中国风气之先，文化革新，论功不在孙黄后"的政坛学界风云人物也不惜自低身价，打上门去，对胡适的新著评头品足一番。

1922年3月4日，梁启超应北京大学哲学社的邀请，到北大第三院大礼堂做演讲，题为《评胡适的〈中国哲学史大纲〉》。为了扩大影响，梁启超事前在报纸上登了一则启事，大意说，凡是想前往听演讲的当备该书一册，消息一出，商务印书馆所存该书销售一空，向各分馆求援仍然供不应求。

北大哲学系很有几位名教授，而且有"打哲学对台"的传统。据说在北大红楼的三楼四楼，胡适和梁漱溟便打过哲学对台，西装革履的胡适博士在四楼上"中国哲学史"，布鞋布袜的梁漱溟在三楼上"印度哲学"，场面煞是好看。胡博士讥笑梁先生连电影院都没进去过，怎么可以讲东西文化、印度哲学？梁先生则说胡博士根本不懂啥叫哲学，正犯着孔圣人批判"学而不思则罔，思而不学则殆"的毛病。此次演讲，梁启超御驾亲征，自是不同凡响。演讲当天，

梁启超像

北大三院大礼堂挤满了听讲或者看热闹的学生。

梁启超的演讲共分九节，前两节简要介绍这次演讲的目的、内容和对胡适著作的总体评价。他认为："胡先生观察中国古代哲学，全从'知识论'方面入手……我所要商量的，是论中国古代哲学，是否应以此为唯一之观察点？"接着第三节、第四节，梁启超便对《中国哲学史大纲》展开了具体的批评："这书第一个缺点，是把思想的来源抹杀得太过了。胡先生在书中说，大凡一种学说，绝不是凭空从天上掉下来的。可惜我们读了胡先生的原著，不免觉得老子、孔子是从天上掉下来的。胡先生的哲学勃兴原因，就只为当时长期战争，人民痛苦。这种论断法，可谓很浅薄而且无稽。胡先生的偏处，在疑古太过；疑古原不失为治学的一种方法，但太过也很生出毛病。殊不知讲古代史，若连《尚书》《左传》都一笔勾销，简直把祖宗遗产荡去一大半。这书第二个缺点，是写时代太不对了。胡先生对于春秋以前的书，只相信一部《诗经》，他自己找一个枯窘题套上自己。胡先生拿《采薇》《大东》《伐檀》《硕鼠》诸诗，指为忧时的孔墨、厌世的庄周、纵欲的杨朱、愤世的许行……思想渊源所从出，简直像是说辛幼安的《摸鱼儿》、姜白石的《暗香》《疏影》和胡适之的哲学大纲有什么联络关系，岂不可笑？"

梁启超口若悬河，滔滔不绝，他的声情并茂、旁征博引的演讲风格深深吸引着学生们。由于准备充分，材料繁富，第一天没讲完，第二天在原场地继续演讲。梁启超头天开讲，胡适是知道的，但他并没有到场，而是忙自己的事情，上午与燕京大学校长司徒雷登等谈该校国文部的改良问题，下午与鲁迅、周作人谈翻译问题，因为他认为，梁启超这样子"打"到门前来，是不通人情世故的表现，他没有必要去自讨无趣。

第二天，胡适原来也不打算理睬梁启超的演讲，但同事张竞生教授劝他不妨到会场听听，一是表示你胡适有从善如流的雅量，二是看看梁启超先生的葫芦里究竟卖的是什么药，也可当面讨论，一较短长嘛。胡适仔细一想，有道理啊，索性来个当面锣对面鼓，看你梁任公怎么说。

胡适便与张竞生一前一后来到北大第三院大礼堂。学生见状，知道今天有好戏看了，场面顿时更加活跃起来。

胡适亲自来捧场，无论如何，梁启超总要给他点面子的。他开场便说："近年有两部名著，一部是胡适之先生的《中国哲学史大纲》，一部是梁漱溟先生的《东西文化及其哲学》，哲学家里头能够有这样的产品，真算得国民一种荣誉。"梁启超略为停顿了一下后继续说道，"我所批评的，不敢说都对。假令都对，然而原书的价值并不因此而减损，因为这书自有他的立脚点，他的立脚点很站得住，这书处处表现出著作人的个性，他那敏锐的观察力，致密的组织力，大胆的创造力，都是'不废江河万古流'。"

做足了铺垫后，梁启超话锋一转，又接着头天的话题继续批评胡适讲孔子、庄子的不当，古今上下，纵横捭阖，一讲就是两个多小时。最后，梁启超总结性地说："这部书讲墨子、荀子最好，讲孔子、庄子最不好，总说一句，凡关于知识论方面，到处发现石破天惊的伟论，凡关于宇宙观人生观方面，什有九很浅薄或谬误。"讲到这里，梁启超转过头来对胡适说："适之，你说是不是这样，我没有造谣吧？"

会场里哄堂大笑，梁启超在大家的笑声中结束了演讲。

胡适虽不以为然，但他还是豁达地做了闭会演说。他首先表达

胡适在北大任教期间

对梁启超批评的感谢，并指出中国哲学史正在草创时期，观点不嫌多，有不同的观点对于学术来说反而是好事情。最后，胡适息事宁人地说："梁先生今天的教训就是使我们知道哲学史上学派的解释是可以有种种不同的观点的。"

在这场不同寻常的演讲中，张竞生见识了梁启超的率真风度，看到了胡适的不俗雅量。作为同事，他感到对胡适又有了深一层的了解。当晚，张竞生还与胡适一起到真光影剧院观看俄国光明歌剧团的演出，剧目叫《有罪的贞女》，其剧情和演技与中国的旧戏一样幼稚可笑，但音乐却远远超过我们的戏剧。

经过一天的喧嚣，张竞生与胡适都陶醉在俄国歌剧的旋律中。

北大上课是极端自由的，学生对老师的课可上可不上，因为课有好有不好，口味有对有不对，全凭学生的兴趣，老师也不追究。正像一位美国幽默作家所说的，英国牛津大学的讲书虽然每天都有，然而却是很陈腐的，你去听听也好，不听也没有什么。大约天下的名牌大学差不多都这样。但北大三院大礼堂的讲座却是不能不听的，这里是北大的公共论坛，重大活动和重要演讲都会在这里举行。这一年里，张竞生仿佛与北大三院大礼堂特别有缘。

4月19日下午四时，美国节制生育运动的先驱桑格夫人应邀到北京大学演讲《生育制裁的什么与怎样》，为了配合这次演讲，校长蔡元培亲自发布校长启事并主持讲座，安排胡适之担任翻译，张竞生陪同。

桑格夫人是美国节制生育运动的创始人和领导者，也是国际节制生育运动的领袖。她1883年9月14日出生于美国纽约州科宁，年轻时在医院学习护理课程，亲眼看见一位女性因为采用不良的方法避孕而最终死亡的过程，下决心要使妇女们从非自愿性怀孕的苦难中解放出来，于是前往欧洲学习，回国后创办了全美第一家节制生育诊所，广为宣传和指导，虽历经磨难，仍在美国四处游说，奔走呼号，八年间为此事入狱多次，但她矢志不渝，不屈不挠地抗争，终于使节制生育运动合法化，并成立了"生育制裁协会"，一时间赞成者多达五万人之众。这次到中国来巡回演讲，目的就是为了推动中国节制生育的实践。

张竞生是提倡计划生育的急先锋，但即使在号称新文化运动中心的北大，他的节制生育的学说及主张似乎也只是一厢情愿的自说自话，在偌大的校园里并未引起些许波澜。这次桑格夫人在三院大礼堂演讲，作为主要陪同者，他看到"听讲的人满坑满谷，四壁有

1922年4月19日，美国节育专家桑格夫人（中）应邀到北京大学演讲，胡适（左）任翻译，张竞生（右）陪同

站着的，窗口上有趴着的，甚至把北大三院的窗户桌几都要给挤坏了，热烈之盛况，可以想见"（梁景和：《近代中国陋俗文化嬗变研究》，首都师范大学出版社，1998年，第166页）。这使张竞生感到振奋：吾道不孤矣，以俟来时。

桑格夫人在演讲时开宗明义地说："生育制裁的问题，是新社会哲学中的一个中心问题，是精神和文化的要求的表征，不只是经济上的问题。"随后她绘声绘色地宣传节制生育的意义和作用，简明扼要地介绍节制生育的历史和现状，条分缕析地探讨节制生育的内涵和方法，而且亲自演示避孕操作，逐一讲解避孕的方法。桑格夫人说，避孕的方法主要有三种：第一，断欲或节欲法。第二，断种法。包括"用X光放射男女的生殖器，使种子变弱"以及外科手术的方法。第三，机械的方法。包括男女使用的避孕工具和男性的性交终止法。

桑格夫人在公众场合面前，如此直截了当地谈论性交和节育问题，这是破天荒的事情，使素以首善之区自居的北大学子大开眼界，也给中国思想界以巨大的冲击，顿时引起了轰动，其积极作用不能低估。"中国社会弥漫着的'性'的玄秘的空气，总算她第一个来打破的！中国从前何尝有人把'性交'的事拿在大庭广众中演讲的呢？她第一次的演讲，除下了生育节制的种子外，还创造了一种好的态度，使中国人知道'性'的事情，原来还是值得用科学方法去讨论的啊！"（陈东原：《中国妇女生活史》，商务印书馆，1937年，第413—414页）张竞生以陪同的身份参与其事，又以相同的学术主张遥相呼应，很多原来对张竞生的"异端邪说"颇以为然的人这才对他刮目相看。

胡适则一边翻译一边惊叹桑格夫人非凡的演说才能，女子演说很少能像她这么富于条理性和感染力的。胡适不禁想起了当年在美国留学时以《新女性》为题写的一首打油诗：

头上金丝发，一根都不留。

无非争口气，不是出风头。

生育当裁制，家庭要自由。

头衔"新女性"，别样也风流。

在他眼里，桑格夫人就是这样一位杰出的新女性。

离开北京后，桑格夫人又到南京、上海等地做节制生育的演讲，所到之处，均受到热烈欢迎。在桑格夫人的推动下，节制生育理论在中国开始风起云涌，逐步付诸实践了。这种局面当然是张竞生所乐见的，也为他拓展更为广阔的事业天地奠定了基础。他每天总像打足了气的皮球，不断地向前飞动着。除了搞好教学，参加政治活动、学术活动外，他还亲自指导本校学生进行中国科学史，包括数学、天文、物理、化学、博物等方面的探讨和研究；代表学校出席北京八校教职员代表联席会议，向当局进行交涉，开展索薪运动；参加本校季刊编辑部，该编辑部共分自然科学组、社会科学组、国学组、文艺组，他与王雪艇、陶孟和、胡适之、蒋梦麟、朱经农、朱迈先、黄右昌、何海秋、周更生、燕召亭、陈惺农、高一涵、张慰慈、李守常、顾孟余、马寅初等十七人被聘为社会科学组的编辑员，负责组稿、投稿和本学科的学术研究活动，这些编辑员都是本学科的学术带头人，不但自己要有学问，还要引导学生的研究兴趣，不但要有与世界学术前沿接轨的学术眼光，对于本国固有的材料，也要具备以新方法新思维进行重新整合的能力。

转眼间，已到了1922年的年底。这时，传来了一个振奋人心的消息，争取并邀请多时的科学巨匠爱因斯坦将于近期来华访问，并到北京大学做演讲。

爱因斯坦于1879年3月14日出生于德国一个普通的犹太人家庭。他四岁时还不会讲话，保姆骂他是"讨厌的祖宗"；读小学时学习成绩不好，老师说他将"一事无成"！然而，就是这个其貌不扬的"丑小鸭"，却创造了人类文明史上永久的尊严与荣耀。蔡元培一直有邀请爱因斯坦来北大讲学的打算。早在1920年，北京政府教育部次长袁希涛在德国访问时给蔡元培打来电报，说爱因斯坦有意访华，北大是否能接待，蔡元培当即回电表示欢迎。第二年春天，蔡元培借出国考察之机专程拜访爱因斯坦，再次表达欢迎爱因斯坦到北大讲学的诚意，爱因斯坦说他希望访华，但时间尚难确定。1922年3月，我国驻德国公使致电蔡元培说，日本政府邀请爱因斯坦在秋天去讲学，他愿意同时访华讲演半个月，蔡元培又复电表示欢迎。几经曲折，终于大体敲定爱因斯坦来北大讲学的日程、酬金及相关安排。

为欢迎爱因斯坦的到来，北京大学做了精心准备和周密安排。11月14日，蔡元培在《北京大学日刊》刊出"爱斯坦博士来华之准备"的消息，正式发布"安民告示"。11月20日，《北京大学日刊》又刊登《爱斯坦学说公开演讲》，消息称："兹为爱斯坦博士演讲之先导，特选择关系于相对论各题，分别定期公开讲演。兹因讲堂座位有限，特备印听讲券，本校同人愿意听讲者，请至第一院注册部领券可也。"同时，将系列专题演讲的题目、演讲人、日期、时间、地点列表一并刊登。专题演讲共分七讲，包括丁西林的《爱斯坦以前之力学》、何育杰的《相对各论》、高叔钦的《旧观念之时间及空间》、夏浮筠的《爱斯坦之生平及学说》、王士枢的《非欧几里特的几何》、文范村的《相对各论》、张竞生的《相对论与哲学》等。这个演讲阵容，堪称北京大学最高学术水准。其中丁西林是北大物理系主任，而且文理兼通，既是科学家，又是戏剧艺术家；何育杰是留英硕士，后任国民政府编译馆物理学名词审查委员；高叔钦曾在比利时和法国留学，兼任北京中央观象台台长；夏浮筠是清末学者夏曾佑的儿子，德国柏林大学理学博士，曾任北京大学理科学长；王士枢、文范村分别留学于美国哈佛大学和日本东京帝国大学，在数学与物理学方面均卓有建树；至于张竞生博士，则以活跃于政治与学术领域，而在北京学界声名鹊起。

12月13日下午八时，张竞生在北京大学第三院大礼堂做题为《相对论与哲学》的专题演讲。这是系列演讲的最后一讲，前六讲都只从某个方面或若干方面对相对论或爱因斯坦做一般性的介绍，张竞生则站在哲学的高度，对相对论这一划时代理论的产生做了精辟的论述。张竞生在演讲中说道："爱因斯坦相对论学说的发明，全凭借哲学方法的效力。即是用了逻辑上的演绎法，和几何学家所用去创造几何学的方法。我又发现爱因斯坦以前，物理学的成立，虽由科学方法所得来，但到后头，竟为科学方法而破产。若问此中所以然的缘故，乃是一个'整个的物理学'被物理学家枝枝节节分解起来为声、光、电、重、磁、热等项。这些分门别类的研究，虽为科学方法上不可少的手续，可是科学方法，长于分而短于合。闹到后头，就不能不把整个的物理，变成为彼此不相统属的破碎现象了。幸而到了爱因斯坦手里，用了哲学方法——用了一个从前物理学家不敢用的方法——才把这些破碎的现象收拾起来，做成了一个系统的物理智识。"

1922年11月20日《北京大学日刊》所登的七场相对论演讲预告，最后一场为张竞生所讲的《相对论与哲学》

　　张竞生的演讲高屋建瓴，允称压卷之讲，为整个系列演讲画上了圆满的句号，也进一步营造了迎接爱因斯坦的浓厚氛围。

　　12月17日，是北京大学成立二十五周年，学校举行了隆重而热烈的庆祝活动。

　　上午召开北大成立二十五周年纪念大会，全校师生及各界来宾出席。纪念大会由校长蔡元培主持并致开幕词，接着依次是教务长胡适演说、总务长蒋梦麟演说、教育部次长演说，以及前京师大学堂总监督、毕业同学代表、来宾代表、本校教职员代表、学生代表先后发言。这是北大成立以来最大规模的一次校庆，张竞生既经历了京师大学堂的草创时期，又经历了北大转型后的发展时期，自是神驰天外，感慨万千。

　　下午在北大第三院大会场举行学术演讲，这是校庆的重头戏，演讲范围为最近二十五年来学术史，一个月前就在全校范围内征集演讲题目及演讲人,再由学校二十五周年纪念筹备委员会择优确定演讲人。演讲分两场,先由德国神学家兼汉学家卫礼贤博士演讲《文化之组织》,再由本校哲学系教授张竞生博士演讲《现在和将来的行为论》,校长蔡元培亲自主持。

张竞生五天之内,两次踏上北大三院大礼堂这个学校最重要的讲坛,做有象征意义的演讲,这在北大也是少有的。在演讲中,张竞生提出了"行为论"的概念,认为"行为论"乃是研究如何使人得到最善良的行为的一种学理和方法。这是他近年研究和讲授伦理学的新收获。他充满自信地预言,"相对论"已在物理学上获得极大成功,"行为论"也将在社会学上做出极大贡献。"社会学的现象,外面虽极混乱繁杂,但能由行为论上入手,用下了一个哲学和科学组合的方法,自然可望得了一个融会贯通的功能,将信仰、法律、政治、经济、教育、科学、艺术、伦理等等社会问题汇通起来合成一贯……所以'行为论'不止单为伦理学的模型,直是一个整个社会学的基础。"在探讨如何用"外观的、不是内察的,比较的、不是自省的,遗传的、不是良知的,习惯的、不是本性的,与社会相关的、不是个人的"这个新的科学方法讨论人类行为何以成立的理由时,张竞生既有对人性的体察,又有对现实的批判;同时,也能用辩证的观点和联系的观点,提出了如何完善修正人类行为,从而达到知行合一的理想境地,表现了一个学者诚实的态度和务实的精神。

张竞生的这一演讲以其全新的立论与开阔的视野,受到了学生的欢迎,日后成为屡被提起的北大经典演讲之一。

在北大校庆的气氛渐次达到高潮的时候,北大学子期望爱因斯坦来校演讲的热情也与日俱增。

1922年《东方杂志》出版的专刊
"爱因斯坦号"

　　然而，遗憾的是，北大这边厢翘首以待，爱因斯坦那边厢却杳无音信。最后因为函件迟发和彼此误会，在1922年11月12日至14日，以及1922年12月30日至1923年1月2日，爱因斯坦前往日本讲学两次路过上海，却始终未能实现北京之旅，使爱因斯坦与北京大学擦肩而过，未能"践约"。这是北京大学的重大损失，北大学子深感失望，爱因斯坦在接到蔡元培的信后在回信中也认为"这于我是一种莫大的痛苦"，希望"将来再有弥补的机会"。

　　机会始终没来。面对这个完全出乎意料的局面，一向自信的蔡元培不无自嘲地说："这都是已往的事，现在也不必去管他了。人们已有相对学说讲演会、研究会等组织，但愿一两年内，我国学者对于此种重要学说，竟有多少贡献，可以引起世界著名学者的注意。

我们有一部分的人，能知道这种学者的光临，比什么鼎鼎大名的政治家、军事家重要几十百倍，也肯用一个月费二千镑以上的代价去欢迎他。我想爱斯坦博士也未见得不肯专程来我们国内一次。我们不必懊丧，还是大家互相勉励吧。"

这样，张竞生和其他教授关于相对论的演说，成了唯一的安慰和难得的收获。

三、爱情定则

纷扰的校庆刚过，浮动的人心甫定，张竞生决定结合给学生授课的经验，集中一段时间，减少社会活动，潜心研究和写作一两部美学著作，这才是教授的本分。那天，李大钊在校庆座谈会上郑重其事地提出，只有学术上的发展，值得做大学的纪念；只有学术上的建树，值得教授们去追求。这使张竞生受到很大的触动。他也多次听胡适说过，专心著书是上策，当教授是中策，办报是下策。梁任公才大如海，他做学问时常为人所诟病，就是吃亏在他放弃了他的言论事业去做总长。因此，张竞生打定主意，贫贱不能移，时髦不能动，一心一意只为著书。

然而，张竞生要远离时髦，时髦却找上门来。1923年1月16日，张竞生在《晨报》上无意中阅读到一则耸人听闻的新闻：《谭仲逵丧妻得妻，沈厚培有妇无妇》，这是一则重大的社会新闻，编者特别加了编者按语：

> 北大教授谭仲逵于去夏丧妻之后，其妻妹陈某女士，因粤中事变，所入学校，陷于停顿，不得已来京转学。陈在粤时，

与广州公立法政学生沈厚培相爱，缔结婚约。陈到京后，即寄居于谭宅。相处日久，谭竟时有不当之处，陈屡欲迁居，均因强留不果。其后陈获重病，谭服侍异常殷勤。日久，遂得达与陈结婚之目的。沈得此消息后，乃来京访陈。相见之后，陈即恸哭。昨日沈致函本社，述其经过，嘱代为发表。本社以其于社会道德颇有关系，特为披露于后。

下面就是沈厚培致书《晨报》的全文：

编辑先生大鉴，

素昧平生，未应函牍。然久仰贵报为言论泰斗，为改造社会中心，为文化前驱，且是书又关于社会风化，故敢直述鄙怀，希诸示教。更请登于报端，以待公评，幸甚。雨在粤时，曾与执信学校陈某女史订下婚约，经双方家庭承认。去年夏，粤局突变，该校大受损失，陈女史遂来京转学北大。同时雨毕业于广东公立法政专门学校，亦拟明年升学北大。特以试期已过，以筹备不及，遂待来年。彼去我留，相差不过数月。且彼此自信，爱情坚定，当无意外事也。陈女史到京，别无亲故，人地生疏，只得寄居其姐丈谭仲逵之家。谭为北大教授，其前亡妻，即陈女史之姐，而以为陈女史转学事，得其关照，正可自慰。当时书信往还，其爱情浓厚，仍不减于昔。且往往于书中述谭种种不庄重及种种逾闲举动，久欲避免，特以其强留，不便遽去，致失亲谊。其后谭竟向之表示婚意，复被陈女史拒却者数次，且责谭妻死，骨肉未寒，而迁爱曷足以言爱情，直色欲耳。我今既与沈君有约，汝不应时时离间。且以名分论，汝尤不当以逾闲待遇待我等语。其后来书便绝，去书质问者数十次，均无一复。雨知有故，由是来京视察。到港后一日，突由舍弟交来陈女史一书云，近日不知何故，大病猝发，谭竟不避嫌疑，以手扶吾腰，骂之不去。其后病益剧，不省人事，于蒙昧之中，谭竟与吾结了婚。吾今已决东流，不作西归水矣。吾今作了负心人矣。然此非出我愿，爱我如史，正不必以是伤心。此后仍可为兄妹，朋友，幸毋以陌路人相看耳等语。吾阅毕是信，本无前来之必要，特以余爱未阑，来作最后之话别。迨晤时他已哭不成声矣。嗟夫，道德沦丧人欲如流，吾方期置身教育界者，有以正之，不谓竟自蹈之也。谭此种结婚，其为任何主义许可乎？新旧道德许可乎？雨不敏，敢请教于高明者。专此并颂著安。

春雨沈厚培启

读到这个消息，张竞生深感意外。这来得太突然，太具震撼力，遂引起了对爱情素有研究的张竞生的格外关注。

谭熙鸿的家事，张竞生本来是颇为了解的。在法国留学时，他们曾经住在一起，但因为彼此的性格、志向、行为方式迥然有异，虽和睦相处，却也从未成为知心朋友。后来，谭熙鸿与陈璧君的妹妹陈纬君在法国结婚，谭熙鸿遂与汪精卫成了连襟。张竞生有时到汪精卫家里闲聊，偶尔也能互相见到。及至到了北大成为同事，更是抬头不见低头见。

1922年3月12日，谭熙鸿夫人陈纬君因产后咳嗽不止，进入法国医院调养，不幸在医院中又染上猩红热症，数症并发，遂于3月18日晚上在医院去世，时年二十六岁。谭熙鸿与陈纬君结婚六年，

谭熙鸿像

伉俪情深，天不假年，陈纬君遽归道山，遗下两岁的儿子伯鲁和襁褓中的女婴小纬。少年失怙，中年失偶，是人生的大不幸。谭熙鸿经不起如此沉重的打击，一下子病倒了，以致其代理北大总务长一职无法履行，不得不由沈士远暂时接替。6月24日，张竞生与蔡元培、李大钊、李石曾、李四光、沈士远、肖友梅、王世杰、丁燮林、李圣章联名在《北京大学日刊》发表了《谭陈纬君夫人行状》，简介生平，称颂美德，寄托哀思。

谭陈纬君虽然一生短暂，却也有可圈可点处，尤其是她与姐姐陈璧君在香港参加革命一节，是张竞生所熟悉的。当时陈璧君就是从香港启程，潜往北京，找到了正在京师大学堂读书的张竞生共同研究如何营救汪精卫的。张竞生没有想到，在那个悲壮的营救行动背后，还站着一个年未弱冠的小女子："前清季年，夫人尝与乃姐汪陈璧君夫人，偕作革命运动。在香港秘设机关部，以夫人年方幼，不易惹人注目，同志辄请夫人居其中以守之，夫人临事勇往，不稍怵。"然后就是赴法留学并与谭熙鸿结婚:"民国四年冬,乃姐璧君夫人及姐丈汪精卫先生赴法,夫人亦同往游学,时年十九岁。夫人留法约五年,专习油画,以其性好之故;旁及音乐文学。夫人在学校时,好学精勤不倦,虽疾苦无稍辍。平居习作诗词以为畅舒性灵。二十一岁与吴县谭仲逵先生结婚于法国之波铎城。二十四岁偕仲逵归国,是年五月,同来北京。"

这样一位新时代的知识女性,却有着鲜为人知的传统美德:"夫人性和蔼,庄静,不苟言笑;尚勤俭,而深恶奢侈奇异之习尚;为人克己,而待人处事,皆极宽厚;虽仆役偶有过失,夫人亦皆以婉言正之。自律极严,不问男女,非道德高尚者不与友。夫人颇鄙视政治运动,而重视社会事业,于教育无比热忱,轻官吏与议员为不屑道。方期天假之年,为中国女界作之楷模,今乃不幸以染疾不治,与兹世长辞!呜呼痛已!"一个女子的去世,获得这么多大师级人物的哀挽,虽为士林风气,究属不可多得。第二天,谭家又在宣武门外北半截胡同江苏会馆举行追悼会,北大等八校同人及留欧同学纷纷与会,张竞生以同事兼谭家亲友身份前往致哀。蔡元培、李大钊、胡适等北大名流均到场。胡适还在当天的日记上留下记载:"与任光、瀛章同到谭仲逵夫人的追悼会。与子民先生及守常等小谈。"

追悼现场成了社交场面,谭氏家事从发讣告到登启事、述行状,至少在北大日刊见报三次以上,具有颇高的"社会透明度"。

逝者长已矣,生者却还得把日子继续过下去。谭熙鸿既任校务,又兼教职,回到家里还要照顾两个嗷嗷待哺的孩子,一副狼狈不堪的样子。

转眼到了秋天,在广州执信学校就读的谭熙鸿的妻妹陈淑君,因发生陈炯明叛乱,广东政局不稳,无法继续在广州求学,就辗转北上。

有一天，张竞生在学校里遇到谭熙鸿。前次，他们两人在校务会上，因为一件公事意见相左，相持不下，弄得有点不欢而散。此后，张竞生听说谭熙鸿的妻妹陈淑君准备投考北大国文系，由于招生期限刚过，秋季已经开学，投考不成，只好寄居在亡姐之家谭宅，并在北大当旁听生。近期因事情太多，张竞生再没有到过谭熙鸿家里。这次两人在路中偶然碰到，几个月不通音讯，张竞生见谭熙鸿虽然精神尚可，但脸色仍旧苍白。

张竞生关切地问道："最近家里好吗？"

谭熙鸿却告诉张竞生，他已与陈淑君订婚，不久就将结婚。

张竞生略感意外，但随即恭喜谭熙鸿喜得新妇。沉吟了一小会儿，张竞生郑重地劝告谭熙鸿暂缓一二年再结婚为好，这样可以使他的身体恢复得更结实些。况且，谭熙鸿说陈淑君也有病在身，就更需从长计议了。张竞生是一个十足的浪漫主义者，他还极力向谭熙鸿游说延迟结婚的妙处：在已订婚未结婚时，男女间另有一种"不敢放肆"的情趣，他们互相展示各自的优点，尽可能把缺点藏起来，而这种情感的忽阴忽晴、捉摸不定则进一步强化了爱情的神秘性，并放射出生命的奇异的光芒，正像黑格尔所强调的"两性的相互关系客观上是有生命的自然界的顶点"，这种景象不是已婚后所能领略得到的。

张竞生说得天花乱坠，谭熙鸿却报以无奈的一笑。谭熙鸿说，因为前妻遗下两个小孩子，加上家里有许多事无人料理，他已搞得焦头烂额，所以不得不快点结婚，否则家将不家矣！

此后又是多时不见。张竞生没想到竟然是在《晨报》上得到谭熙鸿结婚的消息，而且是以这种匪夷所思的方式。因此，他每天都

1922年12月12日，谭熙鸿（前排左5）主持北京大学附设音乐传习所成立开幕典礼，座中有萧友梅（前排左6）、刘天华（前排左8）等

很留意《晨报》的新闻。果然不出所料，就在沈厚培投书《晨报》的第二天，陈淑君也以《谭仲逵与陈淑君结婚之经过》为题，投书《晨报》，声明沈厚培所述与事实不符，公开为自己辩白：

编辑先生大鉴，

本月十六日贵报载有"谭仲逵丧妻得妻"一节，阅之深为惊异。盖所载内容与事实不符，且与我等人格名誉有关，容特声明，请为更正，以明事实为幸。淑去年夏在广州以非宗教学生同盟问题，故始与沈君相遇。然以校中功课忙迫，绝少相叙，仅时以书信往还，互相砥砺而已。当时沈君曾屡有求婚之表示，而淑则以彼此交识，为日尚浅，终未应允。及粤局突变，淑即避兵香港时，沈君亦在港，虽常与相叙，然实无婚约也。嗣后淑以粤局不宁，学校虽能继续开办，亦无相甚之维持方法，故即来京转学北大，居仲逵家中，仲逵本先姐之夫也。彼此相处，以相敬相爱之程度日增，并志意相投，故遂自主结婚。今贵报所载沈君之函，其所说与原有事实相背之处，显然可见矣。窃以婚姻一事，纯属自由，何能勉强。今淑与沈君既无婚约之预定，与仲逵结婚，又纯出双方之志愿，而沈君竟以要求不遂，捏造事实，并伪作书信，希图破坏他人名誉，此种行为，淑所不取。且贵报竟据一面之词，不详究事实，为之披露，并加按语，似非忠厚谨慎之道。淑今切实声明，淑与仲逵结婚，纯本乎个人自由，双方志愿，第三者实无置喙之余地。此后如有此类之函件，及关于此事之无理之批评，淑认为侵犯淑个人之自由，自有法律为之维持，淑则一概不屑为之置辩。此颂台安。

陈淑君谨白

两则启事，针锋相对。公说公有理，婆说婆有理，看得张竞生满头雾水，一时不明所以。

沈厚培显然是有备而来，他除了在《晨报》上将陈淑君所致的谭陈经过的事实的函件披露之外，还把载有陈淑君在谭某家致沈函中提起婚姻一节，其中有《惜分飞》《蝶恋花》词二首印成传单，广为分发，词中有如下句子："……憔悴黄昏后……情丝永系鸳鸯偶。""……欹绣床……寸寸柔肠……客馆凄凉……"以此来进一步破坏谭陈的名誉，并表明陈曾经是多么爱他的情形。

谭熙鸿是北京大学的名教授，陈淑君是汪精卫的小姨子，两家都是社会名流，事情又刚好发生在北大。当此之时，新旧思潮冲突最尖锐最激烈，而斗争的焦点又集中在家庭婚姻问题。在人们的观念中，一切的社会问题，皆发源于家庭；而所有的家庭问题，皆由婚姻事件而产生。因此，谭陈沈三角关系消息一出，立即在社会上引起轩然大波，各种批评铺天盖地而来。

张竞生是一个研究者，也是一个有心人。他发现，事件的发展颇有些蹊跷，沈厚培既是一个当事人，行事却很有章法，找报馆、登报纸、发传单，步步为营，推波助澜，一切似乎都成竹在胸。倘没有高人指点，以一个学生的身份，断难做得这么滴水不漏。

张竞生怀疑沈厚培背后有推手。于是，他找到了《晨报副刊》编辑孙伏园，孙伏园承认是陈璧君介绍沈厚培来找他帮忙的。

原来如此，陈璧君是这场闹剧的导演，虽始料不及，却也在情理之中。谭熙鸿与汪精卫作为连襟，一直十分相敬，但与陈璧君关系不睦却由来已久。陈璧君是富家之女，谭熙鸿是平民子弟，两人在生活和思想上都大相径庭。许多革命志士流亡南洋时，多吃住在陈家，老同盟会员、陈母卫月朗照顾备至，临行还送路费。陈是大小姐，自视高人一等，对人极不尊重，对那些志士随意差遣，一不顺心即呵责，把他们当侍从食客看待。谭熙鸿对陈璧君的做法颇不以为然，有时当面提出批评，双方各不相让，屡起冲突，势成水火。陈纬君去世后，陈璧君以为谭陈这门亲戚关系可以就此了断，不料另一妹妹陈淑君北上求学，婚事自主，又阴差阳错地嫁给了谭熙鸿，谭不折不扣地成为陈家双料女婿。这是陈璧君最不能接受的结局，她怒不可遏，遂煽动陈淑君昔日的恋人沈厚培赴京兴师问罪。一时间，谭、陈联姻被冠以"A先生与B女士事件"，经各方媒体炒作，由北京到上海，波及广州，闹得沸沸扬扬，满城风雨。

张竞生实在看不下去，于4月29日在《晨报副刊》发表了《爱情的定则与陈淑君女士事的研究》一文，公开为陈淑君辩护。他没有就事论事，而是试图从理论上说清楚爱情是怎么回事，然后以陈淑君的事件作为论据来进一步论证他的观点。

爱情是人类社会一个永恒的主题，是一个范围极广、含义极多的概念。虽然这是广泛地存在于人类社会的一种情感实践，但由具象到抽象地做简明的理论概括，古往今来又有几人呢？唯其复杂，许多学者都望而却步，张竞生却不惜以脆弱的头颅对那个屹立千万年的坚硬存在做致命的撞击。

张竞生认为，爱情是一种基于生理的、心理的、社会的诸种因素的极繁杂的现象，爱情的定则主要有四项：

（一）爱情是有条件的。——什么是爱情？我一面承认他是神圣不可侵犯，一面又承认他是由许多条件所组成。这些条件举其要的：为感情，人格，状貌，才能，名誉，财产等项。凡用爱或被爱的人，都是对于这些条件，或明较，或暗算，看做一种爱情的交换品。那么，条件愈完全的，爱情愈浓厚。条件全无的，断不能得有些少爱情的发生。

（二）爱情是可比较的。——爱情既是有条件的，所以同时就是可比较的东西。凡在社交公开及婚姻自由的社会，男女结合，不独以纯粹的爱情为主要，并且以组合这个爱情的条件多少浓薄为标准。例如甲乙丙三人同爱一女，以谁有最优胜的条件为中选。男子对于女人的选择也是如此的。因为人情对于所欢，谁不希望得到一个极广大的爱情呢？所以把爱情条件来较，做为选择的标准，这是人类心理中必然的定则。

（三）爱情是可变迁的。——因为有比较自然有选择，有选择自然时时有希望善益求善的念头，所以爱情是变迁的，不是固定的。大凡被爱的人愈有价值，用爱的人必然愈多。假使在许多用爱中，被爱的暂是择得一人，而后来又遇了一个比此人更好的，难保不舍前人而择后的了。……

（四）夫妻为朋友的一种。——……爱情既是有条件的、可比较的、可变迁的，那么，夫妻的关系，自然与朋友的交合有相似的性质。所不同的，夫妻是比密切的朋友更加密切。所以他们的爱情，应比浓厚的友情更加浓厚。故夫妻的生活，比普通朋友的越加困难。因为朋友可以泛泛交，夫妻的关系若无浓厚的爱情就不免于解散了。欧美离婚案的众多即是这个道理。别一方面，夫妻的关系在社会上、家庭上、子女上及经济上有种种的胶葛，也是不能做朋友的关系一样看的。

以这个爱情四定则来衡量和判断陈淑君的爱情选择，张竞生认为那是天经地义的事情："她的爱情所以变迁，全受条件的支配。据她所说，见了谭宅亡姐的幼孩弱息，不忍忘情于抚养。""他如谭的学问、才能、地位也不是沈生所能及。这些条件均足左右陈女士对于沈谭的爱情。"他还高度评价陈淑君的心灵解放和精神觉醒："陈女士是一个新式的、喜欢自由的女子，是一个能了解爱情，及实行主义的妇人。""使人知道夫妻是一种朋友，可离可合，可亲可疏，不是一人可专利可永久可占有的。希望此后，用爱或被爱的人，时进把造成爱情的条件力求改善，力求进化。"他还鲜明地宣称："主婚既凭自己，解约安待他人！凭一己的自由，要订婚即订婚，要解

1923年《晨报副刊》刊载了张竞生文章《爱情的定则与陈淑君女士事的研究》，引起了轩然大波

约即解约。"这在从一而终的礼教观念仍然根深蒂固的现实社会，不啻是一支战斗的号角！

张竞生的爱情四定则理论一经刊出，舆论大哗，颇有振聋发聩惊听回视的效果。《晨报副刊》编辑孙伏园敏锐地捕捉到这是一个重大题材，主动出击，一手策划了在《晨报副刊》的系列讨论。从1923年4月至6月，短短两个月内，孙伏园就在该报组织发表了讨论稿件文章二十四篇，信函十一件，其中大部分都反对张竞生的观点。而据舒新城统计，京沪青年之持反对论调者极多，见于文字者已有百余篇。

五四时期是狂飙突进的时代，人们猛烈抨击旧式无爱的婚制，

热切呼唤恋爱革命的到来。但当婚姻自由真的到来的时候，国人却大都表现出南郭先生的心态。在二十四篇讨论文章中，只有童过西、谭树槐、马复、王克佐等少数几篇文章支持张竞生的意见，其他二十篇文章都成为"旧礼教"的代表，而且反对者多数都是青年学生，这不能不视为是一种吊诡的现象。

反对的声音，也各有各的论调。反对最激烈的是同为北大教授的梁镜尧，他认为爱情的定则正好与张竞生提出的相反，即：

（一）爱情是无条件的。——因爱情是各种感情结合而成，是灵的，非像的。人格，状貌，才能，名誉，财产，或许有时以为爱情的手段，但不是爱情的目的。

（二）爱情是非比较的。——既知爱情是无条件的，专一的，则无须很详细地解释，已能明白爱情无所谓比较。即比较，亦是比较爱情之深浅，非比较条件完全与否也。

（三）爱情是不变迁的。——爱情本身无变迁性，从心理学上看，其变迁，（1）因有时爱到极点，则专有之欲望同时并进，又怕别人夺其所爱，而嫉妒之念愈切，往往发生反动——即变迁——但须知此是爱到极端的反动，不是爱情本身的变迁。……（2）因爱情之淡薄，而意志薄弱者，为外物所诱，而致变迁。

（四）夫妻非朋友的一种。——张先生说，夫妻为朋友的一种。又在上海《时事新报》上，申明他的意思："……依他们说，马固然不是为长凳的一种，但依我说，马确是兽类的一种。"并画图表明，凡夫妻所有的关系，朋友都能包括。但学理上，事实上，并不如此。则可知朋友的关系，不能包括夫妻的关系。夫妻自夫妻，朋友自朋友。

除了与张大唱反调外，梁还附加讨论了三个问题。一个是"夫妻的关系若无浓厚的爱情，就不免于解散了"，故此，"欧美离婚案的增多，即是这个道理"。梁认为，"事情并不这么简单，从社会学上看，离婚案的增多，是关于宗教问题、个人主义、妇女解放、工业繁兴、都市发达、法律不严、晚婚影响、新旧家庭过渡、生活程度增高、闺民制度发达，等等。而且，离婚案增多，只有坏处，而无好处"。一个是陈女士"见了谭宅亡姐的幼孩弱息，不忍忘情于抚养"，这正合爱情是无条件的判断。在生物学是"社会的动物"生存一个必要"本能"，在心理学说是"利他主义"的表现。再一个是张先生说："陈女士究竟并未薄幸忘旧。她虽则与谭偶，终视沈为朋友，贻书劝勉，足见她是一个有情谊的人。"这一说，简直证明爱情是不变迁的，不然，何必藕断丝连？以是再一次得出结论：爱情是无条件的、非比较的、不变迁的、夫妻非朋友的一种。

在反对张竞生爱情四定则的巨大声浪中，更多的是各有各的取舍、各有各的选项。

另一位北大教员冯士造，他很赞成张竞生爱情四定则的第四项，他认为恋爱的婚姻，本是由友谊进步来的，对张竞生所说的爱情可以随条件、比较、可变迁的主张，他则极力反对。"爱本是抽象，整个的，不能用科学的方法来分析，也不能直接地去形容，真是神秘的呵！"还有一位北大人裴锡豫，他认为"爱情因条件而变迁这句话，我是绝对不承认"。"因外物而发生的爱情，是对物发生的，不是对人发生的；是有目的的，不是真正的，质言之，是假爱情，是没有爱情。"参与讨论的读者章骏锜也表示："四项定则，除第四项我完全赞同外，其他三项与我的意见不合。""爱情以地位做条件，是不是趋炎附势？以财产为条件，是不是以身体交换金钱？以状貌做条件，是不是以色勾引人，行同拆白党？在公认的道德律未推翻以前，我们对于拿这些条件做基础的爱情，为什么不加裁制，反予提倡？"言之凿凿，谁谓不信？丁勒生说："我的意见是：爱情就是爱情，恋爱就是恋爱，绝不应掺入旁的一丝条件，不然，便不能算真正爱情，纯正恋爱。"他说："爱情可以比较，可以变迁，我全承认；然我正因为爱情是可以比较，可以变迁，所以我根本就怀疑有条件的爱情。""假如我们标出美貌为条件而找求恋爱的对手，然到对手的年老而色衰了又如何办呢？就照张君所指示的方法，'竭力向上'，然又向哪里找'返老还童'的方法呢？还有，世界上的男男女女，也绝不能一个样的美丽，说这个美丽吧，还有比这个更美丽而尤更美丽的人，结果，只好一个个地舍弃，而追求最后一个比较美的了。""在地位、资望、名誉上说：有学士，还有博士；有教授，还有校长；有大总统，现在还有太上总统；有小区区的学者，还有大名鼎鼎的学者。其他还多得很，我们举不胜举。究竟还是抱着张君的原则，比较了再择其位高的，资望大的，名誉盛的为恋爱的对手，而抛弃其原来的对手呢，还是如何？"

一些反对者承认爱情有条件、可选择、可变迁，这在婚前是正当的和合理的，但是一旦已有婚约或已结婚，就不应该再进行选择，反映了在爱情婚姻观念转型期畸形的爱情选择的双重标准。一些反对者不仅对爱情四定则做学理分析，还对谭陈事件进行严厉批判。

在讨论中，反对者对谭陈事件诟病最重的，是指谭欺人暗室，夺人之爱，死妻再娶。而且知识不相当，谭是教员，陈是学生；年龄不相当，谭三十三岁，陈二十一岁；情形不相当，谭是有子女的续婚，陈是初婚。这种严重的不相当，构成了谭严重的不道德。

无独有偶，读者马复在6月8日发表的讨论文章中，披露了一则有趣的信息："据北京《英文快报》《国风报》，上海《新申报》所载，我们中国有一位教育家，新近在上海，和一位女士结婚，因为这位教育家，是我们青年界的领袖，所以许多青年，见了这段新闻，都很怀疑，都很失望，并且他们发很奇异的论调，约有三种：年龄差别，言行不一，妻死未久即娶，未免太无情。"这个不指名的青年界领袖，即是蔡元培。1921年1月2日，蔡元培赴法讲学时，夫人黄仲玉在北京病逝；1923年7月10日，蔡元培在苏州留园与周峻女士正式结婚，蔡五十七岁，系三娶，周三十三岁。此前的报道即指此事。可惜的是，这则花絮并未引起讨论者的注意，更未对谭陈事件起支援作用。但马复的态度是十分鲜明的，他认为："所谓男子死妻不再娶，女子丧夫不再嫁，这二句话，几千年来，不知害了多少青年呵！到现在已经是恶贯满盈，宣告上十字架的时候了。为什么20世纪的青年，刮刮叫的青年，还有这种贞节观念，真是奇怪，真真是奇怪。"对于青年学生在这次关于爱情的论战中，反而成为"旧礼教"的代表表示深刻的失望。

这也是编者孙伏园的结论。在爱情定则讨论的编前语中，孙伏园颇为无奈地感叹："本刊登载张竞生君《爱情的定则与陈淑君女士事的研究》一文以来，本希望青年读者出来讨论。直到今日为止，已收到以下这许多篇。不过很使我们失望，里面有大半是代表旧礼教说话，可见现在青年并不用功读书，也不用心思想，所凭借的只是从街头巷尾听来的一般人的传统见解。中有错误及必须解释的地方，当于登完以后由张竞生君撰文答复。"

抗日战争期间，张伯苓（左九），谭熙鸿、陈淑君夫妇（左六、左七）与南开校友在重庆机场

在经过两个多月纷纷扰扰的论战与是否继续讨论的犹豫后，张竞生撰写了《答复"爱情定则的讨论"》近两万字长文，分上下篇于6月20日和6月22日在《晨报副刊》发表。他在开头重申："我在数年前已经留心研究爱情的问题了，但所拟就的爱情上几个定则，终未拿出来向人讨论。及到近来感触了陈淑君女士的事情，使我觉得有宣布的必要。可是，处在这个不懂爱情的社会，乃想要去向那些先有成见的先生们，讨论一个真正的改善和进化的爱情，使他们明白了解，自然是事属为难。又要将一个被嫌疑的女子作为举例，使他们不生误会曲解，当然是更难之又难了。"他还郑重声明："由我文而惹起了许多无道理的攻击，我对于陈女士和谭君惟有诚恳的道歉。"随后，张竞生就讨论文章向他提出的问题，择要分为四项予以逐一答复，这四项是："（1）爱情是无条件的；（2）感情，人格，才能，固可算为爱情的条件，但名誉，状貌，财产，不能算入；（3）爱

情条件比较上的标准；（4）爱情定则，适用于未定婚约之前，但不能适用于已定婚约，或成夫妻之后。"

有意思的是，《晨报副刊》在6月20日刊登了张竞生《答复"爱情定则的讨论"》上篇，还在同一天杂感栏目上刊登了周作人署名荆生的《无条件的爱情》的短文，作为对讨论的一种延伸与支援。周作人不无调侃地写道："在我们这个礼义之邦里，近来很流行什么无条件的爱情，即使只在口头纸上，也总是至可庆贺的事。"他讲了一个笔记故事，以此来阐明他的观点："有一个强悍放纵的无赖独宿在一间空屋里，夜半见有一个女子出现，他就一把拉住，她变了脸，乃是吊死鬼！他却毫不惊慌，说他仍是爱她。"周作人于是得出结论："这似乎可以算是无条件的爱情的实例了，但总还有一个条件，便是异性。——倘若连这个条件也不要，那不免真是笑话了。"在这里，周作人辛辣地讽刺了爱情是完全没有条件的论调，从正面肯定了张竞生爱情是有条件的定则。痴人爱女吊，总还有一个条件，那就是异性。这一则颇富象征意味的寓言，虽然简短，却是有力的支持；虽然只是外一章，却是激烈论战中的一个巨大的回声。周作人是文坛上闻名遐迩的文学家和批评家，也是北大的教授，他的幽默的笔致和鲜明的态度，给张竞生留下深刻的印象，也更坚定了他的理论自信。

在《答复"爱情定则的讨论"》下篇，张竞生重点批驳了梁镜尧、谭树槐的观点。同时，对于容易产生歧义的其他问题，张竞生则做进一步的阐述："许多人误认为名誉即是势力，财产即是铜臭，状貌即是拆白党和吊膀子的漂亮。以如此的眼光去判断，无怪他们看这些条件为恶劣！实则，我所说的爱情，乃是美满无缺的爱情，所以一切与它有相关的，皆是组合这个美满无缺的爱情上不可少的

星期三　中華民國十二年六月二十日　晨報附刊　聯屆罷窯窯年五月初七日　第一版

晨報副鐫

一九二三年第一六一號

答覆「愛情定則的討論」（上篇）

討論　張競生

《晨報副刊》刊载的张竞生文章《答复"爱情定则的讨论"》

条件。感情、人格、才能，固然重要，故我特地把这些条件列在前头。""就此而论，除了一般无赖、情迷和那些不知自重的人外，断不会因爱情有比较可变迁的缘故，而至终日忙碌为情战或为恋迷。究竟，不止无此弊病，若能因爱情有比较可变迁的缘故，使爱情的条件日日提高，这个即是使感情、人格、才能等项日日提高，岂不是进化的人类所应为？又岂不是社会上最好的现象吗？"

很多反对者质疑张竞生写这篇文章的动机，是替朋友张目，为朋友隐恶扬善。指责"他（指张竞生）既与良善风俗来作对，不配当大学的教授罢？"对此，张竞生也有明确的回应："我的爱情定则，不能因谭是朋友就不敢说的，也不是因谭不是朋友就不要说的。定则自定则，朋友自朋友。主张自主张，仇人自仇人。我爱朋友，我

更爱定则！我怕仇人，我愈要主张！凡稍知我是一个思想自由及极
有主张的人，就不会怀疑到我受了某人的暗示才能说话的。"

这是一种光明磊落的态度，也是张竞生提出爱情定则并做出答
复的价值之所在。客观地说，张竞生提出的爱情定则在理论上并非
完全无懈可击，在逻辑上也有不够严密的地方，尤其是把像斯芬克
斯一般古老而神秘的爱情问题抽象为四个定则，有明显的简单化、
绝对化和教条化倾向。但总体而言，张竞生提出的爱情定则，是有
进步意义的，是反对封建主义的，同时也是符合辩证唯物主义的，
具有非凡的理论勇气和原创能力。它跟恩格斯在《家庭、私有制和
国家的起源》所做出的论断一脉相承："结婚的充分自由，只有在消
灭了资本主义生产和它所造成的财产关系，从而把今日对选择配偶
还有巨大影响的一切派生的经济考虑消除以后，才能普遍实现。到
那时候，除了相互的爱慕以外，就再也不会有别的动机了。"这实际
是肯定了张竞生所说的爱情是有条件的。恩格斯又指出："如果说只
有以爱情为基础的婚姻才是合乎道德的，那末也只有继续保持爱情
的婚姻才合乎道德。不过，个人的性爱持久性在各个不同的个人中
间，尤其是在男子中间，是很不相同的，如果感情确实已经消失或
者已经被新的热烈的爱情所排挤，那就会使离婚无论对于双方或对
于社会都成为幸事。"这也明确地阐明爱情是可比较的，爱情是可变
迁的。

因此，张竞生的爱情四定则以及由此而引发的中国历史上第一
次关于爱情的大讨论，具有不容忽视的拓荒之功。这是对封建意识
与传统礼教的一次正面冲击，是对妇女解放与恋爱自由的一次全面
启蒙，是对男女平权与两性关系的全新诠释。尽管这次论战并未帮
助人们找到什么是恋爱自由、什么是真正爱情的终极答案，更未能

（前排左起）周建人、许广平、鲁迅、（后排左起）孙伏园、林语堂、孙福熙合影

在人们的头脑中确立起一种正确的爱情婚姻观念，但论战本身所体现的探索真理的勇气，却昭示着一个时代的巨大进步。

当然，这次招致满城风雨的爱情定则大讨论，也是付出代价的。最直接的伤害就是谭熙鸿夫妇，特别是谭熙鸿，身为北大教授，职司为人师表，对于传统道德与普罗大众，应该肩负起示范和教化作用。因此，一些不明真相者或封建卫道士，借助媒体，对谭熙鸿的行为大加挞伐，使谭熙鸿备受所谓"绯闻"的压力，一定程度上损害了他在社会上的名誉和北大里的威信。但谭熙鸿身正不怕影斜，他忍辱负重，默默工作，继续担任北大评议会评议员，认真履行教授治校的职责。更难能可贵的是，他筚路蓝缕，负责筹建北大生物系，亲自谋划组建队伍、设置课程、采集标本、招收学生，并担任第一任的系主任，书写了中国现代生物学最初的灿烂篇章。此后大半生，虽然绯闻或谣言总是如影子一样跟随着他，但他淡然处之，事业为重，先后担任浙江大学农学院院长、国民政府农林署署长、全国蚕丝协导委员会主任等职。新中国成立后，担任农业部顾问和中国科学院特约研究员，把毕生的心血奉献给中国现代生物科学。

四、论辩姻缘

"爱情定则的讨论"是副刊高手孙伏园在《晨报副刊》上组织策划的一次精彩亮相。五四时期，由于北洋政府钳制新闻自由，报纸的新闻版面无法客观公正地报道事实，副刊常常比正刊更激进、敢言，因而获得更大的发展空间，一些名牌副刊便应运而生。全国出现了北京《晨报》的《晨报副刊》、北京《京报》的《京报副刊》、上海《时事新报》的《学灯》副刊和上海《民国日报》的《觉悟》副刊等"四大副刊"。在这批崛起的副刊中，最早革新的就是《晨报副刊》。1919年2月，李大钊主持改组了第七版，也就是副刊版，在该版增加了"自由论坛"和"译丛"两个专栏，亲自担任编辑，并确定了介绍"新修养、新知识、新思想"的编辑方针。1920年起，《晨报副刊》由孙伏园担任主编。孙伏园继承了李大钊的编辑思想，以兼容并包的态度来办《晨报副刊》，他向作者约稿，总是不达目的绝不罢休。鲁迅的著名小说《阿Q正传》就是被孙伏园"逼出来"，以"巴人"的笔名，从1921年12月4日至1922年2月12日每星期或每两星期刊登一次，在《晨报副刊》连载完的。这部小说轰动了整个知识界，也使《晨报副刊》名声大噪。在孙伏园的精心组织下，"爱情定则的讨论"风生水起，举世瞩目。孙伏园设想用大众论坛一类方式，把这一个问题完全公开，文责由作者自负，任大家讨论个畅快。不料却招来了许多责难：有的用买卖的立场，意谓"我们出钱买报，不愿意买这些谬论来看"；有的用道德的立场，意谓"这种谬论绝对不应享有公开发表的权利"；读者钟孟公来信"忠告"编者，不宜使"青年出丑"，"不要再是这样的胡乱尽登下去了"。更主要的是讨论的"主帅"张竞生因为受到太多的"误会、曲解、瞎闹、呆子"，"不愿再看他们这类的文字了"，而决意要到"蒙古看沙漠"，提前作答而草草"收兵"。

轰轰烈烈持续两个多月的"爱情定则的讨论"虽然偃旗息鼓了，但风云际会，由孙伏园提供的这个论辩平台而无意促成的两段姻缘却刚刚敲响了开场锣鼓。这两段姻缘，一段是鲁迅与许广平，一段是张竞生与褚松雪。

在爱情定则讨论时，鲁迅与许广平素昧平生，然而，他们都饱受封建包办婚姻之苦，因此不约而同地关注起正讨论得热火朝天的爱情婚姻问题。他们都是受苦人，都有话要说。但因为出身不同，经历不同，学识不同，甚至世界观人生观不同，他们对爱情的看法各有不同的视角，其所以迥然有异，也是殊堪玩味的。

1923年5月25日，许广平以"维心女士"的笔名在《晨报副刊》发表了"爱情定则的讨论之十"的讨论文章：

> 前些日子在副刊上登载张竞生君的爱情原则与陈淑君女士事的研究一篇文。
>
> 张君的大作里，前大半都是说爱情原则，大约分为有条件的，是比较的，可变更的，夫妻为朋友的一种，末了讨论到陈

女士的事，就归纳在原则内，而其最重要的，就是：她爱情的变迁，全受条件的支配，谭的学问，才能，地位，不是沈能及，这就是陈对沈谭条件比较的决赛。

爱情原则，是我欲研究的，也是近来一般青年所急需的教训，然而张君的文，把陈女士事放在原则内作引证，陈的事，恐怕除北大一部，或和他们有认识的人外，一般人是不得其详的，看了张君的文，必有怀疑或莫明其妙，不敢加以讨论的。

十八日副刊内，忽然登有爱情原则的讨论，而且希望青年读者讨论，我也是青年之一，怎敢放弃呢？在我未讨论以前，有两种向读者声明的：

1. 我注意讨论的是爱情定则，附带论及谭陈沈君的事。

2. 我的讨论完全是本着公平的心，研究一切，对于以上三人是漠不相识，未曾带有色彩的。

以外的要求就是：我的话也许是代表旧礼教说话，也许是不用心思，不用功读书的人，对谭陈沈的事，因为不认识，无从调查，所凭借的也不过是间接得来的话，好在登完以后由张君撰答，我求张君撰答时明白我讨论的目的，并要求张君答话时也拿出最公平的态度，不要讳饰事实遮就学理才好。

现在我先谈爱情原则：一般动物的情，多半为生理的冲动。人是进化的动物，人们的情，有时虽不能抛弃生理上的冲动，然终究有高尚的情感，为优进于他动物的，这高尚的情感，除两性外，推广之有亲子、父母、国家、社会、职业等等的爱，这广大无垠的爱，浸润在阳光里，它的滋生是漠漠混混，不知不觉的，那时它的自身是不晓得有什么爱的条件，和比较的，经过很长久的时间，正如丁君所说有认识、考察、谅解、恋爱的循序。

现在稍为留心社会事情的人，都知道很有些叫人奇怪发叹的，他已娶了，现在又娶她了！他和她离或退，现又和伊订成娶了！她订了他，现又退了另订他了！她嫁了已娶的他了！……这些都是从事实上发生出来的，固然他们的离或娶，各自有其原因，不能牵强两性已熄灭了爱的同在一起。然而爱究竟怎么一回事呢？我也无的确的经验解释它。

不过我以为人始初认识的时候，是很泛泛的，无可无不可的。这时对方或有什么才能，地位……或者也许生一点欣佩的心，但绝不能决定就生了爱恋的心，即或被欣佩的是男或女，而欣佩的是女或男，因从认识而走入恋爱路程，那种爱情是未经过考察，谅解的。所以：未发生爱情以前，容易发生爱情，既发生爱情以后，容易弃掉爱情。今日青年的朋友，陷入深渊爱情，尝着苦恼之果的，很多很多，可怜呀！就因为未注意着考察，和谅解。我有一位朋友，她和他是很认识，而且性情学问很投合的。她们的交情很浓厚，但她得知他是已有一位很深交的朋友，所以她和他虽然很谅解，认识，但到底未有发生恋爱。然而他们承认两方是有爱情的。从上面的实例，所以我以为恋爱是爱情的末一着。但有情的，但不是最初动物能乎生理冲动的情，那其间就容留着许多给人们考虑的理智判断。世间尽有亲兄妹的学问、性情、才能、品貌、条件很比较优胜的，然而兄妹 —— 除不禁血族婚的地方 —— 中间不致发生恋爱的，为什么呢？固为他们用理智的判断，有考虑在里头，所以兄妹只管是爱而不恋，由兄妹的理由推之，如果发生恋爱的地方和情节，是经过理智的判断，考虑过一切，和对方俱是觉悟着有种种关系，不便恋爱的，我想两方如果都是明白的人，必不致发生恋爱。这种经过理智考虑的行为，我以为如果不是任性的人，必定能造得到的，可惜讲究爱情的人，——认识了，就想着恋爱，并不经过考虑，所以趋于新的人，愈弄愈新，趋于旧的人，愈看愈不顺眼，两方背道而驰，伏着莫大的危机，提倡新的人，有心改革社会，何苦不替大多数想想呢？唉！

现在我更谈谭陈沈君的事，据十八日副刊梁君的话，陈在谭家里住，仅月余就同谭结了婚。陈以小姨的关系，当然认识谭了！但谭从前是有妻子的，而陈从前已和沈订婚，是出于自动的（见张君文）。那么，两方在陈未来京以前当然没有长久的考虑，谅解的交际，谭是陈的姐夫，谭的学问，才能地位，固然非沈生所能及，这是陈早知得的，她在她姐未死以前，何以就没有比较这条件变迁起来呢？使她姐居离婚的地位呢？或者她那时并未想着这是自由无可议的，是能了解爱情的，是新式的，是实行主义的，而有点恐怕事实上不妥当，或者那时的陈女士学问程度未有现在的高深，还没了解到这里。又如谭陈仅月余的同住就结婚，恐怕不算得彻底的下功夫加一番考虑，他们双方如果一方有理智的判断在里头，则断不致有条件的比较而变迁，张君更称陈是能了解爱情，实行主义的，在这里我就有点疑惑，陈爱情变迁，何以不在一月以前（在粤）而在来京以后呢？广东尽很多条件丰富的人，何以陈未选着一个？偏偏到京就选着呢？难道因为广东有沈在旁不便选择吗？那么，陈是不能算得喜欢自由的人。

因此：我个人的论断，以为陈选择条件在来京以后，又在很短的时间里——月余——又在依然一身处在谭的家里，那其间有没有情势的诱导，或压迫，旁人是不敢知的，陈虽是自己表白是出于自己恋爱，但她是否因为事已如此，也只可说得好听一点，为谭和自己盖脸，旁人也是不敢知的。不过从心理上考察，大概男子的情是活动的，女子是保守的，而在事实上，如男子没有一种爱情的表示，女子是很不易表现出来，何况是已经订婚的女子，要她忽然改变她的情志，向别人表示爱恋呢？即或她果然有这种爱的表示，那大学教授的人，何以不替她的地位想想，替自己的地位想想，加一种理智的判断呢？

总之：张君爱情定则如果拿大学教授的资格，提出来教训青年，是很佩服的。如果因为解释事实，不惜迁就学理，因为作爱情定则，那讲的学理是很靠不住的，不敢领教的。归纳一句，我以为爱情起首是漠漠泛泛的，能经过理智的判断，才发生恋爱，比较的妥善一点。经过理智的判断，才离弃恋爱，也比较的妥善一点。而且更据我个人理想，以为爱情是最真挚，不屈于一切的。彼此如果有深厚爱情，双方的人格化臻于极点：忘我忘他，舍生舍死，心中目中，只有一人，那时尚容得着比较吗？尚有可以变迁的吗？这都是我对于爱情原则所欲谈的话，如果《晨报》记者认为有讨论的价值，就请一次登在副刊上。

许广平是一个接受现代教育的知识女性，同时她自身又有着包办婚姻的复杂经历，她对婚姻自由有着更强烈的渴望，她也最具同情与理解陈淑君情事的条件，但在这篇讨论文章中，许广平一开始就表明她的立场，就是"代表旧礼教说话"，她对张竞生的爱情定则基本上是否定的，对谭陈的结合基本上是不认同的，甚至对陈淑君还颇多苛责，以嘲讽的口吻说为何不在她姐未死以前或未离开广东之前就变迁爱情，可见陈不能算喜欢自由的人云云，表现出一种严重的角色冲突与观念矛盾的双重窘境。

相比之下，鲁迅的态度要开明得多和温和得多。关注爱情定则讨论多时的鲁迅开始显然不打算卷进这个漩涡里，在这个问题上，他乐于当一个观潮派。但6月12日《晨报副刊》刊登了陈锡畴、钟孟公、侠君的三封来信，一齐要求叫停爱情定则的讨论。陈锡畴反对记者（实为编者）偏袒张竞生的态度，要求记者保持"第三者的地位"；钟孟公则攻击这次讨论，认为"除了足为中国人没有讨论的资格的佐证外，毫无别的价值"，并"忠告"记者应先"定一个期限，至期截止"，不要再"胡乱尽登下去了"，以免"青年出丑"。侠君则要求："请从明日始，把那'有一部分意见难免浅薄而且重复'的，不妨一齐割爱。"看到这种消极论调以后，鲁迅终于按捺不住，亲自给主持讨论的编辑孙伏园写信，表明他的立场，并建议不妨继续讨论下去。

6月16日，《晨报副刊》发表"关于爱情定则讨论的来信之四"，全文登载了鲁迅给孙伏园的来信：

> 今天副刊上关于爱情定则的讨论只有不相干的两封信，莫非竟要依了钟孟公先生的"忠告"，逐渐停止了么？
>
> 我以为那封信虽然也不失为言之成理的提议，但在变态的中国，很可以不依，可以变态的办理的。
>
> 先前登过二十来篇文章，诚然是古怪的居多，和爱情定则的讨论无甚关系，但在别一方面，却可作参考，也有意外的价值。这不但可以给改革家看看，略为警醒他们黄金色的好梦，

而"足为中国人没有讨论的资格的佐证"，也就是这些文章的价值之所在了。

我交际太少，能够使我和社会相通的，多靠着这类白纸上的黑字，所以于我实在是不为无益的东西。例如"教员就应该格外严办"，"主张爱情可以变迁，要小心你的老婆也会变心不爱你"之类，着想都非常有趣，令人看之茫茫然惘惘然；倘无报章讨论，是一时不容易听到，不容易想到的，如果"至期截止"，杜塞了这些名言的发表地，岂不可惜？

钟先生也还是脱不了旧思想，他以为丑，他就想遮盖住，殊不知外面遮上了，里面依然还是腐烂，倒不如不论好歹，一齐揭开来，大家看看好。往时布袋和尚带着一个大口袋，装些零碎东西，一遇见人，便都倒在地上道，"看着，看着"。这举动虽然难免有些发疯的嫌疑，然而在现在却是大可师法的办法。

至于信中所谓揭出怪论来便使"青年出丑"，也不过是多虑，照目下的情形看，甲们以为可丑者，在乙们也许以为可宝，全不一定，正无须乎替别人操心，况且就在上面的一封信里，也已经有了反证了。

以上是我的意见：就是希望不截止。若夫究竟如何，那自然是由你自定，我这些话，单是愿意作为一点参考罢了。

对于这场爱情定则的讨论，鲁迅虽然没有直接回应，但从他给孙伏园来信的字里行间，仍可感受到，鲁迅对张竞生的爱情定则的主张，基本上持赞同的态度。两年后，他在小说《伤逝》中，更提出"爱情必须时时更新，生长，创造"的著名命题，这与张竞生的爱情理论，在本质上是一致的，颇有异曲同工之妙。

从上述简单的比较中，可以看出许广平的爱情婚姻观念，仍未脱尽旧思想的束缚，而鲁迅却清醒坚定，直面现实。虽然鲁迅、许广平在精神境界上存在很大的差别，但由于张竞生提出爱情定则引发论战，使鲁迅与许广平这一对未来岁月生死相依的人生伴侣，意外地提前在《晨报副刊》这个公共论坛上神会与过招。如果说爱情定则的讨论最终无疾而终，而鲁迅与许广平同坛论剑，则是一道动人的风景。

1923年5月，爱情定则的讨论正是风生水起的时候，有一天，张竞生在《晨报副刊》上读到一篇作者为褚松雪的文章，大意是她不接受包办婚姻，愤而脱离家庭关系，只身从遥远的南方到山西教书以避祸与谋生。文章末尾叹惜自己的婚姻由于粗暴而自私的兄命牵累到这个不堪的境地，并誓愿今后要为社会的公平正义而奋斗和牺牲等语。

褚松雪的不幸遭遇，引起了张竞生的深切同情。"同是天涯沦落人，相逢何必曾相识。"想想自己的处境，也因不愿意在家庭里过无聊的生活而出来的，也因婚姻不称心如意而寻求摆脱的，更因要为社会的进步而奋斗和生存的。类似的经历使张竞生对褚松雪产生了一种同病相怜的恻隐之心，而褚松雪决心献身社会的豪情，则颇引起张竞生的共鸣。读罢文章，张竞生立刻写了一封短信去安慰褚松雪，并向她简略地介绍自己的身世。

张竞生很快收到褚松雪的回信，两人鱼雁传书不绝。张竞生对褚松雪的认识从模糊的表象到清晰的立体，他似乎发现褚松雪不是寻常的女子。

褚松雪，1896年8月27日出生于浙江嘉兴，其父褚成钰，光绪十九年以孝廉举于乡，官授直隶州同知，工于诗词曲赋，又颇有政

褚松雪女士像

治抱负，曾向清政府上万言书，提出定宪法、扩军备、兴学堂、行屯田、开矿藏、筑铁路、浚江河、废科举、罢厘捐、禁缠足等十大建议。民国后转入司法界，任职于浙江高等法院。其母曾任嘉兴公立女校校长。褚松雪出身书香门第，又幼承庭训，聪明伶俐，被同学公送外号为"人小鬼大"。苏州女校毕业后，十六七岁即在浙江永康女校、太仓毓娄女校任教。恰在此时，褚松雪的父母亲先后病逝，四个姐姐早已出嫁，家里只有一个好吃懒做的哥哥和刻薄寡恩的嫂子。坐吃山空的哥哥打起了妹妹的主意，瞒着妹妹把她许配给同县一个张姓人家，据说那个未来的丈夫既其貌不扬又很不争气，但哥哥已接受了张家丰厚的聘礼，说是放寒假后张家就要来迎娶了。褚松雪听后如五雷轰顶，为冲出樊笼，在同事和好友的帮助下，悄然远赴山西大同云冈女校任国文教员。没想到，刚逃离狼窝，又进入虎口，大同要塞司令郑胡以赠剑为名，向她逼婚。褚松雪又匆匆避难到更荒僻艰苦的阳高，出任尚未建立规模的阳高县立女校校长。褚松雪连年来在社会上饱经磨折，鬈年的豪情胜慨，确已收敛了许多，但仍透露着一股永不屈服的倔强之气。

与张竞生通信，就是褚松雪在主持阳高女校校政的时候。学校建在一个叫北寺的庙宇，只有两间教室，学生与泥菩萨为伍，经费短缺，只勉强维持正常的开支，但因为褚松雪办事认真，管理严格，远近的家长都愿意把女儿送到阳高女校来上学，导致学生人数激增，教室容纳不下。褚松雪多次请求扩充校舍，均因没有经费而遭到搁置。三四年级的教室，原来就与泥菩萨挤在一起，现在已到了想挤也挤不下的地步，一筹莫展之下，褚松雪只好向县长打报告请求把泥菩萨搬家，以扩充校舍。结果谁都不愿意来搬菩萨，说是怕遭天谴，最后只好由县政府找了一批犯人来完成这项工作，才把校舍不足的难题解决了。然而，褚松雪的搬掉菩萨、打倒偶像的做法却遭到阳高县守旧势力的攻击，说她离经叛道，有辱名教。褚松雪则不以为忤，依然我行我素，受到新派人物的支持。大同、天津、北京，甚至远在上海，也有人来信鼓励她，声援她。褚松雪把这个搬掉菩萨的事件写信跟张竞生说了，并且表示她也很赞同张竞生提出的爱情定则。张竞生得信后大加赞赏，把褚松雪视为奇女子，并引为知音。他急不可待地回信道："你打倒了有形的偶像，你比我更勇敢！我正在和许多无形的偶像宣战。我们既是打偶像的同志，应该做个朋友。"

褚松雪来信说，她是一个有着慷慨激昂性格的人，她不仅敢于打倒偶像，而且喜欢革命，在十多岁时，她就在上海与社会党人有过来往。这使张竞生感到十分惊讶，又颇为自得。因为他本人就是一个老革命党。他遂告诉她在民国元年，他曾受京津保同盟会的派遭，携款购买器械前往烟台，帮助蓝天蔚宣布独立，差点遇难的故事。这使褚松雪对张竞生由敬佩而转为崇拜了。他们在信中谈人生、谈学问、谈爱情、谈家庭，无所不谈。谈到婚姻问题时，褚松雪直截了当地表示，她不想结婚，但愿意与一个志同道合的人过情人生活。

褚松雪的表白，使张竞生大喜过望。他确信，他面对的是一个千真万确的奇女子，至少是中国的奇女子。张竞生随即回信道，他对褚松雪不仅具有同情心，而且具有敬慕心，敬慕她是奇女子！褚松雪复信说她高兴得整夜睡不着觉，称张竞生是她今生今世唯一的知己，并说她怎样屡遭劫难而不能见容于母家、夫家与世人，却在冥冥中不期而至地获得了张竞生的同情、理解和支持，岂非天意，岂非万幸？张竞生也仿佛吃了迷醉药一般，把褚松雪视为天人，不是蔡文姬、班昭再世，就是红拂、卓文君重生。一对痴男怨女，惺惺相惜，迅即坠入爱河，而且相期彼此以超凡脱俗，自然不拘泥于俗道。他们就像日本女人与其住在南美的日本男子一样，互相寄送照片，以发展更深入的关系。褚松雪十分满意张竞生俊朗的形象，张竞生看到照片上的褚松雪，日本装束头发，足蹬白帆布鞋，站立在课室窗外，眼光显出凶狠的样子，而在张竞生眼里，她的样子越厉害越显出奇女子的不凡气象。

精神层面的交流积聚到一定的数量和强度后，就必然要付诸行动了。张竞生在信中告诉褚松雪，等放了暑假他就准备到大同来游历，希望褚松雪能与他一同到云冈的石窟寺去观赏那六朝最著名的佛像雕刻。

这一下，褚松雪倒有些急了。郑胡就在大同，陪张竞生去大同，那不是自投罗网吗？于是褚松雪复信告诉张竞生，她本想在暑假时去投考北京大学，但听说今年不招收女生，可能要到别处去考察教育，所以请他不要到阳高来。

张竞生略略有些失望，转念一想，既然不能到大同去，干脆请褚松雪到北京来相聚。她想升学，设法让她进国学研究所念书，一举两得，何乐不为？张竞生又写信告诉褚松雪：北大虽暂时不招女生，但最近成立研究所，国学门的主持人都是同事，可以帮忙介绍，希望你写一篇论文寄来，以便推荐。

褚松雪得到这个消息，以为看花了眼，她揉了揉眼睛，再看着那熟悉的挺拔的毛笔字，白纸黑字写得清清楚楚。她兴奋得心口怦怦直跳，马上着手准备论文。褚松雪虽说家学渊源，但毕竟只有中学文化程度，国学方面的研究，仍然比较薄弱。提供什么论文呢，褚松雪一时颇费踌躇。这些年倒是对辛稼轩的词常有涉猎，他有一阕《永遇乐》，其中"灯火扬州路"一句，为历代论者争辩的焦点，可谓聚讼纷纭，莫衷一是。褚松雪对此沉潜多时，颇有心得，她认为，"灯火"当是"烽火"之误。宋室南渡后，扬州已是抗金的前线，二十四桥明月，也已黯淡无光。哪有隔江商女，还在高唱后庭花的现象呢？与其说烽火连天，兵燹傍书，倒还近似，也比较合理。褚松雪认为这样的解读言之成理，也能自圆其说，就以此为题材，写了一篇研究论文寄给张竞生。

数天后，褚松雪接到张竞生的复信。信中说：论文已通过，褚松雪已被录取为北京大学国学门研究所研究生。希望她早点去，学校虽未开学，他可以带她去大学图书馆搜集资料，准备入学。他又说研究生是可以自由听课的，主要在自己研究，将研究结果写成报告，请导师改正就是了。

梦寐以求多年的理想就要实现了，而且还可以相会神交已久的心上人，褚松雪恨不得马上插翅飞到北京去。

暑假到了，褚松雪也办了辞职手续，遂乘坐京绥线的火车赴北京。

奇女子就要来了！张竞生早早就到北京车站迎接。他望眼欲穿，在站台上焦急地来回徘徊，直等到下午六时多，才见到一位像秋瑾女侠一样装束的年轻女子从京绥车上不慌不忙地走下来。张竞生迎上前去，只见这位女子手提网篮，腰佩一柄古斑的长剑，益发透露着一股飒飒英气。张竞生暗自赞叹：真是一位绝无仅有的奇女子！他喜之不尽地问道："是褚小姐吗？"

"是的。"褚松雪答道，她刚迈出站台，就认出了张竞生，于是不动声色地瞥了张竞生一眼，平静地说道："感谢张教授来接我。"说着就把行李票交给张竞生。

张竞生随即到行李房取出行李，然后雇了一辆黄包车，把褚松雪带到中央饭店，开了预先订好的房间，放下行李，步行到王府井承华园吃饭。

褚松雪是一位敢作敢为的女子，但毕竟初次见面，她还是有些拘谨。张竞生遂打趣说："一个打偶像的女战士，不应该怕羞嘛。"褚松雪不好意思地笑了笑，气氛一下子就松弛了下来。承华园是北大教授经常光顾的地方，有许多以名人名字命名的名菜。张竞生专门点了马先生汤、胡博士鱼、赵先生肉、张先生豆腐。每上一道菜，张竞生就解释它的来历、用料、做法与特色。马先生汤是马叙伦首创，又称"三白汤"，味道鲜美；胡博士鱼为胡适首创，其做法为鲤鱼切丁，加三鲜细料熬鱼羹；赵先生肉为预科英文讲师赵承易首创，类似东坡肉，肥而不腻，也颇受青睐；至于张先生豆腐，当然是张竞生的杰作了。张竞生在法国留学时，曾到李石曾创办的巴黎豆腐公司参观，深受李石曾以豆食代肉食主张的影响，终生嗜食豆腐，更首创张先生豆腐，鲜嫩水滑，寄至味于无味，成为菜肴中的佳馔。这一顿颇具文化内涵的盛宴，把一直十分自负的褚松雪镇住了。两个人都吃得十分开心。

回到中央饭店，张竞生与褚松雪有一搭没一搭地说着闲话。在未相见之前，张竞生暗下决心，初次见面，不可有非分之想，为了保持端正严肃的态度，张竞生特别写了一张"勿肉交"的字条，放进前胸口袋里，借以时时提醒自己。但在褚松雪似嗔非嗔的眼神中，张竞生竟有些心猿意马，在暗淡的灯光下，两个涌动着岩浆一样激情的年轻男女在第一次见面的当晚便情不自禁地拥吻起来……

不久，北大开学，张竞生领着褚松雪到北大研究所国学门报到。北大国学门研究所成立于1922年1月，蔡元培任所长，沈兼士任国学门主任。国学门设导师制，先后由陈垣、胡适、马衡、王国维、罗振玉、林语堂、伊凤阁、刘半农担任。研究生除了褚松雪外，还有罗庸、张煦、容庚、郑天挺、商承祚、董作宾、陆侃如、冯沅君等。沈兼士与大哥沈士远、二哥沈尹默号称"北大三沈"。在新文化运动中，他倡导新诗最力，但他向这个新入师门的女弟子布置学业时，却是要求她先钻研《尚书》。褚松雪领了学习任务后，张竞生又带她去见胡适。

胡适虽是洋博士，却也深通世故，对于张竞生的女朋友，自是格外关照。他对褚松雪说："你的'烽火扬州路'很有见地，但也多亏张教授的推荐。张教授是革命党，也是洋博士，你以后应该多向他请教。学校里边，钱玄同喜欢批驳古人，辜汤生学问好，梁任公也有（授课）钟点，你都不妨去听听。"

褚松雪遂常到学校听讲座，但更多时候是在张竞生的指导下，在图书馆或宿舍里查阅资料或读书作文。褚松雪悟性极高，但偏于主观，不够深入，此为做学问的大忌。张竞生曾委婉地向她提出，要她注意打好基础，多读原著。褚松雪冰雪聪明，一点即通，对张竞生的忠告从善如流，经常与他讨论一些学问上的问题。张竞生十分欣赏褚松雪的读书态度，他一心想把褚松雪培养成为精神上和生活上的伴侣，就特别叮嘱她说："北大的女生都不简单，又都比你年纪大，你最好少同她们来往，尤其不能与她们去参加什么集会或开会之类的事情。北京的社会很复杂，不是一个从内地刚出来的女孩子所能应付得了的。"

张竞生曾经是热衷于革命的，但近年来的南北军阀混战，为的只是争权夺利，使他大为厌倦，也影响了他对褚松雪的价值取向。对张竞生的耳提面命，褚松雪几乎感激涕零。张竞生不仅成为她学问上的导师，更成为她生活上的导师了。褚松雪对张竞生的敬重又增加了几分，她一门心思扑在学问上，入学不久，竟在学术研究上有所斩获了。1923年1月23日，褚松雪在《民国日报》的《觉悟》副刊上发表了论文《〈诗经〉上妇人的地位观》。不久，又发表了《对于现代女子教育的怀疑》，慨叹中国女子的遭遇："我国女学受了'良妻贤母'说的毒，可谓毫无生气！近年虽说改善，然而变相的'良妻贤母'教育者，仍不乏人，更有利用女性弱点迎合恶习社会心理，养成'时髦派'少奶奶太太者亦非少数，真能拿定主意，去培养我国女界改革时代所需要的中坚人才者实不多见。无怪女学兴了数十年究竟造就了多少人才？解放了些什么束缚！环境吧，依然是黑暗层层。婚姻不自由咧；翁姑虐待媳妇咧；自杀咧……总说一句：就是女子的人格依旧没有夺回，依旧被压在几千重万恶的'礼教山'

下面，做那马牛奴隶玩物和装饰品的生活。"

张竞生这段时间正专注于其美学著作《美的人生观》的写作，其中就有专门论述男女平权与婚姻性爱等问题，因此，对于褚松雪的收获十分欣喜，对于褚松雪的进步更是刮目相看了。在张竞生看来，褚松雪着眼于女子教育问题，正是五四新文化运动以来进步知识分子探索妇女解放问题的继续，只是各自有不同的主张罢了，如李大钊侧重于阶级斗争、周作人侧重于素质教育、张竞生侧重于性学普及等。

北京的革命气氛已经越来越浓厚，思想觉醒的褚松雪再也难以做到两耳不闻窗外事，一心只读圣贤书了。很多活跃分子常来拉她去开会或演戏，开始她都推辞不去。有一天，北大教育系学生张挹兰来找她。张挹兰是湖南醴陵人，1922年先后考入北京大学预科和北京大学教育系，是张竞生的学生。她家里很穷，靠与胞弟张友松翻译卖文为生，张竞生在上课时，总会看到张挹兰衣服单薄，寒冷时全身颤抖，热天时又满额汗珠，但她不畏艰辛，十分好学，常到张竞生家里请教怎样编辑中等行为论教科书问题，与褚松雪也逐渐熟稔起来。张挹兰思想进步，与湖南同乡、中国共产党第一位女共产党员缪伯英结为好友，又受李大钊等的思想熏陶，积极投身革命群众运动。她与褚松雪的一夕谈，使褚松雪也跃跃欲试了。

一天傍晚，褚松雪到学生宿舍去看张挹兰。张挹兰平时是一个极用功的学生，她正在帐子里面读书。见到褚松雪和另外两位女同学来找她，张挹兰自我解嘲地说："外面蚊子太多，所以只好躲在蚊帐里，这样安稳些。"张挹兰还想赖在里面读书，三个女孩子不依不饶，硬是把她拉出来一起聊大天、嗑瓜子、吃良乡栗子。在张挹兰的影响下，褚松雪思想迅速左倾，不久，就秘密加入了中国共产党，后来还与张挹兰、许广平等发起组织"妇女之友社"，编辑出版《妇女之友》杂志，动员和引导妇女团结起来，反帝、反封建、反新军阀，为女子争得做人的权利，发挥了积极的作用。对褚松雪的这些急剧变化，正在埋头著书的张竞生还蒙在鼓里呢。

1924年1月20日，中国国民党在广州召开"一大"。在共产党员和国民党左派的共同努力下，孙中山成功地改组了中国国民党，确立了"联俄、联共、扶助农工"的三大政策，承认共产党员和社会主义青年团员可以以个人资格加入中国国民党，这标志着第一次国共合作统一战线的正式建立。会上，李大钊、毛泽东、瞿秋白、张国焘等十名中共党员被选入中国国民党中央委员会。其中，李大钊是北大图书馆馆长，毛泽东曾是北大图书馆职员，张国焘则是北大学生。

革命形势风起云涌，为便于就近指挥各地的党务，国民党一届一中全会决定在上海、北京、汉口、哈尔滨、四川等五个地方建立中央执行委员会执行部，作为党的派出机构，由中央执行委员分别前往组织。

1924年4月20日，国民党北京执行部正式成立，管辖黄河流域各省，设立秘书处和组织、宣传、妇女、工人、农民、调查等部。其中，组织部长李大钊、青年部长于树德、妇女部长褚松雪是共产党人；调查部长王法勤是社会主义青年团员；宣传部长马叙伦与李大钊接近。

不到一年工夫，褚松雪已是山鸡变凤凰，逐渐活跃于北京的政界和学界。张竞生彻底地被褚松雪迷住与倾倒了，多次向褚松雪求婚，褚松雪始终对结婚之事不置一词，只同意与张竞生同居。

　　张竞生是一个不折不扣的情感派，卢梭的情感教育、孔德的情感社会学，都是他喜欢研究并奉行不渝的，然而半世漂泊，他的情感始终无所寄托。现在，他庆幸自己终于找到了一个志同道合的伴侣。他对现实的政治没有兴趣，但在学术上却有着宏大的抱负，他计划撰写一套"审美丛书"，以"美的"理念来改造丑陋的中国，刚刚完稿的《美的人生观》只是这个庞大的"先锋队中的一走卒"。他满以为褚松雪能成为他名山事业上的得力助手。

　　张竞生正沉浸在构建中的"美的"乌托邦，霹雳却从天而降，与他只同居了两三个月的褚松雪不辞而别！他万万没有想到，心目中的美丽女神与他一样的特立独行，她有她的人生理想，她并不满足于当一个"贤妻良母"，而是更热衷于现实的社会政治活动。她这样期许自己和她的同伴们："要锻炼坚强的人格，养成自肆力与创造能力，培养进取精神和耐苦的习惯，使人人有完全独立的人格与创造环境的能力，然后可以同恶社会奋斗，而不致被彼打败了。""婚姻不自由，就应当违反父母的命令，不顾习俗的非笑，给他一个决绝痛快的表示。再不能，则与家庭脱离关系，自己出去找饭吃，慢慢地再创造自己的新生命和新环境，寻得合理的人生，愉快的幸福。倘或所订婚的夫妇甚好而翁姑悍恶，结婚以后难与同居 —— 大家庭制度未打破以前这种情形是很普通的 —— 亦可本一己的魄力，速谋经济独立，忍受些物质上的痛苦，立刻与恶家庭脱离关系，不顾一切地我行我素就是了。"

　　张竞生一颗心全放在褚松雪身上，他自恃帮她入学、供她读书、为她养家，他的爱情就进了保险箱。然而，他要过一种书呆子的生活，自然难以拢住心怀异志的褚松雪。褚松雪的离去，使张竞生遭受致命的打击，他常自嘲地想道，我这样一个在欧洲情场上节节胜利的爱情专家，居然在爱情上一败涂地，这真是莫大的讽刺！

连续好几个月，张竞生都痛苦得难以释怀，自怨自艾，魂不附体。一位朋友去探望他，见他落魄的样子，半是开解半是责备地对他说：中西方的女人是有所不同的。西方的女人大多是为爱情而爱情，中国女人的爱情有附属的条件，她们最重要的是要求得一个永久可靠的婚姻。你那位女子既然以势利为选择对方的条件，对你这个书呆子当然是不能相合的。你自己主张爱情是有条件的，你自当宽慰自己，切不可因此摧残自己！

张竞生无可奈何地苦笑着摇了摇头，爱情是有条件的没错，但有些条件是进化的，如才、貌、德、健康之类，有些是退化的，如以财富、地位、势力为条件。同时，爱情也是可变迁的，只是要看是从进化还是退化的方面去变迁。在张竞生看来，褚松雪的背弃，无异于逆历史潮流而动，这是他最不能容忍的，也是深感耻辱的。当夜静更深，当形单影只，他总是埋怨褚松雪的无情无义，也反省自己的笨拙与过失。

自从褚松雪离家出走后，张竞生除了发呆，就躲在家里写他的书，平时一切应酬都给他推掉了。忽然有一天晚上，仆人悄悄上楼告诉张竞生，说客厅里有一位女宾客在等他。仆人上楼通报了好几次，张竞生才懒洋洋地从楼上下来。一见来客，张竞生喜出望外，在客厅里端坐的正是褚松雪！

褚松雪面无表情而又单刀直入地对张竞生说，她这次回来，不为别的，就为解决肚子里的胎儿问题。或者留下，或者打掉，算是同居一场，来征询一下意见。张竞生连忙向她赔不是，说他以前只顾自己写书，忽视了对她的照顾，请求她留下来，重续前缘，他发誓要让褚松雪和他们未来的孩子过上幸福的日子。

毕竟是自己的有恩之人，褚松雪的心软下来了。她要求张竞生答应两个条件，才可以留下来：一是置房同居；二是与家中结发妻离婚。

张竞生当即答应。听褚松雪的口气，似乎有第三个条件，就是彼此结婚。但褚松雪却不再言语，似有难言之隐。张竞生也不再计较。当晚，褚松雪回到了张竞生的住处。

1924年秋天，张竞生、褚松雪在北京长老会礼堂按西方仪式结了婚。结婚前，他们已经租好了北京什刹海北河沿20号的一座四合院，婚后就搬了进去，还请了用人料理家务。

这期间，张竞生与褚松雪可谓红袖添香，琴瑟和乐。有一次，夫妻联袂赴天津向大专学生讲演。张竞生的讲题是《冒险的美趣与快乐》，褚松雪的讲题是《离婚问题》。褚松雪演讲的主要内容是：如果是一对怨偶，若被婚姻的纽带强行束缚，彼此都会感到莫大的痛苦，在这种情况下，离婚则是合理的出路。她还建议，如果女方对离婚后的前景有疑虑，男方不妨先给女方介绍一位相匹配的男人，替他们撮合，及至他们恋爱成熟，原来夫妻的离婚问题也就迎刃而解了。天津一般听众都倾向于保守，褚松雪提出的离婚妙计使正处于怀春与做梦年龄的少男少女们面面相觑，举座愕然，唯独坐在主席台上的张竞生为妻子的大胆放谈鼓掌叫好。

这大约是张竞生一生中最美满的一段姻缘了。

五、风俗调查

1923年，是张竞生任教北京大学的关键年份。这一年，他在主业教学活动上经过前一年的耕耘，在强手如林的北大讲坛上站稳了脚跟，打下了基础；揭橥了中国历史上第一次爱情大讨论，于无心插柳中积累了名声，收获了爱情；学术研究上双管齐下，一边著书立说，一边组织社团，展示了作为一个创新主体生命历程中斑斓多彩的一页。

1923年5月14日，北京大学研究所国学门为成立风俗调查会，在北大第三院国学门第二研究室举行第一次筹备会议。此前，歌谣研究会会员常惠曾有过在歌谣研究会的基础上组织民俗学会的动议，但一直未能得以实行。张竞生在讲授行为论及孔德学说等课程及学术研究中，深刻地体会到，风俗为人类遗传性与习惯性之表现，可以觇民族文化程度之高下；间接即为研究文学、史学、社会心理学的良好材料。1878年，英国最先在伦敦成立民俗学会，随后，美、法、德、意、瑞士等国，亦纷纷设立相关团体，进行深入探讨。当时，国内学者对此已有所关注和研究，不过正处在起步的阶段，或者记述民众故事，大抵偏重礼制；或者谈论风俗，则琐碎不全，能比较系统地研究的十分罕见。有鉴于此，张竞生积极推动在国学门设立风俗调查会，先进行文字上的调查，并约定歌谣研究会会员共同协助与合作。

在筹备会议上，参加会议的学者教授对学会名称进行了讨论。常惠等人主张用"民俗学会"，理由是歌谣研究会在1920年冬天成立以来，已经在全国范围内开展大规模的歌谣征集工作，这些歌谣是民俗研究的重要资料，以此为基础，进一步整合风俗、仪式庆典、迷信、叙事歌谣、谚语等下层民间文化，催生中国现代民俗学。张竞生等人则认为"民俗"是从英国学者弗雷泽那儿借用过来的外来语，而"风俗"二字则是现成的，更易通行，大家附议张竞生的意见，决定名称就叫风俗调查会。

5月24日下午四时，北京大学研究所国学门主任沈兼士主持召开第二次筹备会议，正式成立北京大学风俗调查会，会议推举张竞生为主席，通过了张竞生拟定的《风俗调查表》，决定从北京开始试行调查，并征集风俗器物，筹设风俗博物馆。

北京大学研究所国学门创办时，主要是供本校学者教授研究学问，分设文字学、文学、哲学、史学、考古学等五个研究室，并相继创立歌谣研究会、明清史料整理会、考古学会、方言调查会、风俗调查会。其中歌谣研究会主席周作人、明清史料整理会主席陈垣、考古学会主席马衡、方言调查会主席林玉堂（即林语堂）、风俗调查会主席张竞生。这些人物均为一时之选，代表北大的学术动向和最高水平。

风俗调查会正式成立后，张竞生立即在全国范围内组织了大规模的风俗调查活动。调查的方法为书籍上的调查、实地调查和征集器物。这是学术走向民间，为现实服务的具体行动。为了一炮打响，张竞生精心拟订了《风俗调查表》，这是我国第一份规范化的研究表格。该调查表首先在1923年5月30日的《北京大学日刊》全文刊登，接着又在1923年7月7日的《晨报副刊》、1923年12月的《东方杂志》（即第二十卷第二十四号）全文刊登。这份充分体现创新意识与科学精神的调查表，在中国现代学术史上，不仅具有示范作用，而且具有文献价值。全文如下：

风俗调查表
旨趣

（1）风俗调查，为研究历史学、社会学、心理学及行为论，以及法律、政治、经济等科学上不可少的材料。调查人如肯尽心做去，不独于自己的见识及学问的贡献上两有利益，并且为暑假中最好的消遣品。

（2）本调查表分为三表如下，请调查人依各表每项下，记载所得的事情。如表中所载有未尽处，请各人酌量加入（此表于暑假后回校时或随时缴回研究所国学门）。

（3）希望调查人于"习惯"一表上，在特载栏中推论与环境及思想相关系的缘故（如说：此地寒，所以人喜欢饮酒；封神传流行甚广，所以义和团的势力甚大之类）。

（4）对于满蒙藏回朝鲜日本及南洋诸民族的风俗，如有确知真相愿意供给材料者，尤为特别欢迎。

（5）政治的措施，法律的制裁，军人的行为，及华洋的杂处，影响于一地方的风俗至巨且大，望调查人于特载栏上附记，以备参考，不另列表。

（6）下表所调查的，以一地方上的多数人为标准。如有一阶级的特别情状者（绅界官场等现形记），希望从中声明。

（7）搜罗材料，当用科学的方法：即是实地调查，实事求是，不可捕风捉影。如有怀疑及不可能的情形，均望将理由详细注明。

（8）调查人对于本地的风俗，应该就事直书，不可心存忌惮与掩饰。

（9）调查时如能附带收集各地特别器物更佳。并且将惠赠人的芳名记下，以备将来"风俗博物馆"成立时，永久留为纪念。

（10）不能用文字表示者，可用图书或照片。

沈兼士像

（11）将来如装成风俗书时，除将调查人的姓名登载外，并给予相当的酬劳品。

（一）环境

（1）地名。即所要调查的地名，如北京天津或一乡村之类（以调查人的生长地为佳，或所游历的地方也好，但望注明为哪一种）。

（2）人口。男女分别更好（儿童产育数的多少，近十年死生率之比较）。

（3）职业。男女分举。

（4）气候。四季长短及特别天气。

（5）地理。山，海，平原，河流，湖泊，名刹，胜境。

（6）出产。何种？

（7）经济状况。基本产业，工资，利息等。

（8）生活程度。贫富及中户分别。

（9）交通。水，陆，或航船，汽船，铁路，轿车等。

（10）民族。

（11）地方特殊的组织。如宗族，合作等。

（12）家畜。马、牛、羊、猪、鸡、狗等培养法，及繁殖率。

（二）思想

（1）语言。普通话或土语。

（2）歌谣。以最通行为主。

（3）本地半历史的故事。童话和急口令或相传的趣事（如说鼠母教鼠子如何食油，鼠子不听话，致被人捉去之类）。

（4）戏剧。何种戏剧，艺员程度如何？演戏时人民有何种兴趣？

（5）格言和俗语。如一字值千金，好子不当兵，树倒猢狲散之类。

（6）小说。何种最通行，用何方法去传播？（或唱书，或自看，或互相授受。）

（7）宗教和信仰。耶教、佛教、回教及本地神明巫祝等。

（8）教育。何种学校，教程如何，家庭教育状况，旧时科举的势力是否存在？

（9）美感。雕刻、图画、音乐、唱歌、织绣等。

（10）普通观念与判断。如说："学校所养成的均是一般坏学生"；"共和国是洋鬼子的制度"；以及对于下表各项习惯上的批评之类。

（三）习惯

（1）衣。小孩、老人及成年的男女的"内衣""外衣"在四季上的装束。衣服的材料和做法。手巾、袜鞋、帽等（如在时装多变的地方，也请列明如何变法）。

（2）食。米、麦、黍、粉等。烟（鸦片，纸烟等）、酒、油、酱、盐与调味的物料及烹饪的方法。贫富每日所食的肉，菜，及饭、粥、麦、黍的多少。

（3）住。木、竹、砖、土等所建的屋。屋内的排设（器具盘皿等），屋外的布置，睡床与大小便的地方的状况。家畜的安置。

（4）婚姻。养媳，嫁娶人的年龄若干。聘金与婚费的多少。六礼与完婚时的规矩。闹房及验处女膜等恶俗。

（5）丧礼。分别贫富。

（6）坟墓。风水观念，及坟墓的筑造法。

（7）祭礼。如家庙、祠堂、坟墓及祀神等。

（8）家礼。子女对于父母，媳妇对于翁姑及家人等，生子及冠、笄等礼。

（9）客礼。

（10）公共集会的习惯。

（11）游神和赛会。

（12）娶妾和纳婢。

（13）守节。贞女及寡妇。

（14）养子。或寡妇，或夫妻无出，是否有养子的风俗？

（15）再醮。寡妇再醮或再嫁否？社会上对再醮或再嫁的寡妇的批评。

（16）修饰。缠足、束乳、头发装扮。头、耳、手、指、颈上、脚上的修饰品。

（17）争斗与诉讼。械斗、打架、咒骂（如村妇相骂，及许多地方以骂人为语助辞，如北京人的"肏"之类）。诉讼（好讼否？）。

（18）嫖。除妓女外，相公及男色的嗜好。

（19）赌。何种赌？男女同赌，或分赌？

（20）盗。小盗，合伙的打劫贼。

（21）娼。公娼，私娼。公娼的娼寮制度及娼女的生活。私娼卖淫的方法。

（22）男女社交。

（23）清洁或肮脏。实据的证明。如衣、食、住及洗澡拭身等。

（24）年节的习俗和商人的讨账。

（25）勤惰。每日工作若干时，何种工作，夜间有无工作。妇人在家庭中工作的状况等。

（26）玩耍。儿童的游戏，或如猴子戏、狗戏与傀儡戏及音乐会等。

（27）杂技。如打拳、算命、看相、算卦。

（28）乞丐。

（29）货声。即"叫卖"声调、词句、器具等。

（30）奴仆的情状。

（31）慈善事业。

（32）遗弃子女。

之所以不厌其烦地详细罗列这份现代学术史上第一张规范的调

查表，是因为它蕴含着中国传统的大而化之的思维方式向科学缜密的现代思维方式的转型，其象征意义不可低估。从上表中可以清楚看到，这份调查表所要求的调查内容，包括环境、思想、习惯三大类54个小项目，从经济状况到婚丧喜庆，从宗教信仰到吃喝拉撒，事无巨细，无不咸备。而在调查的旨趣中，具体地提示了调查的目的意义，方式方法，特别强调要"实事求是""就事直书"，这种秉承史传传统"不虚美、不隐恶"的态度，体现了张竞生作为一个严肃的学者追求真相的科学精神。

为了使风俗调查真正取得效果，张竞生可谓煞费苦心。调查表在北大日刊发表后，张竞生又加印数千份，广为分发，并以北大师生为主，歌谣研究会会员协作，组织调查人员对北京近郊率先进行实地调查。1923年6月14日，张竞生又以调查会名义在《北京大学日刊》刊登启事，发动学生利用暑假期间开展实地调查："风俗调查，为研究历史学、社会学、心理学、行为论，以及法律、政治、经济等科学上不可少的材料；但须实地调查，方可责实征信。暑假在即，同学诸君定多言旋，正可借用休业时间，就地分别调查。此不唯于自己的见识及学术上贡献，两有裨益，抑亦暑假中一种最好的消遣。"

风俗调查会第一次组织征集，虽然响应者寥寥无几，但从收回的31张《风俗调查表》中，内容倒颇丰富。其中学生温寿链所作的《福建龙岩县的风俗调查》在《歌谣》周刊发表，浙江畲民调查材料亦汇编成册。此外，还收集风俗物品286件（如花纸26张，神纸242张及其他杂件）。

一门新学科的构建，需要有实践基础，更需要有理论支持。张竞生立志要在斯宾塞、孔德，甚至威廉·汤姆斯等西方学者的社会学理论探索的基础上，创立和发展中国的现代风俗学。为此，张竞生决定在教学上停开一些课程，新开一些课程，以推动新学科的真正确立。1922学年度，张竞生开设了伦理学、论理学、孔德的唯实派学说、相对论在智识论上的价值与批评、行为论等课程。为便于在1923学年度开设一些特色课程，张竞生在1923年6月16日，专门找到哲学系主任陈大齐，商量下学年开课事宜。张竞生想减少伦理学等基础科目的课时，计划伦理学和论理学均四年一讲，把节省下来的时间用于新课程的教学。但陈大齐的意见，还是希望张竞生"每年均授此等基础科目"。后来几经争取，张竞生终于如愿以偿，于新学年在哲学系开设了新课程"风俗学"，主要内容是讲授风俗学的大纲与定则、研究风俗学的方法、比较各地的不同风俗等。

1924年1月寒假开始前，张竞生又亲自拟定并发出了《北大风俗调查会征集各地关于旧历新年风俗物品之说明》："我们相信调查的事业要一点一滴地做起。我们相信风俗调查的事业，记述以外，要从物品的搜罗做起，然后才能得到好多的材料来研究。我们相信关于物品的搜罗，一定是受研究社会学、民俗学、心理学……种种学者所渴望，而且乐于帮助的。"刚刚过去的暑假主要是实地调查，即将到来的寒假主要是征集物品，张竞生的安排有条不紊："在这个机会上，我们预计最重要的收集是各地的'神纸'。'神纸'即是'纸马'。这东西我们全国各地都有。我们民族的大部分到了新年有两件事：一件是吃着玩着，另一件是敬神。他们的神画在这'纸马'上，形状不一。我们可以从他颜色形容上推想出我们民族所崇拜的'神'是什么东西；怎么回事。最重要的还在各地的异同，研究各地人民思想和心理。"除此之外，还要收集春联、花纸（即北京的

年画）、灯笼画、冬青、柏枝等等。把这些关于新年的风俗的东西都
聚集起来，陈列起来，干什么用？就是要建成一个"风俗博物馆"！
与此同时，张竞生还要求调查员以调查会的名义致函各省教育主管
部门，全国其他大学及专门学校的师生和社会各界人士，邀请他们
积极参与和热心支持风俗调查，并对调查的三种方法加以详细说明：
一是书籍上之调查。由国学门研究所征集关于各地风俗方面的历史
记载和典籍，分别加以研究、整理，同时选购各国特别是西方社会
关于民俗学方面的书籍和杂志，以供参考。二是实地调查。我国幅
员辽阔，而调查者尤当以其人之生长地为标准，调查会将调查表函
寄各省教育厅各省大学及专门学校托为分发热心同志，请就表所列
按类调查寄还北大风俗调查会，汇集发表。三是征集器物。关于风
俗之各种服饰、器用及其模型、图画、照片等类，调查会向各方征
求赠助。一俟经费有着，再当广行收买，以期风俗博物馆之早日成
立，与考古学陈列室纵横相辅，而为大学之完备的历史博物馆。于
是，各类风俗物品的征集活动在全国各地渐次展开。经过大半年的
征集，共收到调查表64份，旧历新年风俗物品，研究会购备若干，
加上校内外人士搜集所得，林林总总，蔚为大观。其中仅神纸一项
就不下数百种，各地捐赠的服饰、物品也很多：神纸类计580件，花
纸类151件，附录类17件，红簪类79件，杂类16件，另有未编号之
神纸类百余件，模型类约300件。

　　1924年5月15日下午四时，北大研究所国学门风俗调查会召开
会议，审查会章。参加会议的有沈兼士、陈大齐、张竞生、董作宾
等十多人。会议正式开始前，由研究所国学门主任沈兼士引导各位
会员参观风俗陈列室，对风俗调查会成立以来的成果进行检阅，张
竞生逐一向大家介绍展品的名称与功用。

下午四时半，风俗调查会正式举行会议。等大家陆陆续续从陈列室来到会议室坐定，风俗调查会主席张竞生把印好的《风俗调查会简章》分发给大家后，站起来说道："风俗调查会成立一年来，端赖各位的支持，各项业务正常开展，为规范今后工作，在前期工作的基础上，提出了《风俗调查会简章》，请大家讨论本会简章，以臻于完善，便于实行。"

会章共分名称、宗旨、会员、搜集、整理等五条，大家对会章逐条阅读并进行认真审议。沈兼士首先发言："简章中名称一条，沿用已久，亦无不当处，似不必再为更改。"大家都没有异议，遂照原文通过。其余宗旨、会员、搜集、整理各条，由徐炳昶、单不庵、张竞生、陈大齐、沈兼士、李世藩、董作宾等人讨论修改，全体通过。

风俗调查会虽然成立不久，但由于张竞生抓得紧，工作颇有成效。大家都很赞赏张竞生的热忱和能干。沈兼士一方面给予肯定，一方面提出要求。他诚恳地提议："本会收到的材料，除原定表格之外，有多人自拟题目，调查一种民族（如浙江之畲民）的生活情形，汇编成册；还有在本会表格所列各项目之外，自行分类，做种种研究。这些材料都非常好，应该尽快加以发表，一来可以鼓励投稿人的兴趣，使他们继续工作；二来可以引起一般人的注意，以后收集材料，可望增多。请张竞生主席推定若干人为审查员，做速审查发表。凡是材料较多的，不妨先选一种问题如婚姻之类发表，供比较研究之用。"

张竞生表示完全赞同沈兼士先生的主张。他说："我本人十分愿意这些有价值的材料加以整理后，尽快发表，以对这些热心的投稿的人有所交代。至于确定审查员，我建议在座各位先生都来担任，因为这是我们大家共同的事业。表格材料较少，可先进行整理。其他的抓紧整理成册，陆续发表。"

最后大家讨论本会经费问题。沈兼士强调：本会筹设风俗博物馆，关系重要，乃是本会的基本事业，要想方设法筹集款项，积极促成，请大家多出主意多帮忙。至于已经收到的风俗材料，请张竞生安排专门人员负责整理、编目，一面登报公布，一面分送在座各位，共襄这项极有价值的事业。会议开到七时半才散会。

这次会议后，张竞生不仅重视面上的广泛调查，还加强了对风俗调查会骨干调查员的实践锻炼。《风俗学》理论课授完后，张竞生要求同学们从《风俗调查表》上所列各项中任选一项，各自去做"北京风俗"实地的调查，再将调查后的心得写成论文，作为本学年及毕业考试的成绩。为使学生真正学有所用、用有所成，张竞生还特地在每星期一下午四时半至六时，在北大一院四楼教员休息室与学生调查员进行专题讨论，答疑问难，亲自指导学生进行实地调查，此类活动极大地激发了学生的兴趣，提高了学生的能力。在初步的学理探讨和具体实践过程中，张竞生悉心培养了顾颉刚、容肇祖、郑宾于、常惠、台静农、钟敬文、沈作乾等一大批杰出的风俗调查事务员，正是这批人，日后成了中国现代民俗学界的中坚力量。

张竞生是一个对学术研究怀有极大抱负的人，在短短二三年中，作为我国现代最初的民俗学机构，在张竞生的直接主持下，风俗调查会组织了对妙峰山、白云观、东岳庙、财神殿等庙会的风俗调查。其中以1925年4月30日至5月2日的妙峰山调查为首次进行，影响最大，也是中国现代民俗学史上第一次有组织、有目的、有计划的专项田野调查。调查者包括顾颉刚、容庚、容肇祖、庄严、孙伏园等五人。

妙峰山，位于北京城西北八十里的地方，是仰山的主峰，也是北方有名的"香主"。山顶天仙圣母碧霞君据说是东岳大帝的女儿，每年阴历四月初一至十五为进香之期，朝山进香的人络绎不绝，最多的时候有好几万人，他们来自京兆、天津、保定，旅京南方妇女也有不少。在为期三天的妙峰山香会调查中，顾颉刚是参与调查的五个人中用功最勤、成绩最大的一位。

顾颉刚，1893年5月出生于江苏苏州，1920年在北京大学毕业后留学校图书馆工作，不久任职研究所国学门，兼任马幼渔、沈兼士二先生的助教。他积极参与胡适倡导的整理国故运动，主要兴趣在古史的研究，"原来单想用了民俗学的材料去印证古史，并不希望即向这方面着手研究"，"所以和民俗学特别接近，发表的东西也最多之故，正因为我把它与研究所的职务发生关系。研究所中有风俗调查会和歌谣研究会，我便借此自隐"（顾颉刚：《走在历史的路上——顾颉刚自述》，江苏教育出版社，2005年，第72，95页）。所谓歪打正着，由于环境使然，顾颉刚遂着力于民俗学的研究。作为调查会的主力成员之一，顾颉刚当然了解和掌握张竞生的《风俗调查表》，但在实地调查中，他却没有按图索骥，而是从别人习以为常的礼仪习俗中发现问题。1924年4月间，顾颉刚代理编辑《歌谣》周刊，他在第五十号发表了一篇自己刚刚完成的文章《东岳庙的七十二司》。从真正的学术规范来说，这是一份不合格的调查报告，但却是《歌谣》刊载的最早的纯风俗调查报告，不仅题材单一，而且主题集中，有不可忽视的开创之功。

在妙峰山香会的调查中，顾颉刚使出浑身解数，进入忘我境界，手、眼、耳并用，倾听，观察，有闻必录。他从几个老婆子的闲谈

顾颉刚像

中知道一位向不出门的闺女竟徒步几十里山路前来进香；他在庙中看烧香，见到一个江浙口音的盛装闺秀在满积秽水的石槽中净了手再去上香；又见上香的人群中，有三步一拜而来的，也有一步一拜而来的。他以种种观察来说明进香者的虔诚和神威的浩荡，从茶棚的设置及与茶棚中人的谈话中了解到香会的兴衰与经济的关系，从神殿的设置看到了道教对待其他宗教的态度，从北京人和天津人不同的会单中看出"王三奶奶"的身份和地域色彩……

顾颉刚忙碌了整整三天，才对妙峰山香会的情形了解个大概："他们都是就一种职业或一处居住的地方联络结会，除了祀神之外更布施一切用具和食品，如茶、盐、面、粥、馒头、路灯、拜垫、掸帚、茶瓢、膏药等；或尽了自己的技能去娱乐神灵，帮助香客，如五虎棍、自行车、杠子、秧歌、音乐、舞狮、戏剧、修路、补碗、缝绽等。到了那里，一切有人招呼，仿佛进了另一个世界，崎岖的山岭便化成了理想的乐国了。这些香会的经费，在乡下的是按亩抽捐，同皇粮一般的缴纳；在城里的是就本业捐输，或向人募化。这些会名，我只就刊有会启（进香时的招贴）的钞，已钞到了九十余个，其余没有会启的恐还不止四五百呢。他们的香会的组织是极有秩序的：先设立了会所，议定了会规，排好了守晚、起程、上山、朝顶、回香的日期，又分配了引善、催粮、请驾、钱粮、司库、哨子、车把、厨房、茶房等都管，所以人数虽多而不致纷乱。进香的人诚心极了，有的是一步一拜的，有的是提着臂炉的，听说还有跳涧的。（他们以为只要诚心，便可由神灵护送回家，成其心愿，其实只有活活地跌死。）到了这种地方，迷眼的是香烟，震耳的是鼓乐，身受的是款待，只觉得神秘、壮健、亲善的可爱，却忘记了他们所崇拜的乃是一种浅薄的宗教。"（顾颉刚：《走在历史的路上 —— 顾颉刚自述》，江苏教育出版社，2005年，第79—80页）

回到北大后，顾颉刚对妙峰山调查进行分类整理和精心研究，写出了《妙峰山的香会》，分别归纳出了香会的来源、香会的组织、明代北京的碧霞元君香会、清代的香会、本年的香会、香会的分类、香会的日期、香会的办事项目、惜字老会会启说明等九个方面。这篇民俗学的力作，在方法论上解决了搜集材料的可操作性、整理材料的条理性、分析材料的洞察力、选择和使用材料的技巧性等普遍问题，其在学术史上的创举，不仅造就了一部民俗学的经典著作，更为重要的是在学术上创立了一种崭新的研究范式。顾颉刚在总结这次调查的意义时指出：其一，这次调查是知识界与民众沟通联系的一种渠道，通过调查，明确了"朝山进香，是他们生活中的一个重要部分，绝不是可用迷信二字一笔抹杀的。我们在这上，可以看出他们意欲的要求，互助的同情，严密的组织，神奇的想象；可以知道这是他们实现理想生活的一条大路。他们平常日子只有为衣食而努力，用不到思想，唯有这个时候，却是很活泼的为实际生活以外的活动，给予我们以观察他们思想的一个好机会"。其二，打破了研究学问只重经书的老传统，走到群众中去做实地调查，"学问的对象变为全世界的事物"（顾颉刚：《妙峰山进香专号引言》，见《妙峰山》，中山大学语言历史研究所1928年印，第4—7页）。

顾颉刚与其他四位的调查报告和文章，于1925年5月至7月在孙伏园主编的《京报副刊》连续刊登了六个《妙峰山进香专号》，在社会上和学术界引起了广泛的注意和高度的评价。社会学家何思敬、艺术学家傅彦长、心理学家崔载阳、民俗学家钟敬文纷纷撰写文章，从不同的学术领域给予充分肯定。我国第一个宗教学博士、著名宗教家江绍原更是赞叹不已："如果顾颉刚早生几千年，而且多托生中国若干次，由他调查记载古中国的民礼民教，像他此刻的调查记载妙峰山香会，则我们写中国法术宗教的人，真不知可以多出多少有价值的材料，真不知可以省多少心思也。"

风俗调查会组织的这次妙峰山调查，是我国早期民俗学和民间文艺学研究，从书本走向实际，从单一探索走向综合研究的关键一步，对于中国民俗学的建设，具有重要的开创性意义，标志着中国民俗学的发展进入了一个自觉的崭新的阶段。如果说张竞生是这次调查的领军人物，顾颉刚则是这次调查的灵魂人物。

第六章　京华岁月（下）

一、性学先驱

作为一个追求世界大同的乌托邦主义者，张竞生所关注、研究、传授的，始终是以西方文化为参照物的最前沿、最激进的新思想、新道德。1923年9月，结合讲授行为论，张竞生在北大课堂首次开讲性学第一课。此举可谓石破天惊，使张竞生在上半年因引发爱情大讨论后，再次成为媒体和学界争论的焦点。

性是什么？被称作"最文明的英国人"的著名性心理学家霭理士说过，就是最高的性研究的权威也轻易不敢下一个定义。然而，就其本质而言，人类的性行为是生理因素和文化因素相互作用的结果。

最早在课堂里讲授性知识的是鲁迅。1909年8月，二十九岁的鲁迅从日本留学归国，经好友许寿裳的介绍进入浙江两级师范学堂任教。他担任优级的生理学和初级的化学教员，亲自编写生理学讲义《人生象敩》，该讲义讲解的是人体解剖生理学的知识，其中本论的第九部分是生殖系统。在课堂上，鲁迅传授了进化论知识，并应学生的要求，破例讲了生殖系统。据夏丏尊在《我的同事鲁迅三两事》一文中回忆："这事在今日学校里似乎也成问题，何况在三十年以前的前清时代。全校师生们都为之惊讶，他却坦然地去教了。他只对学生们提出一个条件，就是在他讲的时候不许笑。他曾向我们说：'在这些时候，不许笑是个重要条件。因为讲的人态度是严肃的，如果有人笑，严肃的空气就破坏了。'大家都佩服他的卓见。……别班的学生因为没有听到，纷纷向他来讨油印讲义看，他指着剩余的油印讲义对他们说：'恐防你们看不懂的，要么，就拿去。'原来他的讲义写得很简，而且故意用着许多古语，用'也'字表示女阴，用'了'字表示男阴，用'糸'字表示精子，诸如此类，在无文字素养未曾听过讲的人看来，好比一部天书了。"

鲁迅是第一个吃螃蟹的人，他一边讲授性知识，一边在黑板上画出男女生殖器构造，这种图文并茂的教学给学生留下终生难忘的印象，而让学生更加刻骨铭心的，是他的科学态度和无畏的勇气。无独有偶，鲁迅的弟弟周作人于1918年5月15日在《新青年》发表译作《贞操论》，从而引发了妇女问题关于经济的解放与性的解放的讨论。从人类精神发展角度来认识、讨论性问题和妇女问题，正是五四时期先进知识分子共同的思路。有英国学者认为，性事与国事有着内在的逻辑联系，性话语在民国文化和教育中的突显是中国由封闭的专制的社会向现代的民主的社会转型的一种象征。因此，张竞生在北大讲堂讲授性学，并非一时的心血来潮，也非偶然的空穴来风，这一壮举，有他打破性禁忌、冲击旧礼教的雄心壮志，也有他重构人生、改造社会的理想追求。

北大的讲坛上，或者说绵延几千年的古老中国的书斋里，第一次响彻张竞生异端的声音："说及性教育一问题，关乎人生，比什么科学与艺术更大。性与情感有直接关系，而对于理智也有莫大的交连。饮食是生命的起始，性欲是生命的发展。现在许多政治家专心去讨论经济，而世界的教育家竟忘却了这个比经济更重大的性欲问题。我们自然不肯把它放过的，聘请关于性的专家，从生理、心理、社会各方面讨论性教育的道理，举凡关于生殖器的构造、交媾的方法、受孕的理由、避孕的常识以及生殖器病的防范及升级而为文艺的象征各问题，旁及教养婴儿的方法，编成为三本教科书：一为初中用，二为高中用，三为大学的课本。此外又须编些普通易晓的册子，使全社会的人皆对性有相当的知识。"

鲁迅是先行者，但他只是一般地传授性知识。张竞生则走得更远，他撕掉了性的神秘的面纱，试图还性以本来的面目，进而把它作为一个科学研究的对象。他告诫人们，愚昧才会导致罪恶，生殖器是人身最扼要的机关，岂可毫无研究，以致此间变成生番的野地，一任秽芜不理遂至恶毒丛生？在这里，张竞生多少带有诗人的描述与比拟。为了表述得更为直截了当，张竞生引用了德国哲学家叔本华在其巨著《作为意志和表象的世界》中的论述："生殖器官应该是意志的焦点……性其实是所有行为动作无形的中心，虽然被蒙上了一层面纱，但它还是四处流露出来。它是战争的起因也是和平的目的；它是严肃的基础也是打趣的目标；它是永不枯竭的智慧源泉，也是一切意向的钥匙，以及一切神秘暗示的旨意。""性冲动可以被看作是大树的内在活力，个人的生命就像是长在树干上的叶子，一边汲取树干上的养料，一边又积极地为树干提供养料。这就是那种冲动如此强烈，并从人性深处迸发出来的原因。"张竞生深受弗洛伊德的影响，自然十分赞同叔本华的判断。所以，性教育是一种必要的教育，又是极重要的教育，从初中起，应由训育主任庄重地解释给学生听，使他们知道生命的发展，在物质方面则为精液的发泄，在精神方面则为情感的升华。

为把道理讲够讲透，张竞生以水作喻，进一步强调开展性教育的重要性："性譬如水，你怕人沉溺么？你就告诉他水的道理与教他会游泳，则人们当暑热满身焦躁时才肯入浴，断不会在严冬寒冷投水受病，又断不会自己不识水性，就挽颈引领，闭目伸头，一直去跳水死。故要使青年不至于去跳水寻死，最好就把性教育传给他。我想这个性教育的运动极关紧要，本年想在北大稍为讲演。"

从1923年9月份起，张竞生以专题的形式，开始了性学的系列讲座。这个系列讲座，又以"美的性育"为总主题，展示了张竞生作为一个性学先驱在探索的道路上披荆斩棘的艰辛历程。他知道，他与北大有着特别的缘分，从事性学研究的种子就是当年在京师大学堂读书时种植和扎根的；后来到法国留学，接受卢梭的自然主义，促进了性教育思想的萌芽，濡染了法国猎艳的风俗，确立了两性平等交往与自由发展的意识。当然，张竞生还受到19世纪末法国乌托邦社会主义者傅立叶和圣西门的深刻影响。"乌托邦"意为"乌有之乡"，最早出自柏拉图的《理想国》。16世纪初，英国人文主义者莫尔出版了《乌托邦》一书，这是乌托邦思想史上的里程碑。莫尔虚构了一个完善、和谐、没有压迫和剥削的叫作"乌托邦"的理想国，从此，乌托邦成为空想社会主义的代名词，也成为照耀人类思想的一道闪电。在历史长河上顺流而下，意大利人康帕内拉的《太阳城》、法国人维拉斯的《塞瓦兰人的历史》、英国人培根的《新大西岛》和霍布斯的《利维坦》、法国人欧文和傅立叶的著作，乃至马克思和恩格斯的《共产党宣言》，无不受到莫尔的影响和启发。所以，杰出的马克思主义理论家考茨基说："现代社会主义始于《乌托邦》。"张竞生留学法国八年，长期浸淫于乌托邦所展现于未来的"美丽新世界"，对于性学的研究，既有理论资源，更有实践基础。

因此，在探讨"美的性育"时，张竞生不仅着眼于知识的传授，还侧重于方法的介绍，并从三个层面加以详尽的论述。

儿童时期。男女儿童在情窦未开之前，天真烂漫，要经常在一起玩耍、游戏，以养成一种兄弟姐妹的亲爱，避免因男女人为地分别太严致使涉入邪僻的心思。要从植物入手，教导儿童一朵花的雌蕊雄蕊的构造与意义，使他们知道这两个雌蕊雄蕊就是男女两性的性器官；花蕊成熟时就有了花粉，就像人到了成年后有精液与卵子的出现一样，这两样花粉合成后就生了果子，仿佛人类新生的胎儿。通过生动的比拟使儿童认识到这些事情是平淡无奇的，并懂得如花蕊无花粉，或花粉未成熟时，就使它们互相接触，则花蕊必将枯萎，花丛大受损害，就像男女结婚太早，会有衰弱病死的危险。在这种直观的教育中，让儿童明白男女是怎么回事；让少年清楚两性关系，行于所当行，止于所当止。

成年时期。男女情窦初开，正是危险的时期。这个时期的性教育，指导人最要在使男女知道人类生殖器的构造与生理的关系，及交媾的意义与精神的关系确实在何处。同时要把握好三个关键环节：一是使他们知道生殖器的构造此时尚未完全可以适用，精力尚未满足，身体尚待发展，若纵一时的性欲，势必使生理上留下无穷的后患。二是使他们知道交媾的意义原是一种极普通不神秘的事情，两性爱的快乐，乃在精神上的愉快，不在肉欲的接触。可以通过运动、操练及为社会服务等积极做法，使身体有继续劳苦的运动，则壮年精力有所发泄，自然免为性欲所扰乱。三是将性能量进行升华，于精神上如功课、艺术、科学等的修习与提高，自然能把妄念消灭于无何有之乡。

交媾的意义。男子要等到三十岁，女子约在二十岁左右，才为成熟的交媾时期。愈能迟缓其生殖器的接触，愈能增进男女彼此浪漫的才思，热烈的情怀。但彼此的相识上愈早愈好，男女社交愈多与愈公开愈佳。彼此结合纯为一些高尚的条件：或爱其美德，或慕其品性，或重其智识，或悦其技能。至于肉欲倾向，势利贪恋，父母之命，儿女观念诸端，必视为不是结合的要素了。要时时刻刻去创造，才能得到爱情的保存，这就是"爱的创造"的真义；要时时刻刻去进化，才能不至于失败，这就是"爱的进化"的妙谛。

总括一句，张竞生认为，性育不过是娱乐的一种，美的性育的使命在利用性欲的精力为一切思想上、艺术上及行为上的发展，使性力变为最有出息的功效。由此，提出了"精变"的概念，即一切最宏大的事业皆由一种变相的性力所造成；"精变"的效用甚大，只要一点精力就能生出惊天动地的事业来。

这就是张竞生苦心孤诣创造的一种"性话语模式"。这种"性话语"新见迭出，其用意是打破一般人对性的神秘感和羞耻感，使男女双方由"肉"的享受达到"灵"的升华境界；从性这种被压抑得最深的问题着手，可以触及人的解放的本质，进而由性的解放达成个人的解放，再上升为民族的解放，因为个人解放乃是国家民族解放的首要条件；而"爱的进化"和"爱的创造"的思想则蕴含着男女平等的因素，在男尊女卑的半封建半殖民地社会尤其具有积极意义。应该说，近现代以来，在理论层面上对性禁区发起冲击是在维新变法之后起步的。康有为首先在《大同书》上论证了男女性爱的合理性；谭嗣同则在《仁学》上对性观念有着颠覆性的主张，他呼吁引入西方科学的性知识来教育普罗大众；而第一个著文讨论性教育问题的中国人是商务印书馆出版部主任、中华书局总经理陆费逵；第一个较为系统地阐述性教育的人是上海教育局长潘公展。此外，还有周建人、黄公觉、杨冠雄、陶行知、张伯苓、潘光旦、杨贤江等一大批教育界、心理学界人士先后发表文章，对性教育问题给予关注和讨论。而在实践层面上，除了鲁迅蜻蜓点水地做过尝试之外，真正依托大学开展性教育、进行性文化宣传的，张竞生是做得最早，也最受诟病的一个。

在张竞生的冲锋陷阵之下，性禁忌被打破了，但其所受到的偏见与诽谤却始终如影随形地伴随着他。1922年考进北大读书的程厚之在《回忆我在北大的一段学习生活》中写道："这一期间，在北大师生中间出现了一些轰动社会的怪事丑闻。首先是教授阶层发生了三件骇人听闻的丑事。一是哲学系的教授张竞生讲授'美的哲学'，大肆传播他的'性学'，毒害了很多青年。二是已有妻室儿女的经济系教授杨栋林，追求被称为'校花'的某女同学，某女同学不胜其扰，把杨的丑行在报上揭露，因而北大同学掀起了驱杨的红绿标语，这个流氓教授不得不溜之大吉。三是生物系主任谭某某乘他妻子在协和医院生产的机会，把寄居他家的姨妹陈某某（我班的旁听生）强奸了，其妻出院后愤懑病殁，他便和小姨结了婚。陈在广州的未婚夫闻讯北来，在《晨报》上公布了他的控诉书，闹得满城风雨，谭某某也是一走了事（此处与事实有出入，原文如此）。"全校三件所谓丑事，就有两件与张竞生有关。1924年暑假，有一位想来北大报考历史系的学生，刚进到红楼，见到两张关于讲座的海报，一张是李大钊主讲辩证唯物主义，另一张是张竞生主讲性学，该学生回到家里，讲述所见所闻，他父亲因怕儿子入学后受这些激进的思想和科学的影响而惹是生非，强令他改报燕京大学。

北大有命名雅号的传统，就像陈汉章被称为"两脚书库"、辜鸿铭被称为"东西南北人"一样，张竞生则被冠以"性学博士"的别称。也许从这个时候开始，不雅的称呼就像阴魂一样笼罩在张竞生的头上，久久挥之不去。为了讲授性学，张竞生遭遇了怎样的难堪，承受了怎样的压力，是不难想象的。

然而，张竞生并没有屈服于旧礼教和旧势力。他仍然若无其事地讲授性学，并于1924年5月出版了专著《美的人生观》，其中辟有专节探讨性学，把"美的性育"进一步理论化、系统化，也更方便于切磋与传播。此书一出版，就引起学术界极大的争议，赞同者有之，批评者也有之，最典型的代表就是周作人。

周作人是北大国文系教授，比张竞生提早四年到北大任教，是"卯字号"的名人，也是文学界的要角。他负责的课程是欧洲文学史与罗马文学史，除本专业之外，他最感兴趣也最有研究的，是性

北大红楼西侧：曾经同时出现过两张海报，一边是李大钊讲马克思主义的，一边是张竞生讲性学的，这见证了北大的学术自由与兼容并包

道德问题与妇女问题。他是一个杂学旁收的学人，也是一个反应敏捷的快手。读过张竞生的新著后，周作人在8月27日的《晨报副刊》上发表了《沟沿通信之二》，亦弹亦赞地全面评价张竞生的著作。他说："前几天从友人处借来一册张竞生教授著《美的人生观》，下半卷讲深微的学理，我们门外汉不很懂得，上半卷具体叙说美的生活，看了却觉得很有趣味。张先生的著作上所最可佩服的是他的大胆，在中国这病理的道学社会里高揭美的衣食住以至娱乐的旗帜，大声叱咤，这是何等痛快的事。"在肯定张竞生的新著在反封建方面的价值后，周作人着重讨论了张竞生的性学观念。他说："我所觉得古怪的是'美的性育'项下的'神交法'。张先生说，'性育的真义不在其泄精而在其发泄人身内无穷的情愫'。这是他所以提倡神交的理由，其实这种思想'古已有之'。"接着，周作人以《素女经》《楼炭经》为例，质疑张竞生提出的"神交法"中"意通"与"情玩"的可行性与合理性，以不容置疑的口吻指出，美的生活当然又应当是健全的，所以关于这种"神交法"大有可以商量的余地，当然也是非科学的。但总体而言，周作人是肯定这部著作的："总之张先生这部书很值得一读，里边含有不少很好的意思，文章上又时时看出著者诗人的天分，使我们读了觉得痛快。"

此后两三年，张竞生又陆续出版了《美的社会组织法》和《恋爱的卫生》等重要著作。在这些著作中，张竞生丰富和深化了他的性学思想，进一步提出了节育和优生的主张。其中《恋爱的卫生》长达二十多万字，是真正代表张竞生性学思想的心血之作。其主要内容从自然界动植物的性反应论及人类的性本能，进而从人生观、社会观、教育观、健美观以及医学卫生的角度阐述人们必须具备正确的性生活和恋爱婚姻生活。书中参证了上百家中外学者的著述以及大量的数据，引用了上千条国内外发表的有关资料与最新信息，比较全面系统地提出了作者对个人乃至整个中国社会性生活和恋爱婚姻生活的看法。

二、美治主义

1924年3月8日，张竞生在北京大学发起组织成立"审美学社"。作为20世纪上半叶中国最具革命性、最有创新意识的人物之一，在张竞生奇思纷呈的精神探索和精神创造的历程中，最为华彩的篇章即将出场。

在成立学社的启事中，张竞生以横扫千军的气势写道："我国这样的社会丑极臭极了！我人生活无聊极和痛苦极了！物质与精神都无新建设，腐败的旧势力还是依然膨胀！挂招牌的新文化呢，也不过一些萎靡不振的中国式人生观，和那滑头滑脑的欧美式学说，一齐来欺骗诱惑我们可爱的青年！我们极不愿使这些怪现象继续生存下去，遂想建立这个'审美学社'。一面，注重'美的人生观'，一面，编辑有系统的'美的学说'和提倡各种'美的生活'。希望把研究所得者发为专刊，悬为标准，不但以此为我人创造上组织上理想之模范，并且靠它做我人最切实，最高尚，最美趣的行为之指南。"在逐项分析"美的人生观""美的学说""美的生活"的主要内涵、重要价值和研究项目后，张竞生着重指出，美的人生观，是高出于一切的人生观。美的学说与美的生活，是超出于一切别的学说与别的生活。世界人类皆当以这些美的观念与事实为生存。尤其是我们中国人更要以这些美的观念与事实，改变我们那样丑的臭的人心，与腐烂的将归于淘汰的社会。假使我人肯实在地把这些美的观念和事实研究与实行起来，自然于个人上享受无穷的美趣，于学说上得到创造的功能，于社会上有了系统的组织。

这个启事，是张竞生研究美学的总纲，也是他考察人生与社会的初步心得。两个月后，他的第一项研究成果——《美的人生观》出版了。此前，北京学界曾发起一场引起社会广泛关注的"科学与玄学"，也即"科学与人生观"的论战。这场论战是清华大学教授张君劢在《清华周刊》发表长文《人生观》而引发的，该文的主旨是提倡抽象的唯心主义人生观，反对现代科学。北大教授丁文江奋起反击，发表《玄学与科学》，提出欧洲的破产是不是科学的责任、科学的方法是否有益于人生观等问题，此后，又陆续发表《科学答玄学——答张君劢》《玄学与科学的讨论的余兴》等长文驳斥张君劢。梁启超、任叔永、胡适、孙伏园、张东荪、吴稚晖、陈独秀等，纷纷著文参加论战。张君劢是张竞生在法国留学的同学，当年他还专门向张竞生请教过如何研究哲学的问题，此次论战，张竞生正值陷身爱情定则讨论的漩涡，根本无法顾及于此。但张竞生对这个问题是十分关注的，他在等待时机，以他的方式来参与。这次《美的人生观》出版，在《北京大学日刊》刊出的新书广告写道，此书"对于近来甚嚣尘上的人生观问题独有精到的见解"，他以整本的著作来解剖和回答关系重大的人生观问题。

张竞生在北京大学任教前后六年，所上最重要的一门课是行为论（伦理学旧称），其研究也最为深入、最为系统。在"审美丛书"的总题目下面，张竞生有一个庞大的著书计划，将刊行六种书，一是《行为论采用"状态主义"吗？》，阐述行为论与状态主义的异同；二是《行为论的传统学说》，阐明传统学说之不足倚靠；三是《行为论与风俗学》，研究风俗学与行为论之间的相互关系。这三种书是属于"批评与破坏之性质"的，还有三种书是"为建设与实行上的研究"的。这三种书是：《从人类生命、历史及社会进化上看出美的实现之步骤》《美的人生观》《美的社会组织法》。

张竞生正当壮年，雄心勃勃，学术上又渊源有自，厚积薄发。由于种种原因，事实上，"审美丛书"只出版了《美的人生观》和《美的社会组织法》两种书。作为两部重要的美学著作，《美的人生观》和《美的社会组织法》出版后，立即受到读者的广泛欢迎，其中《美的人生观》在短短两年内，重印七次，成为名动一时的畅销书。而正是这两部书，开创了中国现代美学史上的重要流派，奠定了张竞生在中国现代美学史上的重要地位。

中国现代美学的源头在王国维和蔡元培。王国维第一个构建了美学本体论，提出了美学意境说，使美学学科在现代中国得以真正确立。蔡元培第一个提出"以美育代宗教"，并以国之祭酒教育总长的身份亲自推动和贯彻"五育"并举的新的教育方针，即实行军国民主义教育、实利主义教育、公民道德教育、世界观教育及美育，使美育由精英阶层彻底走向了普罗大众。因此，在打造新的学科范型、搭建新的理论大厦中，王国维、蔡元培的作用不可替代，功劳不可湮没。

作为美学家，张竞生当然首先从理论上构建其美学体系。他的核心理念就是美治主义，即以美的原则规划人生和治理社会。为此，他独创了"美治"的概念，这是与史前的"鬼治"（顾颉刚语）、传统的"德治"和现代的"法治"相对应的天才创造。在张竞生的设计中，"先前的社会是'鬼治'的，及到近世一变而为'法治'，今后进化的社会必为'美治'无疑。鬼治可以吓初民的无知，但不能适用于近世。法治可以约束工业的人民，但极有妨碍聪明人的自由发展。至于我们所主张的美治精神，它不但在使人民得到衣食充足的需求，而且使他们得到种种物质与精神上娱乐的幸福。……总之，在这个美治的社会所有机关皆以'广义的美'为目的"。

张竞生所谓"广义的美"，是指包括了历史进化、社会组织、人生观创造，皆以这个广义的美为目的、为根据、为依归的。这样，美就成为人类的最高理想，美学也成为涵括一切学问的最高学问。张竞生在对他所研究的美学范畴做出明确界定后，又进一步指出："故我主张美的，广义的美的，这个广义的美，一面即是善的、真的综合物；一面又是超于善，超于真。……大美不讲小善与小真；大

1926年第四版《美的人生观》

美，即是大善，大真，故美能统摄善与真，而善与真必要以美为根底而后可。"强调着眼于广义的美，强调真善美的统一，强调物质精神的统一，这是张竞生美学体系的理论基础，也是其哲学基础。

然而，从实践的层面较为系统而全面地思考美育问题，并提出具体方略的，张竞生要比王国维、蔡元培做得更多、走得更远。与其他的美学家不同，张竞生不去抽象地谈论什么是美、美的起源、美的本质、美的特征等纯粹的理论问题，他更重视实证性研究，更注重具体问题的有效解决。这样，生命主体、实践理性和效益观念就成为张竞生美学体系的另一个鲜明特征。以此为依托，张竞生把个人和社会作为他审美观照的对象，在美治主义的理论框架之下，指导个人发展的有"美的人生观"，协调社会事业的有"美的社会组织法"，张竞生正是以这两大体系为基石，构建起独特的被遮蔽了八十年而又在新世纪逐渐浮出水面的美学大厦。

人生观是什么？在张竞生看来，是美的。这是张竞生对纷扰多时的"科学与人生观"论战的回答，而且他还充满自信地认为，他所提出的"美的人生观"是一切人生观中最正确最高妙的，其所以高出于一切人生观的缘故，在能于丑恶的物质生活上，求出一种美妙有趣的作用；又能于疲弱的精神生活中，得到一个刚毅活泼的心思。针对科玄之争，张竞生单刀直入地指出，它不是狭义的科学人生观，也不是儒道释的人生观，更不是那些神秘式的诗家、宗教及直觉派等的人生观。它是一个科学与哲学组合而成的人生观，它是生命所需要的一种规则，有目的，与创造的人生观。

张竞生认为，美的人生观不是一个虚幻的概念，乃是实在的系统。它以生命为本体，包括衣食住、体育、职业、科学、艺术、性育、娱乐等七项，它是一种人造品，带有强烈的主观色彩，只要人们按照美的规律、以美为标准去创造，就能随时随地，随事随物，均可得到美的实现。在这里，张竞生强调了生命主体在美的创造中的主观能动性。在服装方面，张竞生提出了变服主张，对改易西装与改良中装提出了具体要求。张竞生改易西装的基本依据和评判标准是"最经济、最卫生、最合用、最美趣"，分别包含了服装美学、卫生学、人体美学的意义与指标，由此阐发而来的"实用、美观、经济"原则长期以来被国内服装教科书奉为设计经典。而改良中装的标准是"使骨骼的美处能够表现出去"，弱化"藏形""掩形"的传统思想，强调以服装来烘托人体的美，以达到异性之间互相吸引的目的，进而实现张竞生所欣赏的以提升性的质量来改善人种的目的。在吃饭方面，张竞生宣称创造美的饮食，乃是创造美的生命最紧要的原料，提出应学习西方人的分餐制，以改变中国人既不卫生，又易造成抢食肉菜的同桌共食的毛病；同时倡导吸味与吸气相结合，并在一定时期完全不用外食，仅靠极微的身内热力生存，而获得精神上的极大愉悦的"内食法"，强调"内食法"是美的食法的真髓，是养生的最好方法，是把物质创造为精神上的最好技术。在居住方面，张竞生认为"造屋要完全合于经济、卫生、合用与美趣的四个意义"，并具体提出应将北京的四合院改为半圆式的"北房化"，以使空气流通，光线充足，让居住者得到以"天地为庐"、与"万物为友"的自然美的陶冶。

张竞生认为，美的人生观的另一个特征是能量扩张。他以江河取譬，说明美源于生命，开始其"能力"极其渺小，但经过环境"物力"同化后，积蓄为"储力"，再外化为"现力"，也称作"扩张力"。这种人类扩张力共有五种，起于职业、科学、艺术，次为性育与娱乐，第三为美的思想，第四为情、知、志的发展，最后则是宇宙观。

它们构成了美的扩张力，张竞生分别从存在上的扩张、心理上的扩张和宇宙上的扩张分别详加论述。

从存在上的扩张来说，包括了职业、科学、艺术、性育和娱乐等项。职业、科学、艺术，通常被视为三个独立的社会生活领域，张竞生则从美育角度出发，强调三者应是密不可分、三者合一的，即职业要做到科学化、艺术化；科学要做到职业化、艺术化；艺术要做到职业化、科学化。性也是一种储力，若不用出，必在身内乱撞浑闹，而排泄的方法自然以娱乐的方法为最佳，同时也可向职业、科学、艺术的方向转化。他还提出"工作即娱乐，娱乐即工作；行为即娱乐，娱乐即行为""一个工程师，应是一个审美的工程师""种田，也要种出审美的境界"，把主体的存在提升到美的境界来认识和把握。

从心理上的扩张来说，包括了美的思想和情、知、志的发展，主要为极端的情感、极端的智慧、极端的志愿。张竞生认为人的本性是极端的，是伟大的，是天真烂漫、浩然巍然的。凡能发挥这个极端的本性，便能得到英雄的本色、名士的襟怀、豪杰的心胸与伟大的人格。这种极端最为美趣，能把唯我扩张到忘我，又能把忘我结果于唯我之中。这中间，体现了尼采的权力意志，也洋溢着庄周的哲学意味，贯注着张竞生独异的美学光彩。

从宇宙上的扩张来说，张竞生提出可分为"美间""美流""美力"三个方面，这是既大又新的美学问题，需要人们去拓展、创造和享用。

"美间"是就空间而言，包括"择境""择时""数理"的眼光，"艺术"的眼光等。"择境"就是选取最好的景象去观赏，"择时"就是选取最好的时间去观赏。它们都能收到普通观景所达不到的效果。"数理"的眼光可以让人领悟无穷大深微的道理,"唯有数理才能给我们无穷大,无穷小,无穷尽各种观念的妙趣",以理性的力量观察世界、把握世界,给予人们的是获得自我肯定的超越"小我"的精神之美;"艺术"的眼光则是感性的、想象的、情感的,需要一种艺术的修养才能领略到。张竞生主张用科学的和艺术的两种眼光去欣赏美,这与近代西方美学将审美的眼光仅归属于艺术是有所不同的。张竞生甚至认为爱因斯坦的物理学理论有助于人们对自然美的欣赏,他是中国美学史上最早肯定有科学美存在的学者(陈望衡:《20世纪中国美学本体论问题》,武汉大学出版社,2007年,第145页)。

"美流"是精神力经过心理的作用而发展于外的一种现象,柏格森叫作"生命流",张竞生则命名为"美流"。它包括"空间的时间"和"心理的时间",在审美过程中,因环境与心境的不同而产生不同的情感状态,类似于爱因斯坦的相对论理论。"美流"的作用,就在于极端去发展情感、智慧、志愿,消弭时间的观念,接通过去与未来,使人们不觉一切的痛苦而使其常有"现在长存"的快乐。

"美力"是一种物力,包括自然力、心理力、社会力。比如智慧的领悟,也是一种美力的追索与探求,苦苦思考之后,忽然间灵境出现,灵脑想到,灵眼觑见,灵手捉住,灵笔写出。妙文天成,自然于聚精会神中不觉其苦而觉其乐。像"美间""美流""美力"等概念的提出,既新颖别致,又耐人寻味。

张竞生还强调美以"用最少的力量而收最多的功效"为大纲,体现了美的经济原则。为了达到"一切之美皆是最经济的物",张竞生提出了"创造的方法"和"组织的方法"。所谓创造的方法,即在创造一些最经济最美妙的吸收与用途的方法,使生命扩张力不致丝毫乱用，并且使用得最有效力；所谓组织的方法，即在如何组织环境的物力与生命的储力达到一个最协调的工作，并使储力如何才能得到一个最美满的分量。传统的美学观都将超功利性视为美的最重要属性，无论是康德、叔本华、尼采，还是王国维、蔡元培、梁启超，均作如是观。唯独张竞生大异其趣。毫无疑问，美是一种价值，在价值的选择和评估中，不仅映射出对象，而且映射出主体本身。汉字是象形文字，"羊大"为"美"，就"美"字的来源而言，本身就凝聚了我国先人对所谓美的价值取向，具有强烈的功利色彩与实用价值。张竞生认为美应具有最大的功利性，"救济贫穷莫善于美，提高富强也莫善于美"，这与远古先人的审美理想如出一辙。他虽有强烈的西化色彩，但在这个问题上却与传统更加接近。同时，张竞生还认为，美不仅于物质的创造上得到最经济的利益而已，它对于精神上的创造更能得到最刚毅的美德。唯有美，始能使人格高尚，情感热烈，志愿坚忍与宏大。这个观点则引梁启超、蔡元培为同调，他们都主张用美育的手段去改良社会、培植高尚人格。而实际上，这也是一种美的实用属性。张竞生把科学、经济学的原则引入到美学的领域，具有强烈的现代意识与浓厚的理性精神，是他区别于其他美学家最显著的特色之一。

美，无处不在；美，无所不包。面对求知的学生和研究的伙伴，张竞生说："美一而已，而美的现象可以千变而不穷。善审美者能在千万变不穷的美象中，而求得美的一贯的系统，故他能于衣、食、住、身体、职业、科学、艺术和性育、娱乐和思想上及心理上与宇宙观各种事情中领略各个的美丽与一贯的作用。"

细如电子尘埃，大如银河世界，都是美考察的对象。宇宙一切事物都是美的，人生观必定同时也是美的。如果说《美的人生观》

立足点是个人，讨论的是人的生存方式的美；那么，《美的社会组织法》立足点则是社会，讨论的是社会的组织结构的美。张竞生认为，组织为人类及社会最高的进程，美的社会组织包括社会职业分工、社会信仰崇拜、国家职能部门设置以及实施美治政策管理等。他知道，他所设计的是一个完美的而在现今社会上不易实现的空想的"理想国"，然而，他又是豁达的，"倘若此书长此终古作为乌托邦的后继呢，则我也不枉悔……读者看此书为最切实用的社会书也可，或看为最虚无的小说书也无不可，横竖，我写我心中所希望的社会就是了"。

写出心中的社会，知其不可而为之。这就是张竞生的性格，也是张竞生的抱负。

张竞生的政治设计是建立"美的政府"，实行美治政策，以美的原则治国理政和进行国际交流。国家的最高权力机构是"爱美院"，"爱美院"由全国各地经过平等竞赛后选出的"五后"（即女性的美的后、艺术的后、慈善的后、才能的后、勤务的后）、"八王"（即男子的美王、艺术王、学问王、慈善王、勤务王、技能王、冒险王、大力王）组成。政府行政机构分为国势部、工程部、教育与艺术部、游艺部、纠仪部、交际部、实业与理财部、交通与游历部等八个部。政府首脑及所辖八部均须对"爱美院"负责，"爱美院"有弹劾政府官员的权力，以此来保证"美的政府"职能的实行。

张竞生从"美治主义"的理念出发，论述了政府八部各自的职能。国势部的职能，是培育美好的国民，制造佳男美女。下设"官媒局""避孕局"和"国医局"，分别承担国民结婚时身体检查与婚姻介绍、结婚后的避孕管理及国民的疾病治疗，保证人口的健康等职责。教育与艺术部的职能，是在学校的各科教育中贯彻艺术的方法，督促实施情感教育、性教育等，以培养学生的创造才能与健全人格；负责对社会的各行各业进行艺术教育，使一切国民皆成为有艺术性的工程师和办事人。游艺部的职能，是主管赛会、庆典，为不同年龄段的人举办各种娱乐活动等，以培养人们健美的情趣。纠仪部的职能，是制订和主管婚丧嫁娶、宴客聚会时的各种礼仪，以消除粗俗与丑陋的言行。交际部的职能，是主持办好国内的"交友节"，并设法加强与世界各国人民之间的情感交流，以便使天下的一切人都成为朋友。至于如工程部、实业与理财部、交通与游历部等实际功能较强的机构，在具体工作中，也都要首先从美的工程观、美的实业观、美的理财观、美的交通观、美的游历观等美趣出发，以人为本，精于谋划，使人们能够获得更多的审美享受。

为了督促"美的政府"各部官员真心办事、为民效力，张竞生别出心裁地设计了对政府的监督功能：每年的国庆日庆典上，自总统、国务员以及现任的一切官员，都要身穿极朴素的用人衣服，以公仆的样子，站立在一个极狭隘的棚中，恭敬地接受坐在对面一座极华丽的厅上身穿大礼服的人民代表的评判和训告。人民代表分坐三排，每排约十人，先由左排代表发言："公仆！你们一年来所做甲事乙事等等确实不错，我们代表国民，特来感谢。"继而由右排的代表发言："公仆！你们一年来所做丙事丁事等等实在不对，我们代表国民特来责备。"然后由中排的代表宣布："公仆，方才二代表所说甚是，我们国民希望你们从今日起，努力向善，补救过失。明年此日，你们如有成绩，才来此地再会，若不争气，请速引退，免受国民的惩罚，勉哉公仆！"最后，由大总统代表公仆团向人民代表团行三鞠躬礼，并致答辞："高贵的主人啊！承示训饬，敢不敬命，从兹努力，无负重托。"

打破一个旧世界，建设一个新世界，这是多少仁人志士的梦想。张竞生以美治主义为核心，设计了他理想中的人生与社会，创造了一个"美的乌托邦"。也许张竞生编码的这套"美的政府"的政治程序始终无法激活，但他的民本思想、他的创新精神、他的赤子情怀，都将随着时代的进步，不断闪烁动人的光彩。

三、情人制理论

人是政治的动物，深受柏拉图影响的张竞生，不遗余力地构造着心目中的理想国，同时设计和发布了一系列的乌托邦文告。在张竞生精心编绘的乌托邦谱系里，既有性的乌托邦，又有美的乌托邦，还有情的乌托邦。在"美的政府"的框架之下，国势部、工程部、教育与艺术部、游艺部、纠仪部、交际部、实业与理财部、交通与游历部等八部的政治，是专门为使国民变成为情人而设置的，因为各部有各自不同的政策，但彼此有一个共同的目标，就是一切为美趣和情爱服务。爱与美的造成，就是情人的造成；爱与美的成功，就是情人政治的成功。

爱情定则的讨论，曾为张竞生对婚姻家庭问题做更深入的思考提供了契机。经过这几年的研究，他的结论是，要荡涤污浊社会，推行情人政治，首要的在以情人制度代替婚姻制度。张竞生认为，婚姻是一种失败的社会体制，就其本质而言，是一种"经济的条约"，是一种"保险的合同"。考察历史，自从婚姻制度确立以来，夫妇之道是苦多乐少，无论是多夫多妻制（群婚制）、一夫多妻制，还是一妻多夫制、一夫一妻制，大多数男子自私自利，违背人性，压抑女子，或者夫凌虐妻，或者妻凌虐夫，产生了无数怨偶的家庭。

有鉴于此，张竞生遂下断语："男女的交合本为乐趣，而爱情的范围不仅限于家庭之内，故就时势的推移与人性的要求，一切婚姻制度必定逐渐消灭，而代为'情人制'。"

何谓情人制？张竞生说："顾名思义，情人制当然以情爱为男女结合的根本条件。"而爱的真义不是占有，也不是给予，乃是欣赏。在情人制的社会里，当男女未定情之前，男女社交极其普遍与自由，一个男人见一切女子皆可以成为伴侣，而一个女子见一切男子皆可以为伊情人的可能性。门户之见既除，羞怯之念已灭，男女结合，不用"父母之命，媒妁之言"，全恃他的创造情爱的才能，创造力大的则为情之王与情之后，其小的则为情的走卒和情的小鬼。为了构建新型社会，张竞生特别强调要保证两性的独立自由，特别是女性的独立自由。针对婚姻制度下女子处于从属地位的状况，他尖锐地指出，情人制能否实行，全靠女子在社会上有无地位。而要提高女子的地位，必须重新确立女子的中心地位。

原始的母权制社会是以女性为中心的社会，随着私有制的发展，父权制的确立，母权制终于被推翻，这"乃是女性的具有世界意义的失败"（恩格斯语）。从此，丈夫在家里掌权，而妻子则被贬低，被奴役，变成丈夫淫欲的奴隶，变成生孩子的工具。如何扭转乾坤，重振母仪？张竞生认为："先前女子为社会的中心仅在性交的选择，母性的保护，及家庭的经济诸范围之内而已。今后女性的影响则在于普遍的情爱，真正的美趣，及广义的牺牲精神。"只要人类社会恢复为以女性为中心，女子便不会一味"卑怯被动"，男子便不会一味"凶狠奸诈"。

如何重建女性的中心地位，张竞生主张新女性应以"性交为一种艺术与一种权柄借以操纵男子"，那么，男子唯有情爱才能获得女子芳心，受性欲所驱遣，便不得不努力成为"情爱之人"。这样，男子的理智会"情感化"，女子也可以受男子影响，其情感则不能不"理智化"，达到相互协调的功能。而这一切的先决条件就是情人制的实行。为此，张竞生建议在妇女中组织"情人社"，研究如何做情人的艺术，如何进行精神上与经济上的互助，以及避孕的方法。加入"情人社"的社员都应当宣誓在三十岁之前不出嫁，最多只能做情人。相应地，男子也不能早娶，三十岁前仅能做女子的情人。这样，人人皆可以为情人，精神上互相慰藉，人人有事业，经济上各自独立，那种无情无义、寄生社会的娼妓现象也就随之土崩瓦解了。

美是情爱的根源，凡要做情人，当先学做美人。因此，女子要努力培养自己成为具有美趣之人。一个美的社会应当像剧场一样，则一切女子就是剧场中的艺员。张竞生提出要多多成立"美人会"，让女子在其中学习做艺员的技巧：眉如何画，发如何理，眼神如何勾摄，面貌如何修整，装饰如何讲究，说话怎样使人动听，动作怎样成为雅趣。通过修习造就美人，以美人的优秀带动男子的进步。"女艺员既出台，男艺员也必一同跟上了；女子扮美人，男子就成为佳士了；女子为虞姬，男子就要为霸王了；女子为击鼓的梁夫人，男子就成为骑驴玩西湖的韩蕲王了。总之，女子讲究装饰，男子也必讲究装饰；女子讲风范，男子讲态度；女子重活泼，男子重刚强；女子善温柔，男子贵缠绵；女子贵体贴，男子尚精致；凡女人如能从各种美趣着想，男子就不能不从各种美趣努力了。"于是，新女性在社会上占据要津，以情爱养成情人，以美趣造成美人，以牺牲精神培养女英雄，女子不再是性欲的奴隶，而在性事和生育上掌握自主权，这就是张竞生心目中的"女性中心社会"，也就是张竞生理想中的完美社会。

毋庸讳言，取消家庭，以情人制代替婚姻制，是迄今为止最为大胆，也是走得最远的乌托邦构想。它的始作俑者并非张竞生，其源头可以追溯到古希腊柏拉图的《理想国》。在《理想国》中，柏拉图借苏格拉底之口说："这些女人应该归这些男人共有，任何人都不得与任何人组成一夫一妻的小家庭。"柏拉图担忧，小家庭会破坏城邦精神。到了19世纪，法国空想社会主义者欧文首先提出了离婚自由的主张。这是乌托邦两性制度史走向自由的一个里程碑。欧文在《以不变的自然法为基础的普遍适用的合理组织法》中为自己的理想社会立法，其中第七条为："男女两性都应当受到同样的教育，享受同等的权利、优待或人身自由。婚姻决定于自然的互相爱慕。这种爱慕应被正确地理解，不受人为障碍束缚；如果在某些情况下婚姻没有使双方得到幸福，那么妨害解除婚姻关系并使不满意婚姻状况的人遭到不幸的那些法律，就应该加以废除。"另一位法国空想社会主义者傅立叶则主张取消家庭。他说："显然，上帝希望依照几何学正确性规律使一切东西都是自由和协调的，而我们则采取了家庭制度。这种制度下，只有专横、虚伪、非正义、不和、压迫。每个家庭里集体利益和个人利益总是矛盾的。"与柏拉图的国家本位不同，傅立叶取消家庭的观点是从个体的欲望和自由出发的，张竞生的主张与傅立叶的观点庶几近之。

应该说，解构家庭的论调，并非只由西方思想家专美。中国第一部可与西方乌托邦作品相媲美的乌托邦著作，就是康有为的《大同书》，该书直接继承了《理想国》《太阳城》取消家庭的传统。康有为主张："男女听立交好之约，量定限期，不得为夫妇"，"不得为终身之约"，"婚姻期限，久者不许过一年，短者必满一月，欢好者许期续约"。这实际上是取消传统婚姻制度，取消家庭。当然，康有为的取消家庭，主要是着眼于构建"大同"世界。为了实现这个宏大目标，康有为还提出要改良人种，实行"杂婚之法"："地既迁矣，则与黄人白人杂居，于是创奖励杂婚之格。凡有男子能与棕黑人女子交，女子能与棕黑人男子交者，予以仁人徽章。异其礼貌，则杂婚者众而人种易变矣。徽章名曰'改良人种'。"张竞生在《美的社会组织法》中，也有类似改良人种的论述。他专门提出了"外婚制"，主张中国男女要嫁出去、娶进来，实行中外通婚："俄人性质刚强正足以补我族文弱的短失，吸收冒险、神秘与宏大的性格，同时我人给予伊们温柔优容的心情，会见亚洲人的亚洲定是些中俄混合人种的天下。"同时，他还主张与欧美人、日本人通婚，本国的汉人与满、蒙、回、藏人通婚，通过与不同种族的通婚，"不独使情人制更加发展，它又是达到种族互相了解及世界大同的最好方法"。作为身处积贫积弱、备受西方列强欺凌的近代中国的有识之士，康有为、张竞生或许各有不同的价值取向，但心系民族命运、渴望强种救国的"文化想象"和"国家动机"却是殊途同归的。

"新女性中心论"也并非张竞生个人的发明。据台湾学者彭小妍的研究，萨德侯爵在18世纪末就已经提出这样的看法。在《朱丽叶——邪恶的荣耀》一书中，修道院院长教导女学生以性作为武器操纵男人，大力鼓吹打倒父权、教会体制，建构一个女性主导的乌托邦。上海文艺出版社20世纪20年代出版的《世界婚姻文化丛书》也可能是影响来源之一。该丛书其中一本题名就叫《女性中心说》，为夏丏尊根据日本社会主义者堺利彦及妇女运动领导者兼社会主义者川菊荣的日文版本翻译。原作者为美国社会学家及妇女运动支持者瓦特，原著名为《纯粹社会学》。日文译本是由原著第十四章翻译而来，原著的第十四章篇名为《物种演化史》，但日文译本把其名称改为《女性中心说》。事实上原作者所鼓吹的就是社会原本以女性为中心，目前男性为中心现象并不合乎自然，应该再回到女性主权的社会。堺利彦在序言中说明，瓦特自己也认为第十四章应发展为一单独研究；他同意瓦特的看法：父权之所以产生的主要原因，乃是由于男人的聪明才智渐开，发现了性交与怀孕的关系，于是导致父权意识的觉醒。但他批评瓦特没有注意到导致父权体制的经济因素，例如男性财产继承权的发展等。另外，法国乌托邦社会主义者傅立叶认为，情欲是与生俱来的，不应受婚姻制度的束缚，甚至可以一天换一个性伴侣，以避免流于厌倦，其乌托邦思想无疑也渗透进了张竞生的情人制理论。

无论是"异族通婚，世界大同"，还是"女性中心，情人制度"，张竞生始终没有摆脱"一新中国"的家国情结，也始终没有放弃强种强国的文化情怀。在张竞生的构想中，情人政治的终极目标，就在于致力建设一个"美善的社会组织"。这个理想中的社会组织有两条重要标准，一是社会有真正的公道，二是个人有真正的自由。为了实现社会的公道与自由，张竞生苦心孤诣地设计了一套制度安排，来保障社会目标的实现。

首先是共法与互约。这是就法律制度而言。共法，是指大家都认可的某些法规，这些法规中，不应包括某些强行执行的具体条文，而只是一些粗略的规则。互约，是指当事人根据自由意志，互相商定，就某些具体事务双方确立的契约。比如关于婚姻法，只做如下规定："凡由男女两方情意相投而结合者就享有夫妻的权利与义务。"这就是"共法"。至于如何结合，应具备什么条件，均由当事人自己商定，这就是"互约"。这样，法律仅仅成为一种社会的指南针，给人民指明一个最好的方向，却没有强迫人民必须非往哪里走不可，既保证社会的稳定，又最大限度地保障个人的自由。

其次是共权与分能。这是就社会体制而言。共权，是指权力归全体人民共有；分能，是指具体的权力施行交由政府机构承担。张竞生充分肯定孙中山权能分离的主张，即选举权、罢免权、创制权、复决权归人民；行政、立法、司法、考试、监察等权归政府。这样，人民与政府各有自由，又相互制约，即"权"归人民，政府不能专制；"能"属政府，人民不可掣肘。同时，人人享有相等的权利，这是公道；人人各有不同的才能，这是自由。公道与自由同处一隅，又各得其所。

再次是共情与专智。这是就人际关系而言。共情，是指在博爱基础上发展起来的一种公共情感，是由男女之间的情人制推广到全社会而形成的一种情人状态；专智，是指个人智慧方面的各擅其能与自由发挥。情感贵在横的四通八达，互相交融；智慧贵在纵的上天入地，产生差异。另外，在经济制度方面，还存在共需与各产的问题，这是社会发展的一大关键，需要进行深入的考察，提出切实可行的对策。张竞生认为，只有共情，才能保证共法、共需、共权的实现，才能造成社会成员之间的互相亲爱；只有强调理智的充分发展，才能保证"人人立异，日日创新，无一抄袭，无一重复"，才能形成五光十色、千姿百态的繁荣景象。

尽管张竞生过于夸大女性的美德，过于强调情感的作用，对社会问题的解决过于洋溢浪漫情调，但张竞生从"公道"和"自由"的核心理念出发来论述和构建"美的社会组织"，应该承认是抓住了人类社会的根本问题，是别具慧眼的真知灼见。自由是人性的本能诉求，也是人生的理想境界，但一味地强调个人的自由，任由人的本能泛滥，必然把人类拖入像猪一样打滚的臭不可闻的泥坑。与此同时，张竞生强调了公道，其实是对他人利益的兼顾，也是对自由的必要限制。正是在这个意义上，张竞生设计的"美的社会组织"才有了一定的合理性和可贵的前瞻性。

滥情，是张竞生的致命伤，也是他的可爱处。对于疏离冷漠成性的中国人，张竞生的滥情，或许又是一针矫枉过正的解毒剂。为了实践张竞生的情感理论，1925年11月9日，张竞生在北大第一院三十八教室主持召开成立"北大壮游团"。张竞生充满感情地说："我们想组织一个较有规模的壮游旅行团，使从前同人所得到的一些私乐，扩充为北京朋友们的共乐，将来再希望他发展为全国全地球的公共娱乐。他们为的不是政见、党见、阶级见，更完全没有那些猪见、狗见、禽见和兽见。他们为的只是'情见'。他们为的，第一，在求大家以情感相见；第二，使人类的情感和自然的万物相见。来吧，大家以情感相见吧！女界是他们最欢迎的，以完成'全人'的情感。"

当天晚上，参加壮游团成立大会的有六十多人。大家认真地讨论，确立了名称、宗旨、组织、经费的筹集办法以及活动的方式，决定每月至少举行一次北京近郊名胜的旅行观光，每年举行一次全国性的长途旅行。会议公推张竞生为壮游团团长，哲学系学生乌以锋、赖道纯为文书等，并讨论了筹备第一次壮游的事宜。

在张竞生的身教和示范之下，壮游团先后组织到西山、圆明园、万里长城、十三陵、卢沟桥、什刹海等地旅行。青年男女回归自然，激情澎湃。在游圆明园时，浪漫的学生兴奋得手舞足蹈，放声高喊："朋友们来与我们同游吧！此间有诗料、史料、图案与建筑物，可以歌，可以泣，可以起舞，可以努力兴起建设的热潮。"哲学系学生兼壮游团庶务温克威在《我们的郊游》中写道："薄云盖着的朝阳，的确别具韵味,所以烟雨迷蒙的江山,白云缭绕的宝塔,外衣轻套的新嫁娘,琵琶半遮面的优伶,都似含蓄不尽,耐人寻味为美之上品。寒风吹到黄草上,秋色寄在梧桐间,京绥路上的一声汽笛虽添得几度凄凉,这块平原也变了憔悴的美人,虽然憔悴呵,但不失其为美人!"壮游的美趣使人流连忘返。

壮游团还组织团员到北京什刹海前海去溜冰。在张竞生眼中,团员三五成群在白茫茫的冰面上,就像广寒宫里面的仙人跳舞,那种美趣与乐况是笔墨难以形容的,他陶醉和迷失在这种美的现实里。

四、读书之争

张竞生并没有一味地沉湎于风花雪月中,他是一个精力充沛的人,也是一个兴趣广泛的人。这些年,政局虽说动荡不安,民生凋敝,学界却是百家争鸣,自由发展。张竞生厕身其中,好戏连台,表现不俗。"爱情定则"的讨论,他是主帅;"科学与人生观"的论战,他后发制人;"青年爱读书与青年必读书"两大征求,他是备券询问的"名流学者"。也许是结了善缘,张竞生直接或间接参与的这几项在学术界影响深远的大讨论,都离不开一个至关重要的人物。

这个人物就是京城名编孙伏园。孙伏园,1894年出生于浙江绍兴,他在中学读书时是鲁迅的学生,在北大读书时是蔡元培的学生,在《晨报副刊》当编辑时是李大钊的后任。由于组织"爱情定则"的讨论,张竞生与孙伏园成了意气相投的朋友。孙伏园主编的《晨报副刊》,既介绍新文化、新思潮,也不薄旧文化、旧传统,副刊开辟了讲演录、特载、论坛、小说、歌谣、杂感、译述、通讯、游记、科学谈、卫生浅说、戏剧研究、古文艺、传记等众多专栏,用稿量颇大，张竞生的文章观点新颖、感情充沛、文字清新而有诗意，极富感染力，深受孙伏园的喜爱和赞赏，经常约请张竞生写稿。张竞生的新著《美的人生观》出版后，孙伏园又及时编发了周作人、李溶等人撰写的评价文章。

发轫于"爱情定则"的讨论，张竞生与孙伏园的友谊可谓牢不可破。

有意思的是，"爱情定则"的讨论已经过去一年多，鲁迅却似乎意犹未尽。1924年10月，鲁迅写了一首诗《我的失恋》，寄给孙伏园。全诗共三节：

> 我的所爱在山腰；
> 想去寻她山太高，
> 低头无法泪沾袍。
> 爱人赠我百蝶巾；
> 回她什么：猫头鹰。
> 从此翻脸不理我，
> 不知何故兮使我心惊。
>
> 我的所爱在闹市；
> 想去寻她人拥挤，
> 仰头无法泪沾耳。
> 爱人赠我双燕图；
> 回她什么：冰糖壶卢。
> 从此翻脸不理我，
> 不知何故兮使我胡涂。

我的所爱在河滨；

想去寻她河水深，

歪头无法泪沾襟。

爱人赠我金表索；

回她什么：发汗药。

从此翻脸不理我，

不知何故兮使我神经衰弱。

　　孙伏园是明眼人，一看就知道是讽刺正在盛行着的失恋诗。他读完会心一笑，就随手编到下一期的《晨报副刊》。稿件已经发排，见报的头天晚上，孙伏园照例要到报馆看大样。孙伏园不看则已，一看就火冒三丈，原来鲁迅的诗《我的失恋》被代总编辑刘勉己抽掉了。恰在此时，刘勉己又跑来说那首诗实在要不得，孙伏园追问他何以"要不得"，他又吞吞吐吐地讲不出所以然来，孙伏园认为这是在故意找碴，再也按捺不住心中的怒火，顺手打了他一个巴掌，还追着大骂了他一顿。作为学生，孙伏园自然要向着老师；作为文坛宿将，鲁迅的稿子求之不得；作为编辑，孙伏园于公于私都没有无缘无故不登鲁迅稿子的道理。现在刘勉己如此非难，孙伏园已经下决心撂挑子了！第二天，孙伏园气冲冲地跑到鲁迅的寓所，告诉他"我辞职了"。鲁迅认为学生为了自己的事辞了职、失了业，内心颇为不安，除了给他安慰之外，还想方设法帮助孙伏园谋划，以解燃眉之急。

　　也是天无绝人之路。《京报》听说孙伏园辞去了《晨报副刊》的职务，总编辑邵飘萍亲自找上门去，诚恳地请孙伏园去办《京报副刊）。起初孙伏园还在犹豫不决，他觉得《京报》的发行量太少，只有三四千份，还不到《晨报》的一半，社会地位也远不如《晨报》，很不想去。但鲁迅却态度坚决，竭力支持孙伏园去《京报》。鲁迅说，一定要出这一口气，非把《京报副刊》办好不可。

孙伏园憋了一口气，由《晨报》来到《京报》。略施小技，1924年12月4日，《京报副刊》就出版了。邵飘萍虽然很能干，但帮忙的人不多，等于一个人办一份报纸，既没有什么规章、制度，经济也很困难，有时连稿费都发不出。但他善于用人，对孙伏园十分信任和倚重。士为知己者用，孙伏园知道，在他困难的时候，邵飘萍施以援手，又委以重任，他是一个重感情的人，要知恩图报，要拿出自己的看家本领，充分运用这几年积累下来的资源，办好《京报副刊》，为《京报副刊》杀出一片江湖地位。

经过一个月的紧张筹备，1925年1月4日，《京报副刊》在显著位置推出新年的重大策划：

一九二五新年本刊之二大征求
青年爱读书十部　青年必读书十部

（一）青年爱读书十部 —— 是希望全国青年各将平时最爱读的书，无论是哪一种性质或哪一个方面，只要是书便得，写出十部来填入本报第七版所附卷内，剪寄北京琉璃厂小沙土园京报社副刊部收。如果举不到十部，则十部以下亦可，但希望不要出十部以外。一月二十五日截止，二月一日起在本刊上宣布征求结果。

（二）青年必读书十部 —— 是由本刊备券投寄海内外名流学者，询问他们究竟今日的青年有那十部书是非读不可的。本刊记者耳目容有未周，热心学术诸君如有开列书单赐下更所欢迎。二月五日截止，二月十日起逐日在本刊上宣布征求结果。

孙伏园是一个很善于动脑筋的编辑，二大征求，对象不同，自应区别对待。"青年爱读书"的选票就登在报纸的第七版上，随报附送，由读者自由填写后直接寄回报社。"青年必读书"的征求，由孙伏园亲自填写备券，逐个投寄给海内外的名流学者，请这些名流学者填写后寄回报社，等于是逐个约稿，备极礼遇。孙伏园首先向鲁迅、周作人、胡适、梁启超、林语堂等人约稿，也专门给张竞生写信。

鸽子放飞以后，有多少能够回头，就全凭运气了。征求的结果与孙伏园的预期差距很大，令他和副刊同人大失所望。"青年爱读书"票在报上刊出近一个月，约共有二十万张票，但收到的票数只有308张，其中还包括两张废票。而"青年必读书"票更是少得可怜，眼见截止的日期即将到来，而学者的应征来稿仍旧寥寥无几。"爱读书"票截止时间已到，好歹已成定局，如名流学者的"必读书"票不能有效回收，这次活动就有面临失败的危险，孙伏园越想越着急，遂于1月29日在《京报副刊》刊登《启事》：

> "青年爱读书"投票已于一月二十五日截止，外埠因受战事影响，寄递迟缓者，在二月十日以前仍一律收受，发表期改在二月十日以后。又，"青年必读书"仅收到胡适之、梁任公、周作人诸先生等数票，全国热心教育诸公，无论收到本刊的公启与否，务望从速选填赐下，不胜盼祷。

孙伏园双管齐下，一边在报上刊登启事加以催促，一边在报上登出讨论文章，答疑解惑，引起注意，扩大影响。1月6日，《京报副刊》刊出了读者汪震《二大征求的疑问》的来信。信中问道："我对于这一次征求不明了的地方就是'青年'。你所谓青年是指的哪一个时期的青年呢？"孙伏园在报上回信说："我的本意，'青年爱读书'是希望全国的中学生、大学生和与大中学生年龄相近的人投票，'青年必读书'是希望热心教育的学问家著述家和全国的中学教员投票的。所以我的青年定义非常简单，就是中学第一年和大学末年级的年龄以内或相近的人。"这一招还真灵，立刻又引来不少来信，讨论十分热烈，问题也五花八门。比如有一个叫杨天木的读者来信说，副刊举行二大征求极有意义，最后汇总公布也将很有价值。但有一项不明白的，就是"爱读征求"何以必先悬十部之数。"必读者"限定十部，还有几分理由；至于"爱读书"亦定出十部做陪衬，这是什么道理呢？试问那些号称博览群书的人，百读不厌的书又能有几部呢？孙伏园认为这个杨先生讲得有道理，从善如流，对其意见照单全收，并在报上予以答复，说现在就遵从杨先生的劝告，正式地把说话转过一个调子，说爱读书的"十部"二字只是最大限，举不到十部的尽可从缺。

最后截止的时间终于到了。"青年必读书"的征求结果出人意料，令人满意，前后共收到"名流学者"们的答卷七十八份。按照时间上先来后到为序，从2月11日起陆续在《京报副刊》公布征求结果，先刊登"名流学者"的"青年必读书"书目，再刊登"青年爱读书"的书目。

第一个登台亮相的是北大教授胡适之。他的书目是：《老子》（王弼注）、《墨子》（孙诒让《墨子闲话》）、《论语》、王充《论衡》、崔述《崔东壁遗书》、柏拉图《申辩篇》《斐多篇》及《克里托篇》、《新约全书》、穆勒《论自由》、莫利《契约论》、杜威《我们怎样思想》。

接下来2月12日刊出了梁启超的书目:《孟子》、《荀子》、《左传》、《汉书》、《后汉书》、《资治通鉴》(或《通鉴纪事本末》)、《通志二十略》、王阳明《传习录》、《唐宋诗醇》、《词综》。在附注里,梁任公还说明了之所以这样选择的三项标准:一、修养资助;二、历史及掌故常识;三、文学兴味。近人著作,外国著作不在此数。

第三个在2月13日刊出,是周作人选的书目:《诗经》、《史记》、《西游记》、汉译《旧约》(文学部分)、严译《社会通诠》、威斯德玛克《道德观念之起源与发达》、凯本德《爱的成年》、色耳凡德里《吉诃德先生》、斯威夫德《格里佛旅行记》、法兰西《伊壁鸠鲁的园》。

随后陆续刊出书目的是李小峰、徐志摩、潘家洵、马幼渔、江绍原、朱我农。就在各路选家轮番亮出本家宝器之时,读者的质疑之声也纷至沓来。读者李霁初来信说,所谓"青年必读书十部"这一问题的提出,简直如同要找饭馆却问茅厕在哪里一样谬以千里。最不解的,就是胡适之、梁任公这样一些无所不通的人,和想入非非的周作人,也居然答复了这样个糊涂问题,世上还有更怪的事吗?读者田瑞璐说,青年必读书固是极难定,然而不能说是绝对无标准的,无论如何,青年必读书十部,总不要成为"饱学"爱读书十部才好。前发表的这四个目录——胡适之选的、梁任公选的、周作人选的、李小峰选的——之中只有一本杜威的《我们怎样思想》经过两人选过,其余的竟是一人一色。青年必读书"十部"现在已经成为青年必读书"三十九部"了。照这样下去青年人仍无所适从,仍然弄得头脑无着。读者朱大丹来信说，自必读书的书目在副刊发表以来，发现很少有举出相同的书籍，如梁先生偏于史学，胡先生偏于思想，周先生偏于文学之类。青年的适从或弃舍应当根据自我的观察点去选择和判断，不然，真要像堕入"五里云雾中"一样的瞀惑了。

在风声雨声中，鲁迅出场了。2月21日，《京报副刊》登出了鲁迅选的书目。在"青年必读书"栏目中，鲁迅出乎意料地交出了第一份"白卷"，却写上了这样一句话："从来没有留心过，所以现在说不出。"在附注里，则写上一大段话：

> 但我要趁这机会，略说自己的经验，以供若干读者的参考——
>
> 我看中国书时，总觉得就沉静下去，与实人生离开；读外国——但除了印度——书时，往往就与人生接触，想做点事。
>
> 中国书中虽有劝人入世的话，也多是僵尸的乐观；外国书即使是颓唐和厌世的，但却是活人的颓唐和厌世。
>
> 我以为要少——或者竟不——看中国书，多看外国书。
>
> 少看中国书，其结果不过不能作文而已。但现在的青年最要紧的是"行"，不是"言"。只要是活人，不能作文算什么大不了的事呢。

鲁迅对孙伏园情同手足，关爱有加，他仍像支持《晨报副刊》一样支持孙伏园编《京报副刊》，甚至有过之而无不及，《京报》经济状况差，有时连稿费都没有，但鲁迅却不在意这一些，为孙伏园出点子出主意，写文章给稿子。在发表这份书目之前，不到一个月的时间，鲁迅已经在《京报副刊》连续发表了《咬文嚼字（一）》《咬嚼之余》《咬嚼未始"乏味"》《咬文嚼字（二）》等四篇文章，可见鲁迅对孙伏园感情之深，支持之大。

鲁迅的书目淋漓尽致地显示了他一贯"极端的深刻"的个性和风格。这样的书目必然引起巨大的争议，但此刻却仍然风平浪静。书目继续登下去，有谭仲逵选的；有林语堂选的，分国学必读书，新学必读书，连登两天，这是唯一的例外；有沈兼士选的；还有易寅村选的。

2月27日，《京报副刊》刊登了第十五位"名流学者"的书目，这就是张竞生选的。张竞生的书目是：《建国方略》（孙中山著）、《红楼梦》、《桃花扇》、《美的人生观》（张竞生著）（夸口夸口，玩笑玩笑！），以下六书为译本，能读原文更好：《科学大纲》（丹森著）、《创化论》（柏格森著）、《结婚的爱》（斯妥布士著）、《相对论浅说》（爱斯坦著）、《社会问题详解》（共学社出版）、《互助论》（克鲁泡特金著）。

张竞生是最后一个单独刊发书目的学者。为节省篇幅起见，编者孙伏园听从读者的劝告，将2月底以前收到的必读书，在2月28日《京报副刊》一次性刊发。此后收到的，仍以时间先后为序，随到随发，直到4月9日才全部刊登完毕。这里边有黎锦晖、俞平伯、顾颉刚、徐旭生、周建人、张东荪、马夷初、许寿裳等著名学者，有政界要人汪精卫、邵元冲，还有太虚和尚。当然，更多的是一般的大学教师和中学教员。

"青年爱读书"的选票也于1925年3月在《京报副刊总目录·"青年爱读书特刊"》全部刊发，编者对"爱读书"的来票做了统计，把得十票以上的书目整理后一并刊登，共计六十二部。得票最多的是《红楼梦》，得一百八十三票；而最重要的儒家经典《论语》竟然榜上无名，这从一个侧面反映了经过五四新文化打倒孔家店运动洗礼后，一般读者的普遍心态。

孙伏园精心策划的这次《京报副刊》二大征求，在忐忑不安中精彩谢幕，成为轰动学界的一大盛事。征集工作虽然结束，但激烈的论战却刚刚开锣。

比较张竞生与鲁迅、胡适之等人的书目，是一件饶有意味的事情。张竞生所选的十部书中，有中国书四部，外国书六部。其中四部中国书两部是古代作品，均为一般读者所选"爱读书"十票以上；两部现代著作，首选的《建国方略》，是孙中山的重要作品，张竞生曾做过深入研究，还曾在《新民国》杂志发表研究文章《建国方略评注》，足见张竞生对孙中山的学说服膺之深。"必读书"书目刊出后半个月，孙中山就于1925年3月12日在北京病逝，张竞生没想到竟然以这种特别的方式来纪念孙中山。另一本就是张竞生自己的著作《美的人生观》，虽然注明是夸口与玩笑，但该作确有可观之处，北京一位署名"T.V.Y."的学生还把它选为"青年爱读书"的书目之一。另外六部外国著作，都是科学、社会学、伦理学的名著，而且代表世界最前沿的学术成就。张竞生的书目体现了面向世界、面向现代、面向科学，而又兼顾中国传统文化与民主成果的成熟的选家眼光，受到读者的广泛认同。

胡适的书目有不少可议之处，受到攻击最多的是鲁迅的书目。有一个叫柯柏森的读者投书《京报副刊》，称鲁迅的读书经验是"偏见的经验"，鲁迅当即作《聊答"……"》予以反击；另一个读者熊以谦连篇累牍地指责鲁迅："奇怪！真的奇怪！奇怪素负学者盛名，引起青年瞻仰的鲁迅先生竟说出这样浅薄无知识的话来了！你是要做文学家的人，那么，请你还是做中国的文学家吧！即使先生之志不在中国，欲做世界的文学家，那么，也请你做个中国的世界文学家吧！莫从大处希望，就把根本忘了吧！到底是中国书误害了先生呢？还是先生冤枉了中国书？"鲁迅也以《报〈奇哉所谓……〉》毫不客气地予以驳斥。这两组文章分别于同一天在《京报副刊》发表，显然是编者孙伏园收到批评文章以后，交给鲁迅，再由鲁迅写出反驳文章后同时刊出的。据统计，应征书目刊出后，特别是鲁迅的书目刊出后，争论趋于白热化，各种观点的论争文章多达六十多篇，其中多数是针对鲁迅的书目有感而发的。这年年底，鲁迅在编《华盖集》时的序言中写道："我今年开手作杂感时，就碰了两个大钉子：一是为了《咬文嚼字》，一是为了'青年必读书'。署名和匿名的豪杰之士的骂信，收了一大捆，至今还塞在书架下。"鲁迅是国学底子十分深厚的饱学之士，他之所以"赌气"说了那么决绝的话，主要目的是反对胡适提出的"整理国故""进研究室"等不合时宜的口号影响之下，学界形成的离开社会实践，埋头于故纸堆中的消极现象，没想到却引来了这么多的攻击与谩骂。

值得一提的是，"青年爱读书"来票中，有两张是废票，其中一张"年岁上的空格是一个颇知名的女学生的名字。记者多疑，防为挟嫌陷害，故暂不宣布"。编者为何对此选票如临大敌，究竟葫芦里卖的什么药？其书目如下：《野叟曝言》《金瓶梅》《肉蒲团》《绿野仙踪》《杏花天》《牡丹亭》《西厢记》《九尾龟》《留东外史》《情欲宝鉴》。另一张选票署名"青年一分子"，因其"真姓名籍贯既尚渺茫，也只能暂作废票"。这又是怎么回事？其书目如下：《品花宝鉴》《绿野仙踪》《金瓶梅》《灯草和尚》《隔墙红杏记》《肉蒲团》《男女交合论》《手淫大全》《痴婆子》《色欲世界大观》。（王世家编：《青

年必读书——一九二五〈京报副刊〉"二大征求"资料汇编》，河南大学出版社，2006年）

原来这两张选票填写的都是有伤风化的性书！虽然时代已行进到摧枯拉朽的转型期，但传统势力仍然根深蒂固，涉及性的话题仍是危险的话题。编者有所顾忌，为保险起见，只好将之打入另册。

这个小插曲，也许谁也没注意到，却是一个时代和民族的最好注脚。

五、《性史》风波

1925年10月，北京大学研究所国学门停办了经营多年颇有影响的《歌谣周刊》，创办了《北京大学研究所国学门周刊》。周刊由国学门编辑室、歌谣研究会、方言调查会、风俗调查会、考古学会、明清史料整理会组成。其主要目的是将这些分散的材料汇集起来，整合资源，以方便教授们的学术研究与学生的讨论学习，提高教学质量，促进学术繁荣。

妙峰山香会的调查，使风俗调查会声名鹊起；研究所国学门机构的重新布局，使各分支机构对下来工作如何开展有所观望，而对颇有些风生水起的风俗调查会的动向则有所期待。张竞生胸有成竹，他把风俗调查会的同人找来商量，如何趁热打铁，把风俗调查会的业务再向广度和深度拓展。经过磋商，决定在《北京大学研究所国学门周刊》第一卷第四期刊登《北京大学研究所国学门风俗调查会之进行计划》。计划在全国范围内进行大规模的风俗调查，内容主要有三项：征集选购有关书刊；实地调查；征集器物，包括各种服饰、器具及模型、图画、照片等类。

在讨论中，张竞生提出，性是人类最重要的存在方式之一，对性史的调查理应作为一项内容，列入风俗调查会进行正式而全面的调查，以获取大量的原始的材料，服务于科学的研究。参加讨论的徐炳昶、陈大齐、董作宾等教授认为，性是风俗的一门，可以也应该进行公开的研究，但性史的调查，事关传统礼教，又十分敏感，不宜与其他风俗调查掺杂在一起，以免处置不当，致生误会。经过充分的讨论，教授们表决，对性史的调查，应列出专项，单独开展，由张竞生牵头负责。

张竞生觉得，寒假在即，事不宜迟，必须抓紧着手进行性史调查的准备工作。他一方面发起组织"性育社"，一方面继续深入研究英国性学家蔼理士那一部六大本的性心理学丛书。在这部书里，蔼理士详尽地论述各种性的问题，并附上相当数量的性史个案，这些个案，是研究性问题的重要材料。受到蔼理士的启发，张竞生决定广泛搜集国人性史材料，包括正常的和非正常的，以此为基础，进行科学的研究，形成中国的性科学。

1925年冬天，张竞生在《京报副刊》发出了征集性史的广告：《一个寒假的最好消遣法——代"优种社"同人启事》。张竞生以一支富于激情善于鼓动的笔写道，天寒地冻，北风呼啸，百无聊赖，何以度日？最好的消遣法，就是提起笔来，详细而系统地记述个人的"性史"。

张竞生要求，作者对"性史"的撰写，不但要真实、客观，不可虚构，不可杜撰，因为要用以科学研究，做出科学结论；同时也要"写得有色彩，有光芒，有诗家的滋味，有小说一样的兴趣与传奇一般的动人"。当然，作者也大可不必顾虑，因为这种征求，不是什么伤风败俗，更不是什么诲淫宣淫。相反，这个征求有三大好处：

一是为研究性学问而收集必要的材料，因为性的学问比什么学问都重要；二是为引导人们进入"性的正轨"，从而达到改善性生活的目的；三是纠正缺陷，移风易俗，确立健康美好的行为方式。最后，张竞生号召读者："给我们一个详细而且翔实的性史，我们就给你一个关于你一生性的最幸福的答案。"

对于性的研究，张竞生是明知山有虎，偏向虎山行。目的只有一个，就是打破性的禁忌，恢复性的常态。而且步步深入，先是在课堂上讲授，然后在著作里论述，现在更扩大范围，直接向社会公开征集"性史"。这是中国历史上第一次公开的"性史"征集。广告一出，一纸风行，自然是各种反应都有，有的瞠目结舌，有的兴趣盎然，反响十分强烈。张竞生要的就是这种效果，他首先动员自己的妻子褚松雪把自己的性经历写出来，以为示范，也以为号召。褚松雪虽然思想解放，想到要把自己的隐私和盘托出，也感到难为情，但经不起张竞生的劝说，终于勇敢地拿起笔来，写下了《我的性经历》，这是张竞生征集到的第一篇"性史"。

1926年初，寒假刚过。张竞生便兴冲冲地到北京大学发行科取稿，见到征集"性史"的稿件像雪片般飞来，张竞生边拆边阅，喜不自胜。不到一个月，张竞生收到全国各地，主要是北京地区寄来的稿件两百多篇。看来，"性史"专项的风俗调查，受到读者的关注，取得了预期的效果。

张竞生深知，征集到性史材料只是第一步，关键是对材料进行整理出版。这样，才能为社会学家和性学家提供科学研究的素材，为一般读者提供参考借鉴的凭据。为了把最有价值的材料识拔出来，张竞生对数百篇来稿逐一过目，认真披阅，择优选编，从中精选了一舸女士、江平、白苹、喜莲、苹子、乃诚、敬仔等七人如何取得性经验及获得性知识的经历编成《性史》第一集。张竞生精心撰写了序言和赘语，并在每篇文章的后面都做了精彩的点评，披露了他在性学方面的研究成果，解答了作者提出的有关问题。《性史》第一集目录如下：

序	张竞生
我的性经历	一舸女士
初次的性交	江平
我的性史前几段	白苹
我的性史	喜莲
我的性史	苹子
我的性史	乃诚
幼时性知识获得的回顾	敬仔
赘语	张竞生

这七个人都是北京地区的大学生，其中，一舸女士是张竞生夫人褚松雪的化名，江平的原名叫金满城，1919年到法国留学时曾是陈毅的同学。另有乃诚和敬仔两篇性史的作者没有写明真名及住址，张竞生在编完全书后，为慎重起见，设法与他们取得联系。

1926年4月10日，张竞生在《北京大学日刊》刊出两则启事，一则称有寄来性史署名苏乃诚的，估计是北大的同学，请将真名及住址告诉张竞生，以便有要事相商；一则是预约《性史》将于近期出版，每册三角，敬请读者留意，可提前到出版部售书课订购。稍后几天，张竞生又刊出启事，请敬仔提供真名及住址，以便进一步沟通。但都杳无音信，张竞生遂决定，将编辑好的《性史》第一集以性育社的名义交光华书局出版。送书局之前，有一次张竞生在"卯字号"休息，见到周作人，郑重其事地跟他谈过《性史》第一集的编选及即将出版的情形，周作人对性的问题十分关注，素有研究，发表了不少文章，还提倡和主持了"猥亵的歌谣"的征集活动，据说他个人积存的这类歌谣就有一小抽屉。彼此都是同好，也明白其中的意义，况且这也是风俗调查会的一次活动，于是周作人对此表示兴趣，也表示支持。

有同事的道义赞助，张竞生内心感到踏实很多。为吸引读者的注意，张竞生特地选用了颇受中国新文艺工作者青睐的英国唯美主义艺术家比亚兹莱为王尔德表现"爱与罪"的悲剧《莎乐美》所作的插画第一幅《月亮里的女人》，作为《性史》第一集的封面。比亚兹莱为《莎乐美》所作的插图共十二幅，作品以违反常规的手法表现颓废、病态和色情的美，其独特的风格受到鲁迅的赞扬，同时鲁迅又批评他的作品有时达到纯粹的美，但这是恶魔的美，常常带有罪恶的自觉。但作为一种时尚，比亚兹莱那线条纤细曲折、明暗对比强烈的插画，确实能够给读者以强烈的视觉冲击。

1926年5月初，惊世骇俗的《性史》第一集由北京光华书局公开出版。初版只印一千册，但新书上市，万人争购。发行的盛况，张竞生的同事、北大教授林语堂做了精彩的描述："《性史》出版之初，光华书局两个伙计，专事顾客购买，收钱、找钱、包书，忙个不停。第一、二日，日销千余本，书局铺面不大，挤满了人，马路上看热闹的人尤多。巡捕（租界警察）用皮带灌水冲散人群，以维交通。"

《性史》的出版，仿佛潘多拉打开了密封的魔盒，在礼教仍然森严和民智仍不开化的社会环境里，卷起阵阵狂澜。舆论界一派哗然，真假莫辨；卫道士口诛笔伐，上纲上线；逐利者不择手段，疯狂盗印。章克标在《张竞生与〈性史〉》中写道："利之所在，众所向往，群趋之恐不及，于是伪造盗印的就多了起来，许多不明来历的出版社、印书馆印造了此书，还冒用张竞生的名字，出版了《性史》的第二集、第三集乃至到了十几集，还有性质相同的《性艺》《性典》《性史补》等等题目的事。一哄而起，通过特殊的发行渠道，在社会流散开来，成为灾祸，引起很大反响，都归罪于张竞生了。……张竞生被群众封赠了'性欲博士'的头衔……"对于《性史》及其编者张竞生的抨击与指摘铺天盖地，排闼而来。

号称最为开放的广州市，仅在1926年8月的《广州民国日报》上，不到半个月的时间就连续刊登了五篇措辞严厉的批评文章。"近来广州市内有一种看书的流行病。无论大学生小学生，无论何时何地，手均不释卷。你道他们所看的是什么书呢？他们所看的是北京鼎鼎大名的教授张竞生所著的《性史》。……现在广州市内的《性史》，统计已有五千余本（国光售出二千本，光东一千本，丁卜一千五百本，民智五百本）。现闻昌兴街丁卜书店更由上海订购了五千本。每本定价四角，不日书到。决定每本以八角为代价，书尚未到，已为各校学生订尽。计此项《性史》订购者以城北及城东某两女校学生为最多。统共为若辈，订去者已达三千本。此后正可实地研究性的问题呢！"这是作者名为怪的在《诲淫的〈性史〉》直击的"淫书"泛滥的景象。而另一位作者在《看〈性史〉的传染病》中所描绘的则是青年男女着魔《性史》的情形："自从性欲博士所编的《性史》来到广州之后，一班青年男女，弄得好像饮了狂药一般，说一句真实的话，确是'耳有听，听性史。目有视，视性史。口有道，道性史'了。《性史》的魔力真是大得很哩。"更有甚者，城北某女校的几个女同事，有读过《性史》的，"欢喜得如同猪八戒吃了人参果一般"，那些没读过的，因书少人多，就你攘我夺地争着来看，只好以抓阄来决定，结果抓到的自然欢喜，抓不到的就很懊丧。署名杨萌的在《我也说〈性史〉》中痛诉读了《性史》后"中毒"的经过："我本是一个未婚的青年，可是看到了这些地方，如中了什么魔似的使我的精神上发生了一种不可思议的变化，遂至身不由主地心火熊熊甚至于不能自已。啊，《性史》的魔力啊。"俞雄在《看了〈性史〉的批评》中大声疾呼："该《性史》实含鼓吹公夫公妻的意味，行于国中，将沦于禽兽之邦。政府应当出一纸禁令，就如农夫除草，令其不蔓延也。"

到了这步田地，《性史》势成过街老鼠，人人喊打。最早查禁《性史》的是天津南开学校。《性史》一出版，热销的势头就像火烧山头一般蔓延到北京的门户天津市，并迅速成为超级畅销书。按照南开学校的老规例，学生在上自修课时不准看课外书。一天下午，训育课老师在巡视时，发现有些初中学生在上自修课时竟然偷看《性史》，被训育课老师逮个正着，当场收缴并上交到校务会议审查。学校意识到问题的严重性，第二天发出两张布告：一是禁止学生看淫书；二是把发现的这几位看《性史》的人记了大过。为防止局面失控，学校多管齐下，又及时采取了三条措施：一是在礼堂召开全校大会，由校长张伯苓亲自向学生训话，重申凡阅读《性史》一类淫书的，要给予记大过或斥退的处分；二是约见学校附近的书店老板，禁卖此类书籍；三是连续数日举行突击搜查，不仅没收《性史》，连出现爱字的书籍如《爱的结婚》《爱的成年》等也一律没收。然而，这几招并未奏效。学校当局一不做二不休，一纸公文告到京津警察厅，要求查禁《性史》《情书一束》等五种"淫书"。由校长张伯苓亲自草拟的公函如下：

近今印刷便利，坊间出版书籍，种类甚多，而诲淫导邪之书亦层出不穷，青年学子，血气未定，情窦初开，一经引诱，受害甚大，敝校职司教育，责任所在，对于此不能不加意防范。查敝校左近卖书小铺，不下四五家，因贩售不正当书籍，曾经敝校劝告，免致贻误青年，不意贪利之徒，不顾误人，但图利己，若荣懋字号，坐落南开天兴里旁，竟敢公开售卖《性史》《情书一束》等小说。诲淫之书，以此为最，青年阅此，危害甚烈，不啻洪水猛兽，此而不去，于敝校校风前途大有关系。不得已唯有恳请贵厅，即日将该铺查封，以清诲淫之源，俾多数青年，不致触目受无形引诱，则感惠非浅。

南开学校呈文列举的五种淫书，除《性史》《情书一束》外，还有《女性美》《夫妇之性生活》《浑如篇》等。在京津警察厅的行动之下，荣懋书店被查封，老板被抓进拘留所，一应"淫书"均由警察没收。对于南开学校这种赶尽杀绝的做法，一些开明的南开师生深表不满，舆论界也有人表示不同的态度。代表人物就是周作人。他首先对于南开学校叫警察来禁止发卖、没收书籍这种并非高明之举很不以为然，在致南开青年吴鸿举的信中说："一个中学（无论是怎样特别的中学）哪里来的这样威权，可以检阅禁止各种刊行物？我并非该项'淫书'的著作或编订者，用不着来替它们疏解，我只觉得这种用一张名片送人到知县衙门去打屁股的办法总不是教育界所应有的。如果出版应当监督，该管衙门岂不多的是？他们的检阅课自会来行使职权，何劳管训育的来代庖？"在致读者王华甫的信中，他更鲜明地指出："我不觉得这些书（指《性史》等）的害甚于洪水猛兽。老实说，我并不因为认识张竞生、章衣萍诸君而想替他们辩解，我不说这些书于科学上或文学上有怎么大的价值，我也不想拿去给自家的或友人家的子女读，然而我也不觉得怎么可怕，自然更没有查封之必要。假如我的子女在看这些书，我恐怕也要干涉，不过我只想替他们指出这些书中的缺点或错谬，引导他们去读更精确的关于性知识的书籍，未必失色发抖，一把夺去淫书，再加上几个栗暴在头上。"至于何谓"洪水猛兽"，周作人自有其衡量的尺度："'不啻洪水猛兽'的祸害天下尽有，但男女之性的恶癖以至过失，还不能算在里边。天下最可怕者只是发疯，这里有

台湾再版的《性史》封面，下方写着"未满十八岁者禁止阅读"

文呆与武呆之分，武呆是杀掠强奸之类，文呆是礼教吃人。"这里边，蕴含着对礼教吃人的深刻批判，其锋芒所指，是对张竞生最有力的声援！

在举世滔滔、众口铄金的语境中，周作人的两度援手，无异于空谷足音，跫然有声。而国学大师章太炎的隔空首肯，就更是难能可贵，绝无仅有了。据上海名医陈存仁记载，《性史》原版印数不多，寄到上海的不过十本，出版家沈松泉拿到一册，不管三七二十一，就在上海翻印出售，初印五千册，不过三四天，全部销完。沈松泉便与派克路印刷所约定，日夜赶印。陈存仁其时正在上海办《健康报》，一向由该印刷所承印，印刷所老板对陈存仁说，从现在起因为要赶印一种书，所以将一切原有书报，完全停印，介绍陈存仁到别家印刷所去排印。估计印数巨大，据说每天可销行上万本，上海的青年男女，几乎人手一册，男性公开讨论，女性在深夜偷偷阅读。书中最让人怦然心动的是江平的那一篇《初次的性交》，写得淋漓尽致，让读者流连不已。居住在上海的章太炎闻说有这般奇事，为之大悦，忙嘱学生陈存仁上街购买一本一睹为快。读罢，他一本正经地对陈存仁说："现代白话文的描写技术，不如文言文远甚。如改以古文来写，此篇恐怕要超乎《金瓶梅》之上。这本《性史》，瞠乎《金瓶梅》之后矣。"后来，章太炎对白话文运动的健将、北京大学教授刘半农说："所谓的北京大学，只出了一个张竞生，写了一本《性史》，这难道就是你们提倡白话文以来的'世界名著'？"章太炎从语言的角度反讽白话文，虽说有些匪夷所思，却也间接肯定了《性史》（陈存仁：《阅世品人录》，广西师范大学出版社，2008年，第89，256页）。

播下的是龙种，收获的是跳蚤。原只为征集研究性学的材料，

张伯苓像

却得到完全相反的结果，这是张竞生始料不及的。张竞生在《性史》
序言中指天誓日地说："这部《性史》断断不是淫书，断断是科学与
艺术的书"，"淫书是以作者个人虚构的情状，专门挑动读者的肉欲
为宗旨。这书乃以科学的方法，从种种实在的方面描写，以备供给
读者研究的材料"。然而，张竞生毕竟是在中国这片土地上成长起来
的，对生于斯长于斯的母体有着深刻的洞察。因此，他把丑话说在
先，做了预言式的告白，似乎这样就可以减轻冒犯传统与冒犯人心
的责任。他说："若有人说它是淫书，此人后日定堕拔舌地狱。""若
冬烘先生们气不过了要用强力禁止它的流通，则我对此种蠢方法不
免一喜又一惧，喜的是由他们强压的手段正使这本书从暗中四方八
面去发展，惧的是因为暗中流通得太厉害了，不免有些奸商从中取
利，把这本书原意好处改窜做坏的了，而使它最正经的变成为最淫

的了。故我预先声明：若此书将来变成为淫书，多因为一班人不许它公开研究的缘故！"

实事求是地说，张竞生征集性史，立意是正当的，纯粹是学术研究，绝非为了发财。但严酷的现实给了他当头一棒，把他那一厢情愿的美好愿望击得粉碎。张竞生原以为，细思此事，何日无之，何地无之？征而集之，研而究之，正是天经地义，并打算一集一集地出下去，完成一宗名山事业。但狂蜂浪蝶已经把他搞得声名狼藉，他只好紧急通知光华书局不可重版，原来已经发稿的《性史》第二集赶紧撤稿，书局预付的一千大洋也如数退回。《性史》第一集的二百余元版税，全数发给作者。

至此，张竞生忙碌半年，分文未取，却背一世恶名，而且人生道路从此发生逆转，以致蹉跎终生，每每陷入万劫不复的境地。《性史》把张竞生窄化、僵化、妖魔化，因为涂抹和覆盖了太多的釉彩，他真实而生动的面影反而变得模糊不清、飘忽不定了。

张竞生百口莫辩，《性史》也命运莫测。老报人郁慕侠在《张竞生的〈性史〉》中写道："要买《性史》的人，居然有钱没处买，竟至辗转访求，或者登报征觅的也很多，其吸引力的伟大，可想而知了。……后来当局一声令下，谕访查禁，才风流云散，不敢公然出卖。"余绍宋在1928年2月25日的日记中记载："有宪兵两人登车，入余所坐包房，即各出《性史》一册朗诵之，真堪诧异。"叶仲钧在《上海鳞爪》中有打油诗：

忍心辣手造淫辞，害得青年不自持。
炫世妄然称性史，料应死后入泥犁。

章太炎像

胡适在《试评所谓〈中国本位的文化建设〉》一文中指出："中国今日最可令人焦虑的 …… 从读经祀孔，国术国医，到满街的性史、满墙的春药、满纸的洋八股，何处不是'中国的特征'？"萨孟武在《学生时代》一书中说："其实，中国一部历史，固然不能用唯心史观来解释，也不能用唯物史观来解释，可否用唯生史观，亦有问题。若勉强求之，似是'唯性史观'。张竞生之《性史》不过诲淫之书，毫无价值。他若能引用先哲之言以为据，古代历史以为证，则《性史》的价值便不同了。"

呜呼，《性史》之书，诲淫之书，已成定谳。书犹如此，人何以堪？

第七章　沪上恩怨

一、别鹄离鸾

张竞生在北京大学已处于不尴不尬的境地。北京当局虽说尚未查禁《性史》，拿办编者，但已派出便衣到各书摊巡视，并对书摊的老板提出口头警告，要求各书摊不得售卖《性史》，否则后果自负云云。

迫于形势，张竞生不得不于1926年5月11日以"性育社"的名义，在《北京大学日刊》刊登启事，称"《性史》第一集，因故不能依期出版，有买他的预约券者，请向原定书局缴券领回原钱"。张竞生心里明白，此书是再也无法重见天日了，但为了不使支持他的热心读者失望，他故意使了一个障眼法："以后如有出版，定价特价三角，以答雅意。"

张竞生想做一个为学问而学问的纯粹学者，但偌大的中国已容不下一张平静的书桌。反动的北洋统治者对外卑躬屈膝，对内却疯狂杀戮。从1925年的"五卅惨案"到1926年的"三一八惨案"，进步学生接二连三血洒街头，革命力量遭受残酷镇压。1926年4月，在吴佩孚、张作霖军队的联合夹击之下，冯玉祥的国民军败退南口。张作霖占领北京，当上了北洋军阀的"末代皇帝"——安国军总司令。张作霖把持了中央政权后，为巩固其统治，随即颁布了杀气腾腾的《保安办法十七条》，宣布："宣传赤化，主张共产，不分首从，一律处死刑。"旋以"宣传共产赤化"罪名逮捕并杀害了《京报》主编邵飘萍和《社会日报》社社长林白水。据说还拟出了一份黑名单，宣传革命的李大钊和宣传性学的张竞生都榜上有名，白色恐怖笼罩了北京城。

外面的风声越来越紧，反动军警已经盯上李大钊，毕竟，他是北洋军阀必欲除之而后快的中国共产党的领袖。有一天在闲谈时，张竞生劝告李大钊说，像他这样有影响的人物，在北京居住恐怕会有危险，还是到外地避避风头为好。李大钊感激地握住张竞生的手，冷峻而平静地说："处在这样混乱的局面，无论如何，都须横死的。"为着革命的理想，李大钊已怀抱必死的信念，他引用了罗马政治家西塞罗的话，既是自况，同时也是对张竞生的回答。他又从容而坚定地说道："目前南北军阀混战，民不聊生。我知道我处境危险，但这又何足畏惧呢！要有为主义而牺牲的先驱，才能唤醒劳苦的大众，才能实现最后的胜利！我愿意做这样的殉道者！"末了，李大钊又喃喃地低声念道："落红不是无情物，化作春泥更护花。"

张竞生的眼睛湿润了。李大钊的境界，他没能达到，但他敬仰他，佩服他！

为了不使革命蒙受无端的损失，李大钊终于接受组织的建议，秘密迁入位于东交民巷苏联大使馆西院的旧俄国兵营内，继续领导北方地区党的革命斗争。

虽说暂时尚没有人身危险，但张竞生对于北大的工作已毫不恋栈。本来，按照北大的惯例，每年的暑期，都可以照领薪水到国外去游学一次。头一年，他去了日本；第二年，原想去澳洲，因为护照发得太迟，无法成行，只好改去哈尔滨。今年，他计划利用暑期带着夫人褚松雪和刚满一岁的儿子张应杰到国外去旅行，但学校一直欠薪未发，国外游学成了泡影。据学校会计处报告，学校截至本年1月1日，账簿上存款只有二角五分八厘！学校经费无着，一切都难以维持，停课索薪无果的情况下，下半年各教授只好另谋他就了。

孩子嗷嗷待哺，妻子赋闲在家，家庭经济顿时陷入困境。张竞生决计离开北大，到南方去打开一条新的生路来。在商得注册部及哲学系主任陈大齐同意的情况下，张竞生所授的功课，包括行为论、行为论史、孔德学说等课程，提前在1926年5月底进行结业考试。

迫于时势，迫于生计，张竞生不得不离开整整服务了五年的北京大学。北京大学也结束了鼎盛一时的巅峰时期，一代大儒蔡元培以病体不支、久旷职守为由电国务院转教育部请辞北京大学校长职务。不久，北洋政府委派名不见经传的刘哲为校长，一切蔡元培在任时所形成的良好的规章制度被悉数推翻，而校中的灵魂人物如周树人、沈兼士、林语堂、顾颉刚、陈万里等十多名教授纷纷前往厦门大学应聘。

褚松雪力劝张竞生不要脱离北大，她说她已有北大国学门研究所毕业的资格，可以出去做事，赚钱补贴家用。但张竞生坚决不同意，他说北大已不是昔日的北大，人事全非，不可久留。再说你去做事，孩子在老妈子手中一定带不好，与其得不偿失，让孩子所教非人，不如我自己辛苦一点。况且经济是我做丈夫的责任，你不要担忧就是了。褚松雪拗不过张竞生，只好由他。

1926年6月中旬，张竞生只身南下，直奔阔别多年的上海。

正是法国梧桐绿叶纷披、浓荫匝地的炎热时节，张竞生略显疲

张继像

急地走进了上海市多伦路145号，刚刚创办不久的上海艺术大学。几幢三层高的楼房，一个不太宽敞的操场，簇新的外廊与线条明快的砖墙，都在昭示这所年轻的学校有着鲜明的西洋建筑风格。

与土得掉渣的北京相比，上海已是一个流光溢彩的国际大都会。作为"十里洋场"和"东方巴黎"，上海既是冒险家的乐土，又是淘金者的家园，各种人才多如过江之鲫，纷纷涌入上海。与此相对应的，是上海的各类学校，应运而生，十分红火。1925年，上海商人周勤豪创办了东方绘画学校，与1920年创立的上海艺术专科师范学校合并，正式成为上海艺术大学，设有图画、手工、音乐、艺术教育等科。学校创办伊始，条件简陋、经费困难、地方狭小，难以立足，为了造成声势，扩大影响，学校老板周勤豪通过关系聘请民国元老张继担任上海艺术大学校长。张继本想推辞，但经不起周勤豪的恳切相邀，再说他对教育颇有感情，加上他又刚刚当选国民党上海市党部第二届中央执行委员，反正都住在法租界柏路的寓所里，离上海艺术大学也不太远，于是就答应了。

受人之托，焉能不尽力？张继开始招兵买马，张竞生就是应张继的邀请投奔而来。广州一别多年，张继仍然衣履朴素，淡泊从容；张竞生则成熟沉稳了许多。张继知道张竞生是教育专家，当即聘请他为上海艺术大学教务长，全权处理教育教学事务。

士为知己者用。张竞生以现代的理念、创新的思维，投入全新的工作中。作为私立学校，招生状况决定学校的发展。上海公校私校林立，争夺生源十分激烈。每到暑假，上海的大小报纸就登满了招生广告，其中有许多是只有几间房子，也没什么教员，招牌一竖，就办起大学来了，这些野鸡大学，真假不辨，害人不浅，却堂而皇之，招摇过市。为了学校的生存，张继和张竞生也只好赤膊上阵了。他们先是在报纸上登出启事广为宣传，说学校以招收和培养进步艺术人才为号召，新学年已聘请了好几位名教授来校任教，欢迎学生前来报考。很多学生慕名而来，一时间颇有些门庭若市的气象。

在上海站稳了脚跟后，张竞生专程返回北京，把褚松雪母子接到上海，住在学校的三层楼上。张竞生白天到上海艺术大学上班，处理校务；晚上回家，则从事著述，并已开始着手翻译卢梭的《忏悔录》。褚松雪在家照看孩子，有时也写写文章。她是一个不安分的奇特的女子，虽为女人，却不喜欢读小说，尤其不喜欢《红楼梦》，却喜欢读经世致用的文章，特别热衷《左传》和《战国策》。以古衡今，常常写一些讨论时局的文章，寄到各地的报馆去发表。其中武汉日报社的社长谢箎茂、《新民报》的副刊编辑宋泰生，经常来信向她约稿。来到上海后，她尝试用语体文写作，喜欢以诗词嵌入短文中，寄到《申报》去发表，很受读者的追捧。于是《申报》的编辑朱

台湾再版的《卢骚忏悔录》

应鹏、黄天鹏等时常邀约她多多写稿。褚松雪遂把家事忽略了，或者干脆不屑于去操持那些琐碎而又烦人的家务，有时孩子在哭着闹着，她也不去管他。张竞生禁不住吵闹，随口骂了褚松雪几句。褚松雪不甘示弱，两人就破口大骂起来。褚松雪不肯受委屈，气呼呼地走到衣架前，穿上衣服，戴好帽子，就要夺门而出，被张竞生拦腰截住，拉扯一番，宁静的家庭又变得鸡犬不宁。

　　新学年开始了。为了激励学子奋发学习，上海艺术大学举行了隆重的开学典礼。会议由教务长张竞生主持，由校长张继做题为《情感化与群众化的艺术》的专题演讲。

　　张继高高的个子，发亮的眼睛，一小撮唇髭优雅地覆盖着，站在演讲台上就像一个威风凛凛的关西大汉。他充满感情地说道："我是革命党，常想若我不能从革命改造社会，即要以艺术来改造人心。因为中国人所最缺乏者就在无感情，艺术是提倡情感最好的路径，所以我认为艺术教育是救治中国人无情无义最好的方法。"他环视众人，目光炯炯地说道，"我请你们这些未来的艺术家留意的第一项就是养成情感的艺术，这就是说，你们都应当有一颗同情心，然后你们才能把一张琴弹出与一张画画出你们心中所含有的风云雨露、草木花果以及飞禽走兽、城乡仕女种种的情绪出来。第二项就是社会的事业不是个人所能独立完成的，无论是作画还是谱曲，最重要的是不能仅从个人着想，应当为群众及社会着想，才能打破枯燥的无聊的生活，为大众所欢迎。"张继讲得声情并茂，绘声绘色，学生报以一次又一次的热烈掌声。

听到这里，张竞生插话说："张校长的意见非常深刻，我十分赞同。具有真挚热烈的情感是一个艺术家天才的一种表现。我曾经立过一个宏愿，愿以情感救中国！我从北京到上海来别无他物，只带来了一个极其热烈与伟大的情感，我愿意把这种情感奉献给同学们，去点燃大家学习与创造的激情！"

张竞生的话音刚落，同学们也热烈地鼓起掌来。

张继又继续演讲。每说到精彩处，他总是挥手舞拳，滔滔不绝。说到艺术家要有独立的人格，不要依阿取容取悦于人时，他举了个人亲身经历过的一个例子。四五年前，孙中山先生改革国民党党纲时，其中有一条规定：凡是新旧党员都要重新填写入党志愿书，并发誓要服从和效忠于孙中山先生的领导。张继当时对孙中山说，各人去革命是服从主义而不是服从个人，孙中山很不满意，强按着张继的手要他写上服从孙中山这一条，张继虽然内心十分尊敬孙中山，

却坚决不违背自己的意志。张继豪迈地说，不管对错，艺术家总要
有自己自由的意志和独立的人格。

对于张继语重心长的一番话，学生们听得似懂非懂，张竞生却
深有触动。他似乎感觉到，张继与孙中山先生渐行渐远了。曾几何
时，张继是国共合作的狂热拥护者，他甚至说过这样的话："我们过
去从事中产阶级革命，十几年间浪费光阴，今后应改弦更张，从事
无产阶级革命，还可以'失之东隅收之桑榆'。"但就在国民党一大
后，张继听信邓泽如等一批国民党右派元老所谓"共产党加入国民
党随时随地会吞并国民党"等危言耸听的论调后，转变立场，公开
反对孙中山"联俄、联共、扶助农工"的政策，与邓泽如、谢持等
提出《弹劾共产党案》，参与西山会议派活动，竟然一变而为仇共最
力者之一。

作为孙中山的忠实追随者，张竞生对孙文学说一直有着坚定的
信仰。作为张继的老朋友，在多年的交往与合作共事中，张竞生又
不能不承认受到张继潜移默化的影响。对于社会主义理论，张竞生
并不陌生，他曾经做过专门的研究，并给北大学生开设过《孔德学
说与近世各种社会主义》，还设想过由意见相同的党人组织消费合
作社，建立一个稳定的经济与情感的基础，通过试验逐步实行和推
广社会主义。因此，社会主义思想曾经在张竞生的头脑中扎下了根。
然而，孙中山的猝然去世，蒋介石的背叛革命，愈演愈烈的清党反
共，使张竞生的个人主义思想得到不断强化；同时，由于家事的龃
龉和政见的不同，张竞生与褚松雪感情裂痕也在逐渐加深。理智与
情感的双重鸿沟，使张竞生最终与张继越走越近，与褚松雪的矛盾
越来越不可调和。

褚松雪是一个热衷于政治活动的人，她开始与上海的共产党频

繁接触，常常早出晚归，神神秘秘，而且不断有一些男人上门来或打电话来找她。张竞生回到家里，常常只见孩子，不见伊人。

隐忍多日的怒火爆发了。10月的一天，张竞生因为褚松雪没有照看孩子而大吵起来，褚松雪照例拿起衣服帽子就要夺门而出，张竞生更加怒不可遏，大骂道："你这个贱女人，我不要了！"两人推推搡搡，从住家三楼吵到楼下的会客室，引来全校学生的围观。张竞生感到颜面尽失，只好痛苦地对学生解释道："她——褚——要抛弃小孩，所以我要骂她！"学生慢慢地散去了。张竞生狠狠地瞪了一眼褚松雪，独自上楼去哄孩子。

褚松雪在楼下会客室孤零零地坐到半夜。她苦心焦思，暗下决心，必须走出去做事，寻求经济独立，才不会受制于人。第二天傍晚，左倾人士刘尊一、叶正亚和夏女士、杨女士、陶女士等七八个女友去看她，褚松雪悄悄向她们谈了自己的打算，她们都劝慰她，鼓励她，答应替她想办法。

不久，刘尊一、叶正亚探听到上海市党部妇女部正缺人手，遂把褚松雪介绍进去做事。褚松雪在北京时就有从事政治工作的经验，既勤快又肯动脑筋，很快就博得上司的信任，同时与上海共产党建立了更加广泛的联系。她文笔不错，恰巧妇女部刚接办《女伴》杂志，就又由她兼任《女伴》编辑，褚松雪更加忙得不可开交了。

对褚松雪的一举一动，张竞生自然是了如指掌。褚松雪刚到妇女部做事时，张竞生极力反对，他认为只要与褚松雪一日为伴侣，就不希望褚松雪加入共产党，更不愿意看到褚松雪与男的共产党员掺和在一起。他虽然提倡情人制，但作为一个凡俗的男人，他也有很强的占有欲与嫉妒心。当他发现自己的女人思想正在受到别人的控制，不再听命于他；而随着活动的频繁，自己女人的身体也有可能失去的时候，他感到自尊受到极大的威胁和打击，他的愤怒是可想而知的。张竞生想遏止这种夫妻关系的危险滑行，但是，他已经无能为力，褚松雪不仅迅速为上海的左派人士所接纳，而且以其出色的才干在不到两个月的时间当上了上海市党部妇女部长。

更激烈的一次冲突终于导致了张竞生与褚松雪的决裂。这时，张竞生已经搬到上海市法租界萨坡赛路丰裕里94号一幢三层小楼居住。由于试用保姆一事两人又吵闹起来，继而大打出手，拳打脚踢。褚松雪被打得鼻青脸肿，张竞生的脸上则被划出一道长长的血口子，儿子张应杰被吓得哇哇大哭，面如土色。

一个自由组合的新型家庭在大时代的浪涌中分崩离析。当天晚上，褚松雪不辞而别，独自乘船径往武汉。这时，武汉成为全国的政治中心，各路精英荟萃一起。除了褚松雪外，还有五四运动的健将刘清扬、上海工运领导王亚章、上海大学毕业的赵君陶、南京来的李之良、湖南来的彭端淑、安徽来的彭淑兰等，都由中共湖北省妇委书记蔡畅介绍到省妇女协会工作。在经济十分困难的情况下，褚松雪与湖北省妇女协会的其他干部一起以高昂的革命热情进行各项工作，组织各级妇协参加湖南国民革命军誓师北伐大会。在誓师大会上，褚松雪代表省妇协发表演说，鼓励将士北上消灭北洋军阀；随后又有组织地分派妇协会员到各收容伤兵的医院去护理伤兵，帮助伤兵写家信，分发各方面募集的慰问品。不久，湖北省妇女协会召开会员大会，通过修订的省妇协总章程，改选省妇协执行委员，省妇协共设置组织部、宣传部、总务部、调查部、交际部、娱乐部等六个部，经会员选举，褚松雪被选举为交际部长。

革命，使褚松雪容光焕发，干劲倍增，从中体会到做人的尊严和价值。相反，却使张竞生鸡飞蛋打，别鹄离莺。当北伐革命风起云涌的时候，张竞生却躲在上海的一隅发出无奈的哀鸣："褚氏此次举动，原因复杂，举要：则伊与我情感不好；其次，受其情人的诱惑（有伊情书可证）；第三，则伊怕在上海租界被拿；第四，则因在上海无事可做；第五，则因小孩与家事的麻烦；我们对于党见的参差，乃原因中之最微末者。……悲哉！三年同住，一旦分离，二岁小孩，已无母亲，人孰无情，谁能遭此。褚氏固别有心肝与志气者，我哀其志，悲其遇，壮其抱负而叹我们的无缘。"

张竞生因爱生恨，在褚松雪高飞远扬之后，他也心灰意冷地离开了难以为继的上海艺术大学。

二、《新文化》始末

1926年11月，在北上无门南归无路进退两难的窘境中，在失去母爱的婴儿的啼哭声中，张竞生一扫颓气，置之死地而后生，决定于遍地黄金而又处处陷阱的上海滩开创他人生最重要的事业，在幽僻的法租界丰裕里谋划筹备创办《新文化》月刊。

以发轫于19世纪60年代由英国伦敦教会创办的墨海书馆为先导，经过数十年的发展壮大，上海成为麇集了中国最大多数报刊和出版社的城市。以1925年至1929年为限，仅先后出版的各类小报，竟有七百多种，有时一天就会有数十种小报问世。依托各家书局和出版社创办的刊物更是数不胜数，其中中华书局、商务印书馆、世界书局、开明书店等各大书局均自办一家或数家杂志，互相竞争，各擅胜场。

张竞生作为一个外来者、陌生人，居然要在这个镬煮鼎烹的大屠场中分得一杯羹，岂非不自量力与狂妄无知？然而，张竞生果真是吃了豹子胆，他不仅不把上海滩放在眼里，而且藐视国人，把五四运动以来的新文化成果贬得一无是处。张竞生记得，民国元年，孙中山在一次演讲中指出："革命成功，全仗报界鼓吹之力。"而时至今日，新文化革命远未成功，张竞生不客气地说，到如今我国尚脱不了半文明半野蛮的状态，尤为可惜的是连这一半文明尚是破旧的、腐朽而不适用的！所以从现在起要以真正的新文化为标准，对于一切事情——自拉屎、交媾，以至思想、文化，皆当由头到底从新做起，这何消说是一件极困难的事情，又何消说我们对此责任的重大与工作的艰难了。可是，我们不敢以此自馁，还要以此自负。我们大胆地挂起这个"新文化"招牌来，一切皆以这个新文化为标准；若他是新文化，不管怎样惊世骇俗，我们当尽量地介绍，并做一些有系统的研究；若他不是新文化，不管他在历史及社会上有多大势力，我们当竭力攻击到使他没有立锥之地仆倒灭亡而后已。这是张竞生抢占上海滩舆论阵地吹响的号角，创办《新文化》月刊竖起的旗帜。在这样的旗帜之下，张竞生集结了一批志同道合的文化人，他们是彭兆良、罗直敷、谷剑尘、陈渗婴、王剑侯等人，开始了上海滩上最为冒险也最为刺激的创业。

张竞生亲自确定办刊方针、栏目设置、总体风格，亲自向蔡元培、吴稚晖、张继等社会名流约稿，登门拜访了青年装帧家陶元庆，请他为刊物设计封面和装帧版式，安排彭兆良翻译蔼理士性心理学著作，并赶写了不少重要稿件。经过一个多月紧锣密鼓的筹备，《新文化》月刊于1926年12月正式创办，杂志为大32开本，每期131页，每月1日出版，由新文化社编辑，张竞生担任主编，社址设在上海法租界萨坡赛路丰裕里94号，就在张竞生住家的楼下，由上海新亚公司印刷发行。

《新文化》创刊号于1927年元旦在上海闪亮登场，向国内外公开发行。为使读者一新耳目，张竞生可谓费尽心机，他原来请陶元庆为创刊号封面设计了一幅三色的"虎啸兽林"图，因为制版太差临时撤版，改为一幅"巨鲸出海"图，图的下面是一个大三角形，印上了"中国最有新思想的月刊"文字。这样图文并茂，寓意这份横空出世的月刊，将像巨鲸出海一般，在波涛汹涌的中国新文化的大海里激起新的波澜。张竞生在《〈新文化〉月刊宣言》中开宗明义地指出：本刊有两大特色，一是本杂志所选材料必定新奇可喜，当使阅者兴高采烈，不似一般杂志抄袭陈腐令人生厌；二是开设"辩论"专栏，务使各人对各种问题，淋漓发挥，尽情讨论，而使阅者觉得栩栩有生气，好像身临千军万马的笔墨战场一样。以此为标准，《新文化》共开辟了四大栏目：一是社会建设栏，主要研究教育、政治、经济、妇女、宗教、外交、军事等问题；二是性育美育栏，侧重于以科学与艺术的眼光，讨论性育与美育这两个问题；三是文艺杂记栏，主要刊登文学、艺术、风俗、时事、笔记等有鲜明特色的内容；四是批评辩论栏，重点是中外学说批评、读者来信讨论的意见等。总之，张竞生创办的《新文化》，以新为号召，以美为依归，以性为武器，向旧传统、旧文化发起新的冲击和战斗。

张竞生一直不遗余力地推动妇女解放，从妇女平等权、妇女教育权、妇女爱情权到妇女参政权，以及妇女优生节育权、妇女继承权等，一以贯之，摇旗呐喊。早在两年前，张竞生在《中国妇女眼前问题》一文中，就集中论述了在理想的社会，妇女应享有与男子一样的继承权、教育权、保障权、参政权。其中妇女继承权相对于其他各项权利，遭遇更多的障碍，因此除了妇女要谋取一份正当职业，以保证有正常的经济来源外，还要建立相应的法律和社会道德

法租界萨坡赛路94号，张竞生在此创办了《新文化》杂志，因旧恶势力围剿，仅办六期即告停刊

保障机制。为此，张竞生提出了几项措施：一是"要求女子得与伊的兄弟同分产业——此事除一面从法律要求规定外，现在最紧要的应由各地女界发起一个有计划的社会运动。例如以北京说，先当做成了一篇极感动人的启事，提向那些比较开通的知识界、外交界、慈善界与农工商界等征求意见。愿者签名，代为登报赞扬，同时也算是为他们的女儿做保证人"。二是"凡已嫁得开通夫婿的妇人者，应以情动与理喻其夫，务必得有一种法律性的平分产业的凭据。若有子女者，则母亲至少须有与子女同分一份家产的规定"。

妇女继承权问题是妇女解放问题的一个重要环节，没有制度的根本变革与经济的充分保障，孤立地谈妇女继承权问题，无异于缘木求鱼。但问题总是一步一步地推动解决，首先必须唤起民众的觉醒和取得舆论的支持。两年前，张竞生想就此问题在社会上进行大讨论，因条件不具备而作罢，现在刊物在手，当务之急就是一偿未了的夙愿。因此，《新文化》从创刊号到第二期，在杂志头条的位置，以"社会建设栏"的方式，连续两期开展"妇女继承权"的讨论。这是《新文化》致力于推动思想解放的不凡抱负，也是《新文化》着眼于解决现实问题的社会承担。

在《征求对于"妇女继承权"意见书》的编者按中，张竞生呼吁读者"千万勿为法律风俗所拘束，各各凭其良心的主张特来表示其意见。我们当陆续在《新文化》月刊上发表，借觇社会对于这个重要问题的趋向"。在张竞生的组织下，有不少社会名流参与了讨论，

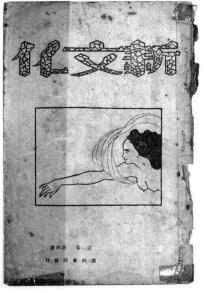

《新文化》杂志创刊号及第四期封面

发表了意见。吴稚晖来信说："女子有遗产权，闻武汉已经实行。弟持此议已有十年，以为只要女子有遗产权，一切伤天害理如溺女逼嫁诸事固可没有，即什么争嗣合族等等灭种制度亦可尽去。中国之兴，世界之正当，皆在此区区小事。"蔡元培的意见是："我不赞成遗产制，但遗产制未取消以前，当然男女平等。对于寡妇之一份，我亦赞成。"张继则认为："妇女继承权，狭义说当然指遗产。为妻为女者照理应得一份以自给。至于为母者在我国风俗上极有权力，凡夫死而子幼者例皆由母亲管理一切。可惜法律无规定，以致其子长大时，母亲即失其权柄，每有因其子不肖，家业不能保，而不免流为老乞丐矣。故今后法律应规定母亲有一定的遗产权以免使老人困苦颠连。"

从参与讨论的情况来看，可以说各有独特的见解。吴稚晖的意见最直截了当，张继的意见比较透彻全面，蔡元培、华林（即张东荪）、彭兆良等人则明确主张废除遗产制。虽然此时张竞生已经与褚松雪反目成仇，但他并不因人废言，还在创刊号刊登了褚松雪的文章《我的诉状》，不过以松侪夫人的笔名发表。该文以一个女子的亲身经历，发出了椎心泣血的呼吁："我愿有良心的父亲们丈夫们大家联合起来，实行把财产均分给他的女儿和儿子；救出了女儿，同时也保住了心爱的遗物。因为东西既经分开，少数子女的不肖，绝不会覆没了全份的祖产。觉悟的父亲们，你们做个时代的先驱者吧！"这是一篇有深度的文章，它从一个带有普遍意义的个案出发，反证了实行"妇女继承权"的紧迫性和重要性。

为了扩大讨论的广度和影响力，新文化社还发起了赞成"妇女继承权"签名活动，目的是使之蔚成风气，以便将来形成法律。参加签名的，除了上述社会名流外，还有中华法科大学的教授与学生，以及新文化社同人。尤为引人注目的是，中国流行音乐之父黎锦晖和他的明星女儿黎明晖也参加了签名活动，颇有使人眼睛一亮的效果。张竞生称赞说，黎先生与其女儿的签名，大有"遂令天下父母心，不重生男重生女"之气概。

在《新文化》第二期，新文化社连发两份意见书，一份是《为"妇女继承权"事请国民政府造予施行书》，一份是《致"全国妇女代表大会"请力争妇女继承权书》。前者，张竞生提出了实施"妇女继承权"的若干意见，建议在通过法律程序后由国民政府予以施行；在意见书的最后，张竞生语带讥讽地说道："若并此等极小的革命工作而不能实行或行而不力，国民政府，真对不住人道与女同胞了。"在后者，新文化社建议全国妇女代表大会就"妇女继承权"问题向国民政府提出议案，内容包括："凡为母者，最少，得与子女同分一份的产业；凡为妻者，得与其夫享受同等或相当的财产；凡为女儿者，得与其男兄弟一样平分父母的家产；凡为庶母及妾者，（就已然说）也有同分其产业之权。"要求这份纲要务须请国民政府批准执行，同时由妇女部组织一个"妇女继承权监察委员会"，监督行政方面认真执行。在同一期，《新文化》还刊登了《男女地权之平均》《妇女求得继承权的根本解决》《我得不到遗产继承权的痛苦》等讨论文章。在张竞生等人的推动下，妇女继承权第一次走进了公众的视野，成为妇女解放运动迫切需要解决的一个现实问题。

在《新文化》创刊号上，有一篇篇幅较长却不为人注意的重要文章，这就是挹兰女士的《母爱之调节与其要点》。这个挹兰女士就是仍在北京大学教育系读书的张挹兰，张竞生在上海创办《新文化》，张挹兰随即寄来稿子以示支持。这篇文章写于1926年10月12日，作此文时，张挹兰除了北大学生这一公开身份外，已秘密当选为国民党北京市特别市党部第三届执行委员会委员，并担任国民党北京市党部妇女部长，在李大钊的领导下，肩负起领导整个北京妇女运动的重任。作为一个随时都有可能喋血沙场的秘密的革命者，张挹兰在这篇文章中充满了母爱的柔情，而对于母亲如何教育儿女则有着深刻的洞见，尤其对于一般民众讳莫如深的性的开导，更具备开明的态度和科学的方法。她在文中指出："我希望今日的父母们赶快觉醒起来，认识性的神圣，及其支配人生力量的伟大。""当儿童的性作用还未发展以前，便须假着动植物的繁殖作用为例，说明人类生育作用的性质，使儿童了解自身之由来，以减少其好奇观念。小孩的睡眠应有一定的时间，不到乏时不可睡，既醒不可不起，睡的时候不可使其以手挨近生殖器，白天亦须禁止其玩弄生殖器，衣服不可过小，温度不可过高，眠睡时更要注意，身体要时常保持清洁。大约到了十几岁前后，更须以严重的态度，说明所以要如此的并要详言手淫的堕落和危险。……我希望今日的母亲，对于儿女开导性欲的责任，应与衣食住供给一样平视。"这样充满伟大母爱光辉的文章读之令人动容。

然而，就在这篇文章发表后不久的1927年4月6日，按照张作霖的密令，京师警察厅出动五百多名警察、宪兵和特务，分成十二个小组，分头袭击苏联驻华使馆、远东银行、中东铁路办事处、庚子赔款委员会等处，先后逮捕了李大钊、邓文辉、范鸿劼、张挹兰等共二十名共产党员和国民党左派人士。李大钊等被捕，举世震惊。中共党组织、工人群众、知识分子和各界进步人士焦急万分，四出营救，但终敌不过张作霖与蒋介石新老军阀的联手绞杀。4月28日下午，李大钊、张挹兰等人被解往北京西交民巷京师看守所秘密杀害。

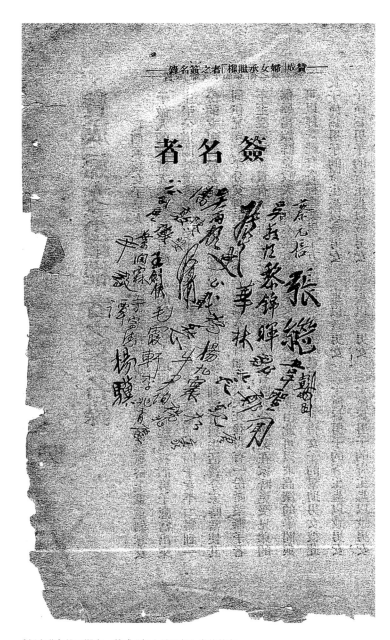

《新文化》第二期中，赞成"妇女继承权"者的签名

4月29日，北京《晨报》详细报道了李大钊、张挹兰等二十人遇难的经过。第一个走向绞刑架的是李大钊，他从容赴死，泰然自若。在绞刑架下，李大钊发表演说："不能因为你们今天绞死了我，就绞死了伟大的共产主义！……我深信，共产主义在世界，在中国，必然要得到光荣的胜利。"凶残的敌人为了折磨李大钊，竟然丧心病狂地绞了他三次，历时二十八分钟。李大钊牺牲时年仅三十九岁。

最为令人不忍卒睹而又令人荡气回肠的是张挹兰，她是二十位遇难者中唯一的女性和最后一名走上绞架的共产党人，在目睹了长达三个多小时的残酷行刑过程后，她仍毫无惧色地从容走上绞刑台，这位充满柔情侠骨的奇女子，站在绞刑台上环顾四周，当她对这个残忍的世界做最后的回眸时，她一定有无限的眷恋，因为她正值青春年华，还有未竟的事业，连同那相依为命的弟弟。当她把绞索套

1927年4月，（左起）路友于、李
大钊、张挹兰在就义前合影

进脖子的时候，满怀遗憾地微笑着发问："就这么死了吗？"

读到这里，张竞生泪如雨下，为李大钊，更为张挹兰！当天晚上，张竞生彻夜无眠。几天后，奋笔写下了《哀女生张挹兰》，发表在《新文化》第四期的头条"社会建设栏"上，寄托对张挹兰烈士，包括他的老同事和老朋友李大钊等革命者的哀思。张竞生字字泣血地写道：

挹兰！

我在报上见你被绞讯时，眼泪不觉夺眶而出，那夜整宵无眠，偶于院中假寐，觉阴惨惨在我眼前忽现女尸一具，头发蓬乱，舌吐口外寸余，眼鼻孔尚在流血，满面血痕斑斑，和那青白细长的脸，及那衰弱矮小的身材，原来就是你！就是可怜的挹兰被人欺负的弱者！

挹兰！

我前年在北京大学教授时，惟你为我所最赏识。你常与我讨论怎样编辑中等行为论（即旧时伦理学）教科书，及性育教科书。及新文化要出版时，你即寄我二文，一为《母爱之调节与其要点》，已登入创刊号内，读者皆叹为论断周密，文笔简洁。另一题为《关于庚款用途的一个建议》，现登在本期为你于世上特留一个大大的纪念。将来国事平定，能够照你所拟的去建设，建设一个"中华国立学术研究院"，则你虽死犹生了。又苟能将此院冠以"挹兰"二字，则你死得更有荣光了。

你家极穷，赖你与弟译著以生。我每遇你拖其解放后的小足蹀躞于沙滩、嵩祝寺之间，手中每执布制提袋，衣服简单，寒时似全身抖颤，热天又见你薄薄的脸满额汗珠。每一念及，心常为之不安，新文化出版后，我拟请你为长期编辑，使你生活稍为满足，谁知你能忍贫竟不愿就。

去冬褚女士松雪来信说你不但学问好而且有义气与勇敢。当"赤发"女士被京警捕拿时，你与褚四出运动营救，伊由是得脱走上海。你且告褚如褚被拿时，你誓以保养我们的二岁小孩自任。我感谢你爱惜我们小孩比小孩自己母亲爱他更浓挚！

你为《妇女之友》周刊的主任人物，极端拥护女权为职志，这已足致你死命了。你终任为北京市国民党妇女部长，则你的死更不能逃了！你今竟为女权而死，竟为国民党而死，秋瑾以后应算你为女子中死得最有价值了！

当我得知你一车赴绞场就义时，"面现喜色，摇首挺身而入"，我此时几如发狂一样的跳跃呼号，嚷破了喉咙我尚继续嚷下去：

死的胜利！

挹兰！挹兰！

死的胜利是属于你的！

你以一死洗尽中国女子许多的弱点！

你以一死唤醒许多民众的迷梦！

挹兰！

你当记得我在教室与你们谈及罗马的死事？

这个高贵而有德行的女子，

当伊上断头台时，

痛快地向那一班送别的朋友说：

"死不足怕，死不痛苦！

唯有罪恶，才是可怕！

唯有罪恶，才是痛苦！"

　挹兰！

　　你已知道，

　　这位女子的代价了！

　　罗马专制由此推翻！

　　罗马共和由是建立！

　挹兰！

　　我曾与你们说这位罗马女子的死法就是"美的死法"最好的榜样。

　挹兰！

　　你今这样死法也就是"美的死法"最好的榜样了！

　　死的胜利！

　　美的死法！

　　都属于你的了，

　挹兰！挹兰！

　你虽少年而死似乎可以无憾了！

　　张竞生这篇哀悼诗篇，像火山喷发，像极地海啸，像狂飙突进，深深地感染读者，撼动读者！在这篇文章中，张竞生作为一位诗人的才情已表现得淋漓尽致，作为一个革命者的形象也跃然纸上。

　　对于一个女革命者的牺牲，倾注了如此深厚的感情，给予了如此崇高的评价，即便是写于同一时期，歌颂的同样是女性知识分子，而且是出自文学巨匠鲁迅之手的脍炙人口的历史名篇《记念刘和珍君》，恐怕一时也难较高下了。

　　然而，就在同一期杂志，张竞生又发表了他写作的《性部与丹

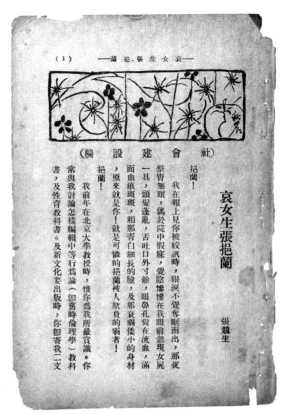

张竞生在《新文化》
第四期发表的《哀女
生张挹兰》

田呼吸》这样匪夷所思的文字。一方面是真诚地歌颂革命的神圣，另一方面又露骨地宣扬性爱的欢乐，矛盾的张竞生或者说复杂的张竞生绞结在一起，都同样真实地呈现了张竞生处于剧变时期驳杂的精神状态。正像社会科学的创始人埃米尔·涂尔干所指出的，人们拥有两种完全不同的意识，一种捆绑在身体上，另一种作为"超越我们自身的东西"而捆绑在社会中。张竞生勇敢地突破这种捆绑，把这种"人性的双重性"显露无遗地呈现于社会中。实际上，《新文化》每期都以超过一半的篇幅刊登他自己撰写的或者友人翻译的关于性学方面的文章，以及回答读者提出的关于性育的问题。其中主要的，有第一期的《怎样使性育最发展——与其利益》《如何得到新娘美妙的鉴赏与欢心》《视觉与性美的关系》，第二期的《第三种水与卵珠及生机的电和优生的关系》、《性的教育法》、《视觉与性美的关系》（续），第三期的《性教育运动的意义》、《医氓与性学》、《性的教育法》（续），第四期的《触觉与性美的关系》、《性的教育法》（续），第五期的《大奶复兴》、《性部与丹田呼吸》、《触觉与性美的关系》（续）、《嗅觉与性美的关系》，第六期的《性美》《女学生的同性爱》《女子缠足与生殖器之关系》等，以及每期大量回答诸如"典妻"的陋俗、"共妻"的现象、试婚的可否等问题的性育通讯，无论从刊发文章的数量上，还是从提出问题的前卫程度，《新文化》都堪称是中国第一本性教育杂志。

为了办好《新文化》杂志，张竞生可谓煞费苦心。他不但在内容上求新求变，而且在经营上另辟蹊径。作为吸引作者投稿的招数，张竞生除了给予每千字三元至十元的优厚稿酬外，作者还有一成抽红办法的共享利润，这在当时上海滩上是绝无仅有的。正像独门绝活是一个手艺人的立身之本一样，独家新闻也事关一家杂志的生存发展。在《新文化》创刊号，他就刊登了"聘请上海通"的广告："上海华洋杂处，地广人多，常常生出极有兴趣的事情可以为社会学的资料。如北四川路'咸水妹'的习尚，所生子女为华洋混合种，极可以借此考究这种结果的良劣……上海有的是流氓，大流氓、小流氓，为财而流氓，为色而流氓，独立流氓，或与外国流氓相结合。凡此种种奇形怪状的社会现象，不可无专家的著述。有能以此项材料供给我们者，当从优酬赏。"此外，还"征求上海各学校腐败的实状"，目的是挖掘猛料，引人注目。从第三期起，杂志的封面刊头改由红色的美术体书写，下边则是一幅伸开手臂的半身飞天裸女像，显然是为标新立异，吸引读者。从第四期起，新文化社又刊出扩充社员启事，只要各界人士能致力于"使社会美化与情感化"，经本社严格审查之后，即可成为新文化社社员，并将着手在各地组织类似读者会的"美的"机关，如"美的南京""美的上海"之类，如果一个地方有十位社员以上者，就能获赠一份《新文化》杂志和一些书籍。在张竞生的苦心经营下，《新文化》的发行量迅速攀升，在短短数期内，每月的发行数就达到了两万份，一度超过了由邹韬奋主编的名牌杂志《生活》周刊。要知道，当时上海大多数杂志每期只印一千本，甚至五百本，而且多半是送人，像张竞生办得这么畅销，的确是少有的。

树大招风，同行倾轧。《新文化》从发行第一期开始，就麻烦不断，其罪魁祸首仍在于打破性禁忌。张竞生在创刊号上有一篇文章《如何得到新娘美妙的鉴赏与其欢心》，其中有一节论述了"红花女"的"处女膜"的生理与风俗的意义，本来意在打破处女膜崇拜，有着明显的反封建意义，却遭到巡警局的起诉，被指为"淫书"。开庭时，有一位五十多岁的中国法官，与张竞生素不相识，却极力为张竞生辩护，说这篇文章讲得入情入理，并非淫书，凭良心断案不能处罚作者。租界法庭的检察长以势压人，非要中国法官按他的意见判案不可，中国法官断然不肯。两人遂在庭中互拍桌子，闹得不可开交，不得不由一位日本籍的陪审员出面调停，两人仍相持不下，只好将案子上诉。上诉法庭也是由租界法庭组成，官官相护，结果仍以"淫书"处罚结案。

自此，租界法庭视《新文化》为眼中钉，经常横加干涉，严格限制刊物的内容。1927年7月，迫于当局的压力，为了杂志的生存，张竞生罕见地委曲求全在《新文化》第五期刊登《性育通讯栏紧要的启事》，通告如下："性育通讯本含有关于性的研究讨论的性质，实为最有趣味的文字。但因当局方面的责难事势将不得不停登。"马克思说过，没有出版自由，其他一切自由都是泡影。履霜坚冰至，当局先从栏目开始封杀，已使《新文化》的生存举步维艰。

屋漏偏遭连阴雨，原来那些盗印《性史》，以及假借张竞生名义偷印《性史》续集的不法书商，追腥逐臭，看到《新文化》有利可图，遂将《新文化》一、二期内容汇编为一本《文化史》或《新文化小史》在北京、上海等地偷印，高价出售，败坏张竞生的名声。还有一些捕风捉影，说张竞生暗中拿了奉鲁军宣传费，创办新文化月刊专门反对共产党；有一些说他与孙传芳合作办刊反对共产党；也有一些说张竞生专门做反革命的工作，不一而足，目的只有一个，就是抹黑张竞生，搞垮《新文化》。更有甚者，一些别有用心的人，专门攻击《新文化》是淫书，使《新文化》一再受到当局的阻挠，不能正常出版。直到1927年11月，《新文化》第六期才姗姗来迟得以出版。

为了回击甚嚣尘上的厚诬，张竞生特意编发了一组稿件，包括梦韶的《〈新文化〉断不是淫书》、王蕴玉的《〈新文化〉是为"救淫"非诲淫》和他自己撰写的《与〈晶报〉论禁淫书而倡性学的方法》，用以挽回影响，以正视听。王蕴玉认为："《新文化》是一种最有新思想，最有新贡献的出版物，不但不猥亵诲淫，简直可称是'救淫'的宝筏。何则？《新文化》所讨论的是就事论事，是根据学理，是说要怎样在这人生不能避免的性生活中求得优美的高尚的快乐的方法，不是叫人去乱淫。"上海小报的翘楚《晶报》曾连续几期刊登文章讨论张竞生的《性史》，并为新加坡的《南星》报所转载。张竞生在

《与〈晶报〉论禁淫书而倡性学的方法》一文中指出："历史告诉我们：淫书是不怕禁的，愈禁愈盛。""若为一时救急起见，则我意为不可全靠官厅。应由官厅与性育界对于性学内行者共同组织审查处，审查哪本是性书哪本是淫书。其淫书须罚者则侧轻发行人与印刷人，而注重在著作人。淫书著作人虽不出名，但由发行人尽力根究极易得到。重罚著作人，乃为根本的救治方法。"张竞生认为，《新文化》是十分科学的性学普及读物，性学昌明则淫书不禁自禁，因此，要千方百计把《新文化》办得更好。张竞生还天真地在这一期的《新文化》中再刊登启事："因本刊有性育通讯一项以致引起许多纠纷，遂使本刊前期决定将此项裁去，不意此后收到了许多责备及鼓励的来信，使我们觉得读者的意见确有相当采纳的必要。故今后本栏仍然照登，但以其事实简单文字老到者为主，其美妙的描写而有挑拨性者则拟为汇集成书，仿欧美通例印成私版，庶几读者与法律两得之矣。"

当张竞生还在做着金黄色的美梦时，当局的黑手已经伸向《新文化》，上海临时法院已经宣判《新文化》的死刑，禁止《新文化》继续出版发行，罪名就是《新文化》"猥亵"。从1926年11月筹备创刊，到1927年11月被迫停刊，《新文化》一共出版了六期。从此，读者固然再也无缘读到那些活色生香的文字，张竞生所谓"读者与法律两得之"的美梦也彻底粉碎。

三、美的书店盛衰

《新文化》倒灶了，张竞生日子过得难免凄惶，但尚未至于失业，因为还有美的书店在支撑门面。

美的书店原由新文化社附办，于1927年5月在上海四马路510号正式开张。老上海四马路，是海派文化的基础和源头，中国近代第一家现代出版机构墨海书馆在这里开办，中国近代历史最久的中文报纸《申江新报》即《申报》在这里创建。不言而喻，赫赫有名的商务印书馆、中华书局、世界书局、大东书局、开明书局等出版界的"五虎上将"已是攻城略地，割据一方；其他大量的中小书局则抢占先机，各出奇招；而刚刚呱呱坠地的名不见经传的美的书店，如何在强手如林的竞争环境中，杀出一条血路，求得一个生存发展的空间？

张竞生决定依托新文化社，走一条特色经营的发展之路。美的书店开办的资本金只有两千元，由出资最多的潮州老乡谢蕴如任经理，负责经营管理；张竞生任总编辑，再聘请彭兆良等三四位为兼任编辑，负责选题策划与编辑出版。美的书店出版和经营的书籍，

美的书店
叶卓侠摄于1928年

以美育及性育为主，著名文艺与小说及诗歌和外国文学等书籍也在售卖之列，定价低廉。四马路书店林立，寸土寸金，美的书店为了在同行业中脱颖而出，特别对门店做了精心的布置，楼下是一排排精致的书架，楼上则开辟了温馨的咖啡室，备有茶点、咖啡，放置各种书报，以便读者一边休憩一边阅览，并有代售欧美各种新书的业务。

美的书店开张那天，居然门庭若市。很多读者事先已经在报纸上看到了新店开张的广告（上海《申报》及《新闻报》因为张竞生只出数元钱，故不愿意刊登美的书店开张的广告，张竞生只好到一般的报纸去吆喝）。读者对张竞生怀有很大的好奇，纷纷慕名而来。只见书架陈列着的，除了张竞生再版的《美的人生观》《美的社会组织法》，初版的《美的性欲》《性部与丹田呼吸》外，大量的是霭理士著、彭兆良或金钟华翻译的《爱与艺术方法》《视觉与性美的关系》《触觉与性美的关系》《性冲动的分析》，以及《性育小丛书》等。这些书，内容与众不同，新奇可喜；版式玲珑精巧，赏心悦目；篇幅一二万字到四五万字，便于阅读；价钱在一二角至四五角之间，虽贩夫走卒者流，也掏得起腰包。更加令同行跌破眼镜，令读者大开眼界的是，美的书店全部雇用年轻漂亮的女店员，此举是上海滩，也是全中国首次商业雇用女职员，这不仅是对张竞生竭力提倡的妇女"当勉力谋得一件职业以养生"主张的贯彻落实，更是女性以热情周到、耐心细腻的特长用于商业活动的一种成功尝试。最后，张竞生为答谢读者起见，每位读者还赠送一张大美女画作为开业纪念。几管齐下，即时奏效，美的书店的书籍当天就被抢购一空。

第二天，美的书店开业的盛况，特别是雇用女店员、赠送美女画的商业手段成为上海滩上各家报纸的新闻。一个区区小店，一时间竟货如轮转了。原来的店面已显得窄小而逼仄，急需追加投资，扩大门面，否则将影响书店的发展，但彼此都没有资金。张竞生与谢蕴如商量后，决定进行招股，遂刊登启事，"以能一次认足五百元以上及与新文化道同志合者为限"。

书店出版经营，有大店面，更需有好书稿。于是，美的书店又发出征稿启事："本书店自负要从丑的、无情的、禽兽交的中国社会里打出一条美的、热情的、有艺术性的性教育大道路来。凡有关于新文化及情感性的译著，本书店极愿代为出版流通。所有版税当比别处书店高：约从百分之二十五到三十五为率。并于投稿时就可先支些数目，以后每月底就能清算，就将应得版税尽数拨交版权人，一洗时下书贾侵剥著书人利益的弊端。"

美的书店正处于草创时期，但竞争激烈，硝烟四起。商务印书馆的口号是"每日一书"，中华书局的口号是"三日一书"，在利益驱动之下，有头有脸的作者，初出茅庐的新秀，名家名作自然都流向这几大出版巨头。张竞生寻思，人家是船大好冲浪，自家是船小好掉头。小本经营的书店，要想获得高质量的书稿，不仅要有诱人的条件，还要有完善的制度。于是，他向彭兆良等编辑面授机宜，首先是强化特色。由彭兆良牵头，组织翻译霭理士六大卷的性心理学著作，每月译出十万字，一年内完成全书的翻译，陆续编成性学小丛书作为美的书店的主打产品投放读者市场，并兼及美术与科学等名著的翻译出版。

其次是自由译述。作者确定选题后，由其自由译述或创作，而不是像某些大书局一样，店大欺客，苛刻地要求作者必须在办公室里每天写作多少字数才算过关，没把作者当人，只当作任其驱使的赚钱机器。有一则故事讲商务印书馆老板王云五的："王老板咳嗽，声宏气充，有名叫做'平升三级'。咳时合乎，合乎，合乎，必定连咳三声，真如黄钟大吕似的。他每天到馆，只消咳嗽一回，能使三百多位职员鸦雀无声。"（郭汾阳、丁东：《书局旧踪》，江西教育出版社，1999年）

第三是文责自负。译述人在著作上署上名字，既领了月薪，又得到版税，增加了责任感和荣誉感，能够更好地激发作者的创作才能。

重赏之下必有能者。在张竞生的精心策划和彭兆良的具体组织下，高质量有特色的稿件源源不断地寄到编辑部来。望着堆得像小山一样凝聚了作者心血的各种稿件，张竞生两眼放光，他看到了事业的发展，看到了未来的希望。他兴奋地擂了一下彭兆良的肩膀，当即召集编辑会议，讨论决定出版系列丛书。

这个系列包括三套丛书。第一套是美的书店赖以起家的"性育小丛书"，翻译世界名著本，由张竞生主编。这是张竞生致力于以出版事业推动性教育普及的大动作和大手笔，为此，他亲自撰写广告词："读过本丛书一遍，胜读其余一切性书。因其内容广博，见解超绝，著者霭理士氏曾费了三十年的工夫在搜集其材料。其他诸性学书比之，譬如众星之拱北辰，争引以为性学界之灵光。译本小道林纸精印，每册实价二角。买满十册以上者另赠锦匣一只，照实价九折。满二十册以上者赠锦匣二只，照实价八折。外埠批发另议。"这套丛书共有二十三种，其中张竞生著作两本，包括第五版的《第三种水》和再版的《性部与丹田呼吸》；其他的二十一种均为霭理士著作，以"霭理士心理译丛"为名，再细分为五个小专辑：关于性的基本原理、关于性的机能、关于性的选择、关于变态问题、关于性的社会问题。此外，还有正在翻译中的各国著名性学著作，也将陆续印行。

第二套丛书是普通文艺类，包括美学、宗教、文艺、批评以及小品杂记等项，笔致鲜妍，见解精辟。首批付印的书目，有张竞生著的第五版《美的人生观》、第三版《美的社会组织法》，以及法国著名作家左拉著、毕修勺译的《实验小说论》等。

第三套为浪漫派文学丛书，仍由张竞生担任编辑主任。在编辑缘起中，张竞生颇为危言耸听地写道："在这个死气沉沉的中国，一切皆是假的不情的；这是一个大地狱，一切皆是行尸走肉，没有一点生气与热息；这是一个妖怪的世界——一个大妖怪'古典派'在那里作祟。打倒呵！打倒这个万种罪恶的根苗的古典派，打倒呵！能够打倒它的唯有我们一个轰烈烈、热烘烘，有十足生气，千般真诚，万种侠情的浪漫派的健将！由这个健将可以振兴我们将衰灭的宗邦与将死亡的人心！快来呵！快来快来扶助我们这个健将的成功！"第一辑的书目共四种，即张竞生编的《浪漫派主义》，法国著名思想家、作家卢梭著，金满成译的《忏悔录》（第一二书），法国著名作家小仲马著，金满成译的《茶花女》，江石著的《同性爱》等。

张竞生雄心勃勃，大展拳脚，驰骋于上海出版界。他身兼总编辑，编辑的定稿尚不十分过关，英法文的翻译尚不十分高明，都必须由他亲自润色和改订；同时，他又兼任所有书稿的终校，每天都是从早忙到晚，埋首书稿，一丝不苟。在他和同人的努力下，美的书店生意越做越红火，更以专售性书而驰名上海滩。

美的书店名声在外，遗憾的却不是什么好名声。有人把专写"三角恋爱"小说的张资平与郭沫若、郁达夫比喻为沪上三大书局：

"沫若好像商务印书馆，虽然也有爱美的书，但却被教科书的名气镇压了；资平好像美的书店，专门出版性书，倘有女朋友问路或是伴着一个年高德重的长者，就不肯同去光顾；达夫好像开明书店，里面都是些文学书籍，不独青年学生，日趋其间，就是老汉和少女也是常履户限的。"（欧阳竞文：《读了〈达夫文集〉以后》）虽然比拟不伦，但把美的书店与商务印书馆、开明书店这些大店老店位列同侪、等量齐观，也是一个可喜的现象。

就在性育小丛书相继出版之际，盗版书商却捷足先登，从"霭理士心理译丛"中摘出部分材料，编成一本《半日轻狂记》的小册子，急忙排印抢滩出版，企图鱼目混珠，从中取利。此事为上海市工部局警务处风化科获悉，以职责所在前去查抄淫书，查到最后，由美国人担任的风化科科长居然被书局老板"假冒"为该书的出版人，而该书的出版单位竟然是所谓"违警书社"，这真是太岁头上动土。该书局老板自然被罚到倾家荡产，而城门失火，殃及池鱼，美的书店出版的性育小丛书也被列入经常抽查的黑名单。

当然，黑名单归黑名单，张竞生并不在乎。这个时候的张竞生正处在人生的第二个鼎盛时期，他白天编稿，晚上译稿，永远有干不完的活，却永远精神焕发，不知疲倦。更为重要的是，他正在谋划一个更大规模的译书计划，准备再组织专门的编辑部，搜罗更多的编辑人才，有系统地译述世界名著，以西方现代科学文化知识来提高国民的素质，增长国民的智慧。

1928年3月，张竞生草拟了一份着手实施大规模译书计划的公开信，向全国知识界、教育界、出版界广为散发，呼吁有识之士为文化计、为利益计，联合起来，共襄盛举。全文如下：

张竞生的一封公开信

诸位先生：

据竞生个人实地在书店及编辑部经验所得，断定如有十万元资本，以之请编辑七八位，按时译书，则数年内可将世界名著二三千本，译成中文，其关系于我国文化至深且大。兼以经营世界各种名画与雕刻品，使美育及于社会，于艺术与情感的影响也非浅显。就赢利来说，单就书籍一项而论，头一年假定出五百本书，每本五万字照低廉售价六角算，又姑定每本的售数为每年卖出三千部计，则五百本书，一年可卖至总数九十万元。此中除去印刷费十五万元（每部照稍高价算为一角），编辑费十二万元，与发行费数万元后，净利几达六十万元，获利之大，可为惊人！而况兼美术品，与外国原书及各种教育品等，总合起来，获利当然甚巨。推而至于第二年，第三四五年之后，则每年再出新书五百本，新得之利与旧籍的盈余，累积起来，则第二年之后获利之大更难预算了。论其资本不过数万元至十万元而已，比较市上无论经营何种商业断不能得利如此之多也，诸先生为文化计，为利益计，幸勿漠视下头所拟的计划。若能努力使其实现，而使我国于数年之内无论何种学问皆有完善与系统的译籍，则不久我国思想界定能起极大的变动，于各方面如文学、科学、哲学、实业等，必能放出极大的光彩。这种关系于我国文化的前途，更非区区的利息所能计较了。

现在国内大书店如商务、中华之类的编辑部，因其制度不善及编辑不得人与其思想的腐朽，以致虽有资本而出不了美善的书籍。我们今后的编辑部重在以专门的人才得以专心编辑各

种有系统的学问，尤注重在介绍世界新颖的思想，以便引导我
国人的思想与世界相沟通。

张竞生谨具

十七年三月

作家开书局，本是一件顺理成章的事情。比如鲁迅的三闲书屋、
李小峰的北新书局、陶亢德的人间书屋、郭沫若的群益出版社、邵
洵美的金屋书局、许杰的东方书店、张资平的乐群书店、曾朴父子
的真美善书局、陈望道的大江书铺等。有的为了赚钱，有的为了玩
票，有的为了保存进步出版阵地，千差万别，不一而足。但以文化
人而兼具出版家，却不是一件简单的事情，也不是一般的人能够做
到的，它需要一种眼光，一种气魄，一种抱负，一种担当。张竞生
作为一个有着非凡胆识的出版家，毫无愧色地站到了一个时代的最
前列。他知道，在这个积贫积弱满目疮痍的老中国，出版乃是当今
之急务，因为它是开民智和新民德以至新世界的大事，因此，当
《新文化》被腰斩的时候，他又把美的书店推到了风口浪尖上。在出
版经营的过程中，他认识到译书是急务中的急务，因为他更知道，
明清之际思想家徐光启就提出了"欲求超胜，必须会通；会通之前，
先须翻译"的著名思想；林则徐和魏源把"悉夷情""翻夷书"放到
了抵御外国侵略的首要位置；梁启超更强调说："国家欲自强，以多
译西书为本"；盛宣怀呼吁："变法之端在兴学，兴学之要在译书"；
严复在《天演论》出版后给张元济的一封信里也说道："大者则谓译
书为当今第一急务，喜提倡之有人。"

做中华民族的盗火者，当中华文明的传薪人。在先哲们的启示
和召唤下，张竞生提出投入十万元资本，以数年时间，组织翻译出

版二三千本世界名著，这是迄今为止中国出版界最大规模的译书计划。要知道，就在1928年，商务、中华、世界三家主要出版社的出版物之和是1 569册，而全国一年的出版总量才2 414册。张竞生因为出版《性史》而声名狼藉，仍在北大任教的胡适接到北大学生聂思敬带来的这封张竞生的译书公开信后，情不自禁地感叹道："竞生也有大规模的译书计划。此意甚值得研究，不可以人废言。"而在整整一年后的1929年，商务印书馆才在王云五的主持下，开始编辑万有文库，计划用两年半时间，出版包括百科小丛书、国家小丛书、新时代史地丛书，农、工、商、师范、算学、医学、体育各科小丛书，以及汉译世界名著和国学基本丛书等共两千册。可见，万有丛书由各种小丛书集合而成，而汉译世界名著只占据其中的一小部分，与张竞生自成系统的庞大译书计划不可同日而语。

不久，张竞生又计划进行第二次扩股，以一次入股美的书店股本一千元以上者为限。同时，征求外埠合作机关，计划在汉口、广州、天津，设置美的书店分店，扩大美的书店在全国的业务。

然而，就在张竞生雄心万丈地准备在出版界大展宏图的时候，厄运却接二连三地降临到美的书店，使美的书店饱受摧残。

美的书店毗邻商务印书馆和中华书局，凌厉的攻势和特色的经营，使美的书店迅速蹿红，生意居然比那些老店和大店更胜一筹。商场如战场，本来这些老店大店对美的书店突然走俏已是侧目而视，书呆子气十足的张竞生不但不懂得韬光养晦，反而在公开信上对商务、中华的经营说三道四，更加使他们怀恨在心，必欲置美的书店于死地而后快。书店经理谢蕴如也是一个只知埋头做生意的书呆子，平时与由江苏人控制的上海书店业毫无来往，更未聘请江苏人挂名当后台老板或支撑门面的经理。在这个潜规则盛行的十里洋场，美的书店生意越红火，就意味着处境越危险。果然，他们勾结上海租界警察局，向上海临时法院控告、起诉美的书店出版发行的性学小丛书是"淫书"，应予处罚。

"性学博士"张竞生因为猥亵诲淫被告上法庭，成为轰动一时的沪上新闻。开庭那天，上海各路大报小报的记者闻风而动，把法庭围得水泄不通。张竞生是美的书店总编辑，理应到场接受问话，但他认为这是无理取闹，不屑于出庭，只是委托编辑彭兆良出庭聆讯。彭兆良是资深编辑，还参与翻译过霭理士的著作，对于哪些是性学，哪些是淫书，他最有发言权，又善于应变。因此，在法庭上，面对欧威特检察长的指控，彭兆良不慌不忙、振振有词地反诘道："检察长先生，你在起诉书里指控我们的性育小丛书是淫书，这是不公平的。这些小册子，我们都清清楚楚写明是从英国大文豪霭理士所著的那部性心理学名著翻译出来的。这部书的英文版也是在四马路你们美国人所开的书店买来的，怎么你们的就不是淫书，我们的就是淫书？这是什么道理呢？"

欧威特检察长愣了一下，傲慢地说："你讲得没错，书是同一个人写的，但我们外国人有足够的程度，可以看这些书，你们中国人程度低，就不允许看！"

彭兆良沉着地反驳说："不错，我们中国人的文化程度，普遍比你们低，但凡能看我们所译述的中国人，其文化程度，同样与你们一样高，为什么你们可以公开允许外国人看，而不允许我们看呢？"

听到这里，欧威特检察长理屈词穷，无言以对。一同出庭的谢蕴如经理和美的书店聘请的伍连荣律师强烈要求法院公正判决。就在法官们互相磋商、举棋不定的时候，上海临时法院一个坐在角落里的胖推事冷不丁地说道："张竞生不是有意诲淫，或许是这样。但自从你们编辑的性育小丛书，特别是什么《性部与丹田呼吸》等书出版后，上海小报推波助澜，对少年儿童影响很大，这种'行为的结果'，张某难辞其咎。"

经胖推事一搅和，欧威特检察长气焰又嚣张起来，遂强行定谳，宣判状告美的书店贩卖淫书成立，处罚款三百大洋，并没收全部书籍。第二天，上海法租界巡警开着一辆大货车，一路呼啸着来到美的书店，将店内书籍席卷一空，而由上海临时法院提供的美的书店受处罚的新闻稿及记者采访的花絮也纷纷登上各大报小报的版面，炒得沸沸扬扬。

张竞生对此闹剧视为儿戏，不以为意，照常译述编书，照常大宴宾客，正所谓"座上客常满，樽中酒不空"。但此后每月美的书店总有一次被告上法庭，每次开庭，报纸都长篇累牍大肆渲染，张竞生的名气越来越大，几乎在上海滩上家喻户晓，成为各大学争相邀请演讲的社会名流。

1928年秋季开学后，暨南大学成立文学社团槟榔社，由学生温梓川、许敏、陈毓泰、林华光、黄奇之等五人组成编委会，出版《槟榔》月刊，推选温梓川为主编，内容着重于描写南洋情调的创作小说和介绍弱小民族的文艺作品。为扩大槟榔社的影响力，编委会决定邀请上海的名流到校演讲，规定每月一人。邀请谁来合适，槟榔社编委会七嘴八舌，莫衷一是，只好当众付诸投票表决，结果多数赞成先请鲁迅，次请胡适，再请张竞生。

1928年11月初的一天，槟榔社成员温梓川、许敏、张庆标一大早就到美的书店拜访张竞生，商谈邀请他赴暨大演讲事宜。经理谢蕴如热情地接待了他们，并告诉他们张竞生并不住在美的书店，他的寓所是在法租界萨赛坡路，但他每天都会到书店里走走。谢蕴如看了看墙上的挂钟，对温梓川说："你们先稍候，随便看看书，他今早来过电话，就要到店里来了。"

他们就自由地翻阅书架上的新书，温梓川还选购了一套性学小丛书。正在他们饶有兴味地翻阅时，张竞生进来了。谢蕴如把来客一一介绍，张竞生很客气地招呼他们随意坐下，叮嘱他们不必拘礼。温梓川带着一丝好奇悄悄地打量着这个声名赫赫的性学大师，只见张竞生个头不高，却很壮硕，跑路也是雄赳赳的，有点像欧洲人那样高视阔步的神气，红光满面，神采斐然。温梓川把来意说明后，张竞生立刻就答应了。

张竞生客气地问道："你们看我讲什么好呢？"

"随先生的方便！"温梓川说，"题目倒不妨留到下星期演讲时才公布吧！"

张竞生（右）与友人叶卓侠
1928年合影于上海

张竞生连声称善："这样也好，这样也好，反正我现在还想不出要讲什么好！"

他们确定了演讲的事情后，又随意地聊了一些别的。温梓川告诉张竞生，他们很喜欢读他主编的《新文化》月刊，可惜停刊了。张竞生点点头，温梓川又不解地问他，他编的《性史二集》《性艺》等书，为什么不在美的书店出版。

张竞生忽然怒气冲冲地说道："这些书都是那些下流胚冒用我的名字胡编乱造的烂东西，并不是我编的。我已经向法院起诉这些无良的书商要求赔偿。"张竞生还向温梓川他们慨叹自己呕心沥血研究创作的著述竟然得到相反的结果。

温梓川等人告辞回到暨南大学后，立刻贴出通告，说是张竞生定于本月某日星期六下午三时到校演讲，希望同学们踊跃出席，讲题却秘而不宣，立刻引起同学们的盛大欢迎，大家都热烈地期待张竞生博士的到来。

演讲那天，因为大礼堂致远堂尚未落成，集会假座大膳厅举行。午饭过后，全校的同学几乎都到齐了，大膳厅已经被同学们密密匝匝围住，简直是针插不入水泼不进，盛况空前，比前两次鲁迅、胡适的演讲还要多得多，可见同学们是如何渴望一瞻张竞生这位"性学博士"的风采。温梓川虽然是跟张博士接洽来校演讲的主持人之一，却因为迟来一步而无法挤进会场，只得远远地站在大膳厅的外面，未能亲耳听到张竞生的演讲。散会后，温梓川才听同学说张竞生演讲的是"青年与读书"一类的题目，有些同学失望地说："我早知道他不是讲性学，也犯不着挤得满身臭汗，罚站那么久，听他的演讲了。"（[马来西亚]温梓川著，钦鸿编：《文人的另一面——民国风景之一种》，广西师范大学出版社，2004年，第206—208页）

真是成亦性学，败亦性学。美的书店为了宣传性学说，普及性知识，印行性丛书，却因此而吃了六七次官司，每次败诉后，美的书店就被巡警洗劫一空，惨不忍睹。最后一次出庭时，欧威特检察长假惺惺地对彭兆良说："只要你们把霭理士的性育丛书改名为心理教育丛书之类，把每本书中的比亚兹莱的裸体插图删去，同时每月给警察所上交一千元的手续费，我们以后就不再干涉起诉你们的出版……"

彭兆良回到编辑部与张竞生、谢蕴如等商量对策。由于上海书店业"江苏帮"从中作梗，上海邮局竟然封杀了美的书店的邮寄业务，以致国内及南洋、美国等处代理的书店所欠款项完全不能寄来，仅靠门市部每日的营业额，除开销外全数交给警察所，都难以支付每月一千元的外款。

走投无路之下，美的书店只好关门大吉。

四、"三大文妖"与性学论战

《新文化》停刊、美的书店倒闭，张竞生在十里洋场杀入敌阵，左冲右突，到头来却铩羽而走，落得满身伤痕，与画裸体模特的刘海粟、唱《毛毛雨》的黎锦晖并称"海上三大文妖"，恶谥弥天，千夫所指。

三十多年后，台湾作家李敖说："常州怪人刘海粟……主张在教室公开做人体写生……人们把他跟写《性史》的张竞生、唱《毛毛雨》的黎锦晖目为'三大文妖'，可是时代的潮流到底把'文妖'证明为先知者。"（李敖：《由一丝不挂谈起》，1962年8月27日）

是"文妖"，还是"先知"？还是回到历史现场，来看个究竟。

刘海粟，1896年出生于江苏常州一个封建家庭，十七岁时因不满封建包办婚姻，离家出走赴上海，与友人合作在乍浦路创办了中国第一所美术学校，即上海图画美术院，后来更名为上海图画美术专科学校，他自己的名字也取苏轼"渺沧海之一粟"之意，改为刘海粟。1914年，刘海粟在上海美专首次开设人体写生课，最初只聘到几个男孩做模特儿，直到1920年7月20日才聘到女模特陈晓君，裸体少女第一次出现在中国的画室里。在这一年举行的绘画成绩展览会上，就陈列了裸体习作素描。消息传出，舆论蜂起。有位女校校长也是画家，偕夫人及女儿参观后，竟然破口大骂："刘海粟真艺术叛徒也，亦教育界之蟊贼也，公然陈列裸画，大伤风化，必有以惩之。"第二天又投书《时报》，以耸人听闻的题目《丧心病狂崇拜生殖之展览会》，意欲鼓动大众群起而攻之。

就在刘海粟陷入困难之际，他写信给北大校长蔡元培，得到蔡元培的激励和支持。1921年深秋，蔡元培邀请刘海粟到北大画法研究会去讲学，并为他的个展撰写了序言，充分肯定刘海粟"总是自己走自己的路，自己抒发自己要抒发的感情"，使刘海粟受到莫大的鼓舞。尽管被斥为"画科画妖"，又受到守旧势力的疯狂围剿，刘海粟并未屈服，当他听说江苏省教育会要禁止模特写生时，于1925年8月22日给江苏省教育会写了公开信，为模特儿申辩。

在传统礼教卫道士眼里，社会上公然出售裸体画，无异于"暴露兽性，引诱青年"的"变相之春画"。刘海粟不自敛抑，反为强辩，简直就是对既有的道德秩序的挑战。

1926年6月3日，孙传芳复函刘海粟，劝他取消人体模特儿，虽说公事公办，却也颇有几分曲予回护的善意。信中写道："展诵书，

刘海粟像

备承雅意……模特儿止为西洋画之一端，是西洋画之范围，必不缺
此一端而有所不足。美亦多术矣，去此模特儿，人必不议贵校美术
之不完善。亦何必求全召毁。俾淫画、淫剧易于附会，累牍穷辩，
不惮烦劳，而不见谅于全国，业已有令禁止。为维持礼教，防微杜
渐计，实有不得不然者，高明宁不见及，望即撤去，于贵校名誉，
有增无减。如必怙过强辩，窃为智者不取也。"

　　对于孙传芳暗藏杀机的劝导，血气方刚的刘海粟竟不以为然，
他回信说："关于废止此项学理练习之人体模特儿，愿吾公垂念学术
兴废之巨大，邀集当世学界宏达之士，从详审议，体察利害。如其
认为非然者，则粟诚恐无状，累牍穷辩，干渎尊严，不待明令下颁，
当自请处分，万锯鼎镬，所不敢辞！"

　　收到刘海粟的回信，孙传芳震怒，认为刘海粟不识好歹，不识
抬举，密令缉拿刘海粟。迫于形势，刘海粟只好妥协让步，他在致

孙传芳的函中写道:"伏读钧座禁止敝校西洋画系生人模型之令文,殆系吾帅政策不得已之一举。夫政术与学术同源而异流,吾帅此举,用意深长。爰即提交教务会议,研讨之下,为学术安宁免生枝节起见,遵命将敝校西洋画系生人模型,于裸体部分,即行停止。"

为了学校生存,为了学术安宁,刘海粟只得委曲求全。孙传芳要的就是刘海粟这个态度,艺术不艺术,与他有什么干系呢?刘海粟一退却,孙传芳也就顺坡下驴,放他一马:"知已将西洋画系生人模型裸体部分,遵令停止,甚是。人欲横流,至今已极。美术之关系小,礼教之关系大。防微杜渐,势所当然,并非不得已也。美亦多术,若必取法他人,亦步亦趋,重违国性,亦滋清议,于贵校名誉上未能增重。今既撤销,宜喻此意。"

"美术之关系小,礼教之关系大。"这是卫道士们对付一切"异端邪说"祭出的最好法宝。在政治加武力的双重高压之下,刘海粟的"裸体模特"暂告偃旗息鼓,而被诬为"黄色歌曲作家"的黎锦晖的所谓靡靡之音才开始登陆上海滩。

黎锦晖,1891年9月5日出生于湖南湘潭,自幼喜爱民族民间音乐,童年时即学习演奏各种民族乐器,中学时期又通过乐歌接受西洋音乐教育。1919年,黎锦晖参加了蔡元培创办的北京大学音乐研究会,并被推举为以演奏民间丝竹音乐为主的"潇湘乐组"组长;1921年,黎锦晖赴上海任中华书局编译所国语文学部部长及教科书部编辑。从1920年开始的近十年里,黎锦晖共写了24首儿童歌舞表演曲,11部儿童歌舞剧,成为中国近现代儿童歌舞音乐的开创者。1927年2月,黎锦晖因中华书局发生工潮,遭到资方怀疑,愤而辞职,在上海创办了我国近现代音乐史上最早的一所专门训练歌舞人才的教育机构——中华歌舞专门学校。在这期间，黎锦晖开始创作"家庭爱情歌曲"，如《毛毛雨》《妹妹我爱你》等，在国内广为传唱。其中《毛毛雨》是中国本土诞生的第一首流行歌曲，包括后来创作的《桃花江》，因其靡靡之音被视为"黄色歌曲"的代表，这些歌曲据称内容媚俗、格调不高，为十里洋场醉生梦死的都市颓风推波助澜，因此屡遭国民党当局的禁唱。

张竞生、刘海粟、黎锦晖，这三个离经叛道的人生与艺术的探险者，他们同时与北大结缘，同时受到蔡元培的提携，又同时在上海滩上遭遇了人生与事业的滑铁卢。然而，他们从未真正屈服于异己的力量，而是迂回着继续战斗，甚至互为支援，继续前进。

1926年下半年，当刘海粟因为"模特儿风波"愈演愈烈，备受打压时，张竞生在次年初创刊出版的《新文化》杂志上，撰写发表了长篇论文《裸体研究——由裸体画说到许多事》，这是近现代中国历史上第一篇全面研究女性裸体问题，并在理论上充分肯定裸体画的艺术价值的文章。张竞生鲜明地指出"女体之美是一切美的美"的观点，为女性裸体"模特儿"的合理存在张目：

"女体之美是一切美的美，任何大势力与怎样去抑制，但终不能禁止这个爱美天性的欲望。但因人们不能在正面宣泄这欲望，遂不免从暗中进行，由暗中进行遂不免出生春宫图的兜售了。……欧美妇女服装及跳舞装大开其胸而露其臂与膝部以为美。而我们的风俗则何如者，把美的奶部用内窄衣压束到平胸才为美丽！这样使女子变为男人，而使男人不会见奶部而冲动，虽算是礼教的成功，但其结果的恶劣则不堪言说，这不但是丑的，也是不卫生……凡女子之善审美者，当如欧美人的能善现其身体美的部分而掩其丑。奶部实为女体美的重要部分，应该表现出来，其不发育与下垂者应用方

黎锦晖像

法使它挺起。又如臀部与阴部的发展，实在是美丽的，应当使这些部分隐约间能表现出来……这些习惯的养成，我以为当从裸体画入手。使人多见裸体画，由多见而使裸体者不以为耻反以为美。其半裸者，与外衣而内实裸者，更不以为羞而以为荣了。"

裸体画作为绘画者的对象物，既可以表现纯粹抽象的形式美，也可以表现精神情感的理性美。在张竞生看来，裸体画之美，主要有以下数端：

（一）自然——人是赤裸裸而来的，末后因气候及风俗与为装饰才穿衣服。由此可知穿衣服者不是自然。若把他画出来，除面部外，余的皆是假的不是自然的了。世上岂有假装而成为艺术品吗？……

（二）完全——面部固是表情的重要部分，但总不如把全

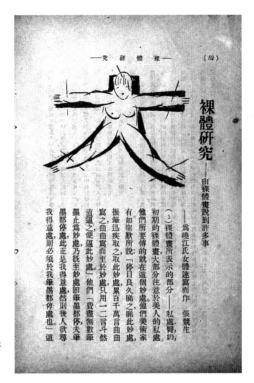

张竞生声援刘海粟的《裸体研
究——由裸体画说到许多事》一文

体与面部一齐画出来为完善。……美人所以美，最要的在其奶
部的发展，臀部的丰满，与阴部的光润。……唯有裸体画之美，
才能达到这样希望的，他能把英雄豪杰与夫名姬美女的全体精
神，按住各分部表现出来，而使人由身体的全部而愈觉得他们
面部之美。反之，由面部之美，而愈证明他们全体之美。

　　（三）动情——美之观念有一部分属于"性别的"。男子所
以见得女子美，固由于美貌与美体，但底里意义仍然在于性念。
反之，女子见得男子美处，也与性念大有关系。裸体画的美处
就在使女子的女性，与男子的男性，完全能够表现出来。异性
相吸，为自然的现象。凡对一物有所爱，虽不美也美。而况裸

体确实是美，而又加之以爱，所以愈显得美了。……

（四）和谐——裸体画的美处，在使全身中得到谐和的结果。大家已经知道女体的美全靠于曲线形。这整个的曲线形非把身体的各部连成一气不能表现此部与彼部的和谐。又如男子以直线美见称的，他的骨骼着实与筋络坚韧，皆足以表示男性之美，但此也非用全身表示不可。总之裸体美自有他真正艺术的价值。他是自然的，完善的，和谐的，以及动情的，尤以动情一项为最特色。

这种理论的阐发，使张竞生对裸体画的认识达到了一个前所未有的高度，从而有力地回击了"裸画"即"春画"的谬论。针对上海县知事危道丰指责刘海粟的模特儿与伤风败俗的裸体画实是"变相之春画"，而刘海粟无词以对的窘况，张竞生首次从理论上辨识了"裸体画"与"春宫画"的根本区别：

"裸体画的用意不在阴部，乃在全身。而春宫图，乃专一在写阴阳具。尚不止此，裸体画乃写男体或女体的表情，不是如春宫图的写男女私处联合为一气，而其联合的作用又使人别有感触也。知此二点的大分别，而可知道裸体画的目的为美，为艺术，为卫生，而春宫图的作用为性欲冲动与房事兴趣。…… 我们素来看裸体书为春宫图一样，所以社会完全无裸体画这件事，结果，唯有春宫图的发达，不必说到历史上的某某人专擅画春宫图著名，就如今日社会上尚有极多的春宫图。他们画得甚精细，极好的绢帛上一幅一幅男女的裸体交合，不过十余幅有售至数十元之多。愈阔绰与愈讲道学之家，愈藏有这样的贵重珍品，所谓礼失而求诸野！谁知裸体画在公开方面的消灭，正在暗中为春宫图助势呢！"

《新文化》杂志的插图，作者陈晓江为20世纪20年代留法画家，曾与刘海粟等人在上海共同创办"天马会"，倡导美术改革

　　这是张竞生一贯的态度，与其强行禁止裸画而暗中泛滥成灾，不如公开研究性学使之成为科学，进而习以为常为社会所接受。然而，囿于传统的历史惯性与社会风习以及人们的认知能力和道德水平，张竞生的良好愿望只能是一厢情愿。当他在《新文化》杂志上大登特登其性学的最新研究成果，不遗余力地普及其性知识时，他不仅遭到卫道士们的公开责难，而且受到来自知识分子阵营的猛烈抨击，由此引发了长达数年的关于性学的论战。

　　在中国学术界和文学界，最早赏识张竞生的是周作人，当《性史》出版卷起漫天风雨的时候，替张竞生说公道话的还是周作人。应该说，作为北大同事，周作人对张竞生的印象不坏，评价颇高。但当张竞生到上海创办出版《新文化》杂志，发表一系列想象丰富、文采斐然、充满奇思妙悟，甚至颇有些荒诞不经的性学文章后，周作人对张竞生的看法有了很大的改变，由先前的欣赏变为质疑与批评。1927年2月26日，周作人在《世界日报》副刊发表了《时运的说明》，对张竞生的所谓性学运动的命运铁口直断，颇有法官判案的味道。他说："张竞生时髦的行运到十五年（即1926年）底为止，一交十六年的元旦恐怕运气就要坏了。……因为张博士的《新文化》第一期是十六年一月一日出版的，而这里边充满着乌烟瘴气的思想，所以这个日子是张博士的性学运动上的一个关门，划分他作两个时期。第一个时期——民国十六年以前，他的运动是多少有破坏性的，这就是他的价值之所在。张博士的神交与情玩的学说，我也不敢赞成，但这只是浪漫一点罢了，还不至于荒谬，而其反礼教的大胆则是很可佩服的。……可是到了民国十六年，从一月一日起，张竞生博士自己也变了禁忌家，道教的采补家了。他在《新文化》的第一期上大提倡什么性部呼吸，引道士的静坐、丹田，以及其友某君能用阳具喝烧酒为证。喔，喔，张博士难道真是由性学家改业为术士了么？"

对于周作人的冷嘲热讽，张竞生并未做任何回应。张竞生正忙于编辑《新文化》，同时，因为褚松雪的出走，张竞生两岁的儿子日夜哭闹，使他神昏意乱，几欲发狂。带着一种痛恨而鄙视的心情，张竞生写下了一篇鞭挞褚松雪虚伪冷酷、薄情寡义、过河拆桥的长文《美的情感——恨》。张竞生几乎咬牙切齿地说："我恨这样的伴侣，这样的情人，这样的母亲，这样的家庭。"又无可奈何地哀叹："我恨我的爱的艺术的失败，我更恨褚氏不能接受我的爱。"张竞生听说褚松雪已从汉口寄来一篇文章拟在报上发表，攻击张竞生，故写下这篇文字以自卫，先在《新文化》第二期刊登广告，再在《新文化》第三期全文发表。

3月14日，《女伴》编辑叶正亚以《〈新文化〉上的广告》为名投书《语丝》杂志，详细披露张竞生与褚松雪的感情纠葛与褚松雪出走的经过，抨击张竞生"是一个阴险、奸诈、凶恶的伪善男子"。周作人不仅全文照登叶女士的文章，而且在"岂明案"中，严厉地指责张竞生"是一个思想错乱、行为横暴、信奉旧礼教的男子"，并且阴阳怪气地讥讽张竞生：你不是提倡"情人制"么，那褚女士去找情人又有什么呢？你不是标榜新文化么，为何又满脑子旧礼教，爱之欲其生，恶之欲其死？

对于叶正亚的指控和周作人的谩骂，张竞生不再沉默，先作《打倒假装派》予以辩解："我非恨褚氏有情人，也非恨伊不与我好。我恨伊不是真真实实讨情人，做情人！恨伊是一个假装的女人，满嘴如叶正亚一样的谎话。""我的情感是极热烈的，故可爱时真实爱，可恨时则真实恨，断不肯如叶及周作人一班人的阴险吞吐，半生半死的情感。"张竞生疾恶如仇，又爱憎分明，他十分反感周作人的无

对张竞生批评
颇多的周建人

端指责，尤其不能容忍周作人那种毫无来由的道德优越感，遂专门在《新文化》上组织了"周作人君真面目的讨论"，发表了华林、湘萍的来信，揭开周作人的假面，并撰写了《竞生的评论》予以回击："周君的头好比太太们缠过的脚，虽自己努力解放，但终不免受旧日束缚的影响以致行起来终是不自然。""周君终是抱守中庸之道的，说好点是稳健，说坏些是不彻底，不新不旧，非东非西，骑墙派的雄将，滑头家的代表。"张竞生一不做二不休，把周作人的老底一锅端出：娶日本女人，挂日本国旗，订日本报纸；看到昔日的老师章炳麟即将倒运，就下井投石，作《谢本师》，侮辱师长。这种无国家无君父无骨气的无聊文人，又有什么资格来教训人呢？

真正的性学论战始于周建人。周建人出生于1888年11月，是鲁迅的三弟。他与张竞生同庚，却没有张竞生幸运，可以周游列国游学西方。他幼年辍学，曾到北京大学旁听，1921年到商务印书馆任编辑，靠自学成长为一个生物学家和教育家。他对性教育、妇女解放、优生优育、婚姻家庭等问题十分关注，并有很深的造诣。从1920年至1930年，周建人先后发表此类文章近百篇，其中关于性教育的文章占了近一半，是周氏三兄弟中发表性教育文章最多的一个。1926年10月，周建人发表了《关于〈性史〉的几句话》，首先对张竞生的《性史》提出批评，随后又陆续在《一般》杂志1926年11月号、1927年1月号发表了《答张竞生先生》及批评张竞生道士思想的文章，在1927年《新女性》第二卷第二号发表《性教育运动的危机》，在1927年3月号的《一般》杂志发表《呜呼张竞生的卵珠》，对张竞生提出的所谓性部呼吸、丹田呼吸的科学性给予严厉的批评和强烈的质疑。张竞生毫不妥协，针锋相对地提出反批评，他除了在《一般》杂志1926年11月号发表了《答周建人先生〈关于性史的几句话〉》一文外，以《新文化》为主阵地，先后发表了《新淫义与真科学》《一个抗议》《性教育运动的意义》《砍不尽的上海文氓头与泸胞及周建人》等系列文章，展开了公开的辩驳，其中不乏意气之争，但本质上是对性研究的认识论与方法论不同，而导致了彼此的分歧。其纷争的焦点主要包括：

《性史》的材料与结论、空泛与真实之争。周建人认为，对于《性史》，"一般人所需要的是由论料得来的结论，不是论料本身"。张竞生认为，恰恰相反，结论固然重要，但由于太过抽象，难免枯燥无味，《性史》的主要价值，"乃在给阅者一些有兴趣的'论料本身'"。周建人批评张竞生征集的那些性经历的自述，多是"空泛"，而非"事实"，"空泛是事实的形容词，并非事实之反；小说是形容描写出来的情形是怎样的"。张竞生驳斥其武断，凡稍知《性史》之内容者，可以说"那些性的经历的自述，差不多大部分尽是事实的叙述，描写性生活之处，也多是文学的"。强调内容真实，描写艺术，既有真实性，又有可读性，这就是《性史》之所以广受读者欢迎的原因。

第三种水与性部呼吸是否存在之争。发现"第三种水"，是张竞生在性学研究上的重要突破之一，他认为"阴道液为第一种水，阴核液为第二种水，但'第三种水'，即'巴多淋液'，则非待女子有充分性兴时不能排出"；并对"卵珠与第三种水齐来"的关系做了大胆的推测。至于性部呼吸，张竞生认为"从血液、神经及筋络三方面分开起来皆可得到性部有呼吸可能的事实。因为在这些地方，性神经为最灵敏，而筋络的伸缩又极灵动，又血液涨落的程度于冲动时与冲动后的相差极大。故当冲动时，即同时性神经经受了刺激，同时血液膨胀，同时筋络与膈膜也起了伸缩的作用。由此三端组合起来更可见性部呼吸为确然有征了"。张竞生特别指出，这是他个人的研究与推测，这种研究与推测"纵有错误尚是科学，因为推测即是科学的起点，凡科学的成立类皆推测而来也"。周建人则认为"张先生要用推测，那当然只好请便，但须有一个限度……西洋对于性的科学研究家颇多，我们要证验他们的研究是否真理是需要的，但不顾他们的研究而妄自测量，我却以为不可！""凡一切对于性的偏见，秽亵观念等等都在应当纠正之列的，今张君借讨论性知识之名，不纠正道教（方士）的可恶的思想，还要对青年们提出'丹田呼吸'以及'性部呼吸'来，且说怎样的有效，实在是不应该！……我和张君素不相识，更无丝毫的嫌隙，现在他要把这等谬误的思想灌注给一般青年，这实在使我忍不住又要提出抗议了。"

新旧淫义与何谓科学之争。针对周建人"我所谓淫，就是除了夫妇交媾之外而有性欲的行为"的观点，张竞生从常识、哲学、艺术者三个方面重新定义淫义、解释淫义。张竞生认为，所谓"淫义"，"不过是一班普通人能懂的常识，如说：每星期仅有一次交媾，不能算'淫'，因为淫就量说，乃是过多之谓。若使壮年之人每星期仅交媾一次，当然不能叫做'淫'，这是常识的常识"。从哲学家的角度看："凡男女之事于质上愈能尽情满足，愈算正经，愈算不淫；换句话说男女交合愈不能尽情，愈觉得为淫。""淫"即"不称其职"，也即滥用之意。从艺术家的眼光看："我们所谓淫不淫就在男女间有情与无情。若有情的，不管谁对谁皆不是淫，若无情的，虽属夫妇，也谓之淫。"张竞生调侃地说，这种释义，是周君那种"专门误会为能事"，耽于呆蠢法、歪缠法的使人可憎的"中国式的科学家"，是完全不懂的。说到科学一层，张竞生认为："一切事物皆是生动变迁的。一切定则皆是相关的。无有一件事物永久不变，而同在一件事物中，随了各人的聪敏智慧与时间空间及速力的关系而可变为无数的现象。所谓科学的定则为事物万世不易的条理，应合万人一样的口调，皆是傻的蠢的科学家死成法的瞎说。"因此，要成为一个真的科学家，必须"以常识为基础，以哲学为依归，而以艺术为方法"。周建人批驳张竞生"就性的事实说，当然是科学的事，便对付性的方法，完全是艺术的"为伪科学，他认为："科学能够学固然很好，但如果没有机会学或学不会也不要紧，只要能够做别方面的工作，不必说一句话一定要戴了科学的面目来说。因为不合于近代科学的科学是伪科学，伪科学比无科学更为有害，无科学不致妨害科学，而伪科学是能使科学混乱，它不能增进科学，反而要阻滞科学。"

性知识的普及与提高之争。对于性教育运动，周建人与张竞生也有截然不同的态度：周建人看出了危机，张竞生看出了意义；周建人侧重于普及性知识，张竞生着眼于普及与提高并重。由于观察问题的角度不同，从而导致两位性学先驱在观念形态上的激烈交锋。周建人在探讨性教育时提出了广义与狭义的概念："狭义的性知识，目的在使青年对于性器官和行为知道摄卫和节制，希望花柳病的传染，及不负责任的性关系可以减少些。""广义的性教导"，则是"泛讲性的真理和恋爱的意义等等"。张竞生则认为："依我意见，应分为二项工作的进行：即一方面应从通俗上着想——而一方面应从提高上努力。凡能将性的知识，普普通通地介绍给人，这是一种通俗的工作，原是最好不过的，当然为我所欢迎。但是应知此项通俗的工作，乃仅仅为一种普通常识的应用，不是除此之外便禁人不可有再进一步的研究与运动。"张竞生举例说，他的第三种水与性部呼吸的发现与研究，就是在提高上下功夫，即使"此等提高的工作完全失败，我们尚当继续去做，因为人类知识之所以能够日进月增者，全靠有一班人肯冒险去做提高的工作"。可惜周建人每每对这种冒险的工作发生误解，把"丹田呼吸"当作"可恶的道士思想"加以反对，把男女交合重灵的提倡视为女子权供男子娱乐的器具。在张竞生看来，周建人甚至故意曲解张竞生的原意，以混淆视听，打击对方。张竞生说："如说我提倡裸体，便是提倡'可恶的野蛮风俗'；如说我提倡情人制，便是提倡'可恶的乱交制'；如说我提倡使女子出第三种水，便是提倡'可恶的淫水'；其他其他，尚多尚多。你愈胡闹，我愈有文章可做。你愈摆起科学家的架子来，我愈有打破科学家的张天师符咒。"

张竞生与周建人争论到最后，彼此已经缺乏互相信任的基础，也就很难对性教育本身再进一步做心平气和的探讨，争论遂告中止。

相对于周建人，初出茅庐的潘光旦对张竞生的批评火力更密集，姿态更凌厉。潘光旦，1899年8月13日出生于江苏省宝山县罗店镇一个缙绅之家；1913年赴清华学校求学，前后长达九年；1922年赴美国留学；1926年回国后在上海政治大学任教；1927年5月1日起任《时事新报》的《学灯》副刊编辑。

潘光旦对于性问题的兴趣始于十二岁时对于一本日本医师所著的关于性卫生的书的阅读，二十岁在清华学校读书时逐一借阅了霭理士七大本（原为六本，后又增加一本）的《性心理学研究》，赴美留学时又主修生物学。因此，在性学研究上，他与张竞生有着明显的区别：首先是性伦理观不同，潘光旦持既满足性欲又节制性欲的态度，张竞生却主张打破一切性禁忌，充分享受性带来的快乐；其次是学术训练不同，潘光旦讲究言必有据的严格的科学训练，张竞生则追求灵光一闪的哲学把握。留美归来的潘光旦以渊源有自、训练有素自命，当他刚刚就任《学灯》副刊编辑时，忽然发现坊间正在悄然流行着一种新杂志——《新文化》，该刊主编张竞生大谈性教育和优生学，"口气极大，像有无上的权威似的"，"以提倡优种学自居，并大言不惭优种之'方法'"。潘光旦正想找米下锅，没想到张竞生却撞到枪口上，于是当即写下了《〈新文化〉与假科学——驳张竞生》一文，发表在5月5日《时事新报》的《学灯》副刊上，6月14日、24日又分别撰写发表了《性教育者的资格问题》《变态心理与社会治安》等，对张竞生进行全面的清算。在《〈新文化〉与假科学——驳张竞生》一文中，潘光旦先抛出张竞生的观点作为靶子："故讲优种者，不能不从结胎时入手，而结胎的关键，又不能不从女子的第三种水入手。"然后从"色情亢进无可居奇""色情亢进与受精之关系""色情亢进与排卵之关系""复非卵之统计与其原因""对于优生学之误解"等五个方面层次推进，驳斥张竞生"似科学非科学，似艺术非艺术，似哲学非哲学"的性育文字的荒谬。在《性教育者的资格问题》一文，潘光旦把《新文化》与《性》杂志、《性欲》周报、《性》三日刊、《性报》这些街头小报等量齐观，严肃地指出："不正确的性的刊物，虽不能直接目为淫秽，但是它引人入歧途的力量，和淫书差不多，前者在感情方面诱惑读者，后者在事理方面欺罔读者。"并以"精神生活的健全""教育的训练""社会道德的动机"为标准，对张竞生作为性教育者的资格提出质疑。

潘光旦有科学家的缜密，又有少年人的才情，在他的攻势之下，张竞生似乎难有招架之功，他只是在《新文化》1927年第四期发表了《又出了一个怪头》，指责潘光旦"动不动以假科学加我罪名之上，可见他们骂人者有一致的组织了"。草草地做了回击，在逻辑

极力反驳张竞生的潘光旦

力量上确是比潘光旦稍逊一筹。在《变态心理与社会治安》一文中，潘光旦更以春秋笔法及科学主义讥讽张竞生："近则有以专家自命者，著书立说，以欺罔一般社会。……据理驳斥之者，自不止一人，则彼又指为骂人者有团体，有组织，专与彼为难；又或疑一人而拟数名，作数稿，投登数种刊物，以示其势力之雄厚。"潘光旦还引证外国学者的理论，暗指张竞生是夸大狂与偏执狂。

潘光旦对张竞生带有明显的偏见和嫌恶之情，时过境迁，潘光旦还不忘捎带着对张竞生的批判。1933年9月2日，潘光旦在《华年》第二卷第35期发表了《"性学博士"被控》，指出对张竞生这类"专家"有需要"专家研究与诊察的地方，法律的制裁是不中用的，至多只好算做第一步"。1941年12月，潘光旦在《〈性心理学〉译序》中，含沙射影地指斥张竞生迹近庸医。张竞生的性学理论容或有错误甚至荒谬之处，但指其欺世盗名却是言过其实的，这样的批评也是有失公允的。

事实上，张竞生对待性学研究的态度，与周建人、潘光旦一样，是严肃认真而又怀抱某种强烈的使命。其根本的区别，在于不同的思维方式与知识范型。正像潘光旦所概括的那样，张竞生的性学理论"似科学而非科学，似艺术而非艺术，似哲学而非哲学"，这种非驴非马，由真到美的知识范型，是对传统的颠覆，也是对现代的瓦解，是一种后现代主义的东西。而周建人、潘光旦的文章，只要是涉及性科学或者节育方面的问题，都会一一注明出处，显示了中规中矩的科学素养。另外，在思维方式上，潘光旦强调中和位育、发皆中节的中庸之道与圆融境界，张竞生却极力倡导"极端"，他认为"唯有从极端的情感，极端的智慧，极端的志愿，三项上去讲求，才能得到我人心境上的美丽与成绩的巨大"。张竞生的极端思维，与中国传统的中庸之道是背道而驰、水火不相容的。这或许才是张竞生不见容于学界、不见容于社会的深层原因。他编写《性史》，出版《新文化》，开办美的书店，在传统势力，甚至在周建人、潘光旦等人看来，不仅是极端的，而且是异端的，就像惊雷一样，霹雳一声之后就归于沉寂，昙花一现之后就走向失败。

在《新文化》时期，张竞生还与夏丏尊、潘汉年、章锡琛、梁实秋等人展开了论战，写下了一系列的文章，主要的有《调笑〈一般〉之所谓主干也者》《是也上海流氓的一种》《勉新女性编者章锡琛君》《时事新报——研究系尾巴》，内容涉及语言文字、党派恩怨，但更多的是张竞生对攻击他的所谓性部呼吸与道士思想的辩解与反驳。

耐人寻味的是，从未与鲁迅发生任何冲突的张竞生，却因为鲁迅的一篇文章和一条注释，蒙受了不白之冤，"遗臭"长达半个多世纪，其负面影响比任何其他一位当年与张竞生正面交锋过的人所带来的都要强烈得多和深远得多。1930年2月1日，鲁迅在刚刚出版的《萌芽月刊》第一卷第二期发表了《书籍与财色》一文，该文针对当时书籍促销采取打折和赠送裸体画片的做法，进行了辛辣的嘲讽，并以张竞生为反面教材做进一步的剖析。他在文中写道："但最露骨的是张竞生博士所开的'美的书店'，曾经对面呆站着两个年轻脸白的女店员，给买主可以问她'《第三种水》出了没有？'等类，一举两得，有玉有书。可惜'美的书店'竟遭禁止。张博士也改弦易辙，去译《卢骚忏悔录》，此道遂有中衰之叹了。"在该文末尾张竞生的词条下，有一段这样的注释："[张竞生]1926年起在上海编辑《新文化》月刊，1927年开设美的书店（不久即被封闭），宣传色情文化。"

鲁迅是一个伟大的思想家和文学家，他洞幽烛微，常能见人所未见，发人所未发。但在对张竞生的批评上，鲁迅仍停留在以女子的色相作为书籍的促销手段，雇用女店员是迎合窥淫者的某种阴暗心理这样浅表的层次，没有超越世俗的偏见与庸俗。以鲁迅的深刻与卓越，竟然得出这么漫画化的张竞生，这是十分遗憾的。事实上，张竞生雇用女店员，固然有商业上的考虑，但更重要的，还是体现了张竞生推动妇女解放、促进妇女就业的一贯思想。妇女就业问题，是妇女解放的中心问题，他要身体力行，在自己创办的美的书店中率先招募女店员，以此来打破社会的偏见，为妇女的真正解放创造条件，多做一些实在的工作，而不只是空喊口号而已。英国女作家伍尔夫在其精神自传中指出，女性的解放是以拥有"一间自己的屋子"和"五百英镑"为基础的。没有充分的就业，没有经济的独立，妇女的解放只能是永远的空中楼阁。正是在这个意义上，张竞生在现代中国第一次雇用女店员，第一次为女性提供就业，其先见之明与拓荒之功，是不可低估的。可惜鲁迅见不及此，只是以"商业文化"来定义和挖苦张竞生，后来者更以"色情文化"来窄

化和丑化张竞生，并且被奉为经典，视为不刊之论。直到2005年
人民文学出版社重新修订出版《鲁迅全集》，张竞生词条的注释里
"宣传色情文化"才被修正为"〔张竞生〕是我国提倡性教育和节制
生育的先驱之一"。

长期被遮蔽的真相恢复了本来的面目，但历史却投射了太长太
长的阴影，几乎穿越了半个多世纪的时光隧道。在人与环境共谋的
社会这头怪兽面前，作为个体的张竞生，只能在历史的阴影中挣扎，
并等待时间的漂白，这是张竞生的命运，他别无选择。

五、烟霞洞系狱

1929年初夏，黄浦江的热风愈刮愈猛，偌大的上海闷得像个蒸
笼。自从美的书店倒闭后，张竞生百无聊赖，整天躲在法租界丰裕
里修订由美的书店初版的《卢骚忏悔录》，计划由上海世界书局再
版。在译序中，张竞生写道："毁誉原无一定，凡大思想家类多受诋
于当时，而获直于后世者；世人蠢蠢固不知贤者之心情，而贤者正
不必求世人之谅解。其或有能谅解的，又因妒忌之故而不肯说句公
道话，以致贤者不能获直于当时，使其怀抱不能全展，社会因此亦
大受其亏。究竟是社会害贤人，抑贤人害社会呢？"

究竟是社会害贤人，还是贤人害社会？张竞生推己及人，知人
论世，以卢梭的酒杯，浇自己的块垒。反思自己的坎坷经历和不平
遭遇，张竞生能不发此天问，能不感慨系之？

忽然有一天，出走了两年多的褚松雪又像幽灵一样回到了法租
界的家里。国民党及汪精卫一伙"武力清党"后，瞬息之间，武汉
三镇腥风血雨。短短几天内，湖北发生捣毁党部、残杀党员的县已

达35个之多。第三十五军团长段某在一个镇上就枪杀了二十多名共产党员；第十五军一个团长不仅捣毁了汉川的工会、农民协会和妇女协会，还强行押解妇女协会会员裸体游行。处此非常之变，褚松雪思想受到极大的震动，她甚至对革命产生了动摇和恐惧，曾经给她带来荣耀的湖北妇女协会已被摧毁殆尽，她无处藏身，也无事可做。在一个月黑风高之夜，褚松雪悄悄离开了武汉，潜回上海。

出走的娜拉，重新回到旧日的屋檐。

几年的奋斗，付诸东流；曾经的辛劳，化为乌有。张竞生感到疲倦，也感到厌倦。既然破镜重圆，就苟且偷安。况且，现在一切的生活来源都断绝了，居上海已大不易。于是，张竞生决定带上褚松雪和五岁的儿子张应杰，前往杭州西湖山顶的烟霞洞暂住一段时间，先过了这个暑假再说。

烟霞洞，仿佛一个神仙洞，隐伏在杭州的山水之中，镶嵌在西湖的胜景之上。该洞相传发现于五代后晋开运元年，因洞壁顶部密布大小玉乳，晨昏之时，阳光斜照，闪烁斑斓异彩，宛若绚丽烟霞而得名。这里樟树、松树杂然相陈，蓊蓊郁郁，浓荫蔽日，依山而建的卧狮亭、吸江亭、陟屺亭和品霞撷秀轩，是避暑消闲的好去处。

在幽磬新晴与山风乱吹的时节，张竞生挈妇将雏来到了烟霞洞。烟霞洞边有一个烟霞寺，住着若干僧人。张竞生头天来到后，就与僧人讲定并租了寺旁的一处房子，计划在此住上一些日子。他将在这里疗伤，疗治心灵的创伤。他喜欢自然风物与山间明月，因此，他疗伤的方式就是亲近自然，回归自然，就像小时候整天游荡在山野间一样。

第二天，当朝阳初露的时候，张竞生带着褚松雪和张应杰来游烟霞洞。张竞生站在烟霞洞前挺拔的樟树下，望着漫山遍野苍翠的

杭州烟霞洞，张竞生和家人来此游历时曾被拘

竹子和舒展的散尾葵，那种自由自在蓬勃向上的生命状态，令他向往，也使他感动。当他正陶醉于眼前美景的时候，小应杰却吵着要进洞里去看菩萨爷爷。

张竞生对佛学历来兴趣不大，而古代文学是褚松雪的主业，她还专门研究过佛教东来的问题，因此对寺院洞窟之类情有独钟。母子在前催促，张竞生自当蹑足而进，在烟霞洞里观赏一番。洞里古气森然，像缕缕金线一样的朝阳投射在洞壁上年代久远的佛像，显得晶莹剔透。那双掌合十、两耳垂肩的老和尚，那袒胸露乳、笑容可掬的弥勒佛，那峨冠博带、雍容华贵的老菩萨，千姿百态，造型生动。母子一路看得津津有味，张竞生也慢慢地看出点门道来，一家三口人竟在洞里流连忘返了。

时近正午，一家人兴尽而出。当张竞生步出烟霞洞口时，两名警察挡住了他的去路，当他们确认对方身份后，就要强行将张竞生带走。张竞生破口大骂："你们这些强盗，为什么要抓我？"

其中一个高个子警察傲慢地说："为什么抓你？你自己清楚。"

另一个胖警察见张竞生又愤怒又迷惑的样子，补充说："奉上峰命令，你宣传性学，毒害青年，依法对你实行拘捕。别啰唆，快走吧。"

等到褚松雪和孩子反应过来，张竞生已被推搡着上了汽车，一溜烟下山去了。

警车直接开到位于杭州市内的浙江省高等警察局待质所。所谓待质所，就是羁押被拘捕的犯罪嫌疑人的地方。两名警察把张竞生押解到一间光线昏暗的房间后，关上房门，扬长而去。

张竞生眯缝着眼睛，好一会儿才适应了这惨淡的环境。斗大的房间，只有一二条破木板，算是睡觉和坐卧的地方，墙角的破缸就是大小便的地方，他进来的时候，这个又狭窄又潮湿又肮脏的地方，已拘禁了二三十人，连坐的地方都没有。到了下午4点多钟，一群群嗡嗡乱飞的毒蚊轮番咬噬着张竞生的身体，奇痒难忍，加上中午没有吃饭，带饿带吓，平生第一次体验了下地狱的感觉。

因在待质所，不是监狱，却比监狱还要黑暗；不是犯人，却连猪狗都不如。张竞生挤到一个角落，蹲了下来，苦心焦思，恍如梦中：朝在天堂，夕堕地狱！这是为什么？

原来，张竞生在上海开办美的书店，因同业人士倾轧而破产，将到烟霞洞避暑度假，不意沪杭报纸都刊登了消息，为浙江省政府委员兼省教育厅厅长蒋梦麟所知悉。蒋梦麟曾任北京大学教授、总务长，一度为北大代理校长。张竞生与他允称同事，一无交情，二无过节，几年下来，倒是相安无事。但北大虽为中国的最高学府，

却也并非一块净土，中间派系林立，人事倾轧，热闹非凡。其中最
大的派系之争为所谓的法日派与英美派之争。法日派以留学法国、
日本的为主，如李石曾、顾孟馀、沈尹默等人。英美派以留学英国、
美国的为主，如胡适、蒋梦麟等人。无非是权力之争与名位之争，
其激烈程度，非亲历亲见难以想象。胡适在1925年1月17日的日记
中写道："通伯（即陈通伯）又谈北大所谓'法国文化派'结党把持，
倾轧梦麟的情形，闻之一叹。梦麟方倚此辈为腹朋友呢！我虽早窥
破此辈的趋势，但我终不料他们会阴险下流到这步田地！此辈者，
李石曾、顾孟馀、沈尹默一班人也。"另一派的当事人之一沈尹默在
《我和北大》一文中写道："胡、傅（即胡适、傅斯年）诸人后来和我
势同水火，我南迁后，蔡先生（即蔡元培）时在京沪间，但我每次
拟去看蔡先生，均不果，即胡、傅等人包围蔡所致。"

这种派系之争，常常造成城门失火、殃及池鱼的不幸结局。张
竞生在北大，本来既不首鼠两端，也不依违其间，他是一只闲云野
鹤，从来都是独来独往。但由于他是留学法国出身，对方以出身画
线，他也就难脱干系，身不由己地卷入了漩涡，成为派系斗争的牺
牲品。加上他编辑出版《性史》，招来满城风雨，累及北大名声；又
与周作人、周建人等浙江派大打笔墨官司。原来在上海法租界，对
方奈何他不得，一旦离沪赴杭，进入他们的势力圈内，迅予罗织罪
名，逮捕法办。

在得知张竞生即将来杭的当天，浙江省政府恰巧召开省政府常
务会议。省政府主席是张静江，蒋梦麟除任省政府委员和教育厅长
外，还兼任省政府秘书长，可谓权倾一时。在会上，蒋梦麟历数张
竞生"宣传性学，毒害青年"的劣迹，声称如不加以拘禁，任其招
摇过市，谬种流传，将有违优良风俗，影响世道人心，至于宣淫诲

淫，荼毒青年心灵，尤其罪不容诛！

省主席张静江虽不明了蒋梦麟挟私以报的阴险用心，但对他危言耸听的言辞却颇不以为然。张静江出身于浙江吴兴世家，曾随清廷驻法公使孙宝琦赴法任使馆商务随员，信仰无政府主义，在法国开办过公司，出版过杂志，对孙中山先生的革命活动一直给予经济上的援助。张竞生在巴黎留学时，曾在李石曾家里多次见过他。他与老朋友议论风生无政府无宗教无家庭等学说，所谈男女关系的见解，尤其闻所未闻，给张竞生留下深刻印象。他说："世人过分重视性的关系，最为错误。盖社会所以划分男女关系，如此明显，乃传统的习惯使然，而重重罪恶即缘是产生。此种习惯未尝不可改革，譬如我们的手可行握手礼，口可以接吻礼，则性的关系又何尝不可用以行礼乎？"这样超越前进的思想，与谭嗣同所著《仁学》的学说颇有异曲同工之妙，在潜移默化中是曾经给予张竞生的性学研究产生过影响的。正是这层渊源，张静江并不赞成对张竞生实行拘捕，但既然蒋梦麟提出来，张静江也不便公开反对，只好让此提案先行通过。但会后，他立即把省政府科员林澄明找来，暗中嘱咐他明天一早就要到烟霞洞通知张竞生赶快离开杭州，回到上海，否则将会有麻烦。

张静江以为这样做万无一失了，因为林澄明就是广东人，他应该知道轻重，如何行动。没想到这个林澄明成事不足，败事有余，他一大早开车出来，不是上山救人，而是绕着西湖兜风，等他兴尽想起正事，回到省政府时，张竞生已经被羁押在待质所了。

人若走霉运，喝凉水都塞牙。作为一个执着于探索世界本质与人生意义的思想者，张竞生深深懂得，人生，有遇有不遇；命运，有达有不达。然而，这种从天而降的牢狱之灾，却令他措手不及。

蒋梦麟像

现在，他从一个落魄者完全转变为一个哲学家。虽然哲学是他的本行，但如果可以没有命运的打击，他宁愿不当所谓痛苦的哲学家。伊壁鸠鲁说过，人生不是神圣艺术家的预定设计，它只是机械的宇宙中的一个偶然事件。张竞生突然对这种偶然事件惧怕起来，他不知道如何挨过这一夜，更不知道下一步又将遭遇何种偶然事件。正当他对当下处境百思不得其解的时候，那个胖警察把他带到另一个地方进行审问和笔录。

张竞生走出待质所，穿过一座曲径通幽的院落，他只顾埋头走路，迎面却过来一群人，大摇大摆，有说有笑。当张竞生与他们擦肩而过时，偷偷望了一眼，不禁大吃一惊，走在队伍前头的那一位不正是老朋友张继吗？张竞生一阵狂喜，仿佛溺水的人捞到了一根救命稻草，他不顾一切地挣脱胖警察的拘束，跑过去抓住张继的手大声喊道："溥泉先生救我！"

张继见张竞生一副蓬头垢面的样子，十分骇异。原来，在张竞生辞去上海艺术大学教务长一职不久后，张继也辞去校长。去年8月，他担任北平政治分会主席，已经有两三年没见过张竞生了。张竞生把今天的经过大略说了一遍，张继安慰张竞生不必着急，他上午出席了西湖博览会开幕式，刚刚参观完革命纪念馆和艺术馆，现在就去找浙江省主席张静江先生说明情况，让他赶快放人。

见到如此情势，这回轮到胖警察迷惑了，但他公事在身，仍把张竞生带去查问。张竞生返回待质所不久，就被客气地请到楼上一间办事员的房子单独看管。张竞生第一次如此真切地体会到权力对一个人予取予夺的可怕力量，原来权力虽是一个怪物，却是一个好东西，难怪多少人要不择手段地去攫取它，占有它！

当天晚上，浙江省政府宴会厅灯火辉煌，省主席张静江大宴宾客，庆祝规模空前的西湖博览会盛大开幕。举行西湖博览会，是张静江走马上任浙江省主席以来的一篇得意之作。当年出使法国，他曾陪同孙宝琦前往比利时参观博览会，受此启发，他深知要扭转浙江省财政上"捉襟见肘"的局面，最快速最经济的办法就是搞一个大规模的博览会。他亲自确定博览会的宗旨：提倡国货，奖励实业，振兴文化。整个博览会设有八馆二所三个特别陈列处。八馆是：革命纪念馆、博物馆、艺术馆、农业馆、教育馆、卫生馆、丝绸馆、工业馆；二所是：特种陈列所、参考陈列所；三个特别陈列处是：铁路陈列处、交通部电信所陈列处、航空陈列处。张静江志在将西湖博览会办成一次旷代盛典、湖山嘉会，因此投入大量的人力，筹备人员先后达数千人，仅杭州一地就有六百多人。开幕式极一时之盛，取得巨大成功。

在宴会厅主桌上，张静江和蒋梦麟亲自招待中央各部委大员及各方面的贵宾。其中有浙江省防军总司令兼杭州城防司令蒋伯诚，以及张竞生的潮州同乡好友两广监察使刘侯武和立法委员陈素。张竞生被拘押后，褚松雪带着孩子火速回到杭州市，辗转找到了刘侯武、陈素，请他们设法营救张竞生，刘陈恐自己位阶不够，转而请蒋伯诚帮忙。蒋伯诚是一个豪爽的军人，当即就答应了。席间，蒋伯诚趁便问张静江，为什么要拘禁张竞生？蒋伯诚当然不知道，就在数小时前，张竞生巧遇张继，张继已找了张静江，并采取了相应的缓解措施。但既然蒋伯诚提起，张静江又不便明讲，只好推说这是省政府秘书长兼省教育厅长蒋梦麟提案通过的。蒋梦麟不明就里，仍然振振有词地说道："我们先前请张某到北大去教书，原指望他好好教哲学。谁知道他竟宣传什么《性史》，搞得满城风雨！这个淫说如不抑止，后祸不堪设想。本来早就想教训他，这次将他监禁惩罚，正是为了维护世道人心……"

蒋伯诚虽为军人，却是性情中人，平时也颇留意新思想新学说，对张竞生的那一套理论颇能领会。没等蒋梦麟说完，他就不耐烦地反驳说："什么是哲学？我看到他的《性史》，就是一部好哲学，你们怎么能说他有罪恶呢？我们限你们即刻把他放出，否则，我们就要代他上诉了！"

张继捋了一把严肃的小髭，慨然说道："张竞生有功于革命，又长期在法国留学，习惯于欧洲的'自由思想'。《性史》是否有罪，暂勿讨论。但思想自由是法律所允许的，对于这样一位为党国效力过的同志，似乎不应该过于苛待。"

张继与蒋伯诚的一曲双簧，把蒋梦麟打得落花流水。蒋梦麟见一计不成，又心生一计，说："张某与他情妇褚某是共产党要人。他们这次到西湖山顶的烟霞洞，名为避暑，实则暗为钱塘江口地方的共产党人遥通声气，预备打入杭州。所以我们为防患起见，把他扣留以绝祸根。因为此事暂守秘密，所以假借别的罪名。"

蒋梦麟提出张竞生这个新罪名后，张继和蒋伯诚一时语塞。在邻桌用餐的刘侯武、陈素也站了起来，面面相觑。蒋梦麟正自以为得计，陈素急中生智说道："褚某是潮州乡下婆，我们都熟悉的，怎么说她是共产党？至于张某的历史，谁不清楚？他追随过孙总理，营救过汪精卫，现在却说他是共产党，这岂非'莫须有'的罪名？"其实，褚松雪是嘉兴人，与陈素也并不相识。陈素为了击败蒋梦麟，只好以谎止谎，将计就计。

蒋梦麟终于理屈词穷，张静江也不再遮遮掩掩，明确指示明天就将张竞生释放。

蒋梦麟不甘心自己的失败，暗中以省政府秘书长的名义，要求浙江省高等警察局对张竞生仍以囚犯看待，开庭审判，强迫张竞生承认所犯罪过，表示决不重犯，否则不予释放。

面对审判官的指控，张竞生理直气壮地反驳道："我来西湖不过二日，一直在烟霞洞，足迹尚未踏上杭州，何来宣传？我所带的性学书籍，只供自己学习研究，从未在杭州卖过一本，如何宣传？"

审判官无言以对，便说要检查书箱。法警当庭打开书箱，那些原来美的书店出版的性学小丛书荡然无存，只有一部巴黎女裸体画。那位法官说这就是罪名。张竞生反驳说，这是友人张东荪的赠品，里面有他的签名。况且这本画册，是法国的公共出版物，里面都是个人的艺术照，并非什么淫秽的画像。再说，他以大学教授的身份，有私下阅读研究这类书籍的资格。除非向社会散布，否则不应受到法律的惩罚。

审判官自知理亏，只好说奉命行事，请他配合。审判官说着拿出一张认罪书，要张竞生签字。张竞生瞄了一眼，只见上面写道："张竞生宣传性学，毒害青年，着即驱逐出境，在三年内不准再到浙江省任何地方。"

张竞生拒绝签字，双方僵持了两个多小时。前来接应张竞生出待质所的刘侯武、陈素劝张竞生暂时委屈一下，因为要自由就要签字，不签字就不得自由！张竞生虽然百般不愿意，但为了重获自由，为了朋友心意，为了早点与妻儿团聚，他不得不昧着良心，签字画押。这就叫作人在屋檐下，不得不低头，张竞生纵有千般理由，也只好委曲求全，向权力在手的蒋梦麟妥协。

张竞生又一次在权力面前感到了个人的渺小，认识到权力这头怪兽对于人的异化与侵蚀，一贯崇尚和追求自由的张竞生有着无以名状的痛苦。

第八章　颠沛流离

一、二度旅欧

从杭州回到上海，四壁萧然，三餐难度。在饱尝了因权力的欺凌而失去人身自由的痛苦后，张竞生又遭遇了因贫困而面临失去生存自由的痛苦。张竞生从未感到如此狼狈，但日子总得过下去，只好觍颜求助，将褚松雪的金戒指作价贱卖，以仅得的四元钱暂且维持三口人的日用之资。

走到这步田地，张竞生没有后悔，也没有懊丧。虽说求仁得仁，但严酷的社会还是给张竞生上了深刻的一课，使他知所进止，有所禁忌。作为男人，他有突破世俗的自由，更有养家活口的责任。而当务之急，就是让褚松雪母子有饭吃、有衣穿，过上普通人的日子。经过辗转联系，张竞生得以在世界书局兼差，约定每月为世界书局译述十万字，即可每月先行支领二百元的版税。

世界书局是上海滩仅次于商务、中华的第三大书局。老板沈知方富于谋略，经营有道，生意越做越红火。张竞生按月译稿，一家的生活总算有了着落，但只过了二三个月，张竞生感到这样寄人篱下，终非长久之计，决定另谋出路，遂将二百元的版税一分为二，一百元作为褚氏母子在上海的生活费，一百元作为他拟即赴法的费用，再由老乡刘侯武资助旅费。

1929年初秋，张竞生再度赴巴黎。船过香港，遥望故土，张竞生心情十分复杂，又无限惆怅。十八年前，他也从这里经过，第一次踏上赴欧的旅程，那时，他是那样的意气风发，又是那样的满怀憧憬。如今，偌大的中国几乎没有他张竞生立足之地，他可以说是被迫出洋，灰溜溜的。更令人尴尬的是，他当年在黄埔陆军小学最要好的同学陈铭枢，现正就任广东省政府主席，而他却无颜回岭南见家乡父老，羞于与老同学见面，更不知老同学是否还记得他。听说他纵横军政，却长年礼佛，即使还记得他，也绝不会有什么好印象，能不像浙江那样通缉他已经是网开一面了，还能苛求他什么呢？这样想着，张竞生喟然长叹一声，任法国邮轮在中国南海浊浪滔滔地驶过，不再徒然做故园故人之思。

重返法国后，张竞生既缺资金，又没关系，就像一个落魄的老

1930年1月18日的《北平画报》报道了张竞生夫人的轶事，并对两人的去向予以揣测

留学生，灯红酒绿的巴黎城可望而不可即，只能租住在巴黎近郊的一间旧式老屋。为了减少租金，他与中国友人合租一套房子，并轮流下厨做饭。解决了肚子问题，才能考虑发展问题，张竞生自嘲地想，自己别无长物，只有秃笔一支，既然身在巴黎城下，就要做点法国文章。他对卢梭的《忏悔录》进行重新整理，从头再校一遍，感到此书的后半部分估计读者不会有太大兴趣，遂删节了不少，修改得更凝练、更精粹，交世界书局再版。

《忏悔录》是卢梭的精神自传，也是一部人性的宣言。它的问世，使哲学家康德震惊，让文学家歌德欢呼；它在政治上推动了法国大革命，在文学上开启了浪漫主义思潮。张竞生慧心感应，慧眼识珠，第一个完整地把卢梭《忏悔录》这部"良心的历史"翻译成中文出版，在作者的故乡，张竞生由衷地表示自己译介此书的目的，不仅在文学，也希望卢梭之魂降临于中国，在加写的译后记中，张竞生写道："在我们这个无聊的古典派的假社会，与腐臭的人心中，确要卢梭这个大胆的浪漫派，来掀动推翻和重新改造，故我们承认这本《忏悔录》是革命式的最有势力的作物，其间确实有极大的炸弹力，请读者大胆接收去炸破这个古典的世界。"这个译本在世界书局出版后，一版再版，一直出到第四版，可见其受欢迎的程度。受此鼓舞，张竞生又陆续翻译了法国大文豪雨果的作品，交世界书局出版。

但张竞生并不以此为满足，他始终念念不忘的是翻译出版世界名著。他重返大革命的故乡法国，要做成一番事业，可谓万事俱备，只欠东风。这个东风，就是大规模译书计划的启动资金。他想来想去，最有条件支持并成就此项工程的还是老同学、现任广东省主席的陈铭枢。于是，张竞生决定硬着头皮，投石问路，修书一封，径寄陈铭枢的参谋长孙希文，告诉他本人经济困难的状况，请他代为转呈陈铭枢。

没想到，陈铭枢虽身居高位，却不忘旧情，他很快就给张竞生回信，并寄了五百元的旅费。陈铭枢的迅速复信和慷慨解囊，使张竞生大喜过望，他打消了顾虑，也重新燃起在文化传播与出版上有一番作为的雄心。经过深思熟虑，张竞生作书一封直接投寄陈铭枢，信中畅叙别后遭逢和同学的想念之情，以及虽积学多年却壮志难酬的苦闷，现在老友主政广东，正是他施展才华的时候；接着以主要篇幅报告译述世界名著的计划，张竞生在信中说，他准备在巴黎设立旅欧译述社，在法国聘请十多位各有专长的中国学者，将世界各种名著，包括天文、地理、物理、化学、生物与社会学，以及哲学、艺术与技术等，有系统地翻译成中文，约共二三百本，每本约五六万字，由广东省政府拨款约十万元，与国内大书局合作出版，三四年即可完成此项功德无量的文化工程。张竞生还告诉陈铭枢，这套翻译丛书是通俗读本，文字浅显，价格低廉，普通人都买得起和看得懂，而且哲理性和趣味性兼备，专家学者和知识阶层也可作为参考书，可谓老少咸宜，估计会有很好的销路，不出数年就可收回投资。

张竞生的译书计划，正中陈铭枢的下怀。陈铭枢虽为武人，却一向爱好文学艺术，并且喜欢与文人来往，热衷于发展文化事业。1929年春，陈铭枢担任广东省政府主席后，即着手创办广东戏剧研究所，又向香港、澳门侨商募集股款二百万元，筹办民营广东大戏院，预定由陈铭枢任院长，欧阳予倩任副院长。1930年，陈铭枢一次出资四十万元，接办上海的神州国光社，推动神州国光社翻译共产主义典籍、印行世界进步文学作品、创办各种定期刊物、大量采用左翼作家作品，从经济上来支援作家。特别是在书籍出版方面，主要有政治法律、财政经济、文学艺术、历史、哲学、中学教科书、儿童读物、自然科学、活页文选等。因此，张竞生的来书，使雄心勃勃的陈铭枢的文化事业发展如虎添翼。他当即同意张竞生的计划，并亲笔复信，列出几项条件，要张竞生再做一个更详细的计划书，以便陈铭枢在省政府常务会议上提出讨论和表决通过。

接到陈铭枢的复信，张竞生高兴万分。他一面复信申请省政府立项，一面开始组织译书的前期准备工作。首先确定翻译书目，巴黎有一个大书局正在出版一套通俗本的科学哲学艺术类丛书，共二三百本，都是由各类专门家和大学者亲自撰写，从数量上和内容上都符合张竞生向国内介绍的丛书的要求，他考虑与该书局的老板洽谈版权；在巴黎郊外物色了一间房屋，作为旅欧译述社的编译部；分函约请部分在法国游学的大学教授参与翻译工作，并口头讲好了待遇：可先支领一笔工资，以维持日常的生活，翻译的著作由译者署名，以示文责自负，所得版税由政府和译者合理分成，各得利益。张竞生的这个译稿计划是针对国内现行的编译制度而制订的，直接叫板国内最大的书店如商务印书馆、中华书局，可谓未雨绸缪，志在必胜。

张竞生满怀希望，翘首以待，只等陈铭枢的款到，就可以立即开工了。然而，世间事人算不如天算，因通讯在邮路上被耽搁了两三个月，当张竞生的信到达广州时，发生蒋介石扣留胡汉民事件，陈济棠等粤军将领起兵反蒋，广东局势突变，陈铭枢被迫去职离开广州，张竞生大规模译书计划再次成为泡影。

陈铭枢是一个重情义的人，他在政事纷乱如麻、自己朝不保夕的情形下，临离开广州之前，还专门给张竞生写了一封信，对自己失信于张竞生表示道歉，勉励他不要灰心，要继续致力于文化事业，并告诉他今后有事可找上海神州国光社的王礼锡，也可为该社写稿。最后，陈铭枢还从自己的私款中汇出一万五千元给张竞生，作为老同学支持张竞生事业的一点心意。

此时，法郎飞涨，国币狂跌，张竞生原有那点微薄的生活费已难以维持最低限度的生活，几乎断炊的张竞生又一次陷入绝境中。正在他准备整装回国时，忽然接到陈铭枢的私人助款，张竞生因此得以继续在法国待下去。世界名著的译述计划只好束之高阁，他所能做的就是凭借个人力量零敲碎打地译述一些文学著作，凑成一套"浪漫派丛书"，由世界书局出版发行。

1931年6月，由陈铭枢当后台老板的上海神州国光社出版发行了王礼锡主编的《读书杂志》。王礼锡，江西福安人，虽出身于封建地主家庭，却具有鲜明的革命思想，早年从事农民运动，1926年与毛泽东、陈克文等在武汉筹备中央农民运动讲习所，因意见不合而离开武汉。由于陈铭枢的推荐，王礼锡主动向张竞生约稿，以后张竞生经常在该刊发表文章，成为飘零海外的张竞生在国内亮相的重要舞台。在《读书杂志》创刊号上发表文章的有王礼锡、杨东莼、胡秋原、张竞生、王亚南、周谷城等人，他们也成为支撑该刊的重要作者。在《读书杂志》创刊号上，张竞生发表了由他翻译的弗洛伊德心理学名著《心理分析纲要与梦的分析》（两书合为一册出版），这是国内关于弗洛伊德心理学的最早译本，张竞生结合自己的研究，在《译者几句话》中指出："'意识'是一个总名词：此中有所谓正意识、底意识、无意识、病意识、极微意识等分类。通常我们所感触、思想、意志等之发见者名为'正意识'。但这些正意识乃从'底意识'而来。……从底意识而可得到正意识的根源，这个已极重要。

心理分析綱要與

夢　的　分　析

心理分析學發明家　弗魯特著
　　　　　　　　　張競生譯

譯者幾句話：

　'意識'是一個總名詞：此中有所謂正意識，底意識，無意識，病意

識，極微意識等分類。通常我們所感觸，思想，意志等之發見者名爲'正

意識'。但這些正意識乃從'底意識'而來。底意識既然是正意識的根源，

故其價值甚大。然其研究的工夫則甚難。

　　奧國敎授弗魯特乃對此問題解釋到最好的第一人。他從夢的分析

张竞生《心理分析纲要与梦的分析》一书序言页，"弗鲁特"即"弗洛伊德"

从底意识而可得到病意识的防范与消除，这个更形重要。今日我国重要分子如官僚等则患'心口不相应的病'，武人则犯'凶横病'，少年则患'幼稚病'，时髦女子则患'情感病'。我们若能从这个底意识与病意识互相关系上去研究，则可消除许多神经病的分子，而国事或者较可为了！"

《读书杂志》以后每期都连载了张竞生翻译的《心理分析纲要》和《梦的分析》两部书，时间长达两年多。张竞生联系中国现实，及时地对弗洛伊德学说进行研究与翻译，并迅速介绍给中国读者，这对中国的思想界、学术界与文学界，都产生了不可忽视的影响。

张竞生是一个闲不住的人，只要环境稍微安定，他就会四处出击，充分地释放他那过人的能量。在旅居巴黎近郊的清贫岁月里，他除了定期向世界书局和《读书杂志》翻译书稿外，还见缝插针与

巴黎大学的教授合作将佛经翻译成英文和法文，不遗余力地向西方读者介绍中国的传统文化。在致王礼锡的信中，张竞生写道："弟素好谈论，但极努力向上，'以学问为学问'，不因时论攻击而见阻，亦不因世人誉赞而骄夸，誓守学者本色，誓终身牺牲于学问而不顾及其他也。"

不久，张竞生又将二度旅欧研究所得的社会学著作《基本建设》（即民智、民力、民生的建设）、《制度建设》、《思想建设》等三部书的书稿寄给王礼锡。在"建设"稿的自序中，张竞生感慨系之地写上了这样一段话："竞生于革命初年，也曾出点破坏力量。回首十几载矣，民生愈加凋零，国事愈形疮痍，自惭前日革命功不偿过；加以前时为新文化曾与旧礼教决一死战，终因误会太多，仇计太险，以致败北而逃。凡此既不能于破坏之余，取得实力，将所怀抱见诸实行；只好逃迹于欧洲空谷，提起秃笔，诉诸空言。悲哉！寒木萧萧，白云飘渺，我的思想，也将长托于高山流水之间乎？"

天地不仁，以万物为刍狗。既然造化弄人，又何必跟自己过不去呢？既然无法完成名山事业，那就干脆解放自己，放浪形骸于自然的山水之中。得到陈铭枢的助款后，张竞生搬到巴黎近郊"玫瑰区"的"人家客店"去居住。所谓"人家客店"，实际上是家庭旅馆。张竞生租住了一位老妇人出租的房间，这位老妇人有一个女儿名叫奥赛，在社区里担任卫生工作，是一位准医生，年纪约二十来岁，相貌平平，有一点肥胖，却颇聪明。张竞生住在人家的客房，抬头不见低头见，慢慢地与奥赛姑娘熟悉起来，尤其是奥赛那别样的温柔，不禁使张竞生心旌摇曳了。

一日午后，张竞生与奥赛相约到巴黎城内舞厅跳舞，这是他们初次的定情，那份浪漫与激动，足以使他们心醉神迷。在音乐曼妙的舞厅中，张竞生虽不会跳舞，但他看到奥赛搂着法国舞伴轻盈地飘来飘去时，他也仿佛置身其中，闻乐而起了。跳舞之后，他们又一起去享用法国大餐，美食加美酒，一杯又一杯，彼此眉目传情，一醉方休。当他们相偎着来到预先订好的客店房间时，彼此都已经全身酥软了！

以后每个星期六，张竞生都在奥赛家里用晚餐，也就在她家过夜。"她房内是照东方土耳其安排的，满睡床中都是各种颜色与式样的大靠枕。在这些大靠枕中，颠鸾倒凤，确有别具一种滋味。"（《张竞生自传》，载香港《大成》杂志第二十期第38页）

暑假的时候，张竞生与奥赛到离马赛几十法里的日出岛去体验一种完全皈依自然的野蛮人生活。这是张竞生第二次到日出岛，来到岛中的游客统称社员，社员奉行素食，提倡裸体；岛中无论何地，可设野幕，供社员居住或参观，是一种反抗现代文明的无政府主义新组织。

初夏的小岛，已是十分燠热。刚刚登上岸边，走在林中小路，此伏彼起的蝉声扑面而来，这使张竞生感到亲切，也感到欢乐，仿佛回到了童年的时光。他们就这样踏着蝉声来到自然会社的公事房报到。因为钱不多，他们只能租房来住。管理者就带着他们去看房和租房。张竞生就选择把帐篷设在一座已经废弃的别墅旁边，他的女友奥赛则选择在稍远的较僻静的一个能够避风的地方支起帐篷。张竞生四处打量，这座别墅，虽不算庞大，却也颇别致，建筑在一个小山坡上，背山临海，落日正在眼前的海平面上缓缓西沉，波光粼粼，霞光万道，确是一个编织浪漫的好地方。可惜别墅久无人住，已经破烂不堪，天花板倾陷，窗户门洞穿，只有西壁仍然屹立，但批荡也已完全剥落。到了晚上，张竞生和奥赛各自睡在自己的帐篷里。黑影幢幢，隐隐然似有女鬼山魅在破窗中露出头颅来唏嘘不已，形状十分可怕。张竞生平生第一夜在荒岛上独自睡帐篷，辗转反侧，难以入眠。正在朦胧之际，忽然听到一种怪异的声音在帐篷外面叫个不停，屏神静气地细听，很像是一种鸟的声音，看看帐篷，窗外已是晨光曦微。

一夜无眠，让张竞生领略了大自然的神秘。

早上，奥赛捧来租得的火酒炉，用它炒白菜、蒸面包、煮东西，大多是素食；有时，还能泡上一杯红茶。午后，他们到海边游泳，张竞生穿的是短裤和短臂的开胸上衣，奥赛穿的是薄绒的海水浴衣，与其他"自然人"相比，他们确是穿得太多，但以这样的装束，出现在公众场合，张竞生与奥赛也是破天荒第一遭了。

张竞生与奥赛在日出岛缠绵盘桓了近一个月，未穿一次鞋和袜，未戴一次帽和笠，整天不是泡在海水与沙滩里，就是沐在海风与日光中，多年的宿疾皮肤病治愈了，伏案留下的腹痛病也消失了。在回归自然、解放心灵的实验中，张竞生感到，"自然社"最重要的贡献就在于创立了精神上的自然疗法。按照迪美医生的意见，实行自然疗法，要把握好三个关键环节：一是少穿衣服，多晒太阳；二是少吃荤食，多吃素食；三是少阅书报，保持乐观。特别是后者，要力争做到精神上完全放松，而着重于身体上的积极锻炼。当然，张竞生也看到日出岛完全放弃精神生活的弊端，恰恰在于缺乏精神与情感上的调节。完全自然不见得全好，健全的人生就在于吸取自然与文明的好处而纠正其弊端，因此，张竞生提出了调和折中的自然主义。

张竞生毕竟是一个哲学家，而不只是及时行乐的登徒子。由日出岛回归自然的人生实验，引发了张竞生对社会形态的理性思考。

与奥赛回到巴黎又分道扬镳后，张竞生即撰写了《一种新的社会》一文发表在1931年12月1日出版的《读书杂志》第一卷第九期，提出了贯穿他一生的一个重要思想："我的理想社会，……即一边有一极美密的公共组织。而一边，在个人上又有充分的自由。在一个社会中，要达到这个理想的目标，应行划分为物质与精神两项不同的建设。即在物质上，如经济、实业等，则行美密的公共组织；而于个人的思想及在其私人范围内的行为，则给以极端的自由，可是这是极难做到的。故我想把社会分做二个：一个是大多数人的，则施行一种公共的严密组织法。一个是私人有其主义，而听其在一定范围内去建设的。我国岛屿甚多，高山峻岭，尤见其多。若有主义者愿去建设，政府理应给以助力，使一班好奇及喜自由的人民有所适从，也可从此减少了内地一班反对政府的分子了。"

张竞生总是试图提出一些新的政治制度和社会规则，总是试图将一个哲学家的梦想照进满目疮痍的政治现实。

二、伟大与怪恶

1931年9月18日，日本帝国主义悍然发动了震惊中外的"九一八"事变，沈阳沦于日军的铁蹄之下。随即，东北告急，华北告急，中国告急！

远在欧洲的张竞生，注视着风云变色的中国，心中不由惴惴不安。国难当头，自己却躲在巴黎郊外的固庐做学问搞翻译，这样合适吗？但此刻身去故国万里之遥，爱莫能助，如之奈何？为了表示与同胞同赴国难，张竞生放下手头的一切工作，突击翻译歌德的《歌德从军笔记》，以为精神支柱。

冬天的巴黎，格外寒冷，张竞生不顾冻僵的手，日夜工作。翻译着省思着，张竞生的心慢慢地踏实了，在歌德的经历中，张竞生得到了启示，找到了位置。寒夜过去，春日到来，张竞生的翻译也完成了，为了自己的觉悟，他特地写了一段译后记。张竞生写道："我译此时，适日本占满洲后，又在打上海并威胁汕头。有一老友军官者来信说我不应此时埋首于深山。我答语是：当拿破仑打劫德国时，德国一班学问家孜孜以学问为事，终于报复旧仇而创新邦。歌德对此有下段的记事：'我当记载我的一种特别性格。每遇政潮一番大掀动，我即从事于最远地及最古事的描想。例如本年（1813年）说，当苏黎世正在预备作战场时，我则研究中华帝国的源流及其构造。当此地战争发现时，我则写成耶些斯的尾歌。'不错，歌德这个态度，凡学问家都应效法的。因为救国之道，武人用枪，文人用笔，虽不相同，其实则一。有些武人去火并，有些文人用冷静头脑观察世变之来去，这样才可以救国。"

是的，救国之道，武人用枪，文人用笔。懂得了这样的道理，就不会进退失据，也不必较一日之短长。以不同的方式，可以抵达同样的目标，有了这种更深的觉悟，张竞生对待学问的态度就显得更加从容，更加宽广，也更为执着与坚定。此前此后，张竞生在学术上最重要的贡献和创造，就是在国内的学术界上率先从理论层面探讨了浪漫派在文学上的价值与意义，并撰写了《伟大怪恶的艺术》和《烂漫派概论》等著作，提出要大胆地借鉴世界上先进的文学成果，特别是法国文豪雨果等的创作理论与创作实践，结合我国的创作实际，致力于"建设一个真正的新文学"。

这个"真正的新文学"究竟是什么样子？在研究了古今中外浪漫派文学的滥觞与发展历程，特别是雨果的《〈克伦威尔〉序言》

后，张竞生认为，新文学应当伟大，但又应当怪恶，是伟大与怪恶的结合，这是新文学最重要的基础。

雨果在其《〈克伦威尔〉序言》中指出，文学的发展经历了三个阶段：第一是初民的神歌；第二是古代的英雄诗；第三是近代的人情剧。神歌是颂扬自然的伟力，英雄诗则在描写史事的光彩，人情剧专长于描绘人生的事实。先前的神歌与英雄诗只表现自然、万物和人类伟大的一面，只有到了人情剧，才将怪恶加入伟大之中，因为人们认识到，丑陋也在美的旁边，畸形与风韵并生，怪恶与伟大同至，恶与善、光与影不能相离。因此，应运而生的人情剧，在心灵中见出肉欲，在智慧中见出畜性，伟大与怪恶并存。

怪恶，这个又怪又恶，怪得可笑而恶得可怕的艺术，是浪漫派首领雨果最重要的新发现，是浪漫派文学最重要的新材料。张竞生在研究和翻译雨果这篇划时代的文献时，一则以喜，一则以忧，喜的是这种文学发现在创作上的重要性，不亚于哥伦布发现了美洲新大陆；忧的是苦思多时，却找不到一个合适的中文名词来翻译。他原想以"邪恶"为译名，因为卢梭曾经最早把"伟大"与"邪恶"这两个词联系起来用，而狄德罗在《百科全书》中提出："一旦征服的思想扩大了社会的领域，并产生了奢侈、商业及民族的伟大与邪恶的所有其他表征……"，也把"伟大"与"邪恶"联系起来用，但认真琢磨，张竞生仍认为未能完全传情达意。后来偶然翻到《水浒传》，受到启发，感到较为确切的译名应该是"怪恶"，因为"怪恶"头一个字有"可笑"的意思，而后一个字又含有"可怕"的意义，合起来恰与原文在诙谐中而有凶暴的意思若合符节。

张竞生以雨果这个理论框架为武器，对中国传统文学进行重新梳理。他认为，《水浒传》是"怪恶艺术"的萌芽，其擅长处，就在

1925年2月世界书局出版的《伟大怪恶的艺术》一书封面

能将宋江、鲁智深、武松这些怪恶性的性格淋漓尽致地刻画出来，同时使读者见出他们又是伟大的人物。因为怪恶便是伟大，愈怪恶愈是伟大，例如武松杀潘金莲及西门庆时那些行为都是怪恶与伟大的混合物。《红楼梦》的伟大物是情，其怪恶的对象也是情。黛玉与宝玉互爱之情，堪称伟大；但在伟大的光中，处处闪烁着怪恶的影：黛玉的癖、宝玉的痴、黛善妒而宝多情、黛喜哭而宝好乐、黛好思而宝不思、黛细心而宝旷放，凡此怪恶与矛盾的性格，遂演化成了黛宝两人的怜惜与龃龉，以至于娇嗔怨怒，一个病死一个出家的结果。由此可见，《红楼梦》的动人之处，就在于能将这些复杂的人物性格深刻地描绘出来，尤其是对于黛宝二人的怪恶与伟大处能够惟妙惟肖地传神绘声。因此，世人无全善之人，也无全恶之夫。怎样善人，总有一些奸伪；怎样恶人，总有一些善德。原来人性就是这样复杂与矛盾的。文学描写艺术所表现的人物，乃是比较杰出者，则其矛盾的性格当然更为显著。

随着研究的深入，张竞生对伟大与怪恶的体认有更深一层的发挥。张竞生认为，怪恶在相当情形之下，变成伟大之后，并非怪恶；艺术所重的伟大，另有一种特别的意义。也就是说，"伟大"这个意义，在艺术上有特别的作用。它不是如道德家之以善良为伟大。艺术的"伟大"，乃是"代表""特出"之意义；或者善，或者是世俗之所谓恶。它所要的是"代表人物""特出的""超人的"心情与行为。由此而论，艺术只有一件代表物——伟大，并非如雨果等所说有两种——伟大与怪恶。艺术，只要写得伟大，只要写的是代表人物，则虽所写的材料是怪恶，但也变成其伟大。在这方面，最典型的代表就是波德莱尔的《恶之花》，它化腐朽为神奇，变怪恶为伟大。

在厘清了伟大与怪恶的概念后，张竞生身在巴黎，却对中国的文学界发出了连串的诘问："所以，若问我国的文学界曾到雨果所说的第三期——人情文学也未？作者对于怪恶的观念已经了解也未？怪恶的材料在艺术上已经得了重要的位置也未？我们也可说未，未，未！"当此中国政治恶浊，军阀横行，经济压迫，新旧思想与道德互相冲突，种种恶劣制度束缚到文学完全不能透气的时候，如何医治"时代病"，如何发展新文学？张竞生认为最好的药品就是引进浪漫主义，简言之，就是自由的心灵，创造的激情！

浪漫派最重要的解放，是心灵的自由。他是自由主义的先锋，人权的建设者，为了个人的独立自由而奋斗。但同时，他又极关心社会的组织和他人的创造，既能做到儿女情长，又能做到英雄气大。

文学是语言的艺术，作为作家，除了心灵自由之外，文字自由是促使思想自由成为现实的重要条件。张竞生认为，浪漫派的文字，乃是一种天籁与心声，一种自然的反映；浪漫派的文字，全由作者的天才去发挥；并无所谓体例，他自己创造体例；并无所谓习惯，由他自己去创造习惯。

那么，自由的文字应该是什么样子的？张竞生高揭创造的大旗，大声疾呼：自由的文字——美的文字，全靠个人的创造！作家艺术家的可贵之处，正在于自己的创造力，能从无中写出有，一点小事见出天来大。《红楼梦》不足法，《水浒传》不足学，今日的白话文更不足取。自由的文字，是他自己的天籁与心声，是一种"混合的文字"，即在白话式中含有诗意的字句，在极正体的国语中又杂有方言，在极共同的表现中而有其作者个人特别的性格，在极优美的典故中夹有不少的怪恶与粗陋在内。

为了显示创造的迫切，也为了提供一种借鉴，张竞生专门创作了一部人情剧《袁世凯》，该剧三出共八幕，主要人物有民国总统即大罪人袁世凯、河间名妓李如洁、李如洁的婢女吕阿黎、李如洁的情人章伟民、国民党人三烈士、袁的弄人小甲小乙，以及中西医生、袁的姬妾、文人、官吏、孔庙赞礼官、兵士等若干人。全剧讲述袁世凯权令智昏，冒天下之大不韪，紧锣密鼓加紧称帝步伐，章伟民及李如洁与国民党三烈士计划谋杀袁世凯，以阻止其称帝，最后谋杀失败，志士殉国，袁世凯虽然圆了皇帝梦，但随即暴亡，尔曹身与名俱灭。全剧情节集中，人物简单，却主题鲜明，充满了浪漫主义文学的理想与情调。张竞生在《袁世凯》后记中以夫子自道的口吻交代了创作此剧的初衷："《袁世凯》一剧，自构意至写竣，经过时间仅十余点钟，所以草率，当然缺点甚多，但作者正要借此给读者一个新文学——浪漫派文学的一些大观念，使于其中见到其突兀滑脱，随意创造，随手拈来，特意在写袁的心理不是在写其历史也。人情剧（广义作'人情文学'）的长处诚如雨果所说，在能将人性怪恶与伟大及各种矛盾与复杂的性格尽量写出。至于作者又望在此剧中将怪恶变成伟大。此点当然极难达到，时间、才能及经验，均不容作者轻易达到呢。但作者并不由此灰心。在此'处女作'上，已具端倪了；以后有机会当再来试一试。"

　　当然，张竞生此后再也没有创作所谓浪漫派作品，更没有创作所谓剧本。他把主要精力集中在翻译浪漫派作品上，由上海世界书局以"浪漫派丛书"的形式出版发行，这套丛书共六本，除了原来

张竞生所译的卢梭与雨果作品合集《梦与放逐》

已出版的《忏悔录》和《伟大怪恶的艺术》之外，还有卢梭与雨果的作品合集《梦与放逐》、乔治·桑的言情小说《印典娜》、《歌德自传》和拜伦著的《多惹情歌》等。

值得重视的是，张竞生不仅是中国学术界最早翻译弗洛伊德学说的学者之一，也是最早以弗洛伊德学说观察和研究《红楼梦》和《金瓶梅》的学者之一。1928年5月1日由上海美的书店发行的《情化》第一卷创刊号上发表了张竞生撰写的研究《红楼梦》中的林黛玉和《金瓶梅》中的潘金莲的论文《〈红楼梦〉林黛玉的哭》，该文着重强调了"创造的方法"对于创作与研究的极端重要性，指出胡适所用的科学方法只是成功的第一步，但与实际的工作相差还远。"一本名著如《红楼梦》，不是用科学方法所能得到其精湛之所在的。因为科学方法重在返本探原，而将万绪变化的神情归纳为简单无味的逻辑。"因此，研究一部名著的创造，最重要的不是科学方法，乃是"创造的方法"。这个"创造的方法"，"不是玄学的渺茫，而是有规则与条理的，它与科学方法不同处，它不仅重视客观，而且兼及主观。这个'创造的方法'，每为'心理分析家'所取用，因为研究人类的心灵，非用创造的方法不可"。接着张竞生利用弗洛伊德的精神分析法论述林黛玉哭泣的表情与贾宝玉曲尽其妙的矛盾与纠葛，并在这种压迫的增进与忧郁病的增进中，见出黛玉人格的演进与她哭泣的变态的增进。而就其本质上讲，林黛玉忧郁哭泣近于变态的性格，有其病理上的根据，也与性的不满足有关。在这里，张竞生进而将林黛玉和《金瓶梅》中的潘金莲进行了比较。张竞生认为，从精神病理学来说，林黛玉和潘金莲都犯了"歇斯底里症"，都由于性欲得不到满足而引起，所不同的，黛玉既受各方面的压迫又于肉欲上不能得到满足，遂而发泄为怨愤的情调与诗歌。这是一种"升华"

的最好现象。金莲比较上稍得性欲的满足，但因西门庆多妻的分心，遂使她不能尽量快乐，以致演成为种种下流的行为如：偷汉子、打人、骂人、用心机害人等等，这是"恶化"的最好证例。

应该说，张竞生对林黛玉和潘金莲的研究和分析，在当时的中国学术界上可谓空谷足音，不管是否完全切合创作实际，都不失为一种严肃而又富于创意的学理上的探讨。

没有拘禁，没有谩骂，没有貌合神离的情感纠缠；只有简单的人际、妩媚的山水，以及随心所欲的工作。张竞生二度旅欧做逍遥游，不知不觉又过去了五个年头。快乐的时光总如白驹过隙，正当张竞生乐不思蜀的时候，忽然频频收到褚松雪从上海寄来的信札，说她最近才看到张竞生以前在《新文化》发表的那篇诋毁她的文章《美的情感——恨》，写得太离谱，太伤她的心，夫妻情分到此已丧失殆尽，这次非坚决跟他分离不可！态度强硬，措辞激烈，并下了最后通牒，表示如不即刻归国，她就要把孩子放在孤儿院，自己只身出走，浪迹天涯。

张竞生接到褚松雪的来信后，心急如焚，连忙复信请求褚松雪原谅，说他原来因为褚松雪屡次出走，使他家破人残，他由爱生恨，感情用事，以致口出恶言，当时如不一吐为快，恐怕要发神经病了，现在感到后悔不已，请求褚松雪原谅，看在孩子的面上，不要再做出傻事来。褚松雪表示覆水难收，悔之已晚，现在是算总账的时候，她决不会退让！

事已至此，多言也无益。为了孩子，张竞生只好放弃在巴黎优游林下的生活，由法国乘船火速赶往上海，回到了法租界。

夫妻见面，相对无言，该说的已经在信中说了，再说也是徒劳，这个分分合合的家庭就这样彻底地分崩离析了。然而，这次与往常不同的是，带着孩子离开丰裕里的不是褚松雪，而是张竞生。

从塞纳河畔到十里洋场，纵横十万里，奋斗几十年，仍然一无所有，唯一的收获是一个破碎的家与一颗破碎的心，连同一个哀哀无告的尚在稚龄的儿子。站在即将起锚的船舷前，遥望薄雾绵绵的黄浦江，张竞生百感交集，繁华的上海滩始终没有他张竞生父子的立锥之地，他只有把孩子送回饶平老家。

面对茫茫前路，张竞生能不临风涕泪？这是张竞生在现实遭遇中的伟大与怪恶，谁谓不然？

三、担任实业督办

1933年夏末，张竞生带着儿子张应杰，从上海回到了广州，由朋友安排住在小北路的北园酒家。这座酒家是前几年广州市商会会长贾殿邦响应政府号召而开办的，毗邻白云山麓，亭台水榭，曲径回廊，可谓山前酒家，水尾茶寮，兼擅自然与人文之美，是广州革旧鼎新的缩影。

这些天，张竞生一路过来，耳闻目睹身受，看到阔别多年的广州确乎繁荣了很多，高楼密集了，马路拓宽了，民生改善了，这使张竞生感到安慰，也颇为振奋。主政广东的陈济棠是他在黄埔陆军小学读书时的同学，当年读书时，陈济棠就由教官邓仲元介绍与邓演达等秘密加入同盟会，从事革命活动，后来投笔从戎，屡建战功，现在更是独掌一方的"南天王"了。

士别三日，当刮目相看。陈济棠为巩固自己的统治地位，以便与南京政府相抗衡，利用战争"喘息稍定之时"，致力于发展广东经济。他认为，处此强敌环伺、烽烟四起的非常时期，发展民族经济就是抵抗经济侵略、为民族求生存的唯一出路。为此，他亲自主持调研制订"广东省三年施政计划"，并由省政府的名义颁布实施，成为推进广东经济建设和社会发展的一座里程碑。尤为难能可贵的是，惯于戎马生涯的陈济棠十分关注和重视人才问题，把人才视为广东建设事业能否成功的关键。于是，广东成立了"专门技术人才登记处"，在1933年展开调查，挖掘出各类技术人才六百多人，其中留学归国的学历较高的约有八十人。对这些能够服务地方建设的技术人员、知识分子和专家学者，陈济棠都十分尊重，并给予优厚待遇。陈济棠的求贤礼贤政策，吸引了国内外的有识之士翩然南来，趋之若鹜。知名学者邹韬奋、张东荪、张君劢、林砺儒等都受聘来粤，一展身手。

张君劢在法国留学时曾专门向张竞生请教学习哲学，张东荪则是张竞生在上海办杂志时的重点作者，他们都是张竞生的莫逆之交。听说张竞生云游四海，回到广州，陈济棠十分高兴，亲自到北园酒家来看望他。

老同学相见，道过别来无恙的寒暄后，陈济棠诚恳地问计于张竞生："欲求民族生存和广东发展，非从经济上找出路不可。公室兄学贯中西，有何高见？"

张竞生也不谦让，真挚地说道："伯南兄兴利除弊，编制的广东省三年施政计划，网罗万端，真是雄才大略啊！但现如今民生凋敝，百废待兴，以愚见，救国之道，利民之举，重在振兴实业。"

"要发展广东经济，首先必须振兴实业。嗯，这个主意好！"陈济棠满意地点点头，递给张竞生一支高级香烟。

张竞生接过香烟，却不急于点燃，而是继续说道："纵观世界经济发展，要振兴实业，离不开两个基本路径：一是资本，二是人力。

欧美国家，财力雄厚，主要在于利用资本；我们国家，民穷财尽，只有创造资本，才能有出路。如何创造资本？就是将人力资源转化为人力资本，推行由政府将地方应办事件或实业强迫人民做工而受政府的工程师所指导的政策即征工政策，以此来振兴实业，发展经济。具体来说，就是以征工政策来发展筑路、造林、水利、垦殖、开矿、手工业与轻工业，以及电气化工业等，从而全面振兴广东经济。举例来说，韩江流域要全面修复需二千多万元，中央是山高皇帝远，省政府也无钱可出，如只靠政府恐怕要改造此项水利工程，势将遥遥无期。但如果实行征工政策，就能得到彻底解决。假定计划三年内完成，则从沿韩江流域的潮安、饶平、澄海三个县征召民工，因人口密集，每年分摊每县各出数百万工，每人不过数天工作，在一年中可以得千万工左右，三年共得三千多万工，所有浚河、做堤，都由人工完成，只有石灰、铁料等材料费及工程师费二三百万元，由三个县分三年分摊完成。这样，人力资源转化为人力资本，根治了水患，又发展了当地经济，真是功莫大焉。其他事业，也照此发展，复兴广东经济，岂非指日可待？！"

张竞生话音刚落，陈济棠连称妙计，兴奋得站了起来，亲自为张竞生点烟。张竞生为陈济棠的礼贤尊贤的态度所感动，遂毫无保留地说道："不过有一条，伯南兄须特别留意，就是振兴实业之重任，需付诸于实业家之手，如假手一无所知之官僚，必至一败涂地。好吧，我就说这么多吧。书生之见，不一定对，供伯南兄参考。"

陈济棠深有所悟地说："公室兄所言极为在理。我们已看到官僚主义之偾事误国，正在全省推行县长考试，设立公务人员考绩委员会，甄别和考选公务人员，矫正吏政弊端。同时，大力起用有识之士到政府任职，最近就任命岭南大学农科教授冯锐先生担任省建设厅农林局局长。公室兄是否能枉驾到省政府任职？"

　　陈济棠诚恳地邀请张竞生参加家乡的经济建设，为家乡的繁荣发展献策出力。张竞生感谢陈济棠的器重，却谢绝了邀请。这些年，张竞生与世沉浮，左冲右突，虽不能说一事无成，却已是遍体鳞伤。他要效仿晋朝诗人陶渊明，不为五斗米而折腰，田园将芜胡不归？当年辛亥革命成功后，孙中山先生邀请他到民国政府任职，他选择了出洋留学；现在陈济棠邀请他到省政府做事，他要回归故里，休养生息，教育儿子，服务桑梓。他离开家乡太久了，应该回到农村为家乡做一些切实的事情，报答桑梓的养育之恩。在他即将回国之前，他曾经写了一个《归国后"到民间去"的计划》寄到《读书杂志》上发表。他在文中提出："'到民间去'，'从基本做起'，这些志愿，久藏在我心中。到现在，我极决心去实行。我是从民间来的，所以今后到民间去，在我算为本分事，而事实上也望较易成功。"他详细列出了几项具体计划，包括个人带头谋生、整顿一乡一区、发

陈济棠像

动乡亲邻里、解决民生事业、推行新政计划等，并强调从下头做起的重要性："试问在上头鬼混的，几多人中始有一人成功？而得一官半职之后，究竟也无一事做成，只有终日费尽心力于欺伪争竞之中。若把这些力量用在本地方事业，其成绩当较东西奔走者有万倍大呢。"最后张竞生又充满憧憬地写道："我此遭到乡间去，就在试验是否能实现上头所说的各种计划。此外，私心有许多希望：第一，每日于办公事之余，至少当分出一半时间，闭门译述，以足成译述世界名著的夙愿。余时，也愿耕田种菜以自给。我食的仅是菜蔬，穿的为布衣，生活俭约，尚极易于维持。第二，如天之幸，能把一县事办得好，则我饶平有的是好山好水，将来把此县变成为一个'小瑞士'也未可定。须知我国每县之大，均足以有为，不必骛高好远，若能将一县组织得好，就够表示个人莫大的功勋了。第三，假设失败，也值得去一做。这样建设的事业纵然失败，在地方上终留下了许多好基础。"

张竞生将自己在归国前的夙愿向陈济棠做了介绍，陈济棠仍再三挽留，张竞生决绝地说："现时在上头混的人太多，而在民间切实做事的人太少！老同学，多我一个张竞生不多，少我一个张竞生不少，你就让我回到农村去试试看吧！"

陈济棠见张竞生去意已决，也就不再强留，遂任命张竞生为广东省政府实业督办，只挂空衔，不需坐班，主要负责督导饶平地方的实业发展，同时可以对全省的经济发展随时提出意见和建议。这是一个皆大欢喜的方案，陈济棠遂与张竞生互道珍重，以此握别。

第二天，张竞生父子因听说广州至汕头的"东区公路"，常有匪徒毁路、烧桥与掳掠旅客之举，一路上很不安全，只好又乘船转道香港再经汕头回饶平。

张竞生少小离家，阔别故土近三十年，此次回家省亲，消息早已传遍四乡六里。有人说他做了大官，有人说他发了大财，有人说他得了神通，也有人说他倒了大霉，在外头混不下去，回到老家来吃老米，说什么的都有，传得神乎其神。在普通老百姓眼里，不管是好是坏，张竞生已经不是一个平常的人物。张氏四乡的族长感到这是张姓的光荣，外乡人已传得沸沸扬扬，本家人应该有所表示，遂决定举行一个隆重的欢迎仪式。

张竞生父子返乡当天，张氏四乡宗亲在大榕铺村口点响了三门大铳，组织张氏学堂的学生组成仪仗队，敲锣打鼓，高喊"欢迎、欢迎"，并打出了"热烈欢迎潮梅第一博士张竞生荣归故里"的横额。在嘈杂的欢叫声中，张竞生的弟弟张竞秀抢先上前，接过哥哥的行李，抱起幼小的侄儿，在乡亲们的簇拥下一起往家里走。

望着熟悉的山水和亲切的乡亲，张竞生的眼睛湿润了。他没有跟着竞秀回到老屋，而是直接到了旧寨园。旧寨园，原称舅寨园，是张竞生的姑婆的"随夵田"，约有六七亩地。张竞生小时候，经常听大人讲，祖上是地方的望族，广置田产，家财甚丰。老祖父男丁兴旺，但膝下只有一个姑娘，从小聪明伶俐，很得老祖父的疼爱，答应姑娘出嫁时给她一份陪嫁的"随夵田"。老祖父本不是一个吝啬的父亲，况且手心是肉手背也是肉，但经不起儿子们的撺掇，有的说老祖父生了一个赔钱货，有的说外嫁女不能分家产，这些七嘴八舌的议论，传到老祖父的耳朵里，老祖父就有些后悔，但又说不出口。这些草蛇灰线的异常情况，姑娘都看在眼里，记在心上，她知道世间的好事不会像天上掉下来的馅饼，轻易地砸到自己的头上。果然，到了姑娘要出嫁的时候，老祖父拿出六颗事先煮过的鸡蛋给了姑娘，说还要考一考姑娘持家的本事，如果这鸡蛋能顺利孵化出小鸡，"随奁田"就属于姑娘，否则就没有。姑娘明知其中有诈，但还是不动声色地接过老祖父的鸡蛋。回到闺房，姑娘把那六颗鸡蛋换了下来，然后才拿去孵化。一个月后，小鸡孵出来了，老祖父见状又惊又喜，兄弟们则哑口无言。姑娘嫁到了饶平县城西郊的乌洋村（现为饶平县新塘镇乌洋村），"随奁田"也永远属于她。姑娘去世后，又归葬在"随奁田"，后裔子孙年年清明都前来祭拜这位冰雪聪明的祖先。

张竞生十分佩服这位不曾谋面的姑婆，为她直面挑战的自信与勇气，为她维护自己利益的从容与机智。前几年，张竞生在上海创办的《新文化》杂志上，曾发起"妇女继承权"的大讨论，其最先的触机就是这片旧寨园。他曾表示不要父亲的家产，但请父亲帮他租下这片旧寨园，作为他归家时的立脚点和试验田。如今，游子归来了，但父亲和母亲已驾鹤西归，形同陌路的结发妻子许春姜当年在收到他从北大寄回来的一纸休书后就因绝望而自行了结残生，眼前只剩下旧寨园荒芜的田地和老姑婆寂寞的孤坟。睹物思人，张竞生潸然泪下。

当晚，张竞生父子暂住张氏大宗祠。这是他童年读书的地方，他里里外外看了一遍，惊讶地发现，除了多了一些学生，一切都还是老样子。回到村里的第三天，他就把张氏四乡的族长请了过来，连夜商量如何改革本村学校的教育。

都是本乡本土的宗亲，张竞生也不客气了，他单刀直入地说："民国成立已经二十多年了，但符合现代要求的乡村国民小学还没有办起来，还是封建时代的私塾学校那一套，实在跟不上时代潮流，实在太不应该。"

众位族长面面相觑，嗫嚅着又不知说什么好，大家都窘在那里。

张竞生和颜悦色地说："也不能全怪你们，我回来得太少了，家乡的事情我操心得太少了，我也有责任。从现在起，我跟大家一样，要好好地管管村里的事情。十年树木，百年树人，教育是关系全村兴衰的大事。十多年前，我在金山中学当校长的时候，就开始了教育的改革，虽然中间遇到了一些阻力，走了些弯路，但方向是对头的。现在我们该如何整顿和改革村里的学校？"张竞生用询问的眼光看看大家，大家说道："我们都是粗人，不了解外面的世界。你是喝过洋墨水的博士，你说怎么办就怎么办吧，我们听你的。"

张竞生继续说道："当然啦，我们是村小学，也不能搞得太复杂。我认为，主要是做三件事：第一，换个校名；第二，改革内容；第三，招收女生。"

张竞生刚讲完，宫下村的族长就迟疑地问道："村里的校名可是用了百把几十年的，一下子改掉合适吗？"

张竞生耐心地解释："时代不同了，过去的老皇历不管用了。用什么样的名字很重要，孔夫子说：'名不正则言不顺，言不顺则事不成。'现在是民主共和时代，不是称王称帝时代，我们要把学校办成启迪新思想的摇篮。我的意见就是把学校叫启新学校，大家看怎么样？"

众位族长感到张竞生讲得入情入理，都一致表示赞同。

"至于改革教学内容，现在对孩子的教育，主要不是读四书五经，而是要教他们识字读书作文写信记账，教他们认识了解各种自然科学和社会科学的道理，以及做人做事的道理，同时，增加体育课，包括登山游泳，锻炼健康体魄，把学生培养成为国家的合格公民。招收女生是大势所趋，也是女孩子的权利，我在金中的时候就实行了，这个没有什么好说的，但为了吸引更多的女生入学，我建议下学期聘请两位女老师，这对整个学校的教育教学的开展也有好处。"

说到这里，张竞生故意停顿了一下，清了清喉咙表示，最重要的也是最难的，还是经费问题，当年办金中，就因为此事，触犯了既得利益者，以致功败垂成！但难不等于不办，他的意见是，把张厝几个自然村划为四股，桥头、大榕铺、溪楼各一股，竹叶岭和宫下合为一股，每股各负责筹集学校经费的四分之一；另外，每村推选两位德高望重的乡亲担任校董，组成校董会，每年轮流由一位校董担任常任董事，负责聘请校长教员及处理学校日常事务。张竞生的学校改革方案在张氏四乡中获得一致通过。

新学期开始的时候，张竞生亲自主持了教师的招聘工作，原来村里私塾学校校长林侨诚成为启新学校的第一任校长，男教师有张宣泽、范杞人，体育老师林木长等，最引人注目的是两位新招聘的年轻女教师：黄璧昭和黄霞玲，她们剪短发、穿旗袍，打扮新潮，却仪态端庄，都曾在北京求学过，特别是黄璧昭，身材苗条，亭亭玉立，自有一种知识女性的魅力，很快就引起了张竞生的关注和好感。

学校上轨道了，张竞生父子也从张氏大宗祠搬到了旧寨园一间新盖的平房，从此，这间旷野中的小平房就成了他们的新家。张竞生名声在外，常有地方政要和知名人士前来探访，需要预备茶水，小应杰在启新学校读书，需要接应，张竞生遂雇了本村一个中年男子阿振来帮工。一天下午，山风呼啸，暴雨如注，霎时间天昏地暗，山洪暴发，张竞生忙命阿振到启新学校去接应杰回家。可是直到掌灯时分，阿振和应杰才像落汤鸡一样回到旧寨园。张竞生问阿振为何这么晚才回来，阿振说接了应杰在返回来的山路边，碰到他的邻居堂哥挑了一担石灰昏倒在路旁，因为救人要紧，就带着应杰，先把堂哥背回家，再回去挑石灰，所以耽误了时间。阿振说，村里人去钱东上墟落市，山高路远，崎岖不平，路难走，贼又多，官府不修路不管理，只是苦了我们这些平头百姓。

说者无心，听者有意。道路建设可是关系国计民生的大事，张竞生为此专门花了差不多一个月的时间，对浮滨到钱东，浮滨到饶平县城（三饶镇）进行路况调查。在调查中，张竞生发现，浮滨、浮山一带的老百姓经常挑一担火炭到钱东卖，又从钱东挑一担石灰回来下田，或者逢每月的三六九墟日，挑些山货到三饶买卖和交易。因为路不好走，起早摸黑，早出晚归，村民十分辛苦；而沿线的交通运输、货物进出效率低下，也没有保障，严重影响当地的经济发展。作为实业督办，张竞生深感自己有责任带头解决好影响民生，也制约饶平发展的交通落后问题。

筑路事业，服务民生，首先必须发动群众。张竞生把从饶平县城到钱东沿线各村的族长召集起来开会，探讨必要性，研究可行性。绝大部分的族长认为，修筑饶钱公路十分迫切，是利县利民之举，必须抓紧进行；少数族长表示担忧，正在修筑的饶黄公路，是政府组织建设的，已经修了几年都还没修成，修筑饶钱公路，八字还没一撇，能行吗？而浮山东官王姓族长却表示饶黄公路已经在修建，没有必要再修筑饶钱公路了，重复建设，劳民伤财，实际上是怕修了饶钱公路，影响了饶黄线经过的浮山和东官的生意，因此极力反对。张竞生说绝大多数的群众都强烈要求修筑饶钱线，那就请沿线各村着手筹备，请东官村小局服从大局，由他向县政府和国民党县党部呈上报告，申请予以立项，要求下拨资金，争取在1934年春节前后择吉日开工。

张竞生身为省政府实业督办，有相当的自主权和决断权，但在本县办实业筑公路，还是需要得到当地政府的支持和协助。因此，张竞生郑重其事地向饶平县政府和县党部呈请了修筑饶钱公路的报告。为避免因在建的饶黄公路而横生枝节，张竞生还特别有针对性地阐明修筑饶钱公路所具有的许多优点："第一，饶黄线的起落站为靠近黄冈的石龟头，这个海口常有风浪阻碍货物的运输，但饶钱线的起落站为钱东市的海口，屏障较好，并无此害。第二，两线的吐纳口都以汕头或潮安为主。但这二地的货物或旅客经过饶钱线的钱东，比经过饶黄线的黄冈再转到饶平县城，可以省二十里路的运输费与时间。第三，饶钱线接受各地的货物比饶黄线为丰富。"

尽管张竞生有预见，而且煞费苦心，但报告递上去一个多月，却是石沉大海，杳无音信。原来，浮山东官村的一些绅士已从全村摊派巨款，到县里四出活动，县政府和县党部一班人吃人家的嘴软，拿人家的手短，置民意于不顾，一屁股坐在饶黄公路的项目上，对饶钱公路的项目则百般阻挠，初时不准该案立项，继则不准沿途征工，终则不肯照约拨款筑造桥梁。

张竞生对这一班腐败官吏的所作所为义愤填膺，却又无可奈何。然而，对于饶钱公路项目的建设，他却信心百倍。阻力愈大，动力愈大；越是禁止，越非办成不可。这是张竞生的一贯性格！

腊月中旬，张竞生第二次召集饶钱公路沿线各村族长开会，进行筑路大战的战前动员和部署。张竞生先说明处境，指出有人从中作梗，项目未能立项，但我们依靠群众的智慧和力量，一定能够克服一切困难，把关系民生的实业做好。大家群情激昂，表示要服从张博士的协调、领导和指挥。接着，张竞生宣布机构和政策。为确保饶钱公路顺利修通，决定成立筑路会，沿线各村族长都是筑路会

饶平交通动脉的饶钱公路、

（张竞生署述）

（共二页）

饶平地势，南北较东西为长。从北到南（除沿海行）大都是山地。中间有一大溪流把东西的地势分开为二边。

饶钱公路未筑之前，已有饶黄公路，它是在大溪流东边的。但那样政治的腐败，这条公路筑了数年尚未完成。因此，群众要求交通的便利，行口另行提倡开筑饶钱公路。

饶钱公路是在大溪流西边的。它竹任过地区都比饶黄较为兴旺，但比它有许多优点。

第一，饶黄线那时的起落站为石壁头，这个海口常有风浪阻碍货物的运输。但饶钱线的起落站为饶东市的海口

张竞生《饶平交通动脉的饶钱公路》一文手稿

成员，协商筑路的一切事宜，筑路会下设饶钱公路利民公司，由张竞生任董事长。具体政策：一是征工。凡是饶钱公路两旁二十里内的十八岁到五十五岁的青壮年男子，都必须参加修公路，每人每天补助伙食费二角，逃避做工的予以惩罚。二是入股。凡是沿路被征用的水田或山地，均发给田主相应的股票，以土地入股，待公路正式营运时再按股份分红。三是筹款。桥梁涵洞及聘请工程师等项议请县政府筹拨公款，因腐败官吏把持未能实现，只好发动乡绅捐款。

捐款是一个难点，更是决定筑路成败的关键。张竞生是有心人，组织捐款前，张竞生悄悄到浮山墟，找到汇通盛银庄老板张少高，把张氏四乡的有钱人的存款底细查个一清二楚，做到心中有数后再逐个落实。在捐款会上，张竞生对同村的张阿渠说，修路要你出一百光洋，三天后来交。张阿渠到期不交，张竞生找到阿渠，问他为何不交，阿渠说我没有钱。张竞生说，你还敢骗我，你如不交被我打后那个钱还补不够你吃药！张阿渠被吓得发抖，连忙交上一百光洋，却被张竞生吓到竟一病不起！各位乡绅慑于张竞生的威严，纷纷按期如数上交。没几天，就筹得款项五千多元。

1934年农历正月初三，饶钱公路南起钱东，北至饶平县城三饶镇，这条饶平县唯一纵贯南北的交通动脉，在张竞生的率领下，全线动工了！每天参加修路的农民工有两三千人，民工所用的工具只是家具如锄头、钉锄、斧头等，因为工具简陋，故工作量极大，每日叮叮当当，响声震天，灰尘蔽日，场面十分壮观！而最为动人的风景，就是张竞生博士身穿纺绸衫，头戴白通帽，手握文明杖，亲自监工和巡回指导。张竞生的这副行头，成了筑路工地上醒目的标志，谁见了都害怕，更不敢偷懒。有一天，张竞生在巡视时，看到一个年轻人站在那里，左顾右盼，却不干活，张竞生一时火起，挥起文明杖就朝年轻人脊背上猛敲几下，直打得那年轻人眼冒金星。年轻人气愤地说，你为什么打人？张竞生说，大家都在拼命干活，你却在偷奸耍滑！年轻人说，我是汉塘人，是路过这里的。张竞生听罢连忙道歉，并将文明杖递给他，要年轻人照数打他几下，年轻人哪敢还手，只好赶紧离开这片是非之地，而这一场误会也在筑路工地上传为美谈。

为确保施工质量，张竞生专门聘请了技师林美南和刘翰担任公路工程监理。林美南，1909年出生于揭阳县東园镇东桥园村（今属揭西县），毕业于汕头道路工程专门学校，曾在揭阳朱竹坑小学、揭阳棉湖区立小学、澄海外砂谢氏村小学等任教，在教书时接触了马列著作，萌生了革命观念，1934年1月，经同学刘翰介绍到饶平实业督办局任技佐，协助张竞生开筑饶钱公路，筑成此路后即赴上海加入中国共产党，成为潮汕地区党组织的主要负责人，新中国成立后曾先后担任汕头市委书记、粤东行署主任。

这个时候，林美南才二十出头，风华正茂，虽然身材瘦小，却精力充沛，又十分聪明、勤劳、正直。有些技术人员借机敲诈，在测量和规划道路时，故意把路线拐弯抹角侵入农户的祖墓或乡里，迫使当事人对技术人员进行贿赂求情，才将路线图予以修改，避开那些祖坟或村庄。林美南对这种恶劣行为极为痛恨，不但自己以身作则，还严格约束技术人员不得昧着良心，坑害百姓，树立了工程技术人员廉洁自守的良好风气。在整个施工过程中，林美南都吃住在启新小学，每天起早贪黑，陪同张竞生到路上检查测量或排解纠纷、监督工程，成为张竞生的得力助手。

公路开工近半月，大体还算顺利，但沿途坟堆处处，工人迷信神鬼，总是畏葸不前，严重影响进度。林美南等技师十分焦急，问张竞生怎么办。恰巧元宵过后的第二天，是张氏四乡迎神游神（俗称"营老爷"）的日子，这是乡间游神赛会的隆重仪式，平时再忙，或者走得再远，这一天，全村男女老少都必定放下一切农活，或者从各地赶回来，虔诚地参与"营老爷"活动。县党部不许从饶钱公路两旁征集民工，绝大部分民工只能由张氏四乡征集，张竞生决定利用"营老爷"的契机对民工进行无神论的教育，从而扫清筑路工程的思想障碍。

正月十六晚七时，供品满桌，鼓乐喧天，在点燃三门大铳之后，当"营老爷"准备起步的时候，轿夫却发现宝座上的"老爷"不见了，众人一片惊惶失措，派人四处寻找，终于有人发现"老爷"（其实是一个四五十厘米高的木雕像）竟浸在近旁的一处茅厕中。众人连忙捞起来，沐浴更衣后，将其恭敬地安放在宝座上，这才抬着到张氏四乡去巡游。因为"老爷落难"，一路上"营老爷"变得更加有趣和热闹。

午夜时分，"营老爷"巡过张氏四乡后回到起点，接受各家各户的祭拜。这时，张竞生突然现身，向大家说明"老爷"是他前一天晚上取出扔到茅厕中，他现在不是好好的、一点灾祸也没有吗？以此来说明所谓神鬼是根本不存在的，请众位民工放心筑路，倘有什么灾祸，都报应在他一人身上就好了。

果然，第二天筑路就畅顺多了，即便有零星的孤坟野墓，只要林美南到场就能就地解决。但当修筑到黄田港路段时，一片墓地横亘在公路前面，任凭林美南说得唇干舌燥，民工们就是不为所动，非要张竞生来不可。

张竞生接报后，急急赶来。在一片芳草萋萋的墓地面前，张竞生黝黑的脸变得严肃。先人入土为安，但为了子孙后代，为了经济发展，为了让外面轰鸣的汽车奔驰在家乡的土地上，只好请先人搬家了。张竞生叫一位后生去买来一瓶白酒，他郑重地斟了三杯酒，摆放在墓地前，又深深一揖，动情地说道："死鬼女士先生，请为子孙后代让路！"随即用手杖敲着坟墓，威严地命令："迁坟！"

尘土飞扬中，新筑的公路又向前推进了一大截。然而，在修筑北行由浮滨到汤溪的东官路段却遭遇了极大麻烦，差点惹出惊天血案。那天，天刚蒙蒙亮，张竞生率领筑路民工向东官方向前进。有一位负责探测的民工忽然回来报告，说前面东官地段灌满了水，又密布竹刺，而旁边的牛角湾则黑影幢幢，大批东官青壮手持大刀长矛在此埋伏，并扬言谁敢到他们东官地盘太岁头上动土，定杀他个片甲不留、有来无回！

形势十分严峻，危机一触即发。张竞生当机立断，紧急命令民工停止前进，原地待命。他则在林美南的陪同下，急驰五里路，赶到浮滨乡公所，先给饶平县长马炳强打电话，告诉他前往东官路段修筑公路受阻情况，请马县长立即责成浮山乡公所劝阻东官村的过激行为，避免流血事件发生；又急电国民党第一集团军第二军第七师师长兼澄海、饶平、南澳三县剿匪主任谭朗星调派部队到东官路段维持秩序。

谭朗星，1889年出生于广西防城，黄埔陆军小学毕业，是张竞生的师弟。1931年10月，因饶平土匪杨鹿、南澳土匪吴品三抢劫汉阳号轮船，严重滋扰饶平、南澳等沿海治安，国民党政府设置澄饶澳剿匪总部，由国民党军第七师师长谭朗星兼任剿匪主任，澄饶澳三县县长任委员。驻扎在三饶的谭朗星接到张竞生的求援电话后，迅速派出一个连的兵力赶到牛角湾，把牛角湾团团围住。东官村的族长自知理亏，又见大兵压境，遂不敢轻举妄动。在谭朗星部队的干预下，东官族长只好招呼本村青壮收起刀枪，拔掉路中的竹刺，排干四周的积水，让张竞生的筑路民工进驻修路。

看着热火朝天的筑路场面，东官人忍着一口恶气，悻悻而去。

在困难重重下，在险象环生中，张竞生呕心沥血日夜奋战在筑路工地上。当工程过半，他正想偷偷地喘一口气时，庶务却来报告资金已告罄，而剩下的工程都是耗资最大的硬骨头，包括要建造三座大桥和架设开挖许多墩、涵、洞，除掉建筑材料费用外，这些工程都必须雇用专门的建筑工人和打石工人。巧妇难为无米之炊，筹措经费的矛盾再次突现出来。乡绅都认了捐，政府已断了粮，钱从何来？情急之下，张竞生又一次想到了谭朗星。谭朗星来剿匪清乡，剿匪已击毙匪首，凯歌高奏；清乡则是清查不纯分子，杀人、放火、抢劫等犯罪分子，重点是饶平县高堂乡景坑村，该村是远近闻名的贼乡，已决议全乡剿灭。该村族长多次来找张竞生向谭朗星说情，但张竞生未置可否，族长以后又多次前来鸣冤叫屈。张竞生再细思忖，感到如不分青红皂白，全村剿灭，过于残酷，应分别对待，对罪大恶极的坚决枪毙，对从犯则可以通过罚款和改过自新的办法解决，至于老人妇女，则应予保护。考虑到本人已是清乡的顾问，张竞生就如何办理清乡对谭朗星和马炳强提出了建议："一是良善绅士全不根究。如有绅士前曾包庇过匪徒者，也准予自新。二是匪徒也准自新。但需匪徒缴枪后，及经过亲族五人担保始予免究。三是匪乡可准罚款赎罪，但此项罚款应充为地方公益事业之用，不准别提。四是文武官厅备案，凡一乡一人案结之后，不准后来新到官吏再行借已往的事勒索。"谭朗星和马炳强认为张竞生言之成理，切实可行，十分赞成，按照这个办法妥善地解决了景坑村问题，又如法炮制解决了沿海一带的清乡问题，不到几个月，竟罚得匪乡各款达六七万元，除了办理全县公益事业外，其中一部分用于补充饶钱公路的筑路经费，尚欠缺一部分，就砍伐大榕铺村后面的"保护林"及沿路的树林出卖，这才彻底解决了筑路的资金问题。

汕头的报纸对张竞生的事迹做了报道，洋博士回归乡村办实业筑公路的故事感动了远在马来西亚的热血青年巫佳音。巫佳音，1909年7月7日出生于饶平县浮滨乡五祉村，少年时代即随父母出洋，侨居马来西亚，家里经营橡胶园，经济十分富裕。巫佳音正在马来西亚的大学读书，看到张竞生博士"不留西洋，不适东洋，回到田洋"，为父老乡亲做实事，为家乡发展办实业，他毅然辞别亲人，放弃学业，携带新婚妻子杨红梅，专门购买了一台二十座的雪佛兰汽车，远涉重洋，回到家乡，投奔张竞生，共同建设家乡。

巫佳音年轻英俊，身材魁梧，当他驾着汽车威风凛凛地回到浮滨时，张竞生破例地用西方礼节来迎接他：张开双臂把他紧紧拥抱！巫佳音当众宣布把这台汽车捐赠给饶钱公路利民公司，这个珍贵的礼物也成为饶平县历史上第一辆客运汽车。

经过三四个月的日夜奋战，全长43公里的饶钱公路全线贯通，共设钱东、樟溪、浮滨、汤溪与饶平县城五个上落站。十余万工由张竞生一手组织，巨额工程款由张竞生一人筹措，无数纠纷由张竞生牵头化解。何以凭一人之力能够成就这个福荫后代的百年基业？张竞生总结乃是"齐用四种方法：以工程师为设计与监工，以区乡里长为工头，以官长为随时临场考核人，而用暗探为密查工作"。为了使公路两旁固沙防风而又实用美观，张竞生还派人从英国引进了桉树，从台湾引进了相思柳。在通车典礼上，公路两旁彩旗飘飘，新绿片片，人声鼎沸，由巫佳音驾驶的雪佛兰汽车一马当先，后面四五辆旅行车一辆接一辆地碾过路面，欢快地奔驰在饶钱公路上。

听着轰鸣的马达声，嗅着好闻的汽油味，张竞生黑瘦的脸上和林美南坚毅的脸上掠过一丝微笑，而黄璧昭、张应杰等师生和群众则发出一阵阵由衷的欢笑声。

路通财通，货畅其流，是促进饶平经济发展的重要途径；饶平山多，号称"七山二海一分地"，因地制宜，推行征工制度，实现山林资源开发，是发展饶平实业的另一条重要途径。要造林种果，首先必须开辟苗圃。在饶钱公路通车后，张竞生随即跋山涉水，亲自选址创办浮滨大东、樟溪大坪和汤溪等三处苗圃，以及坪溪、望海岭、凤凰等七个林场。张竞生建设苗圃和林场，仍然是白手起家，仍然沿用征工和筹款的办法。征工是在苗区内十里抽派壮丁做工，每人每工补助二角伙食费。筹款则直接敲了谭朗星的竹杠，谭部在清乡时因采纳了张竞生的意见，勒收了巨额罚款，少部分用于饶平

巫佳音晚年像，1934年他曾受张竞生精神感召回国协助张竞生在饶平开公路

的公益事业，大部分仍掌握在他手里，张竞生晓之以理，动之以情，暗示他这些不义之财取之于民，尚需用之于民，否则上峰追究起来，恐怕会有麻烦。谭朗星权衡利弊，同意再拿出四万元用于创办苗圃和林场。从修路到办苗圃，谭朗星帮了不少忙，张竞生感其诚意，遂在大东苗圃下面的公路旁建了一个风雨亭，起名为"朗星亭"，勒石以纪其事。

1934年5月初，大东苗圃举行隆重的开园仪式。师长谭朗星、县长马炳强以及饶平县政府其他官员、各区代表和绅士、附近父老乡亲和三个苗圃的员工共几百人出席仪式。为了增添热烈气氛，张竞生安排了启新学校的学生全部穿童子军服，组成仪仗队，到大东苗圃前面欢迎来宾，也是向全县展示乡村教育的成果。同学们在黄璧昭等老师的率领下，一大早就从启新学校出发，步行六公里来到大东苗圃。五年级学生张与照身着童军服，手执童军槌，神气活现地指挥学生奏乐、迎宾、操练，学生们训练有素，仪容严整，为开幕仪式增色不少，受到来宾们的交口称赞。

中午，张竞生邀请来宾和师生一起吃"文明桌"。从房子的上厅、下厅，到平缓的山坡地一溜儿摆开三十多桌，桌子中间摆着一大盘白糖，四周放着腌制过的咸菜、菜脯和荞头，编成一个梅花图案，每张桌子旁还摆放了两样东西：整筐的莺歌番薯和整桶的绿豆汤。官民一视同仁，吃的都是一样的东西。

张竞生做了简短的致辞。他首先感谢诸位对饶平发展实业的支持，并说这种自然派的素食大有益于诸位的身体健康和精神焕发，欢迎大家任意取食，随意走动，尽情享受大自然的美食与美景。这个别开生面的聚餐，场面十分壮观，大家兴尽而归。

送走了客人，时值正午，烈日当空。张竞生兴犹未尽，遂率领黄璧昭和学生们到大东苗圃前面的荔林溪游泳。平时，张竞生鼓励学生多到溪里游泳，这是亲近自然、放松心灵的有益活动，黄璧昭十分乐于此道，经常带孩子们到清澈的溪流中逐浪戏水，却遭到村民们的侧目和校长林侨诚的反对，被斥责为为师不尊和伤风败俗。黄璧昭对这些闲言碎语，不以为意，也不屑一顾，有时与张竞生一起到溪里游泳，她都能表现得落落大方，很使张竞生赞赏和倾慕。在张竞生忙于筑公路和修苗圃的那段时间，黄璧昭常到家里照看张应杰和帮助料理家务，每当掌灯时分，张竞生风尘仆仆地归来时，黄璧昭看到他疲惫的脸色和枯黑的眼神，总会爱怜地赞誉他为"东方的甘地"，这时，张竞生就会感到无比的温馨和甜蜜，所有的辛劳都在那一句贴心的问候中烟消云散。

隔周星期一，启新学校例行召开"纪念周"活动。所谓"纪念周"，就是总结上一阶段的教学情况，布置下一阶段的工作，结束时照例要宣读孙中山先生遗嘱，以激励大家刻苦学习，立志成才，报效祖国。每个季度举行一次，全校师生和本乡校董参加，成为一种仪式。校长林侨诚平时与张竞生的关系不冷不热，更因黄璧昭与张竞生过从甚密，未把校长的权威放在眼里，而心存芥蒂。

这天"纪念周"礼毕，老师们和校董回到学校会议室继续开会，大家刚刚在长桌旁落座，校长林侨诚就阴沉着脸说："让童子军参加苗圃的开场仪式，凑凑热闹、长长见识，这无可非议。但带着学生脱光衣服、男女混杂跑到溪里去游泳，这是伤风败俗，也是危险行为，万一出了事，谁负责？"

林侨诚虽没有直接点名，但所指昭然若揭。张竞生克制地说："游泳是大家高兴的事情，而且都穿了游泳衣。请问林校长，伤什么风，败什么俗？"

林侨诚忽然把桌子一拍，气势汹汹地说："这样不公平！出了事家长找校长，又不是找你。你这是站着说话不腰疼！"

张竞生也拍案而起，厉声斥责道："林侨诚！你小题大做，顽固不化！你不配当校长！你给我滚蛋！"说完，张竞生拂袖而去。

张竞生当众羞辱和驱逐林侨诚，心胸狭隘的林侨诚怀恨在心，伺机报复。他知道张竞生因修筑饶钱公路损害了东官王氏乡绅的既得利益，王氏乡绅已屡次向县党部状告张竞生，县党部慑于张竞生是省政府实业督办，不敢贸然下手，王氏乡绅与县党部沆瀣一气，想到省里告状，正苦于不得其门而入。林侨诚遂暗中联络他们，三方结成利益同盟，誓言不扳倒张竞生，决不罢休。

林侨诚有一位堂哥是省民政厅厅长林翼中当年在广东高等师范学校读书时的同学，三方商量决定到省民政厅告状，由王氏乡绅在全村筹款五万大洋作为活动经费，漏夜赶往省城求见林翼中。

冤家路窄，原来这位林翼中也是张竞生的宿敌。张竞生在十几年前出任潮州金山中学校长时，林翼中刚好在广东高师毕业，手持省城里一位要人的公函，求见张竞生，希望能到金中任教。张竞生正挟洋自重，名噪一时，对国内这种做派十分反感，就当面教训林翼中："你堂堂省高师毕业，直接来找我就可以了，现在却拿着某公的八行笺来吓唬我，有以大人物相压之意，这我可不买账。对不起，请另谋高就吧！"林翼中碰了一鼻子灰，决意投笔从戎，跟随陈济棠转战各地，不意竟步步高升，现在已贵为省政府委员兼省民政厅厅长。活该张竞生倒霉，林翼中早就想报张竞生当年拒聘的一箭之仇，现在居然撞到他的枪口上，遂以迅雷不及掩耳之势，以"教唆学生裸体游泳，公开宣传性学，败坏世道人心"为罪名，由省政府发出通缉令，在全省范围内缉捕张竞生到案。

一时风声鹤唳，公文到达汕头市政府和饶平县政府。汕头市市长张瑞贵是张竞生的同宗，饶平县县长马炳强是张竞生的同学，都与张竞生有一定的交情，仰慕张竞生的学问，有意放他一马，遂把公文押后一天发出，而暗中派人通知张竞生星夜出走避祸。

那天夜里，风雨交加。张竞生正在黄璧昭家里，独自抽着闷烟。黄璧昭虽已成为他的情人，但他屡次向她求婚，却都被婉词拒绝。张竞生心灰意冷地思忖，唉，无非是嫌我家穷，没有一点家产，何以维生？爱情是有条件的，我张某的理论真不谬啊！不过，黄璧昭今晚却明白跟他说，她以前另有情人，现在还在追求她。是耶非耶？他这个所谓的哲学家也难下断语了。

二更时分，县长马炳强的通讯员一身水一身泥终于找到了在黄璧昭家里的张竞生，通知他即刻离开大榕铺，省政府正在通缉他。

屋漏偏遭连夜雨。"天亡我也！"张竞生仰天长叹一声，把孩子张应杰改名黄嘉，托付给黄璧昭抚养，自己连夜仓促出走，惶惶然似丧家之犬，经饶平柘林逃往香港避难。

四、义助赛金花

在大榕铺，张竞生一走了之，黄璧昭无形中承受了巨大压力，林侨诚更把她视为眼中钉，使她难以招架，只好辞职，悄悄把黄嘉带到香港，送还给张竞生。张竞生对她表示歉意和感谢，恳望她能留在香港与他们一起生活。黄璧昭态度极其冷淡，她承认张竞生是一个很有智慧的人，但却不善于谋划未来和料理自己，以致日子越过越不堪，弄到举国无可容身的地步。对这样的人，黄璧昭只能敬而远之，何况她还有一个对她不弃不离的情人。在香港逗留了两天后，黄璧昭就独自回到饶平仙洲村。

黄璧昭后脚刚走，褚松雪前脚就到香港。张竞生猝然见到褚松雪，十分惊讶，也十分尴尬。原来去年褚松雪与张竞生父子在上海分别后，就经友人介绍到武昌汉口中学教书，不久又由熟人举荐而应国民党第十八军军长兼北路"剿匪军"第三路军总指挥陈诚之邀，到南昌军中编军刊《偕行》月刊。她在报纸上看到张竞生被通缉逃往香港的消息，料定儿子张应杰也必定一起逃难到港，生怕儿子有什么不测，恰陈诚在前方打仗，遂向陈夫人请假两个星期，日夜兼程赶来香港。

褚松雪见到儿子，只见儿子衣衫褴褛，形容憔悴，而且名字也改作黄嘉，真个是面目全非。做母亲的一阵心疼，不由得落下泪来。孩子这样东躲西藏，耽误了学习，就会耽误一生，这样下去，会毁了孩子的。褚松雪此番来港，就是要接孩子一起回南昌。张竞生起初不肯，但禁不住褚松雪的冷嘲热讽，又想到自己已是泥菩萨过河自身难保，为了不耽误孩子的未来，只好忍痛割爱，同意褚松雪把孩子带回内地。

由于生活所迫，也由于思想蜕变，褚松雪由昔日地方上共产党的妇女部长摇身一变而为国民党军的吹鼓手；而张竞生则目睹了国民党太多的腐败，又经历了许多波折和不公平对待，逐渐对国民党有了比较清醒的认识和严肃的批判。张竞生与褚松雪的思想似乎都在朝着相反的方向转变，他们总是错位，总是互相攻击，人生异途，歧路亡羊，没有比这更吊诡的了。

新旧情人来了又走了，剩下张竞生孑然一身。困居港岛无事可做，北望岭南却有家难回，无奈之下，张竞生只得重返上海滩漂泊，借住在友人江镜蓉先生在上海西门路西门里的房子，暂做寓公，鬻文为生。

张竞生是一个闲不住的人，也是一个以天下苍生为己任的人，虽然自己还处在被通缉中，但他的眼光却始终盯住国家的大局与安危。抵沪不久，他就撰写《外患》一文，发表在上海的《社会月报》创刊号上，在蒋介石"攘外必先安内"的论调甚嚣尘上之际，张竞生针锋相对地呼吁："今日我国之外患比内乱为重要。外患来得猛骤，不要几日光景，外人就能把我们几省或全国抢去。我们极望全国对外患有一致的准备，合力去对付。彼有势力者当应停止内争而一致对外，纵不能拼合全力，也当各人抽出一部分的力量去对外，须知覆巢之下必无完卵，请看今日之东三省与热河，尚容我国军阀之互相抢杀争夺吗？"这样振聋发聩的声音既包含着一种赤诚，又昭示一份大勇。不到半个月，他很快又写出了系列文章《农村复兴实验谈》在上海的《社会月报》连载，对破碎的乡村如何实行征工、清乡、筑路、造林等事关乡村复兴的重大问题进行总结和探讨，并一针见血地指出："我们今后最大的问题，也即是民族复兴的问题，就在设法使男女的力量充分用得出去，而且用得好处。这是个人工作方法的问题，也是社会工作效率的问题。"此外，张竞生还见缝插针在上海《时事新报》的《青光》副刊发表《食经》，提倡素食，以节约粮食，支援前线。

那天，张竞生刚写完一篇文章，泡了一杯劣等咖啡，深深地喝了一口后，拿起一张报纸浏览起来。报纸说清末民初名妓赛金花在庚子八国联军进占北京时，曾冒着生命危险去谒见联军统帅德国人瓦德西，遏止了联军烧杀淫掠的种种暴行，拯救古都北京人民财产于水火，厥功至伟。但前些年迁居北京香厂居仁里，贫病交加，生计困顿，连房租都交不起，就向管区的警察请求豁免。北京市外五

褚松雪晚年所写的回忆录书影，台湾《中外杂志》称："怀旧忆往，文字生动翔实，女性读者往往抱书而泣，感人之深，可以想见。"

区署长祝维平接到报告后，将赛金花的历史，及无力交纳房租的情况，写了一个呈文，请求北京公安局免予她住屋的房租大洋八角。这个呈文见报后，立刻轰动了北京社会。《实报》管翼贤见这段陈年旧事大有文章可做，遂邀约北平《晨报》的赵效沂、天津《庸报》特派员金达志、《大公报》特派员孔昭恺、《北京晚报》社长季乃时同往居仁里进行集体采访，并在各自的报纸上做长篇累牍的报道，使赛金花再度成为新闻人物。

赛金花，本姓赵，乳名彩云，祖籍安徽省休宁县，1864年（一说1872年）出生于江苏苏州虎门附近的萧家巷，父亲乳名八哥，母亲潘氏，江苏吴县人。其家庭属于城市贫民游民阶层，十三岁那年被一个从前的使女小阿金的小姑子金云仙引诱到花船上"出条子"，做清倌，从此开始卖笑生涯，榜名"富彩云"，一般讹为"傅彩云"。1887年，嫁给清末状元洪钧为妾，并更名曹梦鸾，同年随洪钧出使俄、德、奥、荷四国，贵为大清国钦差大臣夫人，能操德语，觐见过德国皇帝、皇后和宰相俾斯麦。1893年，洪钧去世后，曹梦鸾不见容于洪家，重出江湖，辗转于京沪间。1898年在天津组"金花班"，自己取名"赛金花"，艳帜高张，名动京师。1900年，瓦德西率八国联军挥师入京，一时飞沙走石，山河变色，赛金花以中国的"羊脂球"（莫泊桑小说中一位有爱国心的妓女的绰号）自任，单枪匹马赴王宫，说动联帅瓦德西，拜会克德林遗孀，一语解纷，相当程度上保全了宫中陈迹和城中臣民，成就了一代名妓的乱世传奇。民国元年，赛金花与沪宁铁路总稽查曹瑞忠同居，次年，曹病死后，赛金花第三次在上海为妓。1918年，赛金花与中华民国参议员、曾任江西民政厅长的魏斯炅在上海举行盛大的文明婚礼，证婚人是驻沪大将军李烈钧，一对老来俏风光无限。婚后魏斯炅将赛金花改名魏赵灵飞，并同回北京定居。赛金花已彻底厌倦了皮肉生涯，一心奢望着与魏斯炅白头偕老，没想到造化弄人，数年后，魏斯炅又一命归西，赛金花再次不见容于魏氏家族而遭驱逐，生活境遇每况愈下。

一代名妓赛金花走到穷途末路，颇有一些怜香惜玉的文人悲悯其身世遭遇，慷慨地施以援手。画家徐悲鸿曾画了四幅骏马图送给她，北京大学教授刘复和学生商鸿逵从1934年1月到5月，多次专访赛金花，请其备述一生故事，拟编成《赛金花本事》一书，计划将这本书的全部收益送给她。而最有趣的还是曾朴，他"以赛金花为经，以清末三十年朝野轶事为纬"，创作了一部长篇小说《孽海花》，成为晚清谴责小说的经典之作。

看着赛金花大半生的奇遇艳迹与载浮载沉，张竞生唏嘘不已。出于义愤，张竞生在上海的报纸刊登启事，为赛金花发起募捐，并亲自找到明星电影公司经理郑正秋，计划以赛金花为原型筹拍一部电影，并打算发起一个"赛会"，为赛金花定期筹措款项，存放在银行中，以为养老之用。然而，世态炎凉，人心浇薄，响应者寥寥无几。为表示精神上的支持和道义上的援助，张竞生特地驰函一封，对赛金花当年位卑未敢忘忧国的情怀予以高度的评价和充分的肯定，鼓励她继续与命运抗争，做不懈的奋斗！张竞生的信写得极长，又极富于哲理与诗意，是悲惨世界中一抹充满亮色和暖意的性情文字。为存信史，全文如下：

年轻时的赛金花

灵飞女士：

北平苦热否？珍重为佳！

此间近时炎虐满天，使我只好看云，云极多种，然都善于变幻。本是一个妙华丽女，倏忽变为老媪，再一会儿连影迹也消散了。然而在那一边又幻成一个美人似的胎形。

我近又以花消遣此沉沉之夏，花的种类比云霞一样多一样美丽，但好花也如彩云一样易于消散。就以最耐挫折的玫瑰说，折取为瓶花，况在这样热天，只有一二天生命挣扎罢了。我的小天井前，时买到一盆栽的蔷薇，满意百蕊花可以陆续开到百余日，欺骗的人类啊！移来不到几天，蕊都谢了。连青青的叶也保留不住，至今存的只有几枝刺干尚作暗绿色在那儿挨受这炎热世界。

女士，你看云吧！北平的云当比上海的更华丽更变幻啊。我当看了许多花，你就在云与花中认识你的人生，或不太至于痛苦吧。

闻你现极热诚念佛——阿弥陀佛，最好就在看云玩花时不知不觉中念了一二声救苦救难观世音。

我常喜欢把你与慈禧后并提，可是你比她高得多呢！假使她在你的位置，什么事都显不出，最多只能被作为"哭娘"（慈禧是以此出身的）。若你有她的势力嘛，当能变法，当能做出许多新政治。你虽位卑而人格并不微，当联军到北平，她抛却人民和宝贝的太监们溜走了。只有你在金銮殿中与外帅折冲，保卫了多少好人民。

佛号是无灵的，唯有人力的奋斗。华北又告警了。你尚能奋斗吗？与其空念阿弥陀佛，不如再献身救国，一切慈善事均可加入的，看护妇也极可为。若能领率一班女同胞作有规模的社会运动，更是好不过的。

你打绒线工作吗？当多多打出，为无数贫民作纪念呵。

我们对你是极愿帮助的，然而为力甚微弱。无阔友，有也赶不及了。无大腹贾作为后头账房，自己又穷得可以。所以登报后到此日结束，只收到这点款（数目捐者另纸附上）。可是我们对你心情并不由此而结束也。

我个人曾与明星电影经理郑正秋先生计划为你编演一部电影剧。据他说费用过大，又要装许多拳头，大师兄、二师兄、徒弟们、大清兵、外国兵，好不离奇复杂，又要扮红顶花翎的文官武官，外国官武将、使臣，又要演出外国兵爬上北京城，杀戮奸淫咱们的人民。又要火烧金銮殿，又要将那位宝贝的慈禧及宫女太监们惟妙惟肖的一群满洲女装，头髻那样高翘，衣裳那样美丽地一一摆列出，据说非十余万金不能办的。在这样穷的我国电影界，只好暂时放下了，可是我并不肯将此放下。将来扮演你的，自有许多女明星。郑君说，胡蝶极称职的，可惜她比你胖一些些，你那张俊俏脸儿，添上两个酒窝，尽够延长你的美丽的生命到天长地久了。

你看，你个人生命是长存的。

顺此，祝你

福寿无疆！

张竞生谨具
民国二十三年七月十二日

张竞生在这封信里，与赛金花大谈特谈云彩的变幻、蔷薇的开谢、佛号的无灵与胡蝶的酒窝，被像狗仔队一样嗅觉灵敏的报馆记者截获后拿到上海的黄色小报上去发表，冠以《张竞生写给赛金花的情书》的标题，把一个"性博士"与一个"名妓女"烩成一锅来煮，添油加醋，直闹得乌烟瘴气，令张竞生哭笑不得。

正在张竞生与刘半农一南一北遥相呼应为赛金花募捐筹款之际，霹雳从天而降，1934年7月16日，从北平传来刘半农于昨天在北京突然去世的消息！刘半农是张竞生在北京大学的同事，也是张竞生在巴黎大学的校友，虽交往不算多，但毕竟谊属高洁，惺惺相惜。他与陈独秀、胡适、钱玄同齐名，是五四新文化运动的"四大台柱"之一，终生致力于文学艺术的教学研究与语言文字的调查实验。一个月前，他带着白涤洲、沈仲章等学生前往绥远一带考察方音民俗，途中偶感风寒，回到北京后竟致一病不起，英年早逝。他与学生商鸿逵合作的《赛金花本事》刚完成采访，尚在整理之中，南北呼应救助赛氏，顿成绝响，这使张竞生感伤不已。

在北京大学举办的刘半农追悼会上，赛金花身着素衣，佩戴白花，由中法大学学生商鸿逵陪同出席，十分引人注目。她神情肃穆，真诚地献上挽联悼念刘半农：

君是帝旁星宿，下扫浊世秕糠，又腾身骑龙云汉；
侬惭江上琵琶，还惹后人挥泪，谨拜手司马文章。

赛金花还在挽联旁边附注一段文字：

不佞命途崎岖，金粉铁血中几阅沧桑，巾帼鬓眉，愧不敢当，而于国难时艰，亦曾乘机自效，时贤多能道之，半农先生为海内文豪，偶为不佞传轶，共高足商鸿逵君助之，未脱稿而先生溘逝，然此作必完成商君之手，挽临曷胜悲感，魏赵灵飞拜挽。

张竞生读此，既感伤又感动。现在刘半农君已遽归道山，他似乎感到救助赛金花，不仅出于一种道义，更出于一种责任了。于是，他将已筹到的二十五元即刻寄给赛金花，并再附书一封：

灵飞女士：

现由江君等由海上赠款二十五元，此为第一批吧？我们尚在拟继续募集些款助您，您近状如何，能详细告知我们？更祷先前及最近贵相否？能挂号寄下尤盼，祝您健康快乐。款收到即复上海西门路西门里41号二楼，江镜蓉先生收，如有附信寄我者，可夹在江君信内，不必单函。计开赠助者：黄粱梦君五元，江镜蓉君二元，郎鲁逊君二元，蒋元芳君一元，张竞生十五元，以上五位共二十五元。收到时复函，亦请照开姓名款项，随条声明，以昭详实为祷。

弟张竞生鞠躬

赛金花当年红得发紫时，日进斗金，何曾拿正眼看人？如今穷到有了上顿没下顿，对于张竞生雪中送炭的二十五元捐款，她发自肺腑地感激涕零。收到赠款后，赛金花当即给张竞生回信，对张竞生、江镜蓉等人的义举千恩万谢：

张竞生先生台赐：

日前捧读来函，很使我感念到万分！要论在现代的社会人
情上，阁下足算是一富具热心的人了，替我这样的尽力，使我
多么感佩啊！愧是远隔山河，恕我不能面谢，迫得到机会时节，
再拜谢你的美意吧！我现在的境遇不很好，不过是敷衍生活罢
了，老迈残颜，不堪言状。回忆当年，唯有用这一腔的热泪把
它顺送下去！现在的时期不同了，又道是知足者常乐，现在只
是闭门隐渡，别的一切热闹，交际，绝对是消极的。我的相片
现在还没有找到，找到时一定寄上。替我帮助的江先生等四位，
暂且替我谢吧！你先生我这里先谢谢你，所寄下的二十五元钱，
现已完全收到，请放心吧！敬祝文祺。

魏赵灵飞拜

张竞生的寄款信与赛金花的感谢信均刊登在《大公报》1934年
9月12日。对于张竞生的一饭之恩，晚年的赛金花一直念念不忘。
一个月后，驻北平的上海《申报》记者曾繁到居仁里访问赛金花，
当记者问赛金花："生活困难否？"赛金花答："永久是穷的，近来
幸有张竞生、刘半农诸先生接济，勉可度过冬季矣。"1935年9月，
《大公报》记者瑜寿到居仁里"江西魏寓"访问赛金花，当记者问
她："张竞生去年寄一批款子来给您，收到了没有？"赛金花动情地
表示收到了，同时还收到他一封问候信，但好久没得到他的消息
了。"我为张先生祈祷。"她做了一个宗教祈祷的姿势，感念之情溢
于言表。

1934年冬，张竞生赴厦门任职于粤中四路军总部，仍不忘为赛
金花募集捐款。张竞生对老境堪怜的赛金花倾力相助，不计利害，

不问荣辱，人间真情，莫此为甚。《大公报》称晚年赛金花有张竞生
为之披肝沥胆，"末路穷途，得此知己，殊不易也"。

晚年时的赛金花

五、梅开三度

张竞生一生有三次正式婚姻。第一次是父亲包办。1908年，张
竞生在父亲的强迫下，于赴京沪求学前，与早年订婚的邻乡女子许
春姜完婚，这是"小孩式的丈夫娶到一位小孩式的老婆"，彼此既毫
无感情，相处又极其短暂，新婚一个多月后，张竞生就远走高飞，
从此再没有回头。但名分犹存，在农村女子许春姜这一边固然是死
心塌地嫁鸡随鸡，在留洋博士张竞生那一边也是有所顾忌终不敢娶
欧妇，彼此就这样名存实亡地维持着，直到张竞生执教北京大学，

另有新欢后，张竞生一纸休书从天而降，许春姜感到人生如此残酷，世间已没有留恋，遂服断肠草自杀，成为封建婚姻制度的最后牺牲品。

第二次是自由恋爱。1923年初秋，张竞生与褚松雪在北京大学先是同居，进而结婚。如果说许春姜是十足的乡下婆，褚松雪则是彻底的新女性，她是北大第一位女研究生，心高气傲；又是卓立潮头的激进分子，热衷政治。张竞生是一个独行侠，政治上不依附，学术上不结盟，在对待感情的问题上，也是奉行自我中心主义，从不加以体察。他曾经是一个革命者，这也是褚松雪倾慕他的原因，但当他完全地沉迷于学术并自我感觉良好的时候，危机爆发了，娜拉出走了。"爱之欲其生，恶之欲其死"，在经历了两次出走又两次回归后，张竞生与褚松雪终于分道扬镳。从本质上说，这次是褚松雪抛弃了张竞生，因为主动权始终操在褚松雪手里。张竞生一直鼓吹女性中心主义，现在求仁得仁，他还有什么说的？

第三次是邹鲁介绍。张竞生一生可谓与邹鲁结下了不解之缘，虽然平时彼此交往不多，但在人生的关键时刻，邹鲁总会给张竞生以切实的帮助，深刻地影响张竞生的人生走向。毕竟，他们都曾是丘逢甲的学生，都对教育有一份浓得化不开的感情，更重要的，他们都是孙中山三民主义的忠实信徒。所不同的是，张竞生喜欢远离权力中心，崇尚个人奋斗，而邹鲁则紧跟孙中山，随侍左右，受其耳提面命。

1924年夏，面对广东教育濒临破产、全国教育死气沉沉的局面，为了培养建设国家的专门人才，尤其是为国民革命训练革命人才，邹鲁奉孙中山之命，合并国立广东高等师范、广东政法大学和广东农业专门学校等三校，创办国立广东大学，并担任校长。孙中山先生逝世后，为了纪念和缅怀孙中山，国立广东大学改名为国立中山大学。邹鲁牢记孙中山的遗教，决心把中山大学办成西南的最高学府和革命人才的大本营，特派易培基长驻北方，与文化中心北京互通信息，延揽北方著名学者到校任教或讲学。鲁迅、郭沫若、成仿吾、郁达夫等先后到校任教授，学术研究氛围浓厚，学术演讲顿成风气。这期间学校的学术讲演主要有：周恩来的《国民革命当中之工农运动、学生运动》，顾孟余的《学术与革命》，伍朝枢的《欧大战前各国之形势与战后世界之变迁》，黄尊生的《中国与世界语问题》，法国学者穆南的《商业都市与文化都市之对抗，加尔达果与罗马》等。在邹鲁的邀请下，时任北大教授的张竞生做了《恋爱与革命》《性的真义》《中山先生多育说与调育和优种学的讨论》等专题演讲。

有趣的是，以主演《玉梨魂》《诱婚》《空谷兰》等影片而"艳名远扬"的粤港电影明星杨耐梅，其中一部电影因淫秽而不能上映，恰张竞生到中大演讲，有好事者专门写了一篇《杨耐梅与张竞生论》的长文，把杨耐梅与张竞生联系起来，说张竞生因为是博士就可以到中山大学演讲，难道是杨耐梅淫的资格不够？引来诸多议论，但邹鲁并不理会，一口气就请张竞生做了三个专题的演讲，可见邹鲁对张竞生的信任和器重。

邹鲁是国民党右派，曾与张继、谢持等组织西山会议派而被开除党籍，后被迫出洋考察，归国后专事编辑国民党党史，1932年春重返广州担任国立中山大学校长，着手筹建石牌新校。对于中山大学的创办与建设，邹鲁可谓筚路蓝缕，备尝艰辛，他曾经对学生说，为了筹款，除没有叫人爸爸和向人叩头之外可说一切都已做到。

1935年初春，就在邹鲁大兴土木建设中山大学之际，张竞生应陈济棠之邀，从厦门来到广州。此前，陈济棠撤销了林翼中对张竞生的通缉令，并托人传话，不但让张竞生继续担任广东省实业督办，还将任命他担任广东省参议员，希望他尽快来广州，因为广东省第二次参议会即将召开，务必请他出席，为家乡的经济发展出力。

张竞生依约来到广州市梅花村的陈济棠公馆。这是一座两层半的园林化西式建筑，主楼坐北朝南，院门朝东，门口内建有一个六角亭，院内植满广玉兰和香樟树，红墙绿树，环境幽雅，既是陈济棠的官邸，也是国民党政要聚会之所。

陈济棠在二楼的会客室款待老同学张竞生。张竞生憋着一肚子闷气，坐在壁炉旁不吭声。陈济棠特地为张竞生泡了一杯上等的咖啡，算是为他压惊。陈济棠解释说，通缉他的事，他本人并不知情，后来得知后，把林翼中狠狠地批评了一顿，不过，过去的事就不要再计较了。陈济棠将张竞生劝解一番后话锋一转，充分肯定张竞生在饶平开公路、育苗圃的成绩，希望他此番来省里，切实发挥参议员参政议政的作用，多多到地方调查，多多提出施政建议。

张竞生虽然是一位耿直之人，但他从陈济棠对自己的礼遇，再次感受到陈济棠的友情和真诚。张竞生也明确表示，服务桑梓，责所当为，只要老同学用得着，就尽管吩咐。陈济棠十分高兴，为便于随时见面和就近请教，陈济棠还在公馆之外梅花村之内，为张竞生安排了一间房间，让他在那里居住。

士为知己者用。陈济棠虽贵为一方诸侯，但他的念旧与厚待，使张竞生深受感动，参加完广东省第二次参议会后，他就会同有关人员赴海南岛开展琼崖实业问题调研，对琼崖的交通、农村、工业等方面的建设提出意见和建议，受到省政府和海南岛的重视和采纳。

广东省绥靖主任陈济棠、广东省主席林云陔、国民党中常委邹鲁等三人同时也是国民党西南执行部常委，他们经常聚集在陈济棠官邸议事或开会。有一次，邹鲁听陈济棠说张竞生已来了广州并住在梅花村，很是诧异，会后就去看望他。阔别多年，邹鲁发现张竞生变黑了、变瘦了，似乎也变老了。自从与褚松雪分手后，张竞生依然孑然一身，生活显得凌乱而黯淡。男人以女人为家，没有女人的男人，就像无根的浮萍，四处飘荡。邹鲁试探性地提醒张竞生应该考虑再婚的问题，谁知张竞生表情淡漠，一副无可无不可的样子。

邹鲁心中有数，也不吭声。周末的时候，邹鲁请张竞生到石牌参观新落成不久的中大。邹鲁陪着张竞生漫步在宽敞的校道上，只见白云山环绕其侧，珠江水荡漾在前，校内冈峦起伏，新楼鳞次栉比，农、工、理、文、法五学院，华堂高矗，巍然耸立，俨然东南亚最完善的高等学府。前些时间梁漱溟先生在参观新校后曾对友人说道："新建之中山大学校舍，据说为世界之第一大学校，确实极大，余曾坐汽车参观其校舍，在校路上不停地驰一小时余，尚未看完，其大可知。"张竞生看后也感慨不已，连连赞叹孙中山先生决策无比英明，邹鲁校长创校功不可没。邹鲁也颇引以为安慰和自豪。中午吃饭的时候，除了邹鲁夫妇，还有一位二十多岁的年轻女子，邹鲁介绍说，这是他的学生黄冠南，原就读于广州光华法学院法律系，后并入中山大学，已经大学毕业，并取得律师资格，是一位秀外慧中的知识女性。

张竞生从自身经验出发，深感中国女子太重实际，又杂念太多，爱情之事，已不奢望。但以他在饭桌上的静观默察，却对小巧玲珑、端庄秀逸的黄冠南留下深刻印象。一饭之请，一面之见，张竞生与黄冠南已彼此埋下了继续交往的种子。张竞生十分感谢邹鲁的良苦用心。

　　1935年4月，张竞生与省政府技师花了一个多月的时间，对省营企业，特别是省营糖厂进行专项调查。在省政府管辖下的省营企业中，"以财政收入为第一者"，认为办得最成功、效益最好的，当属省营糖厂。但张竞生调查的结果，却令他大吃一惊！因为主管其事者，乃是广东省农林局长兼广东省蔗糖营造场总经理冯锐，不但官僚主义严重，而且有明显的贪腐行为。冯锐曾主持向捷克斯可达工厂购买了一套日榨五百吨甘蔗的榨糖机，安放在番禺的新造，每年只生产一二个月，本已无蔗可榨，但在不到一年内，冯锐又向美国檀香山铁工厂购买一套日榨一千吨甘蔗的榨糖机，而且安放在番禺同一水岸相隔不到十里的市头，而据调查，这台机器竟是廉价的旧机器，经办者为拿到巨额回扣，罔顾国家利益，实属骇人听闻。根据调查情况，张竞生提出了改进办法："（甲）将新造，或市头之榨蔗机，其中之一副，移到于出蔗之中心区。（乙）有系统地与科学性地改良大批好蔗种。（丙）以每一机厂为中心，就其所需要之榨蔗量数，组织一个蔗料中心区，使蔗料充用为主。"至于涉嫌"购料回扣"之事，张竞生建议省政府派出"省营工业审核委员会"对工厂的账目进行独立审核，因为冯锐仍然当权，自然是石沉大海（一年后冯锐贪腐事发，被广州市公安局逮捕，经蒋介石批准枪决，于1936年9月9日执行）。

　　省营企业调查结束后，张竞生回到梅花村，发现居所被盗。他本来身无长物，失窃的值钱的东西只是一件美国进口的纯羊毛毡的"金山毯"，原想就这么算了，但考虑到安全问题，还是报了案，但案子没有破。广州市公安局局长李洁之知道他是陈济棠的同学，按市价赔了二百元。

　　张竞生怕再给陈济棠添麻烦，更重要的是他已与黄冠南处于热恋之中，为了进出方便，遂搬到大石街黄埔陆军小学同学会暂住。这是一座小洋楼，传达室有一位老头儿，十分和蔼可亲。张竞生就住在楼下一个大房间，搬家那天，黄冠南买了一些日用东西，帮助张竞生布置了一个简朴的新家：一幅白布在中间把房间隔成两部分，后面是卧室，前面是客厅，客厅里摆了几张半新不旧的靠背藤椅，一张长方台权当茶几，一个瓷质托盘是黄冠南从家里带过来的，上面放着水壶茶具等。

黄冠南的能干与体贴，使张竞生体会到了一种久违的情感，一股暖流涌上心头。既有知识女性的通达大方，又有大家闺秀的温柔含蓄，这么兼美的女孩子必定得益于良好的家教。黄冠南祖籍台山，其父是一位美国归侨。原来家族旺财不旺丁，备受欺凌，在美国发家致富后，其父先后娶了五房太太，共生育十多名子女，并在20年代前后回国定居，在广州市中山二路大东门东昌大街二十三号建造了一幢二层别墅，于乱世中过着平静的寓公生活。其父十分开明和重视教育，对子女一视同仁，只要能读书，一律供其上学，但在众多子女中，只有黄冠南读到大学。遗憾的是，黄冠南大学尚未毕业，父亲就去世了。

1935年8月，张竞生与黄冠南在广州结婚。大石街的住房只是临时落脚点，又显得太逼仄，婚后两人搬回黄冠南的母家东昌大街居住，并由黄冠南的胞兄和姑妈操办了一桌丰盛的酒席，由张竞生、黄冠南夫妇到中大请邹鲁和夫人梁定慧前来赴宴，以答谢邹鲁的关切和撮合之恩。

张竞生素好园艺，黄冠南又善于打理，夫妇俩在东昌大街的别墅里遍植菊花，春日来临时，满园的菊花怒放，暗香浮动，一派生机盎然的喜人景象，大东园别墅因此也得名菊园。黄冠南虽生于康裕之家，但从不娇生惯养，婚后更擅长女红与烹饪，并乐于此道，无微不至地照顾张竞生的生活，使张竞生感受到从未有过的幸福和满足，也焕发出空前的热情与创造力。他担任着广东省实业督办和广东省参议员，白天忙于政务，到全省各地调研、督办、指导发展实业，晚上则伏案奋笔疾书，向省政府提出议案，或者撰写文章在报上发表。前两年他曾当面对陈济棠说，实行有系统的征工政策，乃是复兴我国今日垂死的经济独一有效的方法，宜尽快实施。这次他又以亲身经历及研究所得，将系统的征工计划整理成文在《广州民国日报》上发表。不久，行政院公布凡人民每年应做三日至五日服务工役的规定，张竞生认为这是一项很好的新政，他还在有关文章中指出："我是中国人最先倡行征工者之一人，而又是第一人主张有系统的征工政策者。我且进一步，主张将征工、军训与广播音之教育法，联合一气，以求于短期内，使国人变成富，变成强，变成有知识之人民。……我不知，蒋委员长怎样起此意念，但他的第一次通电提倡征工政策，确在我在报纸发表此问题之后。当然，他比我力量有千万倍大。征工政策由蒋委员长通令后，及他为行政院长时继续催办后，已由我人的理想，而入于实行之时期了。"张竞生议政论政，意气风发，而又贴近实际，情关民生，他实在是太欠缺一个可以施展的舞台！

风云突变！1936年6月1日，广东省绥靖主任陈济棠和广西绥靖主任李宗仁联手发动"两广事变"，这是陈济棠在第一次反蒋五年之后，由于胡汉民猝逝而失去政治靠山，以及蒋介石趁机加紧剪灭异己的客观情势下，再一次打出反蒋的旗帜但最终失败。

陈济棠被迫出洋考察之后，张竞生也赋闲在家。有一天，在中央陆军军官学校任职的饶平同乡沈英名到菊园探访张竞生。这天，

张竞生与第三任妻子黄冠南结婚
照，1935年于广州

刚好是张竞生与黄冠南的儿子张超满月，沈英名在张竞生家里喝了
满月酒后，乘兴对张竞生说："张博士愿到军官学校任教吗？"

中央陆军军官学校是黄埔军校于1928年3月由广州迁往南京后
而改为现名的，洛阳、武汉、广州等地设有分校。军校教官分为军
事教官、政治教官和普通教官，张竞生曾毕业于黄埔陆军小学，又
在北大当过教授，重操故业，对他来说，并非难事，因此他爽快地
对沈英名说："可以，没有问题。"

沈英名遂向广州市行营第二厅厅长兼中央军校广州军分校政训
处长刘健群提请聘用原北大名教授张竞生到校任教，刘健群久闻张

竞生的才能与大名，也当即表示同意。中央军校广州军分校主任由国民党军委会委员长广州行营主任陈诚将军兼任，不过他只是挂名，实际校务由中央军校广州军分校副主任陈芝馨负责。刘健群就向陈芝馨报告并请示聘用张竞生之事。

陈芝馨听完刘健群的请示后，面露难色，并煞有介事地说道："军校学生官兵共二万多人，都是血气方刚的男性，如果张竞生来校任教，口无遮拦，重弹《性史》老调，岂不军心涣散，天下大乱？上峰怪罪下来，谁承担得了？"陈芝馨连续两个反诘，令刘健群无言以对。虽然刘健群知道张竞生早已不谈《性史》，但与其承担风险，不若一推了事，他已做了努力，也就问心无愧了。他如实转告沈英名，沈英名也据实以告张竞生。

对于是否到广州军分校任教，张竞生本无所谓，但以此理由被拒之门外，张竞生感到愤慨，更感到深深的无奈。这些年，因为编辑《性史》，张竞生遭缉捕、摒弃、打击，既不见容于乡里，复不见容于社会，人人都要把他赶尽杀绝而后快！研究何罪，学问何罪，腐朽的封建观念和专制主义其罪！这个苦难强加在他头上，无日无之，何时才是尽头？

豁达的张竞生似乎也无从索解，一切只有交给时间这个最后的审判官。

第九章　乡村建设

一、主编经济月刊

　　"两广事变"时，陈济棠部属余汉谋阵前倒戈，引发粤军的"多米诺骨牌效应"，使蒋介石一举平定两广之乱。广东重新归政于国民党中央后，蒋介石投桃报李，任命余汉谋为广东省绥靖主任兼第四路军总司令，并重新组建广东省政府，任命黄慕松为省主席，刘维炽为省建设厅厅长，许崇清为省教育厅厅长等。

　　广东原为全国富庶之地与实业大省，经此一变，根基尽失，元气大伤。为迅速恢复生产秩序，发展地方实业，全省划分为七个行政区，各设督察专员公署和区保安司令部，统筹地方经济，维护地方安全。1936年9月16日，国民经济建设委员会广东分会成立，总会设在南京，由蒋介石任会长，各省、县设分、支会。国建会广东分会会长由省主席黄慕松兼任，省政府有关重要职能厅厅长及当地若干著名人士担任委员，主要任务是推行建设、培育人才、提倡国货、倡导节约及发展地方副业。

　　张竞生原为省政府实业督办，又是地方知名人士，与新任省主席黄慕松有岭东同文学堂的同窗之谊，更重要的是他对复兴农村经济素有研究，屡有建言，在报刊上发表，引起了广泛关注。因此，经黄慕松推荐，商刘维炽同意，张竞生担任国民经济建设委员会广东分会委员，并受命以广东省建设厅和国民经济建设委员会广东分会的名义，筹备创办《广东经济建设》月刊，使社会各界明白国民经济建设运动会的宗旨，为推动广东经济建设、发展地方实业摇旗呐喊，贡献良策。

经过近三个月的紧张准备，《广东经济建设》月刊创刊号于1937年正月十五日正式向社会公开发行，刊物共有三名职员，由哲学博士、国民经济建设委员会广东分会委员张竞生担任主编。原计划在元旦创刊，因受广告的影响而推迟出版，以后就确定每月十五日为出刊的时间。

按照办刊的宗旨，张竞生在组稿与选稿上，侧重在汇集有系统的文章、介绍专家学者最新的研究成果、发挥个人的主张等方面下功夫，特别注重专家学者对实际问题的研究与解决的办法。如在创刊号上刊登的水利专家邓植仪对调整广东省农田水利的方法的探讨、将在第二期刊登的水稻专家丁颖的《广东农业建设之实际问题》、农村专家陈信明对复兴东莞农村的意见书，都提出了不少能结合实际解决问题的真知灼见。在创刊号《编者之话》中，张竞生不脱书生之见，重提20年代初在北大时李大钊与胡适的"问题与主义"之争的老话题。他提出："主义是可谈的。但不如谈本地的实际问题为较少危险性及有利益。实际的事件不怕小。一件有益的小草料之发明其功劳比轰动一时之大皇帝、大专制魔王、大军阀为有益。为的一件小草之裨益于人类是无穷尽的。至于烘热热之君王军阀其影响于社会不过一极短之时间性。故万万个拿破仑当然敌不上一个伏书案之巴斯德。"这是张竞生一以贯之的一个重要观念，也是他无意官场、埋首学问的一个重要原因。

这本刊物由国民经济建设运动会广东分会和广东省建设厅联合主办，大约是经济拮据，主办机关规定每期刊物的经费不能超过200元。张竞生是办事十分认真的人，他把每期的办刊费用详细列明，然后在下期全部公开，既接受监督，也表示清白。如创刊号的成本费共计602.83元，包括三位职员的工资185元、印刷费347元、稿费及设计费45元、办公室设置费及邮费25.83元等，收到广告费及卖书费500元，另有500本用于赠阅省各机关、市县政府及国内刊物交换，价值100多元。收支相抵，毫不损失一分公帑，而刊物得以发行，宣传经济与实业，则取得了可观的社会效益。

然而，即便如此，《广东经济建设》月刊创刊号的出版，还是招来了不少批评。一是轻薄文字。指摘者主要针对张竞生写的一篇叫《裸葬》的文章，认为对待这样一个沉重的问题，竟用了如此不严肃的文字云云。张竞生作为一个有经验的深谙读者心理的主编，他认为这本刊物乃是研究经济文章的机关刊物，如果不以美趣点缀其中，势必使读者误会为这是"政府公报"，味同嚼蜡，引不起读者兴趣，读者不掏钱购买刊物，就不能对读者起到宣传的作用。这样，张竞生办刊的想法是："立意当求庄重，题目无妨挑拨；无论如何不失国民经济本踪，但措辞不妨轻倩妩媚。"因此，标题为《裸葬》，目的在提倡丧事的节约运动，一些老冬烘见不及此，就不免贻笑大方了。二是转载太多。这个批评，应该说不无道理，但编者却另有苦衷。每期刊物，篇幅都在十万字以上，创刊号更多达十八九万字，在广州这个地方，有相当水平的作者不多，而且稿酬不高，仅靠外稿，难以为继，张竞生除了每期至少自己写作二万多字的稿件编入刊物以救急外，主要靠摘编有价值的文章，来解决巧妇难为无米之炊的难题。

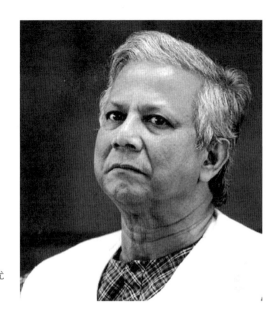

"穷人的银行家"穆罕默德·尤
努斯像

　　作为主编，张竞生的价值，主要不体现在如何使刊物办得风生
水起，而在于写作了一系列富于创见的经世致用的文章。在刊物
的第一期和第二期，张竞生发表了长文《救中国的两种经济特殊政
策——征工与民库证券》。关于征工问题，张竞生在前几年就在全
国率先提出，并向当局呼吁过，这次做了全面、系统而深刻的论述。
他从国防、实业、公共建筑、卫生等方面条分缕析征工的内容、方
法和步骤，然后强调征工政策要合理，组织工作要严密，才能做到
惠而不费，取得切实的成效，只有"在全民工作之下，生产与消费
求得平均与普遍的发展，可免我国入于资本主义的危险时期，而即
跳入于社会主义之幸福时代"。

　　民库证券政策是张竞生受汕头发行"商库证券"的启发而提出
的一项以极少资本或全免资本而能得到极多数的"代币"以推动各
种事业、成就各种建设的特殊政策。具体地说，凡人民有不动产如

地皮店屋等，可向当地市县民库证券委员会登记，由该会派员审核所登记不动产价格，而给予十分之七或八的证券，所登记的不动产即为抵押品。年息四厘，限期由五年至十年或四五十年不等，于此期限内不能赎还的，其抵押物就归民库证券委员会所有。在中国农村普遍处于民穷财尽，农村金融处于极度枯竭的情形下，张竞生提出实行民库证券，可以救活农村金融枯竭、根绝高利贷剥削、充实地方行政经费和推进社会建设，能够发挥从无到有、起衰振敝的神奇作用。特别是强调发行民库证券要体恤多数贫民、少至几元也可以抵押、领到证券后应以生产为目的、当为长期的借款（四五十年）等规定，无疑是贫民摆脱贫困的福音。

真理的光芒穿越时空。无独有偶，七十年后，孟加拉国吉大港大学经济系主任、格莱珉银行创办人穆罕默德·尤努斯创立了小额贷款、个体创业的模式，其运作模式与张竞生提出的理论极为相似，又有所发展，使世界上一亿穷人由于尤努斯小额贷款的帮助而永远地摆脱了贫困，走向了光明。穆罕默德·尤努斯由于有一颗金子的心和巨大的善获得2006年诺贝尔和平奖，而更为激动人心的是世界上已有二百五十多个机构在将近一百个国家里按照格莱珉的模式进行运作，尤努斯领导的小额贷款消除贫困运动正如火如荼地席卷全球。

张竞生总是太超前了，所以他只能寂寞地呼喊着，如同在蛮荒的旷野上。他挥笔在专栏上写下了不少振聋发聩的小品文，他断言，国人以懒散著称于世，所谓"时间即金钱"的响亮口号绝非国人所能接受的；他率先讨论了什么是"广东精神"，在众说纷纭中，他将"广东精神"概括为"既长于经济，又长于打仗"，他告诫广东人不要以此为满足，如果因此而沾沾自喜，裹足不前，不发展新的品质，增添新的内涵，所谓敢吃"头啖汤"的广东人也不过如此，将陷入小家子气，难以有大的作为，落得为天下笑。不过，他最津津乐道的，还是对于美的问题的探讨。在《别开生面之国民经济——为"广东名胜委员会"而作》一文中，他以美治主义理论对"白云在望""从化温泉""罗浮仙境""岭东风光""石门返照"等名胜古迹进行全面考察和重新定位，提出了"人尽其才、地尽其利、物尽其用、货畅其流、生极其趣"的整合旅游文化资源的发展思路。所谓"生极其趣"，"一是在物质所享受的幸福中求其生趣化；一是超然于物质外之生趣"，就其名胜规划来说，"使全省地方都成为名胜化，最少，使其成为名胜区附属化。又使全省人民得到名胜区的鉴赏之乐趣。这是名胜委员会，或则各地政府，或则人民团体所应负的重大责任。如能达到此目的，才算是达到最大多数的最大生趣"。

张竞生将上述征工、民库证券、名胜化组织冠以"美的经济"。"所谓美的经济，一是以极少的费用，而得极大的出息，如我所主张利用普遍的征工政策，把所有荒山旷野以及一切的实业都可免用多大资本而尽行开发便是；二是以极少的成本而得极大的利用，如我所主张的民库证券便是；三是以极少的费用而得极大的乐趣，如此篇所论的一切名胜化组织法，即是一个雏形。"美的经济是张竞生美治主义理论的延伸与深化，是他由乌托邦理想国向现实家园回归的重要转折。

在刊物的第四期，张竞生发表了《国民经济建设与教育之总评——并介绍中国各地几种雏形实业教育及乡村建设运动》，他将目光转向了热火朝天的乡村建设运动。乡村建设运动是20世纪二三十年代，为了阻止中国农村经济的衰竭与没落，一批先进知识分子离开城市，走向农村，开展农村的文化、教育、农业、经济、自卫等各项事业的发展工作，从而实现"民族再造"（晏阳初语）和"民族自救"（梁漱溟语）的运动。据南京民国政府实业部的调查，这期间，全国从事乡村建设工作的团体和机构有六百多个，先后设立的各种实（试）验区有一千多处。其代表人物是晏阳初和梁漱溟，他们分别代表了两种不同的乡村建设思想。

晏阳初，1893年10月26日出生于四川省巴中县（今巴中市）一个书香世家，从小熟读儒家经典，又接受良好的现代教育，1918年毕业于美国耶鲁大学，旋即应征远赴法国，任北美基督教青年会战地服务干事，为十几万旅法华工开展识字教育。一边做苦力一边自救的华工们求知若渴的精神，使晏阳初深受感动，并使他立志终生从事平民教育事业。回国后，晏阳初放弃做官和当大学教授的机会，致力于平民教育活动。1923年，以"除文盲，作新民"为宗旨，在北京发起成立中华平民教育促进会，担任干事长，并选定河北定县为乡村平民教育实验区。在定县实验中，晏阳初形成了乡村建设的总体思路，他认为，中国乡村的根本问题是"愚、穷、弱、私"四端，主张以文艺、生计、卫生、公民"四大教育"分别加以医治，这就是用文艺教育攻愚，培养农民的知识力；用生计教育攻穷，培养农民的生产力；用卫生教育攻弱，培养农民的强健力；用公民教育攻私，培养农民的团结力。在晏阳初的努力下，定县模式对其他地方的乡村建设起到了示范作用，使定县与山东邹平、江苏无锡成为乡村建设运动的三大中心。

梁漱溟是山东乡村建设研究院的设计者和灵魂，也是乡村建设运动的主要代言人和思想家之一。邹平作为山东乡村建设研究院的第一个试验区，由于梁漱溟等人的着力经营而使其发展模式被称为

"邹平模式"。梁漱溟认为，乡村建设不是单纯的乡村救济，或经济、政治和教育的建设，而是一种广义的文化建设，是在中西文化冲突中对中国文化出路的选择。他强调，"所谓乡村建设，就是要从中国旧文化里转变出一个新文化来"。

张竞生在文章中对全国乡村建设运动的一些好做法做了全面介绍，但对这些实验，他并非照单全收，而是有所褒贬。他指出："故如定县所说之愚、穷、弱、私四大纲，何不注重于穷之一途，解放穷问题，愚、弱、私三种缺憾即可解决了。又如邹平乡村建设也未免偏重于教育，而忽于经济之一途，以致物质不存，精神不能附着，结果不过成为一种'书呆子'的乡村运动。他如无锡之实验教育区，山海工学团，中华职业教育社，洛阳实验区，广西国民基础教育，江苏汤山区，或则失于推广农业力量之狭小，或则对于职业运动之

晏阳初（右）当选现代世界最具革命性贡献伟人时与爱因斯坦合影

不普遍，或则范围太广，贪多嚼不烂，但大都是不把建设经济为中心，这是极可抱憾的。"张竞生主持过开公路、育苗圃、办学校等乡村建设工作，积累了一定的实践经验，形成了自己的一些乡村建设理论。他认为："农村运动应以'复兴经济为中心点'，其余如教育、治安、卫生等不过是连带之问题。以经济复兴为中心工作，注全力以奔赴，自比各种事业都要包办为易成与易于得到大效力。且乡民现在最需要的是生活问题，最低生活已无着落，遑说什么教育与卫生？最低生活既无着落，自然有些人不免流入于匪类，又说什么公共之治安？"在经济濒于崩溃的农村社会，张竞生抓住主要矛盾，着力发展经济的主张是富有远见的，也是符合实际的。

作为国民经济建设运动委员会广东分会委员，张竞生不但编刊物，而且议政事。1937年元旦刚过，广东发生严重的米荒，米价飞涨，贫民无以为生，人心耸动。为解决此次影响民生稳定的危机，省成立了民食委员会，该委员会共有十五名委员，而银行界竟占了

梁漱溟像

七名，原因为银行下拨了四百万元的救荒款。1月22日，国民经济建设运动委员会广东分会专门召开会议讨论米荒问题，张竞生提出议案，建议改组省民食会。目前民食会中，银行界占了七名委员，应当让出五人由别的界别，如国建分会、广东省党部、广州市党部、广东省教育会、农村合作委员会各出一人担任。因为救荒乃是群众公益事业，必须以群众力量为主体共同合作解决，不可由某个部门操纵，失却慈善事业的义务与性质。恰好第二天，国民党广东省党部在中山纪念堂召开"广东省米荒救济大会"，会上决议组织"广东民食救济委员会"，以省党部、市党部、省商联会、市商会、米业公会、杂粮公会、银行公会、银业公会、机器总公会、航业公会、海员公会、民船公会、粤汉路局广州办事处、粤汉路特别党部、省教育会、市教育会、新闻记者公会、日报公会、市妇女会等十九个机关为委员，这样的组织才是完善和有效的，与张竞生先前的提案可以说是英雄所见略同。

1937年5月，张竞生应广东省第五行政区督察专员胡铭藻的邀请，赴该区指导国民经济建设运动委员会支会各项工作。第五行政区包括潮属九县和汕头市，面积大，人口多，得山海之利，经济发展颇有可观之处。国民经济建设运动委员会广东分会会长由省主席黄慕松兼任，他通令各县市都要照章成立分支，全省已成立了五十多个支会，成立的县市约占一半左右，岭东第五行政区的县市基本上都成立了，走在全省的前头。支会成立后要求做到有人员、有经费、有调查专题。张竞生先到汕头进行市场调查，汕头支会会长由汕头市市长黄秉勋兼任，张竞生在与黄秉勋见面时，要求汕头加请一位干事和几位调查员配合他开展工作，并确定三家在汕头比较有影响的报纸每日开辟一个专栏刊登支会会务及每日汕头一切物品的价格，分析其变动情况。针对米荒这一牵动民众神经的敏感问题，张竞生侧重对汕头市的米价进行调查，调查中发现，在政府运米免税入口之后，汕头市米价仍未见平抑，原因何在？是奸商操纵，还是别有原因？张竞生要求支会进行全面的调查、系统的研究，以得出确切的结论，进行彻底的解决，并在报上公布，使市民不但清楚每日米市怎样涨跌，而且了解之所以涨跌的真情。此举引起了汕头社会各界的关注，也受到了充分的肯定。黄秉勋市长十分佩服张竞生扎实的工作作风和机敏的处置手段，恳请他协助成立汕头"国货公司"、整理汕头"商库证券"、取缔开往新加坡船票舞弊案。张竞生依靠当地军政当局及社会人士的帮助，以他的影响力在极短的时间内妥善地处理了这些棘手的积案。临别时，张竞生还敦请黄秉勋市长，要求汕头市今后要抓紧办理三项工作：一是公用事业，包括电灯、自来水、电话、交通等；二是民食问题，主要是解决米粮入口、发售及平抑价格问题；三是设立"侨乐村"，潮梅是侨区，要通过设立"侨乐村"，吸引华侨回来居住、投资、建设家乡。张竞生一番殷切的意见，使黄秉勋心折、佩服。

返回广州市不久，震惊中外的"七七卢沟桥事变"爆发。张竞生义愤填膺地写下了长文《我国持久战的几种经济条件》，他对沿海一些城市未战先溃的景象深怀痛心，认为之所以如此，就是因为平时缺乏一种严密组织的战时经济力的准备所致。因此，张竞生认为，中日之战，将是一场持久战。此前，张竞生于1937年3月就在《广东经济建设》月刊第三期发表短评《日本断不能灭中国！》，他指出："我于二三年前已经看及我国今后最足抵抗敌人的，不是沿海沿大江的流域，而是内地，在敌人战舰不能到，战机不能久停的内地，好好地把军事及经济各方面组织起来，足以防守也足以进攻了。""可是，这不仅是因为自己警惕即足，应当即时起而实行，应当于短促期间把实力充足，把内地经济力发展起来。"

那么，为了打好这场持久战，张竞生提出，在经济上要保存地方上的经济实力以建设国防；重军需而轻民用，"宁可饿死数十万人民，但不可使前锋之一军缺了粮食与军用品而失抵抗力"；实行战时的征工政策和发行"民库证券"，张竞生反复弹此老调，确有其忠肝义胆与独具慧眼，他认为"寓兵于工"，即工兵民三位一体，这是穷困的国家而要组成为全民皆兵的不二法门，乃是战时中国经济史上的一大发现，运用得当，当可起死回生。

张竞生这篇文章发表在《广东经济建设》月刊1937年第7期，也是最后一期。此后，战争的阴霾笼罩一切，吞噬一切。

二、率领民众抗日

国难当头，山河破碎，蒋介石、国民党却奉行不抵抗政策，使疯狂的日寇更加嚣张，凭借其军事优势，横扫北国，挥师南下，暨北平、天津、上海、南京相继陷落后，前锋直逼武汉、长沙，南方之南的广州市已处在风雨飘摇之中。

从1938年5月28日起，日军飞机天天对广州进行狂轰滥炸。5月30日，日军出动六十架飞机像蝗虫一样在广州上空肆虐，倾泻下二百多枚炸弹，炸死五百多人，伤八百多人，倒塌房屋无数，兴隆东街、厚业新街、广大路、三元宫、净慧路、越秀北路等都成了重灾区。张竞生一家居住的菊园离越秀北路不远，阵阵炸弹的巨响震动了宁静的菊园，吓得不满两周岁的小张超哇哇大哭。张竞生痛苦地感到，残酷的战争强加在无辜的平民百姓头上，死亡的阴魂笼罩着广州城。

第二天，广州市民纷纷到港澳或乡下逃难。一夜之间，已经有一大半的人逃离了广州市这座千年古城。为安全计，在广州陷落前夕，张竞生举家迁回饶平老家旧寨园。

然而，家乡也不平静，日本飞机已多次轰炸潮汕。为发动民众抵抗侵略，保境安民，广东省成立了民众自卫团统率委员会，主任余汉谋，副主任吴铁城、香韩屏。沿海地区设立十四个自卫区，潮阳、揭阳、惠来、普宁为第八区，以曾打响"一·二八"淞沪抗战第一枪的原第十九路军旅长翁照垣为主任；潮安、澄海、饶平、南澳、汕头为第九区，以陆军上将刘志陆为主任，原孙中山秘书室主任、陆军中将陈梅湖为副主任。张竞生刚回到饶平，即担任饶平民众自卫团统率委员会主任委员，在刘志陆和陈梅湖的指导下，宣传民众，筹集军款，领导和指挥饶平的抗战工作。

1938年6月21日，日本海军陆战队三百多人，在飞机的掩护下攻占南澳岛。南澳岛陷落后，日寇派遣日军、日舰对饶平沿海的柘林、海山、洪洲、钱东等地进行轰炸和炮击。刘志陆指挥潮汕驻军157师1个营与第九区的民众抗日自卫团第四大队，组织"义勇军"反攻南澳。张竞生则跋山涉水到饶平沿海，鼓动民众，奋起自卫，积极参战。

在海山的群众集会上，同行的国民党饶平县党部负责人拍胸口说，只要民众参加自卫团，将来政府就如何如何，末了还涕泪交零，做出一副可怜巴巴的样子。张竞生十分反感这种腔调，跃上讲台打断对方的话愤然说道："中国的不强大，很大的原因要归咎于官僚们的装腔作势，空口说白话，为今之计，用不着不兑现的高谈阔论和弱者表现的涕泪交零。抗日事关民族和乡邦的生死存亡，凡是有血

486

性的中国人都责无旁贷。大家还是实事求是，踊跃参加，自卫反击，守土有责。"海山的民众都深明大义，出船出人，保家卫国。

柘林是潮汕海上门户，是日寇袭击的重点，为打有准备之仗，张竞生离开海山后，又马不停蹄来到柘林，先找乡长、保长、甲长开会，统一思想，再召集四乡壮汉召开群众大会。在柘林关帝庙前，张竞生站在八仙桌上，把双手围成喇叭状，对着密密匝匝的民众大声喊话："日寇兵临城下，我们已经没有退路。古人说，置之死地而后生，各位乡亲，不抵抗是死路一条，只有拿起武器，拼命杀敌，才有生路！一出现敌情，以吹海螺为号，大家拿出大铳、猎枪、坪头、甯仔，男女老少齐上阵，杀他个片甲不留，有来无回！乡亲们豁出去了，大家有没有信心？"

"打倒日本鬼子！""消灭来犯之敌！"群众同仇敌忾，杀声震天。

在张竞生的指导下，柘林各乡恢复了壮丁训练，组织起洗衣队、救护队、担架队、运输队，随时准备迎头痛击来犯之敌。

8月2日，日军进犯柘林，柘林军民严阵以待，击沉船舰两艘，打死敌军多名。

张竞生一直不愿意卷入现实的政治，只喜欢坐在书斋里做学问。与他同一时期的知识分子都是人同此心，心同此理，除非万不得已，他们是不会轻易放下手中那一管生花妙笔的。但现在形势逼人，眼看就要做亡国奴，他们不得不上梁山，赤膊上阵，为国效力。

就在张竞生圪蹴在天南一隅从事着具体而微的抗日工作时，他在北大的同事胡适也应召出山即将奔赴万里之遥出任中华民国驻美利坚合众国特命全权大使，他在临行前给妻子江冬秀的信中说："我二十一年做自由的人，不做政府的官，何等自由？但现在国家到这地步，调兵调到我，拉夫拉到我，我没有法子逃，所以不能不去做一年半年的大使。"他表示战事一了，仍然回到校园。

但不管是胡适，还是张竞生，他们都像神话中的小女孩，一旦穿上红舞鞋，就将永远地跳下去。这是他们的命运，前路漫漫，莫测祸福，既有炮火连天，也有险风恶浪。

广州、潮汕相继陷落，饶平的抗战形势更加险恶。张竞生与新任饶平县长陈署木率领饶平民众自卫团的武装力量多次打退日军的进犯，引起日军的嫉恨，对饶平沿海一带实施疯狂的报复，并派飞机对饶平山区进行惨无人道的轰炸。

1939年10月5日清晨，两架日机从洪洲三百门外的海面上起飞，沿着黄冈河畔直飞入饶平县城三饶镇，在镇内低空盘旋一周后，锁定县政府、饶平一中和新饶小学等目标，扔下三颗炸弹，所幸一颗未爆炸，炸死两人。两架飞机又沿溪而下，袭击浮山圩。第一架飞机先俯冲后又拉抬起来，扔下一颗炸弹，落在圩里的邱广生铺前，当场炸死八人；第二架飞机迁回俯冲到圩中人群最密集的地方扔下一颗炸弹，落在一字排开的三四摊铁器铺上，一时间阴风惨惨，弹片与铁器齐飞。恰好这天是墟日，人山人海，两架敌机又低空疯狂扫射，所到之处，赶集乡民如砍瓜切菜般一片片地倒下。顿时，浮山圩哭声震天，血流成河，共死伤群众三百多人，惨不忍睹，一幅人间地狱的恐怖景象。

张竞生和陈署木接报后，火速赶到现场，迅速指挥抢救死伤群众。同时，通知浮山的各家医院及邻近乡村医生都要参与救死扶伤。大量伤员需要洗涤与消毒，消毒药水严重缺乏，张竞生在巴黎留学时，曾选修一年的医学，对急救措施颇为内行，他要求各医院土法上马，将硼酸粉、石碳酸水按一定比例调到冷却的开水中，然后用黄枝煮过的黄纸蘸冷开水进行消毒，竟收奇效。张竞生从英华药房出来后，来到大街上，发现一个孕妇的孩子被炸出来，母亲血肉模糊倒在街头上已经死了，孩子居然还活着，坐在母亲身旁又哭又抓，张竞生见状，悲愤万分，马上派人抱起婴孩飞奔到医院抢救。

日军血洗浮山圩，滥杀无辜，受到国际舆论的强烈谴责。此后几个月，局势似乎略为平静了一些，张竞生忙中偷闲改建了旧寨园，除在卧室侧后面加盖了一间独立的小瓦房作为小客厅外，还在园里种满了树木花草。忽然有一天，张竞生收到寄自南京的汪精卫的亲笔信，说上个月，即1940年3月30日"国民政府已还都南京"，自称是中国唯一合法的中央政府，他本人已宣誓就职，因不忘旧谊，特敦请张竞生克日赴南京就要职。

手持汪精卫的信，张竞生又想起浮山圩上孕妇被炸的情景，益发对汪精卫的卖国行径感到切齿痛恨和轻蔑，同时也感到深深的困惑和悲哀。张竞生与汪精卫夫妇可谓交情不浅，当年他在京师大学堂读书时，与陈璧君商量如何营救汪精卫固属生死之交，民国初年他到法国留学，与暂居巴黎的汪氏夫妇也过从甚密，当时陈璧君心血来潮说想学哲学，张竞生还送给她一本法文的哲学史，她固然附庸风雅，也在某种程度上对汪精卫的价值取向会有所影响，但去给日本人当大汉奸这样的大事件，是很难由陈璧君一手促成的，在此之前，汪精卫一定与陈公博之流精心谋划过，但以汪精卫几十年在政海上沉浮，何以出此遗臭万年的下策？张竞生真是百思不得其解。经过一番苦苦思索，张竞生才得出结论，原来汪精卫已完全丧失民族良心和政治操守，彻底堕落为一个政治上的投机主义者。他的如意算盘是，德日一方必定胜利，与日本媾和，他日必能在中国扬眉吐气；况且这二三十年，军阀混战，是非混乱，胜则为王败则为寇，等他胜利后，国人还要称赞他有先见之明呢，谁还会去说他是大汉奸呢？

嗯，对了，正是基于这样的心理，汪精卫才像赌徒一样孤注一掷，最后一定会落得身败名裂，遗臭万年！张竞生为汪精卫感到痛心，他真想给他写一封万言信，劝他悬崖勒马，回头是岸。但思之再三，汪精卫在政治上一向自负，他会听我的吗？劝之不听，骂又无益，罢罢罢，不去理他算了。张竞生叹息一声，把汪精卫的信撕得粉碎，转身扔到屋外的茅坑里。

不久，汪精卫又寄来一信，恳切相邀，张竞生照样弃之如敝屣。

抗战转入了旷日持久的对峙阶段。根据广东省民众自卫团统率委员会第九区主任刘志陆的倡导，潮汕民众一边随时准备应战，一边实行生产自救。饶平是典型的山县，山地的资源极其丰富。因此，张竞生发动全县民众上山垦荒，发展经济，保障供给，以利抗战。

张竞生本极喜欢园艺，又精于农业，在他的带动下，饶平的生产垦荒运动搞得有声有色。刘志陆虽是军人出身，却十分重视发展农业，对张竞生的做法非常赞赏，两人一文一武，亦战亦农，配合默契，一时传为佳话。

有一次，刘志陆由卫兵驾车，通过饶钱公路来旧寨园看望张竞生。张竞生亲自到浮滨车站迎接。刘志陆身材高大，威风凛凛，他刚从车上下来，指着手上擎着的山毛榉，劈头第一句就问张竞生："你知道这东西可做什么用吗？"

张竞生猛地一愣，细瞧着这枝其貌不扬的山毛榉，笑着说："可以烧火啊。"

刘志陆又问道："除此之外呢？"

张竞生一向自命为老农家，没想到这下子真被问住了。看到张竞生的狼狈相，刘志陆颇有些自鸣得意地笑了起来，这才缓缓地说："凡有这些山毛榉生长的山地，就可种植山禾！"

山禾，适宜于旱地种植的栽培稻，也叫旱稻。刘志陆就将山禾这种新品种介绍给张竞生，请他在县里提倡和推广。

饶平山地多为平缓的丘陵，特别宜于种植山禾。它不怕水灾，因为水流不上山；又不怕旱，因为它吸水力大，耐旱性强。张竞生特别选择了一种糯米质的山禾种，推荐给农户种植，三月落下山地，六月就可收成，一亩山地可收获一担多的山禾谷，一户如果有二三个壮劳力耕作二十多亩旱地，一年仅山禾就可收成二三十担，这是十分可观的抗战物资！

山禾试种成功后，刘志陆又推出了山薯、山糖等品种，实行"三山运动"。张竞生戏称刘志陆为"三山大王"，而自己则自称为"三山土地"，战时经济在饶平如火如荼地开展起来。

张竞生既着力发展山地经济，又重视经营庭院经济。他将居住的旧寨园作为实验的基地，除了遍植多年生的柑橘、杨桃、荔枝、番石榴外，还分季度种植豆类、薯类等植物。他认为，种植豆类，用工少收成多，豆子极富营养，而豆根在土地里又能转化为肥料，可谓一举数得。因此，他在旧寨园中植满了从美国引进的观音豆，这种豆状如鸭肾，十来个就可煮一大碗，清香鲜嫩，是果腹的上好食料。

1941年初，国民党制造了震惊中外的"皖南事变"，随即在全国范围内加紧对共产党地下组织的搜捕与破坏。为了适应严峻恶劣的政治斗争环境，中共南方工委改变了潮汕各县共产党组织集体领导的架构，改为个人负责的特派员制，实行单线联系，开展双线作战，既配合当地进步力量继续抗战，又以各种身份为掩护建立隐蔽斗争基地。潮梅特委委派原潮揭丰边县委宣传部长钟声到饶平任特派员，由张竞生的侄子、地下党员张文声推荐到桥头乡的启新学校任教员。

一个春日上午，钟声与启新学校校长陆兆荣到旧寨园拜访张竞生。张竞生赤着脚，光着上身，穿一条短裤，拿着锄头在桃树下锄草。他听见脚步声，抬起头来，发现有客人来，边热情地与客人打招呼，边到路旁穿上棕绳编带的木屐，用大毛巾擦了擦淋漓的大汗，在桃树枝上拿下短袖的旧衬衣穿好，便把客人引到小客厅坐下。客厅里有两张藤椅和几张木头凳子，角落里放有各式各样的家具，壁上挂有一幅国画，画着两只鸭子在柳枝飘拂的水面上游泳，上面的题字是"春江水暖鸭先知"。钟声正看得出神，陆兆荣介绍说这是新来的教员钟声，上次张文声跟张竞生推荐时已暗示了他的真实身份，张竞生心中有数，遂微笑着朝钟声点点头。

毕竟初次见面，一阵寒暄后，钟声和陆兆荣便告辞了。以后，他们经常从启新学校散步到旧寨园与张竞生谈论时事、切磋教学。钟声真诚质朴，学识广博，教学出色，很快就赢得张竞生的信任和器重。

一天黄昏，钟声与陆兆荣晚饭后散步到张竞生家喝功夫茶。那天晚上，月色朦胧，树影婆娑，张竞生在月下接待他们，他忽然无限感慨地说："有人认为外国的月亮比中国的漂亮，这是鬼话！我这里的园林月色就不坏嘛！月美，有月又有林更美。当然，林木之美是一回事，它的经济价值又是另一回事。你们启新学校后面的油桐树很茂盛，油桐一身都是宝贝，桐油是生产生活中的必需品，而桐饼又是氮磷钾诸种元素都具有的好肥料。所以油桐是好东西，希望大家多多种植。"

为了造林种树，绿化荒山，发展山利，服务抗战，张竞生与钟声等人商量，计划把全县的社会力量组织起来，建立一个"千二社"。所谓"千二社"，就是有志于造林绿化的人，每人分配一千亩荒山，每日劳动二小时，有计划有步骤地把荒山绿化；成林之后，除对国家应负的义务之外，其他收益归个人所有。张竞生把这些意见整理成"千二社"的章程，印刷后在全县广为散发，准备尝试取得一定效果，再向刘志陆将军报告后在潮汕推广。

时隔不久，广东省民众自卫团统率委员会第九区副主任陈梅湖却给张竞生捎来一个不幸的消息，刘志陆将军因身体过于肥胖得急病而英年早逝，并附了一首《挽刘护军使伟军兄》。诗云：

> 莽苍江山久晦阴，念年磨涅恨同深。
> 枯棋再著翻新局，广座无言各会心。
> 不告而行犹我谅，方期后会报星沉。
> 匡时知己摇落尽，独抱桱桐孰赏音。

张竞生闻讯十分悲痛，读完陈梅湖的诗后不由泪流满面，潮汕抗战失去了一员战将，发展实业失去了一位知音，他只能默默地遥祭刘志陆的灵魂安息于潮汕的群峰耸翠与万绿丛中。

三、创办饶平农校

1942年7月，张竞生筹备多时的饶平县初级农业职业学校在浮山创办落成。

对于教育，张竞生一直情有独钟。重返旧寨园不久，大榕铺村房界之间闹矛盾，督公派和义公派坐不到一张凳子上，吵着各要办一所初级小学。办学校要讲究效益，越分散越不容易办好。张竞生召集全村父老开会，强调治愚先要治散，团结才有力量。闹派性的毕竟少数，而且不得人心，在张竞生的开导下，大家很快达成共识，由全村各房集资择地兴建一所全新的小学。张竞生取日本明治维新时期全民办教育之意，取名维新学校，一语双关：全村人人都要来关心学校，办好学校；学校要紧跟时代，培养新国民，办出新气象。他还为学校定了一个校训："凡事认真做，苦心做，快做。"这是针对国民马虎、懒惰、拖拉的劣根性而提出的一种新民的标准，也是办学的方向。

然而，张竞生所真正忧虑的，是广大农村凋敝破败的景象，以及农民痛苦不堪的生活。这固然由于腐败的政治所造成，也与落后的生产技术关系重大。农民愚昧无知，没有一点科学知识，耕作技术仍与几百年前的原始生产毫无区别，这种状况必须改变。社会制度凭一己之力一时之间难以撼动，张竞生所能做到的，就是落实孙中山的遗教，推动民生事业。因此，他创办农校的目的，就是用科学知识培训农民，用科学方法改良农业，用科学理念建设农村。

抗战时期百业萧条，办校经费全靠张竞生个人筹集。为了节省开支，而又能尽快把学校办起来，张竞生颇费周折，几经勘察，最后确定以原浮山小学为校址，因陋就简修建起两幢教学楼，教师宿舍则借用墟头王国治的一幢洋楼。王国治是当地的开明绅士，热心家乡公益事业，对张竞生十分景仰，无偿将一幢洋楼及配套设施借给农校使用。这幢洋楼有四五层，后面还有一幢两层的小洋楼，恰好作为校长办公的地方，旁边是厕所，十分方便。两块原来毫不相干的地方，稍作整理和布置，就建成一个幽

40年代初张竞生夫妇摄于旧寨园

静而颇有规模的农校校园。

张竞生亲任饶平农校校长，聘请曾在日本留学过的韩山师范学校动植物教员杨金书担任教导主任。杨金书到任后，张竞生委托他立即着手招生，凡初中毕业及同等学力的学生均可以报考。为了吸引邻近地区的考生，杨金书广为宣传，张竞生亲自出题，题目是《我为什么读农校》。广东省的饶平县、揭阳县，福建省的诏安县等两省三县共二百多人前来报考，结果录取了104名，成为首届的农校学生，分成甲乙两班。第一学期的专业课有土壤、园艺、作物、水稻等，以后各学期逐渐增设农业、测量、肥料、气象、造林、畜牧、病虫害、农产品加工等课程，文化课有语文、数学、英语等。任课教师有陈君霸、张昌赏、黄连欣、辛列明等六名，厨工、杂役四名。

学校名为公办，但政府并未拨款，加上学生不交学费，办学经费主要依靠张竞生独力撑持，他坚持不领工资，自愿为学校服务。教师员工只领取微薄的薪酬，而且以食米支付，办学条件十分艰苦。但在张竞生的感召下，师生员工斗志昂扬，精神焕发，教师乐教，学生勤学，呈现出一派兴旺景象。

教导主任杨金书兼教动植物学，他学识渊博，教学有方，而且技高一筹。每次上课，他只带几根粉笔，就在讲台上滔滔不绝，既讲又画，细致生动，图文并茂。比如，他在讲到一种植物时，是羽状复叶，还是掌状复叶，都讲得清清楚楚，通俗易懂；为进一步加深学生的印象，上完课后又带着学生到苗圃上实践课，对着植物要求学生采集标本，分析性质，学生学得兴趣盎然，当堂掌握书本知识。回到田间，就是一个学用结合的小老农了。

校长张竞生兼任语文课。他住在旧寨园，逢周一、周四步行到农校上课并处理校务。他上课不拘一格，着重启发学生的思维。对于语文课，他只在课堂上读一遍，然后由学生课后熟读，剩下的时间就结合当前的情况和农村的实际，进行专题的演讲，一次一个小专题。他针对农村学生居山厌山的心理，做了《认识山热爱山》的演讲，从山的本质、山的利用到山的价值进行了深入浅出的解说，最后，他充满哲理地发问："山有灵魂吗？我们的回答是有的。大家经常可以看到，在晴朗的时候，一条一条的像纱巾一样的云絮向山顶上涌去直至飞升到天空；即将下雨的时候，一团一团的黑雾从天空堕落到山脚。我们有时看到它的明媚的面容，知道它在欢笑；有时又看到它的郁闷，知道它在哭泣；从空谷传出来的风声，从树杪传出来的鸟音，从地下叫出来的虫声，从四面八方发泄出来的万籁，我们可得到山的种种表情、种种状态。山的灵魂便是大自然的灵魂，是人类的灵魂！它给予我们以无穷的启示和伟大的力量……"

这些山娃子虽然日日与山为邻，却从未这样来看待山，听了张竞生对山的由衷礼赞，不由从心底里喜欢上了山。有一次，张竞生专门给学生演讲番薯。在学生眼里，番薯是像脚下的泥土一样不起眼的东西，有什么讲头？张竞生看穿了学生的心思，他开门见山地说："说到番薯，是再普通不过了。四乡六里骂人蠢笨，就说他是食番薯的，外国人也说它容易使人肥胖，没有营养，甚至是肺病的根源！你们看，番薯不知道得罪了谁，竟然披上了这么多的恶名！"

说到这里，学生们都笑了起来。张竞生接着说："但这实在是天大的冤枉！这个经常被轻视和误解的番薯，乃是全能的食物！这不是我个人的偏爱，而是有科学依据的。早在1912年，丹麦有一位科学家韩特特为了检验番薯的营养结构，专门做了一个实验，他让他的助手仅以番薯为食物，佐以少量植物油，一口气食了六个月，开始每日吃两公斤半番薯，后来增加到四公斤。结果令人惊讶，那个被实验的助手，每日工作十四个小时仍不觉疲倦，有一次竟然连续工作两日一夜而不感疲劳。每日由医生试验他的大小便，丝毫没有异于常人，但比常人的食物却便宜十倍以上！这个试验轰动了科学界，也使人们对番薯有了全新的认识。它不仅有大量的淀粉，而且含有丰富的矿盐质等微量元素，一物抵万物，堪称全能的食品！"

张竞生还诙谐地介绍番薯的做法。如果刀法好和善烹调，可以做成美珠条、妙玉粒，或者如饼包、如布丁，或倾鱼翅，或下燕窝，任你怎样变戏法，可以做到百种以上的样式，足够摆一桌丰盛的番薯宴。这已经是食的艺术和食的哲学了。

同学们惊讶地感到，张竞生博士简直就是化腐朽为神奇的魔术师，平淡乏味的物事，经他舌灿兰花，就焕发出无穷的魅力，大家都迷上校长张竞生的课。

第二年暑假，大约因为待遇太低，教导主任杨金书辞职。经潮州金山中学校长詹昭清推荐介绍，张竞生聘请林修源担任农科教员，安排陈君霸接任教导主任。陈君霸曾毕业于保定农学院，是一位入党多年的地下共产党员，受中共潮梅特派员林美南的派遣，到张竞生创办的饶平农校任教，同时从事党的秘密工作。陈君霸为人谨慎，工作踏实，他协助张竞生把农校办得生龙活虎，很受张竞生的信任和器重。

有一天，国民党饶平县党部在浮山圩贴出布告，任命蔡汝为为浮山区区长，即日到任。陈君霸看罢布告，神色严峻。蔡汝为与他同为揭阳同乡，十分清楚他的共产党员身份，他意识到自己已处于危险之中。离开浮山圩，他没有回农校，而是火速赶往旧寨园，向张竞生说明情况，准备辞职，避走他乡。张竞生安慰他不必焦急，更无需辞职，他自会叫蔡汝为保护他。

第二天清晨，张竞生径到浮山圩登门造访蔡汝为。蔡汝为尚未起床，慌忙倒屣出迎，张竞生已跨入内室，站在床前说道："有扰清梦，请多恕罪。小民叩见父母大人。"

蔡汝为难为情地说："岂敢岂敢，博士别开玩笑。"

张竞生一本正经地说："地方官是父母官，有保护子民的责任。区长虽小，也是民之父母啊。"

蔡汝为是一个善于随机应变的人，他当即回答："旧称县令为父母，知府为公祖，我这小小区长比县令低一级，应该称兄弟，博士年纪比我大，那么，让小弟迎接大哥吧。"

说完，两人拊掌大笑。张竞生顺水推舟地说："无事不登三宝殿，今天大哥有一事相烦。我在浮山办农校，是服务家乡父老和发展地方经济，聘用的教员职员来自四面八方，但凡是我请的都是我的老师、我的客人，我都要为他们负责。现在，我这里只有饶平的陈耘生，没有揭阳的陈君霸，这个还请蔡区长明鉴和担当。"原来，陈君霸在饶平农校一直使用的名字就是陈耘生，陈君霸是他在揭阳时的名字。蔡汝为这才明白张竞生此行的真正目的，他知道张博士在地方上的影响，连县长刘竹轩都要敬他三分，遑论别人。于是对张竞生的要求，蔡汝为满口答应，并声称农校的事情他绝不过问，一切由张竞生做主。

陈君霸遂安心在农校继续教书，蔡汝为睁一只眼闭一只眼，却也相安无事。

农校开办已两年多，为了宣传农业科技，展示办学实绩，张竞生决定举办一次农业展览会。在陈君霸的协助下，先在落成不久的饶平农校礼堂举行预展，分门别类开辟了畜牧馆、水稻馆、蔬菜馆、水利馆、病虫害馆等，要求每个学生自己采集制作标本参加展览，并由学生担任讲解。时值冬季，作物标本尤难采集，甲班学生张与照好不容易从家里的菜地里找到了三颗茄子，制作成标本后摆放在蔬菜馆上，张竞生看了以后，亲自撰写"三字经"说明，以为推荐和鼓励："本地茄，容易种；在此时，最难得；有多茄，定多利。"

预展取得了预期效果，前来参观的农民络绎不绝。

1944年12月12日，饶平县农业产品展览会在饶平县第一中学大礼堂隆重开幕。开幕式由饶平县长刘竹轩主持，饶平农校校长张竞生博士做《食的哲学》的主题演讲。这天，大礼堂和操场上人山人海，观者如堵。张竞生说："民以食为天，但一般人却不懂得如何食法才是科学，这是国人的悲哀。"

食谁不会，用得着博士来教吗？大家既感到好奇，又有些不服。张竞生继续说道："实际上食法大有讲究。食的哲学是食少、食好、食巧。所谓食少，不仅量要少，次数也要少，一天两餐正餐就足够了；所谓食好，不是食燕窝鱼翅，而是食新鲜的水果、蔬菜和杂粮，富于营养而又搭配得当；所谓食巧，就是用最普通的物料，而有最讲究的烹调术。这种食法，就是平常人家也可以做到。"

对于刚刚经历了1943年大饥荒的劳苦大众来说，张竞生这一番经济实用的食的哲学无疑使人们耳目一新，更使饱受饥寒交迫的人们重新燃起对生活的勇气和信念。

演讲结束后，人们自由参观农展会。在展览的入口处，张竞生亲自撰写了《饶平县农产展览会告参观者》的前言，张竞生指出："一微细植物，能发现于人畜有益时，其功勋超过大英雄、大皇帝。彼英雄之丰功伟绩，其效率不过一时与一地，争如一件植物之功能，直与人类相始终。"

这是张竞生的一贯思想，他重视对于人类的实际效用，哪怕细如草芥，只要真正有益民生，他都给予由衷的赞美，而反对凌空蹈虚的好大喜功。"农林与民生的关系：一是需要；一是趣味。……在广东省山利、林利之外，耕地、矿产、牲畜、水电相继而兴，经济充裕，进而求'新村'之组织。一切社会事业从而振起。故农村是一种主义——民生主义重要者之一部分，而又侧重于农以为工之原料，商之泉流，而成经济中之根本政策。"

张竞生是一个农民之子，他对农村有着深厚的感情，对未来怀抱坚定的信念，虽然身处战争环境，满目疮痍景象，他却能超越当时的困窘，提出了战争之后，如何建设新村，如何发展民生。这种理念的提出，充分说明张竞生已从早年充满浪漫情怀的乌托邦主义者转变为具有远见卓识的现实主义者，这种转变是难能可贵的，也是他作为一个哲学家的不同凡响之处，他没有躲在象牙塔里孤芳自赏，而是以回到乡土为荣。因此，他进一步指出："唯能躬耕于南阳，才能尽瘁于国事。印度圣雄甘地说：最伟大者为农夫！"正是从这样的逻辑出发，张竞生通过肯定甘地的思想，把头朝黄土背朝天的农夫视为世上最伟大的人，从心底里唤起人们对于衣食父母一般的农夫的珍视和敬重。最后，张竞生向人们发出了呼吁："这次小小农产展览会中，如能引起诸位参观者之一点点小兴趣，去搜罗自然无穷中之小株，有益于人类之植物，这已算是催促诸君做下一种英雄的事业了。"把平凡的耕作看作是一种英雄的事业，这样的逻辑，简单得就像朴素的农民，然而却响彻着真理的声音。

农产展览实质上是实物展览，所展出的也是一些寻常作物，但因为广为搜罗，分类陈列，颇有琳琅满目的效果。如水稻类有二江早、二江早变种、揭阳青等；果林类有柑、栗、榛等；经济作物类有粉蕉、辣椒等；山林类有桉树、赤松、桐油树等；花卉类有玫瑰、菊花等；此外还有与农业有关的绿肥、堆肥、除虫药等。

张竞生举办农产展览的目的，就是要向农民普及农业科学知识，因此仅有实物展览是远远不够的。为了向群众宣传，扩大影响，他亲自以农民喜闻乐见的"三字经"的形式撰写说明，介绍作物的特性与耕作要点，朗朗上口，易记易懂，很受劳动大众的喜爱和欢迎。比如：

> 二江早：二江早，不怕虫，不怕旱，省肥料，省人工。镐更硬，粟肥肿，早收成，早见功。我田中，种二年，年年丰，望此益，与人同。（张竞生还注上了相关信息：本人及本村有此

谷种，如有人要换，只求平换，不收利益。）

二江早变种：二江早，经培植，已变种，上山插，如旱谷。二月插，五月收，不怕旱，绿油油。五月后，谷收成，种番薯，既饱食，又足储。如去年，虽干旱，种此谷，免饿莩。唉，唉，唉！安得人人共努力，免使我人成饿莩。（去年指1943年大旱饥荒——作者注）

除虫药：除虫药，极多端，最效力，硫酸铜，与灰水，做成液，杀尽虫。简易药，如烟汁，苦楝叶，能杀虫。稻作物，多死于，二螟虫、三螟虫，可怜人，委诸天。多泼灰，多下药，包年年，都丰收。

在三四十年代蜚声全国的乡村建设运动中，洋博士晏阳初在河北定县的实验，哲学家梁漱溟在山东邹平的实验，他们所代表的是外来的知识阶级对乡村社会的介入与改造。而同为洋博士的张竞生在广东饶平的实验，却代表着另一种范型，那就是彻底的对于乡土的回归。抗战初期，张竞生举家迁回饶平，在乡下农居盖房起屋，开荒种果，自食其力，真正扎根。晏阳初提出"抛下东洋眼镜，西洋眼镜，都市眼镜，换上一副农夫眼镜"，他们学着做农夫；而张竞生本身就是一介农夫，他生活在农夫中间，与农夫融为一体，忧其所忧，乐其所乐。然而，他又是一个知识化的农夫，他知道农夫缺乏什么，需要什么，当他以通俗化的"三字经"把科学种田的道理首次展现在农夫们面前时，饶平山城觉醒了，沸腾了。这些"三字经"，与梁漱溟编写的《植树歌》《农夫歌》《放足歌》《戒烟歌》《吃饭歌》《朝操歌》等易懂易记的歌谣在山东邹平传唱，一南一北，遥相呼应，颇有异曲同工之妙。著名哲学家牟宗三对梁漱溟、晏阳初模式的乡村建设运动做了这样的评价："我们承认他们的方向是对的，因为他们能到乡村做即建设即破坏的工作。我们所要批评的是，当时的乡村建设派缺乏自觉的政治与经济主张，而仅采取一种教育救国论的方式。"而恰恰是牟宗三所批评的这个节点上，张竞生表现了比梁漱溟、晏阳初更为清醒的认识和更为务实的态度，他鲜明地提出，乡村建设运动必须以经济建设为中心，没有强有力的经济条件做基础，其他一切建设都无从谈起。因此，张竞生提出的战时征工、垦荒造林，甚至创办农校，都是为发展经济这个中心服务的。

1945年夏，饶平农校首届学生即将毕业。面对新的生活，学生们一则以喜，一则以忧。喜的是在张竞生博士的亲自调教下，同学们都学有所成，业有专攻；忧的是生当乱世，毕业即失业，未来的道路在何方？

张竞生同情毕业学生的处境，却不满意这种萎靡的精神状态。他要驱散笼罩在学生们心头上的愁云惨雾，遂决定在毕业前夕专门为学生做一场择业演讲。那天，他足蹬棕屐，身着短袖和短裤，一副农民的短打扮。他语重心长地说："今天是我为你们这一班毕业生做的最后一次演讲。经过三年的学习，你们是一班有觉悟的分子，是一代有文化的新民。我期望你们的不是毕业后去当小公务员，也不是去当乡村教师，而是希望你们去当一个现代的农民。深入农村，深入山村，为开拓垦荒事业，发展农村经济而努力奋斗！"

回味着张竞生最后的教诲，学生们低垂的头颅慢慢地昂了起来。张竞生客观地为学生们分析在腐败的制度下当小公务员的弊端，以及当乡村教师的枯燥与难以维生，不若回到家乡自己创业，只要开垦一片荒地，种植百株柑、千丛桐，就"胜于封侯"了。张竞生告诫同学们说，为眼前生活计，为服务社会计，回到农村创业不失为农校学生的最佳选择！

望着同学们被再次激发的热望，张竞生动情地说："我们有的是青山绿水，白云飘渺，群峰争翠；我们有的是飞禽走兽，名花奇卉，古朴村舍；我们有的是山花山果与牧童樵叟及那些动人的山歌。这就是我们的家乡，我们不仅要保卫它，我们更要建设它。山花插满头，莫问侬归处。我这个老头子，既然回到家乡，就不打算再离开它。我希望你们都跟我一样，投身振兴家乡的怀抱，因为我们不仅对它有一份难以割舍的感情，还有一份无从推卸的责任。"

同学们静静地聆听着，有一股情感的热浪与强烈的共鸣在心头滚过……

然而，现实毕竟是严酷的。在乱世中，张竞生描绘的一幅家乡壮锦，只是悬在天边的彩虹，遥不可及。师者父母心，为了让学生有更好的出路，张竞生致信台湾糖业第二分公司经理张季熙，请他帮忙安排饶平农校学生的就业。张季熙原籍广东揭阳，是张竞生当年在北大任教时的学生，他跟张竞生既有师生之情，又有同乡之谊，其公司属下有十一家糖厂。时值日本无条件投降，饱受日本数十年奴化教育的台湾人才奇缺，急需各类管理人才。接到张竞生的信后，张季熙喜出望外，连忙复信请张竞生博士选派一批农校优秀毕业生到该公司参与接收农场，管理公司。

四、筹组中国农民党

抗战胜利，举国欢腾。然而，在来之不易的胜利背后，各派政治势力互相角力，各有考量。共产党和其他民主党派，顺应人民的要求，真诚希望和平，呼吁成立联合政府，同心协力建设民主国家；

国民党、蒋介石却心怀鬼胎，一方面假惺惺地签订了国共《停战协定》，一方面却加紧准备进攻解放区，同时筹备召开国民代表大会。

国民党为了显示其合法性，大肆宣传国大代表选举，并声称将在年底召开的"制宪国民大会"上通过所谓《中华民国宪法草案》，真正进入宪政时代。

1946年4月，首次"国大代表"选举在全国范围内开展。按照名额分配，饶平县有一个"国大代表"的名额。所谓"国大代表"，相当于英国、法国的议员，是某一阶级某一团体利益的代言人。十多年来，张竞生为农民的利益奔走呼号，多为纸上谈兵，若这次当选"国大代表"，能直接参与宪法的讨论与修改，那将是为农民求平等争利益的极好机会。因此，张竞生决定参与饶平县"国大代表"的竞选。

不是猛龙不过江，"国大代表"的选举绝非本县选举参议员可比，虽也有不少人报名竞选，但张竞生真正的竞争对手，是国民党饶平县党部原书记长詹竞烈。詹竞烈虽为本县饶洋区人，却是一个经历复杂经验丰富的政治人物。30年代，他与其兄詹伟烈一起在上海参加共产党，从事学生运动，是赴汤蹈火的活跃分子。有一次，两兄弟上街张贴反对国民党政府的传单而被捕，被关在苏州感化院，达数年之久。在狱中，詹竞烈被劝降投靠国民党，詹伟烈则意志弥坚，直到抗日国共合作才获释，后辗转到达延安继续从事革命工作（新中国成立后任上海重工业局局长，易名李力）。兄弟曾经同心，最终却分道扬镳，能不让人感慨？

詹竞烈曾于1939年至1944年任国民党饶平县党部书记长，他的竞选，依托国民党的巨大执政资源，其优势自不待言。而张竞生则以无党派人士的身份参选，协助选举事务的是饶平农校教员黄连欣，他经常到旧寨园与张竞生磋商选举事宜，提出的选举纲领都是关于如何解决农村和农民问题的。张竞生虽然财穷势薄，但他自认有较高的知名度和号召力，与实力雄厚的詹竞烈竞选，彼此仍好有一拼。再说，张竞生志在向社会和民众宣传自己的政治主张，得失胜败倒在其次，因此，不管结果如何，他都不遗余力地投入竞选。

投票那天，张竞生在黄连欣的陪同下，带着一把油纸雨伞，搭船到饶平县城三饶镇投票现场。正式投票选举前，张竞生第一个跳上讲台，对着各位参议员说："今天是竞选国大代表的日子，也是行使民主权利的时刻，各位参议员应该慎重其事，认真投好手上的一票。听说为了这次选举，有人请客吃饭，有人出钱买票，谣言满天飞。对这些谣言，我将信将疑。唯一可澄清谣言的，就是请大家投我一票，因为我无党无派，又无钱无势，决不会有贿选的嫌疑。而且当选国大代表，必须为民请命，为群众说话。作为一个老同盟会员、老革命党，相信我的话会比别人更有分量、更有效果。因此，我也投自己一票，这叫作当仁不让。"

说完，张竞生走到票箱前投票，又向大家鞠躬道："我这就告退，是输是赢，全凭大家的抉择了。"然后与黄连欣即刻赶往码头，搭船回旧寨园。

张竞生前脚回到家里，后脚就有人来报告他败选的消息。他泰然自若，一笑置之，这个结局完全在他的预料之中。然而，从吸取教训的角度考虑，以一人而敌一党，是他所以败选的最重要原因。看来，要为农民争利益，必须成立中国农民党，让代表农民利益的农民党参与制定游戏规则，否则，靠别人施舍，仰别人鼻息，永远只能属于受损害受凌辱的群体。

近代史上，代表农民利益的农会一类组织的建立始终存在于仁人志士的观念形态与现实努力中。1890年，孙中山即倡议"仿泰西兴农之会"；实业家张謇在1896年和1897年分别提出了《农会》和《请兴农会奏》；一些资产阶级先进分子更积极推动建立以研究农学、讲求农务、促进农业发展为主旨的新式社会团体。1907年，清朝的农工商部为制定和颁布《农会简明章程》奏折，提出："农会之设，实为整理农业之枢纽。综厥要义，约有三端：曰开通智识、曰改良种植、曰联合社会。"民国元年，国民政府农林部公布了农会暂行章程，要求各县成立农会；1924年，国民党中央执行委员会公布农民协会章程，要求以新的农民协会代替旧农会。农会组织随着社会形态的变迁和发展被赋予了不同的职责与功能。

二十多年来，特别是近十多年来，张竞生致力于农村问题研究，他认为，中国的基本问题是农村问题。农村的失败，首先是政治的腐败，其次是政策的失误。虽然中央设立了农林部，各省设立建设厅，各县设立了农事推广所，但由于这些机构官僚作风严重，没有实际权力，又人浮于事，缺乏实际经验，致使这些本来应该为农民仗义执言的专管机关，名存实亡，无所作为。比如区区一个植树节，原属小规模的良政，也因疏于管理，使"植树节"变为"死树节"！张竞生痛感于政权的窳劣，三四年前，当陈济棠担任农林部长时，曾专门写信给他，建议在各省设立农林专使。张竞生在建议书中，详细地陈述设立农林专使的必要性及职权范围，强调这个机构在其范围内行使其农林的特权，不受地方官的节制。比如，他有林警的直接指挥权，遇必要时有地方军警的征调权；涉农贷款，由其办理及经管，必要时有权发行区域的农林流通券，并对农村的发展赋予相当的权力等。张竞生设立农林专使的计划受到陈济棠的肯定和重视，但因其实力有限且在任时间过短，这个政策建议最终又只能暂付阙如。

屡屡碰壁后，张竞生决定筹组中国农民党。政党制度发端于英国，盛行于世界，多以取得执政权为目的。张竞生不谋权位，不慕名利，只为着农民兄弟，亲自起草了中国农民党的纲领及章程，核心就是以征工的政策，用农民的力量，发展农业生产，建设富强国家，达到世界大同。张竞生将党纲广为印发，寄往全国各大机关部门和知名人士，招募各方有识之士，共同筹组中国农民党。然而，举世滔滔，谁能识君？现实社会中十之八九为利禄之徒，即使表面说得冠冕堂皇，暗地里又有谁当真呢？张竞生终以僻居一隅，人微言轻，发出的党纲，均如泥牛入海，有去无回。

张竞生并不气馁，他决定一不做二不休，直接到南京面谒蒋介石，力陈国是。对于蒋介石，张竞生虽说没有像汪精卫那样熟稔，但也并非毫无交道。1944年初，蒋介石出版《中国之命运》一书后，曾寄赠张竞生，请他参阅后提出批评意见。张竞生收到书后，通宵阅读，并逐段写上眉批，共有四千多字。主要观点是指出书中存在的狭隘观念，强调要取得抗战的胜利，必须联合全国各界力量，一致对外抵抗外侮，而民族解放国家富强，亦非一党之私利，建议以广阔的胸襟容纳各党各派的意见，共同建设繁荣民主的国家。张竞生当夜誊清后由饶平农校教导主任林修源到浮山邮局寄往南京。一个多月后，由南京"委员长侍从室"寄来国币二千元，作为对张竞生提出意见的答谢。此年夏末，蒋介石发动"十万青年十万军"运动。张竞生阅报后又深为不满，亲自拟信稿给蒋介石："蒋公委座尊鉴：吾公提倡十万青年十万军，纸上热烈，事实未必热烈……"仍由林修源缮写后寄发。虽语多尖锐，但蒋介石似乎并未以为忤。

1946年8月的一天，张竞生从浮滨到钱东，借宿在县参议员沈英名家里。沈英名是张竞生任潮州金山中学校长时的学生，与张竞生的胞弟张竞秀又是同学，因此对张竞生恭敬有加，热情招待。晚饭后，张竞生对沈英名说："我准备到南京去见蒋介石。今天由浮滨步行六十里路到这里，明早又要步行九十里到汕头转道，得早点休息。"

沈英名组织了钱东数乡联防队，他将张竞生安排妥当后，又派了一名联防队员听候使唤。临走时，沈英名对张竞生说："我因另有急事，未能陪伴博士，请别介意。留下这位联防队的兄弟，有何事情您尽管吩咐，绝对可靠。"深夜11时多，张竞生休息完后，辞别联防队员，起身远赴汕头。联防队员问他何以要漏夜赶路，张竞生说此时明月当空，天气凉爽，正好夜行，现在出发，明早八九点钟就能到汕头。联防队员要去报告沈英名，张竞生说不必惊扰，就悄然消失于澄碧的月光下。

第二天天刚蒙蒙亮，张竞生风尘仆仆抵达汕头。他沿汕樟路，过外马路，来到南生公司对面的小食摊喝了几碗稀饭，然后径到汕头招商局购买往上海的船票。张竞生还是那一副招牌打扮：头戴白通帽，穿着一件灰色上衣，一条刚到膝盖的西装短裤。到底是年近六旬的老人，加上又赶了通宵夜路，站到购票的柜台前，张竞生已是疲惫不倦，灰尘满面。张竞生对着里面忙碌着的男女职员，连喊了几声"购上海票！"都没人搭理他。张竞生一时火起，愤然斥责道："客人来购票，为何不接待？这就是招商局的经商之道吗？告诉你们，我可是招商局的股东，你们要好好地为顾客服务。否则，我要去告你们的状，小心敲掉你们的饭碗！"

这些男女职员一听着了慌，细瞧这位老者一副炯炯有神的锐利眼睛，绝非等闲之辈。其中一位戴金丝眼镜的男子连忙把张竞生让进经理室，又是敬烟又是泡茶，并吩咐票务员送来一张上等舱的上海船票。一切办理停当后，金丝眼镜小心翼翼地打问张竞生是何方股东，请多指教。

张竞生理直气壮地说："招商局是国营机构，我是国民的一分子，不是股东是什么？"

说完递过一张名片。金丝眼镜见眼前这位老者正是大名鼎鼎的张竞生博士，虽然哭笑不得，却也不敢发作，只好周到地安排他坐到头等舱。

张竞生不顾舟车劳顿，直奔南京总统府。多次要求，蒋介石就是避而不见，最后只让立法院长孙科代为敷衍了事。

孙科清楚张竞生是老同盟会员，又曾是中山先生亲自委任的南方议和团首席秘书，因此，对张竞生十分礼遇，把他安排住到高级饭店，但就是做表面文章，不给他解决实际问题。

张竞生对孙科说："蒋先生不见我，说明他格局不大。我过去是中国同盟会的元老，现在是中国农民党的创办人。我来见他，不是为了个人，而是为了农民！国大代表没有我们的份，政治协商会议的代表总该有中国农民党的名额吧？"

孙科问："贵党何时成立，多少党员？"

张竞生答："已经成立三四个月，党员目前就我一个人。"

孙科听后，只是笑笑而已，却不置可否，也未作答复。

对于孙科一副官僚的态度，张竞生十分不满。他愤慨地说："中国四万万人口，八成以上是农民。现在国家要召开制宪会议，谁来代表农民的利益？我张竞生远离庙堂，报国无门！但哲生兄（孙科字哲生）一人之下，万人之上，盼能以天下苍生为念！幸勿为了自己做官，忘了先生遗教！老夫告辞了！"

孙科像

　　说完，张竞生捡起白通帽，头也不回地往外走。孙科在后面连喊几声："竞老，竞老……"他也不予理睬。

　　张竞生神情落寞地来到中山陵。他采了几把野菜摆在陵前，虔诚地祭奠先生，并痛心疾首地控诉蒋介石背叛先生的"三民主义"，是破坏民主的独夫民贼，对国家的未来表示深切的担忧。张竞生陵前痛诉，其忧国忧民之心，颇有一点惊心动魄的味道。

　　张竞生洒泪作别中山陵后，茫然踯躅于南京街头。国事不容置喙，家事又横生枝节。他的大儿子黄嘉在失去音信十多年后，忽然听说在南京中央大学农学系毕业，他想趁机找到他，劝他一起回家。但人海茫茫，不知他现在何处？张竞生辗转找到儿子在中央大学的导师金善宝教授，金教授说可惜来迟了一步，黄嘉已于前一天离开南京前往上海。张竞生遂感谢金教授对黄嘉的教育和栽培，金教授称赞黄嘉品质纯朴，成绩优秀，他专攻农艺，台湾的农业比较发达，因此，金教授已经介绍他到台南棉作繁殖场做事。

离开金教授家，张竞生十万火急赶到上海，几经打听，得知黄嘉住在他姨妈家。张竞生又寻到黄嘉姨妈家里，打开房门的刹那间，从黄嘉姨妈的脸中，张竞生依稀捕捉到褚松雪的面影，张竞生急切地问道："黄嘉还在吗？"黄嘉姨妈诧异地说："你怎么现在才来找？黄嘉昨天已起程去了台湾。不过你放心，嘉嘉身体很结实，像个黑小子。"

张竞生异常懊悔，如果不在总统府里徒劳地耗上几天，定能找到黄嘉儿。唉，阔别十年，擦肩而过，难道父子的情分就这么薄？张竞生黯然离开上海，回到旧寨园。

1946年10月，张竞生选派饶平农校首届毕业生张与照、张志纲、张与荣、张应云、张应农、张应钦、郭因芳、王锡清、吕双福、沈其派等十人，由张与照带队，赴台湾糖业第二分公司属下的屏东糖厂工作。张竞生让张与照带交一封信给经理张季熙，请张季熙善待和用心带好这些家乡的子弟，并顺便告知他的儿子黄嘉也在台南工作，请他方便时就近加以照顾。对于张竞生的嘱托，张季熙满口答应，他把张与照安排在屏东糖厂工务课当文书，其他同学也都做了妥善的安排。他们到任后，很快适应了新的环境，吃苦耐劳，表现出色。张竞生经常去信勉励他们要爱厂如家，勤奋工作。张季熙十分满意，又请张竞生先后两次选派近二十人到该公司工作。张季熙还多次邀请张竞生到台湾参观考察，他愿意当好陪同和导游。

不久，台湾发生了震动全岛的"二二八事件"。事因一位卖私烟的老太太被台北警察打伤，而引发了一次不可收拾的民变，最后演化成为台湾人民为争取和维护自身合法权利，要求民主自治、当家作主的正义运动，但遭到国民党政府的残酷镇压，死伤无数，也使台湾全岛陷入混乱与无序之中，许多人的生命安全受到了威胁。

张竞生念子心切，1947年5月专程到台湾，在张季熙的陪同下，见到了刚刚转到屏东糖厂的黄嘉。张季熙已听张竞生讲过在南京、上海与黄嘉失之交臂的前事，遂对张竞生说："你这次又差一点见不到黄嘉了。"

原来，"二二八事件"发生后，张季熙与黄嘉一度失去了联系。在台南棉作繁殖场，黄嘉受到了当地一些不明真相的民众的围攻，由于工友的保护，才幸免受到伤害。褚松雪担心儿子的安全，接连来信催他回内地做事，并说中央大学的金教授已在江苏昆山为他找好了一家农业机构，让他见信后就辞去台南的职务，赶紧回内地，以策安全。

黄嘉见棉作事业在台湾没有多少发展前途，为免得母亲担惊受怕，就利索地辞了工，并坐车来到基隆码头。张季熙得悉他的行踪，派人赶到基隆，把他返回大陆的船票退掉，连人带行李一齐接到了屏东，由张季熙安排到了屏东糖厂。

张竞生无可奈何地说："要不是季熙老弟，我这次又要白跑一趟了。"

父子相见，纵有千言万语，一时却又相对无言。张季熙等陪同的人见状，连忙退到外面。黄嘉问张竞生来台湾做什么，语气有些生硬，张竞生说："来找你啊，让你跟爸爸一起回去。"

黄嘉忽然委屈地说："我没有爸爸！这些年，我到处流浪，挨饿，受苦，你为什么不理我？"

张竞生说："你妈妈对我封锁消息，不让我知道你在哪里，让我怎么理你呢？"

张竞生与褚松雪所生长子张应杰（后改名黄嘉）与其孙女，摄于2002年

黄嘉说："其实你不必来找我，妈妈不会让我跟你回去的。"

张竞生知道，儿子对他有怨气，有误解，但责任全在褚松雪的教唆与挑拨。褚松雪目前住在广州市，任广东省主席罗卓英的秘书，儿子的进退行止，全由她遥控。黄嘉以为自己从小就是母亲抚养成人，因此对母亲言听计从，达到了盲目的地步。褚松雪是一个要强而偏激的女人，张竞生那篇《恨》极大地伤害了她的自尊心，因此，她平时就有意无意地在黄嘉面前贬损张竞生，让父亲的形象在黄嘉的心目中一落千丈。在最后的谈话中，黄嘉甚至按照褚松雪的意思，要与张竞生脱离父子关系！

张竞生气得发抖，他几经遭折，万里寻儿，没想到却落得这样的结局！人间的绝情与惨痛，莫此为甚，他感到了彻骨的寒冷！

他装作若无其事地与儿子告别。为了面子，也为了尊严，他又强打精神在张季熙的陪同下，考察了台湾的蔗糖业，又游览了南投的日月潭。

从台湾归来，一贯身体强健的张竞生大病了一场。为了散散心，开开眼，张竞生只身访问了越南、柬埔寨和泰国。在柬埔寨的首都金边，张竞生登临塔子山极目远眺，又踏足友人的农场切磋农艺。在泰国，他遍访曼谷华侨，华侨们仰慕他的大名，亟望一睹他的风采；于是，他应邀在东舞台做了一次题为《种种改良》的演讲，受到乡亲们的热烈欢迎。会后，他与侨领余子亮做了长谈，建议他回家乡投资，在汕头设立中华柑橘研究院，对潮州柑橘的品种加以改良，并到饶平开辟柑橘及果树种植场，进行大面积的种植，以便打入国际市场，与美国的花旗橘子相抗衡。张竞生尽情地放浪于异国的山水与风情，借以忘掉人间的不公与不幸。

然而，他始终萦怀于心的还是中国农民党。他热心地向华侨宣传，但毕竟境遇不同，虽言者谆谆，却听者藐藐。他不禁哀叹，一个人要做成一项事业是多么不容易。

这时，国内内战日亟，经费日绌，饶平农校已处于风雨飘摇之中。他匆匆赶回饶平，农校已是人去楼空。望着空荡荡的校园，以及校前坡地上那片孤零零的台湾相思林，张竞生怅然若失，喟然长叹……

国家处在危难之中，张竞生不能袖手旁观。为了呼吁和平，化干戈为玉帛，同时促请当政者重视改善民生，关切农民权益，张竞生拿出六个银圆，让原来农校的老师黄连欣到浮山圩的打银铺"良大号"，请店主张良大将六个银圆打制成两把小银锄。

半个月后，黄连欣取回了两把银光闪闪的小银锄。按照张竞生的要求，只见锄板上镌刻着两行小字"日执锄头二三小时，提神醒脑滋生无穷"。其中一把上款："蒋公委座留念。"另一把上款："毛公润之先生留念。"两把下款均为："张竞生敬赠。"锄柄长约18厘米，粗细与筷子相仿佛。

张竞生还请大榕铺木工拐脚千做了两个小木匣，在装匣时，年已十一岁的张超在场，他只觉得好玩，两把小玩意儿，却忙坏了几个大人。先由黄连欣把银锄放进木匣，用草纸充垫防撞，匣盖是活动隼，可以自由打开。匣子封好后，再由黄冠南用白布做成的布套再一次封装，最后由张竞生用毛笔字写上邮寄的地址和收件人，分寄国共两党领袖：一件寄给南京的蒋介石，一件寄给延安的毛泽东。

黄连欣小心翼翼地抱着这两个特殊的邮件当天就送往浮山邮政代办所挂号寄出。张竞生寄出了两把小银锄，就像完成了一宗重大使命一样如释重负。

1947年12月上旬，张竞生应设在梅州（后迁汕头）的南华学院的邀请，到该院做学术演讲，题目是《民需论》，分两次讲完。这篇

1947年张竞生（左3）在金边与华侨友人合影

演讲是张竞生长期思考民生问题的理论结晶，也是他致力于社会改造的实践蓝图，并对农业问题在中国的重要性做了进一步的强调。他认为："所谓'三需'是指生存、智育、艺术三种的需要，这三需是天赋的人权。""三需中的首脑——生存权，是起于自然的需求，初民的生活为渔猎，然后进为游牧，以至初期农业时代。"

随后，张竞生在演讲中又对蒋介石的《中国之命运》进行了毫不客气的批评。他直截了当地说："蒋主席著《中国之命运》一书，在初版中对经济方面主张重工业，对农业过分忽视，当前近代国家固然须向工业前途迈进，但在中国却不能做到，而相反的要以农业为主要。怎么说呢？中国以农立国这并非夸口，中国人口百分之八十为农民，一切还停留在从前社会状态，而无一点工业气息，财力的组织全在农村，所以中国一直到目前为止还是农业社会，本人为农民一分子，所以主张在中国农业重于工业，这并非重农过度，不过在国家的需要上以为先建设农业，然后再行发展工商。"

最后的结论是："不论为了全国人民生活，为了中国社会，都有重农的必要。"

张竞生自视为"农民一分子"，他呼吁，上书，甚至组党，为伊消得人憔悴！

五、烽火旧寨园

1947年12月，担任广州行辕主任兼广东省政府主席不到两个月的宋子文，委派国民党军中将喻英奇到潮汕任行政督察专员兼第五清剿匪区司令。喻到任后，即将桑浦山土匪、南澳海盗收编为伍，对当地著名匪首洪之政、陈汉英、吴超骏委以重任，并在潮州城召开潮汕绥靖会议，杀气腾腾地立下"十杀令"；旋即又到饶平县城主持召开"戡乱建国动员会"，在黄冈部署"围剿"计划。

霎时间，饶平的山山岭岭笼罩着白色恐怖，黑云压城，风雨欲来。

1948年初春的一天，启新学校校长黄若影到旧寨园找张竞生博士。国民党为了加强控制，在学校推行"联保连坐法"，规定外地来任教的教师，必须由当地绅士具名担保，否则不予聘用。黄若影说："我是潮阳人，来到饶平教书，人生地不熟，不知要找谁担保？"

张竞生当即表态说："这有何难处，我担保你，你再为别的老师担保就是了。"

张竞生说着就提笔在担保书上签了字。两人便在客厅里边泡茶边畅谈，谈时局谈形势谈民生，竟十分投机。张竞生吩咐中午留饭，主妇黄冠南亲自下厨，都是农家菜，却烹调得色香味俱全，其中一钵炖鸡，原汁原味，味道鲜美；一盘油炸香蕉，把刚成熟的香蕉去皮后切成一小段一小段，周身蘸满面粉，放到油锅里炸至焦黄焦黄的，捞上来摆在盘子里，香气扑鼻，松脆可口。这后一样佳馔，黄若影是平生第一次吃到，他感激张博士的信任，更感激张博士的礼遇。黄若影走后，张竞生对妻子黄冠南说："从谈话中可知他是共产党员。"按照国民党的规定，担保者要负连带责任，如果查明是共产党员或"老八"（游击队员），就有一同杀头或坐牢的危险。

黄冠南闻言不安地说："那你为什么还要给他担保呢？"

张竞生坦然地说："我看清楚了，他所做的是正义和光明的事业，我不担保谁能担保？再说他一旦暴露，不但事业受损失，个人还要遭不测。我担点风险没什么。"

掩护共产党员从事秘密工作，张竞生其实很早就已经介入，并达到不顾个人安危的地步。抗日战争中期，张竞生就通过本宗侄子张文声、潮汕党组织负责人林美南先后接纳了共产党员钟声、陈君霸到启新小学、饶平农校任教，并相继委以小学校长和农校教导主任的重任。此后两三年，钟声、陈君霸以及党组织又通过这条渠道，先后把李凯、陈义之、陈以一、杨昭龄、张桐萱等四十多名党员和同情分子，安排在饶平中部西四乡的桥头、大榕铺、溪墘楼、宫下、五祉、坪溪，南四乡的长彬、雁塔，东四乡的居豪、东山等十多所学校任教，形成可靠的隐蔽斗争基地，积蓄了宝贵的有生力量。解放战争初期，又陆续在启新小学、樟溪小学、坪溪小学、小彬小学设法安置了陈剑青、杨玉坤、纪式哲、余卓芬、李长彬等近二十名党员从事教学工作，保护了一批革命骨干。

担保之事应付过去之后，局面一时风平浪静，但黄若影仍不敢放松警惕，因为国民党已经加紧对学校的监视和管制。这天，黄若影来到旧寨园拜访张竞生，与张竞生闲谈，实际是按照党组织的指示，加强对张竞生的统战工作。黄若影十分了解张竞生对贫苦农民的深切同情，但苦于组织无方，自救乏力，就主动向他介绍凤凰游击区通过教唱革命歌曲，启发阶级觉悟的做法，如《烧炭曲》《青黄不接四月天》《衬衣曲》等，其中一首《敲仔苦》，令多少穷苦农民心酸落泪，毅然决然地上山参加革命。说到这里，黄若影不由轻轻地哼唱起来：

敲仔苦，苦、苦、苦！背脊曝到裂，衫裤件件补，死落脚跷跷，无衫无裤见公祖！

听着这种悲哀的吟唱，张竞生心情异常沉重，这是阶级压迫的苦果，也是国民党弊政丛生的恶果。目睹国民党的日益腐败与残暴，他对共产党的同情和支持就与日俱增！

正在这时，大榕铺的保长张吉昌匆匆来到旧寨园，报告说国民党对平原几所学校已采取行动，饶平隆都、前美和澄海苏南等六所小学的一批教师已遭到逮捕。形势十分险恶，黄若影当即请示了中共饶和埔丰边县工委，工委指示黄若影尽快组织饶平中部一带原来隐蔽在学校的地下党员迅速转移到凤凰山游击区。清明节后，隐蔽在启新小学的特派员黄若影等人奉命上山入伍，张竞生当机立断，迅速安排其他人入校顶教，瞒过了国民党当局，使一批地下党员得以安全转移，从而结束了饶平中部一带以启新小学为据点的长期隐蔽斗争。

饶中山区的地下党员来到凤凰山游击区后，组建了十二武工队，陈剑青任队长，张桐萱任副队长，任务是配合主力部队，开辟饶中游击走廊，打通与闽南的联系。国民党饶平县党部获悉后，坐立不安，在饶平县报上载文惊呼："许杰麾下健将陈剑青股，已越南四乡与闽南匪军会合，从此饶平将是多事之秋。"鉴于这种形势，喻英奇将驻在凤凰山的保警大队吴大柴（即吴超骏）部调防驻守浮山圩。

旧寨园由此卷入了漩涡的中心，成为红白两军拉锯和争夺的中间地带。白天，国民党军常常经过旧寨园附近大路往杨厝或新安一带围剿游击队；晚上则是"老八"的天下，武工队频频经由旧寨园到饶中发动群众，袭击敌伪。张竞生的对策是广交朋友，心中有数，明里不得罪国民党，暗中悄悄帮助共产党。

1948年深秋时节的一天，中国人民解放军闽粤赣边纵队第四支队司令员许杰率部，在十二武工队陈剑青的配合下，从凤凰山出发，前往闽南准备与闽粤赣边纵队第三支队会师，当晚路过大榕铺，夜

广东省饶平县浮滨镇大榕铺村的张竞生故居，已改造为"张竞生博士旧寨园陈列室"，图为本书作者（右）与张竞生次子张超（左）

宿旧寨园。张竞生连忙吩咐妻子黄冠南做饭炒菜，招待客人，他自己也亲自下厨煮了两大锅地瓜汤，为客人洗尘解渴。一百多人的队伍饭饱水足后分散在旧寨园的角角落落静静地歇息，许杰、陈剑青则与张竞生在客厅里彻夜长谈。

考虑到旧寨园形势复杂，后半夜时，警惕性高的陈剑青建议留下武工队员许才当联络员，大部队伍立即开拔，以防不测。许杰、张竞生都十分赞成，队伍当即神不知鬼不觉地离开大榕铺，向渔村方向进发。

就在后半夜，有探子向吴大柴密报。第二天天还没大亮，吴大柴带了一个连的士兵从溪楼方向抄田间小路直奔旧寨园而来。园内园外忽然犬吠声四起，等到发现情况有异，吴大柴的尖兵已进入园的前门。这时，许才赤着上身，仅穿短裤，腰带上还插着包裹着红布的驳壳枪。部队出发后，他也没有睡意，正与张竞生在客厅交谈，此时要撤走已来不及。在此千钧一发之际，他没有惊慌失措，而是沉着机警地对张竞生说："博士，我就做你的长工。"顺手将驳壳枪捋下缠上一捆稻草，叫张超丢到园边的稻田里。

就在许才和张超走到厨房准备煲茶时，匪军大队人马已从厨房前经过到相距不远的起居室，并逐间屋子详加察看。吴大柴见到张竞生，行了一个举手礼，恭敬地说道："张博士，打扰了。"张竞生把吴大柴和他的副官孙树孔引到客厅坐下，这才慢条斯理地答道："噢，大队长一大早到此，有何贵干？"吴大柴阴阳怪气地说："博士，听说昨夜这里来了大批土匪，有这回事吗？"

张竞生不动声色地说："什么土匪，我怎么没听说？"

这时，茶已泡好，许才叫张超捧着糖果盒一起来到客厅。许才向吴大柴端茶敬茶，神态自若。吴大柴死死盯住许才左看右瞧，张竞生将计就计道："这是我帮工阿细，阿细，你去给吴大队长采摘些指天椒，这可是新品种，腌制以后送饭最煞嘴。"

许才"嗯"了一声，然后与张超大摇大摆地走出客厅，来到菜园里。只见一堆士兵正围着两株结满累累果实的"指天椒"，边摘边当场大嚼起来，许才和黄冠南采摘了两小布袋，交给一个事务长模样的士兵。未几，许才与张超又悄悄地溜回厨房，许才竖着耳朵谛听着客厅的谈话，密切地留意客厅的动向。由于张竞生的巧妙周旋，大约一个小时后，吴大柴找不到任何破绽，只好悻悻地撤退。

吴大柴刚走出大门，许才拉起张超就到稻田里捡回手枪，猫着腰穿过一片即将成熟的稻田，往相反的方向云岭村远遁，他怕诡计多端的吴大柴会来个回马枪。

　　吴大柴是高堂乡景坑村人，十多年前，谭朗星办清乡，原计划把贼匪严重的景坑村剿灭掉，张竞生为避免玉石俱焚，百般维护，解救了大多数无辜村民，也网开一面保住了贼首吴大柴的性命。由于有这段前因，吴大柴虽助纣为虐，横行全境，却始终不敢对张竞生有什么不利行动。

　　1948年12月12日，东四武工队配合有关主力和乐岛民兵共一百多人，进入饶平中部居豪村活动，因走漏风声，被来自饶城、浮山和浮滨的国民党军所包围，激战一昼夜后，主力部队渡过黄冈河安全转移，但有两名伤病员文锡源、郑清流撤退到旧寨园，请求张竞生协助医治。张竞生二话没说，当即托人带自己的名片到浮山请医生。医生来到旧寨园，见张竞生安然无恙，殊觉诧异。张竞生指着伤员说："这两位老八，是在战斗中负的伤，你尽管医治，一切由我负责。"翌年春，凤凰山革命队伍迅速扩大，同时又碰到连绵阴雨，部队给养遭遇巨大困难。上级要求武工队征集粮食六百石，以解燃眉之急。其中樟溪的二百石米因发动不力无法完成。武工队长赵拾向张竞生反映后，张竞生当即把樟溪的进步绅士张国栋、张广实请来商量解决。张国栋表示要将粮食直接运到凤凰山有困难，张竞生决定以宗族关系将粮运到大榕铺来，再由大榕铺安排青壮连夜送往凤凰山。他还亲自召集张姓四村的乡绅，要求大家以实际行动支持革命，把公尝钱拿出来购买布匹、鞋袜、药品、手电筒等送到解放区。让保长张吉昌到浮滨的"张和兴"商号，邮订《华商报》《文汇报》等香港进步报纸及刊物转送解放区，起到了很好的鼓舞士气、宣传群众的作用。

　　张竞生的明显政治倾向和频繁的支共活动，引起了国民党当局的严重关切，密探也频频向喻英奇报告张竞生"通匪"的消息。这时，距离旧寨园不远的坪溪派驻一个团的国民党正规军，喻英奇即通知其团长将张竞生"就地正法"。此事为旅居汕头的翁照垣将军知悉，翁照垣一面约见喻英奇，告诉他张竞生是老同盟会员、革命元老，千万不可鲁莽从事，使喻英奇有所忌惮；一面派人赴饶平，告知张竞生应迅速离开旧寨园，以防不测之祸。

张竞生得报后，连夜与家人友人进行紧急磋商。大家认为，若确要出走，只有两条路：一条是从坪溪过潮安意溪，转潮州汕头，现某团扼守坪溪，此路不通；一条是从钱东、澄海、汕头往香港，也是关隘重重，凶多吉少。经反复权衡，认为喻英奇虽一介武人，如晓以大义，应可理喻，不如冒险到汕头面陈衷情，或可化险为夷。张竞生认为这后一个意见可行，遂只身前往汕头面见喻英奇。

张竞生到达汕头后，先找巫佳音和黄达修再探消息。巫佳音是张竞生的忘年交和老搭档，离开饶平后，在汕头经营美亚汽车行及汕樟橡胶厂；黄达修是抗战时期在大榕铺避难的老师，彼此十分熟稔。张竞生与他们一合计，他们也认为以张博士的身份找喻英奇讲道理不会有危险，并告知喻就住在外马路的汕头警备司令部。

张竞生来到警备司令部，经卫兵请来副官询问，副官说喻司令刚乘装甲车外出公干，不知何时回来。张竞生正准备离开，转身时却瞥见装甲车正在不远处的外马路行驶。张竞生手执拐杖，迎上前去。急驶中的装甲车忽见一斯文老者拦阻，即靠路边停了下来，卫兵开门喝问何事。张竞生递上名片，说要谒见喻司令。片刻，车门大开，喻英奇躬身走下车来，呵呵大笑，连说张博士是稀客，欢迎到司令部喝茶。边说边把张竞生携上装甲车，一起回到戒备森严的司令部。

喻英奇是湖南保靖县人，先后毕业于广东省警官学校和西江讲

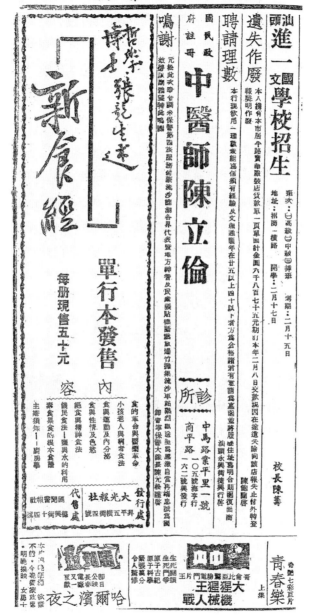

张竞生《新食经》单行本广告

武堂，曾任余汉谋部上校团长，抗战爆发后，率部打响了南京保卫战第一枪，曾受到蒋介石的召见。他早就听说过张竞生的大名，但对这些中看不中用的老古董，明知道张竞生与共产党游击队暗通款曲，也只好睁一只眼闭一只眼，现在他自己找上门来，更加不能造次，以免落下杀害党国元老的恶名。张竞生在司令部落座后，不愠不火地问喻英奇："喻司令，听说你要杀我，今天我自己送上门来了！"喻英奇故做惊讶地说："空穴来风，没影的事。"张竞生遂详细陈述常受保警大队威吓与骚扰的处境，喻英奇听后，故做爽快地说："老先生包你没事，你回去安心睡大觉吧！"

在战火的缝隙中，张竞生暂且偷安于旧寨园。作为一个归隐田园的老者，张竞生确乎厌倦了经年不息的战争。因此，当蒋介石在兵败如山倒后不得不于1949年1月21日宣布引退，由副总统李宗仁代行职权，并决定放弃武力政策，要求实现和平时，张竞生仍未看穿蒋介石的反动本质，以为和平真的可以到来。于是，他急不可耐地联络了钟鲁斋、吴文献、饶宗颐、郑瑞璋等十七名潮汕文化名人，发起组织了"潮汕国民和平改革促进会"，呼吁"我国内战如果再不停止，将无以挽救憔悴之民生，破产之经济，尤无法以遏止日本的抬头与国际的危机"。1月24日下午四时，潮汕国民和平改革促进会假座汕头市立中正图书馆举行座谈会，商讨组织办法及和平工作进行事宜；会议还推举张竞生为主席，决定组织筹备会，推举张竞生、郑瑞璋等11人为委员。1月27日上午九时，筹备会第一次会议在郑瑞璋律师公寓举行，会议决议由该筹备会通电上海总会，呼吁和平，及通函潮汕各县市参议会发动和平改革运动。3月初，旧历年过后，张竞生重返汕头市，在《潮州乡讯》上发表了《讲和平》一文，提出国共两党要真正实现和平，须有两项条件：一项是中共提出的八个条件的第一条"惩办战犯"应改为"整肃战犯"，提法温和一些，较易于接受；另一项是必须实行多党制，至少是由国民党和共产党共同治理国家。随后，张竞生又以潮汕国民和平改革促进会的名义，向李宗仁和毛泽东发出了两封通电，呼吁国共双方应致力于实现和平。

世界潮流，浩浩荡荡，顺之则昌，逆之则亡。此时此际，张竞生的主张，实际是彻头彻尾的书生之见。张竞生就是这样一个人，当他谈论学术的时候，比如此前在汕头《大光报》连载的《新食经》和《山的面面观》等著作，充满了深刻的洞见与哲理的光辉；而当他谈论政治的时候，却显得那么一厢情愿与不合时宜。

第十章　大时代的小学生

一、南大学子

1950年3月30日至4月1日，饶平县第一次人民代表大会在饶平一中礼堂召开。出席会议的代表共三百三十二人，包括工人、农民、军队、妇女、学生、工商界人士、文教界人士、无党派民主人士、军烈属、少数民族、特邀代表等。劳动人民翻身做主人，昔日的泥腿子成了新社会的执政者，大家济济一堂，喜气洋洋，会场上充满了一种胜利者的豪迈与对新生活的向往。

张竞生属于特邀代表，这样的氛围是他所陌生的，却也是他所感兴趣的。会议由县长陈君霸主持，并代表军管会及人民政府做施政报告；县委书记陈义之做形势与任务报告；建设科长洪波做关于1950年春季生产备荒计划报告；作为社会贤达与知名人士，张竞生也做了专题发言。然而，与别人的慷慨激昂不同，张竞生更多地着眼于医治战争之后的创伤，针对人民生活三餐难度的窘境，张竞生在发言中提出要实行生产垦荒，尽快发展地方经济。他向人民代表算了一笔账：我国从丘陵、高原到山地，共占总面积的74%，平原和盆地合起来不过占26%；而山多地少的现象在饶平更为突出，因此解决民生的当务之急就是向荒山垦殖，向山地造产，带领人民过上幸福的生活，这是人民政府的职责，也是人民政府的光荣。

张竞生的发言虽老调重弹，却切中肯綮，说到农民代表们的心坎上。在这次会议上，张竞生与陈义之、陈君霸、李芳柏等二十三人当选为饶平县第一届人民代表大会常务委员。

1950年4月10日，饶平县第一届人民代表大会第一次常委会议在县政府会议厅举行。会议选举陈义之为常委会主席，陈君霸、李芳柏为副主席，杨鸿志为秘书，文俊士为副秘书；张竞生、李瑞婉等十一人为常委会驻会委员；陈义之、陈君霸为饶平县生产备荒委员会名誉主任；由于德高望重，更由于关注民瘼，张竞生则被一致推选为饶平县生产备荒委员会主任委员，洪波等七人为委员。

虽年逾花甲，张竞生仍满腔热情地奔走于现实的政治，为新生的政权、为民众的福祉，他不辞辛劳，跋山涉水，规划荒山开垦，指导生产发展，在较短的时间内，就在全县开辟建立了各种类型的林场、果场、菜场、杂粮场，多管齐下，使全县人民顺利渡过饥荒，维护了社会的稳定和发展。

张竞生已习惯这样的生活节奏：忙时，到县城参政议政，赴各地视察参观；闲时，在旧寨园执锄劳动，或者修枝剪叶。在抗战的硝烟中返回故里，转眼间过去十多个年头，当年种植的那株玉兰树，已挺拔园中，香飘数里；绿影婆娑的香蕉树，季季蕉黄果熟，应节上市；就连那来自异邦的番石榴，也个个溜圆，惹人喜爱。故园的温馨，绿窝的倩影，颇使张竞生感激上天眷顾；而当爱人伴随，当稚子邀游，在潺潺的小溪旁，在静夜的小楼上，凉风拂面，明月当空，张竞生则俨然自视为羲皇上人。

张竞生暗忖，年轻时愁云惨雾，四处漂泊，现在太平盛世，安居乐业，就在此待诏山下，于花果丛中，搜虫捉蝶，终老故里吧。

然而，形势正在悄悄地发生逆转。土地改革运动在全县乡村如火如荼地开展起来，作为土改的对象，张竞生似乎也不能置身事外。一些群众开始对他有些微词，先前筑路时闹过纠纷的东官王氏某些乡人，又趁机兴风作浪，写了控告信再次到汕头市政府状告张竞生，信件被转送到汕头市委书记林美南，他是当年修筑饶钱公路的当事人，一眼就洞穿那控告信捏造事实，一派谎言。他亲自主持公道，并专门修书一封寄给张竞生，鼓励他相信党和政府，不为谣言所惑，再为家乡建设献策出力。

　　有一天，毕业于南京农校的张竞生的弟弟张竞秀，头戴高帽，被农会干部押着游街，并从旧寨园门前经过，震耳的锣声吓得黄冠南和孩子们大气都不敢出，只瞪着恐惧的眼睛目送游街的队伍远去。张竞生独坐客厅若无其事地喝着功夫茶，味道有些苦涩。

　　不久，县政府根据上级安排，通知张竞生赴广州南方大学学习。张竞生已惯于乡居，以为乃例行政治学习，遂婉言辞谢。过了一段时间，县政府不见动静，又来函催促，张竞生仍不以为意。转眼到了年底，县长陈君霸亲临旧寨园动员，告诉他这是奉省政府方方副省长之命，请张竞生务必尽快动身，临走时留下了入学通知书和川资三百万元（相当于第二套人民币三百元）。

　　张竞生尚在犹疑间，广东全省已在叶剑英、方方等的领导下，按照共和国主席毛泽东的要求，在开展"有步骤有秩序地进行土地改革工作"的同时，又开展了轰轰烈烈的镇压反革命的运动。土改与镇反同时在南粤大地波澜壮阔地展开，颇有秋风扫落叶的气概。张竞生原想株守旧寨园，静观天下事，但随着风声一日紧似一日，邻村的绅士阶层与头面人物陆续被关押管制或游街批斗，如不速离此是非之地，早晚定将延祸上身。黄冠南深恐意外事态发生，对张竞生下了最后通牒，要么张竞生远离家园，要么黄冠南以死相报。无奈之下，张竞生只好背上简单的行囊，只身踏上前路莫测的广州之旅。

动身的时候，是在1951年春节刚过。霜重雾浓，乍暖还寒，在旧寨园门口，弱妻幼子一字儿排开，与张竞生依依惜别。行前，张竞生对黄冠南说："最要紧的是替我保存好我的著作孤本和证件，我不久就会回来的。"敏感而脆弱的黄冠南已是泪流满面，谁也没想到，这一别竟成永诀！

十多岁的张超懂事地背起行李，把老父送到了浮山车站。饲养多年的大黑犬似乎感觉到主人将有艰难的远行，一路上低声呜咽，紧紧地追随着主人，久久不愿离去，在张竞生多次呵斥下，才垂头丧气地返回家园。

面对全新的世界，旧时代的老者变成了大时代的儿童，一切都重新开始，一切都从头来过。张竞生被安排到南方大学政治研究院第四部学习，同学都是知名文化人或旧军政人员，安置下来后才知道，陈君霸之所以三番两次地来催促，是党和政府为了保护这些开明绅士和文化名人在土改和镇反时免遭伤害的一项统战政策。同学中有华南分局第一书记、广东省政府主席、广州市市长叶剑英的弟弟叶道英，他原任广州市税务局局长；有原北京市警察局局长、少将曹磊石等。贵为当今省主席的弟弟都必须接受再教育，遑论其他？因此，张竞生十分感念政府的良苦用心，心悦诚服地接受思想改造。

南方大学的口号是"甘当小学生，甘做小勤务员"。在校八个月的学习，张竞生放下哲学家的架子，像"小学生"一样，认真学习钻研马列主义、毛泽东思想，重新认识马克思《资本论》的价值，深入研读恩格斯的《反杜林论》《自然辩证法》、列宁的《哲学笔记》、毛泽东的《矛盾论》《实践论》等马列主义经典作家的著作，从中获得宝贵的精神滋养和理论启迪。

恩格斯在《自然辩证法》的《〈反杜林论〉旧序·论辩证法》一文中写道："'创造体系'的杜林先生今天在德国并不是个别的现象。从不久以前开始，哲学体系，特别是自然哲学体系在德国就像雨后春笋一样成长起来，至于政治学、政治经济学的无数新体系，就更不必说了。"在这段话的旁边，张竞生批注道："体系与系统不同。体系是今人造出来的，而系统是生成的。"对于唯物主义者来说，思想、理论体系是对物质世界的抽象和概括；对于唯心主义者来说，思想、理论体系则是从头脑里杜撰出来的，这两者是有本质区别的。在恩格斯《自然辩证法》的《导言》中，张竞生又写道："整个自然界永久在流动，永久在循环中运动。"在恩格斯所讲的"现在，近代自然科学必须从哲学那里采取运动不灭的原理；它没有这个原理便不能继续存在"这段话旁边，张竞生又批注："大循环是运动不灭的原理。"在该书《辩证法》中，张竞生又写下了这样的批语："系统法(1) 量质互变而成自己的系统；(2) 相互渗透，一切互相关系，但有一个中心点为主导；(3) 否定之否定规律指其中有进化与退化的分歧：有系统的是进化，无系统的是退化与灭亡。"

张竞生正是通过对马列著作的学习，逐渐摆脱卢梭、狄德罗机械唯物论的影响，初步确立起辩证唯物主义的理论思维，用马列主义的辩证唯物主义观察世界，分析世界，把握世界。

在南方大学学习时，张竞生不仅重视思想改造，而且重视劳动改造。他刻苦学习，带头劳动，虽年逾花甲，却老当益壮。有一次，学校组织学员到坡地开荒和清理垃圾，校长陈唯实照顾他年纪大，劝他别参加，他却富有哲理地说："劳动是人类生存的第一需要，也是我生活的赏心乐事，别看我年纪大，我还能干十几二十年呢！"翌日，南大校刊头版刊登了一张照片，是张竞生博士手执锄头在劳动的场面，里边还配发了评论文章，大意说张竞生博士不倚老不畏难，热爱劳动，号召大家向他学习。

　　虽然学习紧张，劳动繁忙，但张竞生的生活却极有情趣、极有规律。每天晚饭后，张竞生都会独自一个人，或者约上一二同好，出去散步。他常常从南方大学的侧门出发，穿过一小片田野，来到中山大学，在几大学院里闲逛，健步不停，每晚约行十多里路，才回到宿舍。有一次，他邀请担任班长的曹磊石一起闲游，曹磊石却

1952年张竞生在广州南方大
学学习时与曹磊石合影

嘲笑他仍不改资产阶级的生活方式云云，张竞生不为所动，继续行走如飞地坚持散步，锻炼身体，誓言要活到一百岁。

曹磊石是新中国成立前北京市警察局局长，少将军衔，国民党起义人员。他中等身材，文质彬彬，常戴一副金丝眼镜，完全不像一位曾手执刀把子、有生杀予夺大权的武人。他改造态度好，工作热情高，被安排担任南方大学第四部的班长，平时尽职尽责地为同学们服务，兢兢业业完成各项政治任务，被认为政治上十分可靠。在毕业典礼上，学校指定他负责领呼口号。

曹磊石感到无限光荣而又责任重大，把要呼的口号写在纸上，背得滚瓜烂熟，但由于过分紧张，晚上睡不着觉。第二天起来，心里还在反复告诫自己：千万别喊错了！可在当天的毕业典礼上，当他呼到"中国共产党万岁！"时，竟错为："中国国民党万岁！"

会场上极为惊愕。一些人不知所措，作声不得；一些人自觉改口，高呼："中国共产党万岁！"所幸没有人跟着错呼。曹磊石知道闯下了弥天大祸，急得连连捶击自己的脑袋，并大声哭骂："我该死！我该死！"

出了这么大的乱子，毕业典礼只好草草收场。散会后，一些学生围上来辱骂曹磊石，曹磊石急火攻心，却欲哭无泪。在随后召开的曹磊石批判会上，曹磊石痛心疾首地做了自我批判和自我检讨，许多同学都愤怒地指责他平时伪装得积极，关键时刻却坚持反动本性不改，是一次严重的政治事件，如此反党反人民，该当何罪？

听着大家七嘴八舌的声讨，曹磊石吓得簌簌发抖，恐惧而无助地望着这些朝夕相处的同学们。此刻，他正站在地狱之门，只要同学们动一动手指头，他就将跌落万丈深渊，摔得粉身碎骨。

这时，张竞生挺身而出，力排众议。他从心理学的角度，分析曹磊石因为过度紧张，而引起了兴奋与抑制的错乱，越害怕出错越容易出错，越想有所表现越出现故障，以致铸成大错。但考察他的一贯表现和主观动机，应视为一次偶然事件，而非刻意反动。张竞生极力主张以批评教育为主，不应进行处分。

校长陈唯实本人也是一位哲学家，他认可了张竞生的分析，赞同张竞生的观点，因此，淡化处理了曹磊石事件。

曹磊石对张竞生感激涕零，把他视为再造的恩人。

毕业典礼后，按照省政府的安排，全体学员都分配到全省各地农村担任土改工作队员，指导各地开展"清匪反霸，退租退押"运动。

学员们都打好了背包，情绪昂然地在教学楼门前列队等候派遣。

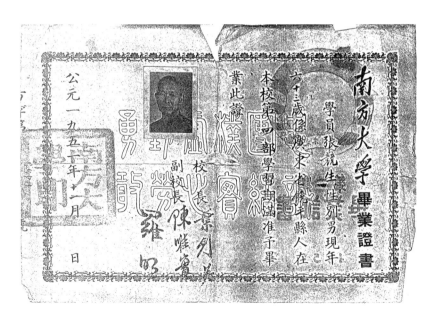

张竞生在南方大学学习改造时的毕业证书，1951年11月

汽车就停在旁边，点到名的就背起行李上车，像军事行动一般干脆利落。叶道英本来以为自己可以免予下乡的，想不到仍然不能网开一面，当他听到自己的名字时，他对站在旁边的张竞生苦笑了一下，耸了耸肩膀，就向大卡车走去。大家佩服主政华南的叶剑英大公无私，也赞赏叶道英的光明磊落和不搞特殊。

张竞生主动请缨，他想到农村去开展土改，与农民一道打破旧的经济格局，建立新的生产秩序，这是他毕生的夙愿。他认为，虽然解放了，但中国的根本问题，仍在农村；农村的发展，需从根救起，综合治理。他后半生所学，尽在农村建设，现在正是报效国家，有所作为的时候。

然而，学校没有批准他的要求。因为他年事已高，学校给予他特殊的照顾，按照省领导的指令，张竞生被派往省农林厅任技正。他是班里少数几个没有下乡的学员之一。

与轰轰烈烈的农村土改擦肩而过，张竞生颇引为人生的憾事。

二、随风飘逝

即使身为哲学家，张竞生也无法预知，就在他离开旧寨园的一个多月后，家里就被卷入了灾难的漩涡。

土改运动以摧枯拉朽的态势从广袤的乡村横扫而过，农民兄弟兴高采烈，地主阶级则惶恐不安。这是黄冠南从未经历过的大事变，对于现实的纷乱与残酷，她无法认识，更无从把握，感到了空前的恐惧与茫然。与张竞生结婚十多年来，黄冠南最大的成就，就是不间断地接二连三地生育了五个孩子：张超、张彪、张晓、张优、张友。对于提倡节育的张竞生来说，这个结果似乎是一种无言的讽刺。

虽然实践与理论背道而驰，但这并不足以反证张竞生节育理论的谬误，恰恰说明了知易行难，要改变现实、改造社会是一件多么困难的事情。

作为一个家庭妇女，黄冠南相夫教子，料理家务；作为一个知识女性，黄冠南识文断字，辅佐丈夫，从未干过重体力活，几乎是肩不能挑，手不能提。在乱世里，她与张竞生相濡以沫，虽然张竞生脾气火暴，她时常唠唠叨叨，但只要一家团圆，她心中就有主心骨，心里就有安全感。现在时代变了，丈夫走了，家庭的经济来源被突然切断了，为了五个幼子免成饿殍，她咬紧牙关学习"担火炭"，以高强度的劳动换取升合之粮养家糊口。

"担火炭"是当地的一项苦力活，除非万不得已，女人一般是不赚这种血汗钱的。每逢农历二、五、八日就是火炭墟日，此前一日，黄冠南徒步到离旧寨园三四十华里的新安林场火炭窑挑火炭，次日挑到三十余里外的樟溪老圩出售，每担火炭重六十多斤，来回两天可赚人民币一至三角钱，能购买糙米两三斤。开始时，黄冠南与别的"地主崽"合挑一担，后来就与张超一起，母子合挑一担，一家六口整个冬天的口粮就全靠母子俩的肩膀挑出来的。

然而，对于黄冠南这样的柔弱女性来说，身体的辛劳可以承受，而精神的虐待却难以招架。一天，村里两个民兵背枪持棒来到旧寨园，黄冠南慌忙把他们让进屋里，请坐、递烟、敬茶，可他们并不领情，而是不冷不热地站在园里那棵玉兰树下，叫黄冠南把她家里的那只大黑犬喊来。黄冠南不明就里，把大黑犬从果园里唤出来，大黑犬摇头摆尾地来到女主人的跟前，就在它抬起头来迎向主人的刹那间，执棒的民兵手起棒落，大黑犬惨叫一声倒地抽搐，阴暗的果园流淌着一摊鲜红的血。

那血像一道闪电，无情地击中了黄冠南，黄冠南当场惊厥。一直在现场的张超冲过去把母亲扶到客厅的沙发上斜躺着，黄冠南受到过度刺激，迷迷糊糊，饮泣不止，当她醒来时，民兵与大黑犬已经无影无踪。

杀狗儆主人，黄冠南预感到即将大祸临头，整日忧心忡忡，以泪洗面。春节前，张竞生的弟弟张竞秀以恶霸地主的罪名被枪毙，油印的判决书上赫然写着"在恶霸张竞生的庇护下"等字眼，张超在村街的公布栏上看到布告后，飞奔回家向黄冠南做了报告，黄冠南吓得面如土色，急忙写信告诉张竞生村中的一切，叮嘱他多加小心，千万不能回家乡。

临近春节，家家都在宰鸡杀鹅，购买年货，准备过一个热热闹闹的新年，黄冠南一家妇孺却冷冷清清，死气沉沉。年仅三岁的小儿子张友看到邻居家的小孩子拿着热腾腾、香喷喷的年糕往嘴里送，馋得直流口水，跑回家里吵着母亲要年糕吃，黄冠南无奈地把小儿子揽在怀里，母子俩哭成一团。

张竞生来信安慰黄冠南，劝她正确对待当前的形势，要相信政府的公道，相信自己的清白。冤有头，债有主，平生没做亏心事，半夜敲门心不惊。他知道黄冠南从没经过风浪，就频频写信开解她、鼓励她。

张竞生是一个彻底的情感派，对妻儿的牵挂，时常萦绕心怀。到了广州后，他几乎每天都要给家里写信，有时一天两封，每封信都编号，写到一百封后，又从头编起，周而复始，到了1952年的春节，已多达三百多封。

南方大学结业后，张竞生被分配到广东省农林厅担任技正，相当于高级农学专家。省农林厅厅长丘哲昔年曾参加过黄冈丁未革命、广州黄花岗之役和辛亥革命，是一个资深的革命党人，对张竞生十分器重，亲自安排张竞生住在广州市文明路农林厅宿舍，与他本人同一层楼，并交代家里的女工要经常照顾张竞生的生活。张竞生有感于丘哲的知遇之恩，多次向丘哲提出，要到农村去办农场，开展农村实验，推广农业技术，但丘哲考虑到张竞生年事已高，没有批准他的请求。张竞生只好眼睁睁地遥望家乡正在开展得如火如荼的土改运动，以及饱受煎熬的弱妻稚子。

元宵后，张竞生连续几天没有来信，此后就断了消息。黄冠南焦虑万分，到了夜不能寐的地步。不久，村里就盛传张竞生已被秘密逮捕并递解到汕头，不日就将押回原籍公审处决。

黄冠南闻言，肝胆俱裂，噩梦连连，又见众姐娌相继被批斗致死，极度脆弱的神经已濒临崩溃的边缘。作为阶级的异己分子，本应由张竞生来承担的痛苦全部落在黄冠南的身上，连续几个月的焦虑、恐惧与绝望等非人折磨，使黄冠南椎心泣血地体验到作为人的尊严尽失与生不如死。她多次对大儿子张超说，她受不了这样的折磨，她将寻求解脱，一了百了。

张超跪着哭求母亲不要抛弃他们嗷嗷待哺的五兄弟，黄冠南双目呆滞地盯着自己的儿子，仿佛盯着一个毫不相干的陌生人，她木然地饮泣着，又茫然地摇摇头。张超明白，母亲去意已决，一定要看住她，千万别出事。他日夜跟随母亲，寸步不离，晚上睡在二楼床上，却心惊肉跳，终夜不敢合眼，还在楼梯上设置障碍，一旦有动静就会发出巨响。

黄冠南后悔在儿子面前失言，以致无从摆脱，但心灵的煎熬却一日紧似一日，她已经丧失了爱的能力，万念俱灰，只求速死。于是，她强作欢颜，诓骗张超说她想通了，她要好好地活，永远与孩子们在一起。

张超听后热泪盈眶，多日绷紧的神经松弛了下来。清明节晚上，张超因多日守候，疲惫不堪，稍许放松警惕，一觉睡到公鸡初啼天色微明。忽然被最小弟弟张友的哭声吵醒，急忙跑到邻房，发觉母亲不在，大呼不好，跌跌撞撞地寻到数十米外的浴室，只见门窗紧闭，推门不入，呼叫不应。张超立即卸下门板，摸黑进去，却一头撞到黄冠南悬空的腹部，张超扑上去又拍又喊，都没有动静，只得返回楼上叫醒张彪，兄弟俩跑回浴室，由张彪抱着黄冠南的下肢，张超站在椅子上割掉绳索，因张彪力小不支，黄冠南横摔下来，额头破了一块皮，却不见鲜血，张超赶紧给母亲做人工呼吸，但已无济于事。天色大亮时，黄冠南的躯体已逐渐僵硬，五兄弟这才意识到母子已阴阳两隔，这才大放悲声，痛哭起来。

到了日上三竿，大约兄弟们哭累了，村人也开始忙活了，张超遂向村农会报告此事。农会的人深感意外，又颇觉事关重大，毕竟张竞生的家属有别于一般的地主家庭，不可草率对待。村农会负责人之一杨芫菱出于怜惜，也出于同情，当即与张超到了现场。看着自缢身亡的黄冠南和一群哀哀无告的孩子，杨芫菱面呈悲戚之色，连连叹息道："为什么要这样，为什么要这样？这么狠心地'放掉阿奴'（抛下孩子）……"

杨芫菱是一个心地善良的农妇，以前在张竞生家里帮忙挨砻舂米，新中国成立后被结合进村农会。她泼辣能干，很受上级的信任，虽说是文盲，但记忆力极好，到上面开会，能把会议精神传达得八九不离十。有时望文生义，也会闹一些笑话，她曾说：农民兄弟，我们要打倒老封建，拥护新封建！新的就是好的，这就是一个翻身农妇的逻辑。因为与人为善，因为勇于任事，她后来成为浮滨区的首位女乡长。

中午时分，在杨芫荾的安排下，村农会派来四个地富分子到旧寨园帮忙收殓。他们都是空手而来，几个少不更事的孩子不知所措，全凭稍大一点的张超张罗一切。巨大的打击使他晕头转向，他既不懂得为母亲买一口薄棺材，又不懂得替母亲换一身干净衣服，几位临时仵作见张家屋无长物，遂抽出一张席子，用一块眠床的屏板垫在身下，再找来打水用的麻绳捆上。

就这样，张超草草地送母亲上路。他丧魂落魄地跟在几个仵作后面，把母亲抬到大榕铺与云岭村交界的云岭湖乱葬岗上，默默地看着他们挖坑、埋葬。清明时节的冷雨阵阵打在张超的脸上，和着那滚滚的热泪，从张超痉挛着的心里流过。

当晚清理遗物时，张超才从一件洗净的短袖无领内衣口袋里发现一张十六开大小的信笺，有"冠南绝笔"字样，约百数十字，原文系文言，是写给张竞生的，大意是谓情势险恶，覆巢之下，没有完卵，生不如死，所以忍心抛下五个年幼儿子，独赴泉下，请张竞生保重……

此刻的张竞生，也正经历着一场生死劫。清明节前，张竞生确实回了一趟潮汕，乡间的传闻并非空穴来风。连年出口苏联的潮州蕉柑质量有问题，很多被苏联退回，同时潮州柑橘产地的黄龙病日益严重，省政府便派华南农学院的柑橘黄龙病防治专家林孔湘到潮汕调查。饶平一些地方的农会曾向省土改联络处要求将张竞生遣送回当地接受群众的批斗，有关方面便安排张竞生名义上与林孔湘随行，其实是想等张竞生到潮汕后，再就近解回饶平。

林孔湘、张竞生一行甫抵潮汕，汕头土改工作组称张竞生当年主持修筑饶钱公路时，殴打农民，有的因伤死亡，身披"血债"，根

1953年3月，张竞生（左）与张占先合影于广州，当时张占先要到北京石油工业部工作

据当地农会要求，需速回原籍接受农民兄弟的审查。此事为粤东行署主任林美南获悉，当即予以阻止，他表示修筑饶钱公路之事，他最清楚，张竞生并不存在上述情形，况此次回潮汕，乃专题调查出口苏联蕉柑的病害问题，事关中苏友谊，负有特殊使命，不应中途横生枝节，以致影响工作大局。遂命地方农业部门派人陪同林孔湘、张竞生到潮汕主要柑橘产区实地调查，并到一个山村观察一株产量达到八百余斤的柑树。

调查结束后，林孔湘、张竞生安然返回广州。临行前，张竞生赋诗一首赠送此行的主要陪同人员、广东柑橘研究所驻潮汕的副研究员王浩真。诗云：

> 分手赠剑气如虹，南下沧海斩黄龙。
>
> 何当直捣黄龙府，金浆玉液共庆功。

　　张竞生回到广州后，有一个多月的时间没收到妻子黄冠南的只言片语，遂来信询问，这使张超大为恐慌。张竞生心细如发，如果长期没信，必引起他的怀疑；如果他知道妻子黄冠南已自缢身亡，撇下几个年幼孩子，他一定会不顾一切后果赶回来，那无异于自投罗网。因此，张超感到当务之急是瞒住父亲家里的变故，唯一对策是伪造母亲的书信。

　　黄冠南出身大家闺秀，自幼研习蒙学，又是文科大学毕业，文言文基础扎实，而张超不过初二上学期程度，尚未学过文言文，难以模仿，更难的是笔迹，黄冠南的书信常常是娟秀的小楷，这可把张超难住了。情急之下，张超只好以母亲的遗书做范本，用心研究其字形结构和笔画特点，经过一个多星期的临摹，终于有几分相似，粗看几可乱真，加上张超小学曾读过《三国演义》，多少掌握一些半文半白的语句，就这样赶鸭子上架，张超每隔一个月便伪造一信，居然把老父亲瞒住。只是张竞生总嫌来信次数太少，内容太少，张超也是含糊其词，蒙混过关。

　　父母不在，千斤重担都压在张超稚弱的肩膀上。土改的核心任务是分田分地，划分阶级成分。张竞生原分得祖遗三亩多水田，为便于在旧寨园种柑，便与其他农户调换，再把四周的田购买下，总共六七亩地，比原来租用的旧寨园略小。全家七口人，平均只有一亩左右。抗战时，柑橘价格低贱，加上地势低湿，旧寨园的果树大多枯萎，只得还原成水田，租给房亲种植。按照土改政策，张竞生家只能算小土地出租者。但一切权力归农会，农会有着至高无上的权威和说一不二的权力，他们将张竞生家划为地主，十多岁的张超便成了小地主。

毛泽东主席对广东土改工作的指示是"只动地主，不动富农"。既然是地主，那当然是老实不客气地要动他一动。一个乍暖还寒的春夜，张超被农会干部押解着到村农会接受批斗。村农会设在祠堂里，前厅后厅站满了人，人们挥着拳头，呼着口号。屋梁上吊着咝咝作响的汽灯，惨白的灯光照耀在人群中，白影幢幢，张超被这个场面吓得魂飞魄散，头脑一片混沌。他像木偶一样被农会干部带到前厅，当众跪了下来，手被抓住在一张纸上按上指印。

　　这时，杨芫荽和颜悦色地叫张超站起来，她挡住了人们挥舞着的手臂，代表农会对张超说："你家余粮是多少千石，赶紧叫你父亲寄来还给农会！现在你先回去。"

　　好几千石的余粮，这可是天文数字！大约相当于那几亩水田丰产时数十年的总产量！不还过不了关，怎么办？张超只好如实写信向张竞生禀告。

　　为了让妻儿尽快摆脱债务的羁绊，张竞生硬着头皮、厚着脸皮向海外亲友告借求贷！这些亲友或同学、学生主要是印尼、马来西亚、新加坡的华侨，他们接到张竞生的求助信后，纷纷慷慨解囊，汇款便源源不断地寄到大榕铺村农会。由于缴款有了保障，张超兄弟虽不能离开家乡前往广州，但也未受到刁难和苛待。

　　1953年春末，村农会已收足余粮款，却仍不让张家团聚。张竞生一怒之下，找到省里的土改城乡联络处申诉，省城乡土改联络处复函说按政策可以把小孩领走，但你爱人已自杀身亡云云。

　　张竞生接函后，还怒斥该机关是官僚主义，明明每月都定期接到妻子的信件。等到张超接获上级通知，于1953年夏天携带四个幼弟到广州，把母亲的一纸绝笔交给张竞生，张竞生这才如梦初醒。

　　看着妻子的遗书，张竞生不禁悲从中来，潸然泪下。他怜悯妻子跟他结婚后，饱经忧患，半生坎坷，逃难、避祸、挨饿、受穷，从未过上一天舒心的日子，最后被巨大的焦虑和恐惧所吞噬！他又怨恨妻子薄情寡义，抛夫弃子，独自走向生命的尽头，却把人生苦难的阴影残忍地投射到他和孩子们的身上。

这时，张竞生已搬到广州市万福路清水濠省农林厅的另一处宿舍，一间十二三平方米没有卫生间的小房子。一个六十五岁的老头子和五个三岁到十六岁不等的儿子，全靠张竞生一份微薄的工资，那生存空间的拥挤不堪与经济条件的艰难竭蹶是不言而喻的。

孩子们来到广州的第二天，张竞生就带着他们到越秀南路东昌大街23号，在那一幢两层小楼和独立花园流连不已，回忆温馨的过去，寄托无尽的哀思。目睹人去楼空，低头菊花凋谢，张竞生心潮翻腾，思如泉涌，当即写下了一首悼亡诗。

访 菊 园

菊萎园空枉携儿，不堪回首画楼西。

忍抛鲽眼长开恨，教子成名望展眉。

这是张竞生对像一缕轻风一样飘逝而去的妻子的祭奠，也是张竞生对那一段不堪回首的苦痛日子的告别。

三、鬻文为生

1953年8月，张竞生以其独特经历和特殊贡献被聘任为刚刚成立的广东省文史研究馆首批馆员。根据党中央、政务院关于统战工作的要求和毛泽东、周恩来关于"敬老崇文"的指示而成立的广东

50年代初张竞生住过的省农林厅宿舍

省文史研究馆，是具有统战性、荣誉性的文史研究机构，办公地址在广州市解放北路22号的霍芝庭大厦，聘任的对象是年高德劭、学识渊博、阅历特殊、造诣精深的文史专家、学者、教授、书画艺术家和一些身怀绝技的文人耆宿，使其既老有所养，又老有所为，体现党和政府尊重知识、尊重人才的政策。

广东省文史研究馆的职位序列为馆长、副馆长、馆员、研究员和干事，馆长为老同盟会员、原中山大学林学院教授兼系主任侯过，副馆长为前清探花商衍鎏、原《华锋报》主笔廖嗣兰、原香港《周末报》社长胡希明，首批馆员共七十三人。按照"养用结合"的方针，省文史馆针对新旧社会转型期馆员"嗟老、悲穷、伤时、惜别"的悲观情绪和无所作为的低迷心态，发动馆员研究中国历史、讴歌社会主义，根据馆员各自的专长，分别编为十多个研究小组，采取自选课题、集体研究、定期交流等形式进行研究和写作。张竞生是新加坡归侨出身，又曾到过越南和暹罗游历，对华侨史研究颇有兴趣，便选定了"我国与东南亚各国关系史料组"为研究课题，广泛搜集材料，计划做成系统的研究，以裨益海外华侨，服务国家建设。

从省农林厅技正到省文史馆馆员，张竞生轻而易举地实现了工作的转折。然而，从孤身一人到举家来穗，家庭的突然变故使张竞生措手不及。首先是住房困难，原来的单身宿舍已难以容纳一家六口人的起居，亟须寻觅新的住所，在友人的帮助和介绍下，张竞生在小北路148号二楼租到了一间二十多平方米的新居，一家人勉强有了一处栖身之所。

张竞生租住的房子，用木板隔开，分前后两块，但不通顶，不隔音。房东住靠里一间，临街一间租给张竞生。房东是一位三十余岁姓宋男人，在广州市税务部门工作，老实本分，胆小怕事，其妻陈氏却是一个强悍的狠角色，但患有哮喘病，家务完全不能打理，只好从农村陈姓本家里招来一位十余岁的小姑娘帮忙干家务，实则是使唤丫头。张竞生见小姑娘十多岁仍未上学，便找房东义正词严地告诫他们新社会不容许用丫头，务必送她上学，否则将反映到居委会去，房东只好将小女孩送去上学，但从此女房东就再没有过好脸色给张竞生。张竞生却不在乎，除了一日三餐和晚上睡觉，一有空闲父子六人就跑到附近的越秀山溜达，特别是热天晚上，一家人聚集在五层楼前，凉风习习吹来，树梢沙沙作响，张竞生在路灯下看书，孩子们在石凳上做作业，疲倦时还可以在上面睡上一觉，夜深时才回到家里，日子就这样对付着一天一天地过下去。

张竞生每月工资一百三十元，在省文史馆中仅次于馆长和副馆长，但全家的生活用度与孩子的上学费用都在这里开支，就显得入

廣東省文史館工作人員登記表

姓名	張競生	別號	以宇行	曾用名	公室		性別	男	年齡	65
籍貫	省 饒平 縣 區 大榕鄉		通訊處		現在	小北路148號第二樓			民族	漢	
					永久	大東路東昌大街廿三號二樓					
介紹機關或介紹人	人事廳		現任職務				文化程度	哲學博士			
家庭成份	地主		個人成份		自由職業		身體健康情形	北健			
家庭狀況	人口	六人	動產 不動產	全無						
	愛人姓名	已死	未已婚	有參加何政團 無加種治體			現在職業			

曾參加過什麼黨派社團	黨派社團名稱	加入時間	介紹人	地點	曾擔任職務	現在關係
	京津同盟会	年 月 1910年				
		年 月				
		年 月				
		年 月				

現何派為黨	無	介人其有關紹及所機		職別		與人係本關	

特長或志趣	哲學志趣

社會關係	姓名	現在何處任何職	與本人關係	他的政治面目及對本人的影响
	陳卓凡	署工民主党	友誼	民主觀念
	羅偉漢	華南師範學院憲史系主任	師生	學術研究
	鄭寶甫	本舘研究員	友誼	情感文学

有無被捕經過怎樣	1939年曾在杭州被捕一日眾為爭律性表	受過什麼訓練	1951年曾入南方大学政治研究院结業

一

不敷出，十分拮据。正在无可奈何之时，旅居新加坡的昔日同窗好友许唯心教授热心推荐他在南洋报刊卖文章挣稿费，以补贴家用，维持生计。

鬻文为生，这固然是文人的末路，又何曾不是文人的正途？从写作自传开始，也许是一条抵达救赎的捷径。蒙羞诟病大半生，张竞生决定将自己的情史、性史公之于众，像卢梭一样将真实的自我袒露于世人面前。他为自己的自传起名《十年情场》，一边写一边在《南洋商报》副刊连载。

半世坎坷，溯本求源，竟然因为一本薄薄的《性史》，而使张竞生声名狼藉，屡遭困厄。这个生命的印痕留在张竞生的记忆里是那么的刻骨铭心，因此张竞生自传的第一章首先就反思了《性史》第一集的错误究竟在什么地方。痛定思痛，他认为虽然当时立意是正当的，但因为年少轻狂，行事鲁莽，以致铸下大错："第一，在印出单行本。我在上说出我介绍性史，乃是仿效蔼理士的。可是蔼氏所附的性史，乃仅作为参考的材料。…… 未成年的儿童是不准买阅的。…… 反观我的《性史》第一集是什么情形呵？价钱不过三毫，人人可以买得起。况且只有性的叙述，并无科学方法的结论，当然使读者只求性史的事实，而不知道哪种性史是好的，哪种是坏的了。""第二错误是照《性史》本义说是应当为'报告式'的文字，就是简单地素质地叙出怎样个人性的行为。不论是正态与变态，总是据实直书不加渲染。…… 但在《性史》第一集中未免有'小说式'的毛病 —— 尤其是那篇小江平的董二嫂，使人看后不免飘飘然如阿Q了。因为用小说式去描写，无论是怎样正经的性交，就不免涉入于淫书的一类了。"

时隔近三十年，张竞生心悦诚服地感到，当年被诬为"性学博士"和"大淫虫",完全是咎由自取。为了自己犯下的错误,对社会造成的负面影响,他感到应该自责,更应该忏悔。张竞生的自我解剖是严苛的,也是真诚的。

然而,对于男女之间的鱼水之欢,张竞生更多的是抱着肯定和欣赏的态度。也许是国情不同,张竞生与中国情人所经历的多半是爱恨情仇,而与欧洲女子的交往所体验的却是不计功利的浪漫情怀。这从自传的篇名就表露无遗,如第二、三章分别为《我竟守身如玉》《与褚女士言归于好》,第四至八章分别为《在巴黎惹草拈花》《留学时代浪漫史》《欧洲大战时的奇遇》《人有悲欢离合》《三个月的情侣》等。这些文章在《南洋商报》连载后,大受读者欢迎,因此,张竞生不时到海关领回成沓的《南洋商报》以及不菲的稿费收入,这些稿费缓解了他生活中的燃眉之急,帮助他渡过了生活的难关。

1955年5月,文化部下发了文件,将张竞生的《性史》与希特勒的《我的奋斗》、蒋介石的《中国之命运》等列为中国十大禁书。霎时间,张竞生的名字在中国大陆销声匿迹,他的文章在国内报刊界更难以有藏身之地。可是,严酷的处境似乎并未影响张竞生创作散文的兴致,他仍以其至情至性抒写自己的精神历程和如火如荼的浪漫情史,他执着于自己的主张,更坚信真实的力量。果然,《十年情场》刚刚在《南洋商报》连载完毕,随即由新加坡夜灯报社结集出版发行。正像王娟女士在序言中所指出的:"在依然实行女人三从四德的时代,他提倡婚姻以感情为基础;在一个贞操重于生命的社会里,他拥护情人制;在一个《红楼梦》也被视为淫书的读书界,他编《性史》。……这本《十年情场》就是张氏的现身说法,就是他本人的一部排恻缠绵、刻画入微的性史。"在50年代山雨欲来风满楼的社会情势下和政治运动压倒一切的现实语境中，张竞生那毫不设防的赤子之心让人既为他捏一把汗，又为他那未被污染的性情文字喝一声彩。

事实上，张竞生的这些文字般若，在不可知的地方，不可测的时刻，却悄悄地征服了一个桀骜不驯的青年，这个青年就是台湾大学的学生李敖。李敖在《大学后期日记》中，频繁地记录与张竞生的文字相遇相契时的欣喜与佩服：1958年9月11日："夜周弘送来张竞生《十年情场》，立读竟之。"1960年7月19日："想写一篇张竞生传。"而正在此时，李敖通过"自我炼钢"迅速成长为一个有担当有气魄的年轻学者，并深深感叹："胡适等安足以为吾师哉！""叹众老之中，竟无一可以为吾师者！"

但有意思的是，李敖由于深受张竞生《十年情场》的影响，读其书而想做其人：1961年1月30日："与施珂谈天后想到：该做第二张竞生。"由其人而想到其饱受诟病的《性史》和未竟的事业：1960年9月7日："我决定考'考古人类研究所'，改攻人类学、民族学、民俗学以及我之专业——性问题。"1960年12月13日："今晚与珂大谈写《中国性史》计划，为之眉飞色舞，我意我定不会长寿，期以一年，速成此帙，期于惊世骇俗而至于不朽。我想暂不写杂七杂八的文字而'集火'先成此书，退伍后即思绝游闭户开笔著此书。众人呼呼入睡，我灯下写此段日记，这是我一生中极重要的一段想法与计划，而我从今晚起，决定努力以赴了！"

时隔十一天，李敖又强调着手著此书的方法与影响：1960年12月24日："决定写一部《中国性史》，并决定以此为书名，谅此书必轰动寰宇，坐牢遗臭，皆于是矣。此书当以统计学、社会学、性心理学、法律学等方法写之，过去拟写之《中国婚姻史》只是另一条

青年李敖

路，而此书之作，当更胜前书，以趣味为主，深入研究当一似吾之
毕业论文，今早忽想到着手写此书，可喜之大收割也。"1961年2月
19日："决定写《中国性史》，先零售于报章，想可获登载。"1961年
3月29日："马戈劝我放弃出国之念而著书，我亦思著《中国性史》，
还待何时乎？"

张竞生因为出版《性史》，"既不见容于乡党，复不见容于社
会"；李敖决定写作一部《中国性史》，也准备"坐牢遗臭"，这种
"恐怖的经验"显然得自张竞生，但李敖"虽千万人，吾往矣"，这
种特立独行的精神特质与张竞生如出一辙。因此，在李敖的成长经
历中，张竞生是一个对他产生了深刻影响的重要人物，而这种塑造，
多半得之于《十年情场》，这是张竞生始料不及的。

1955年夏末，经农工民主党广东省副主委陈卓凡介绍，张竞生
一家搬到离小北路不远的法政路35号二楼居住。这是一座独立的三
层砖木结构小楼，每层楼约二十平方米，分内外两间，楼下有公共

浴室兼厨房，还有厕所。为了方便，张竞生在二楼过道楼梯下不足一平方的地方放了一个煤炉，权当厨房。孩子们都去上学了，张竞生每天洗衣、买菜、做饭。特别是生煤炉，是一件麻烦的事情，煮饭时，张竞生经常被烟熏火燎得咳嗽不止，双泪直流。这样日复一日地照料年幼的孩子，做着烦琐的家务，"哲学博士"变成了"家庭博士"，张竞生却十分豁达，还教育孩子们说："天下大事，必作于细。只有把小事做好了，将来才能为国家办大事。"

　　张竞生居住的楼下是一排排的参天大树，绿荫匝地，环境清幽。坐在窗下，望着密实的青枝绿叶，闻着淡淡的植物气息，张竞生由白天的人间烟火进入了晚上的清凉世界。在这里，他开始创作"半自传式"的小品文《浮生漫谈》，边写作边发表，主要在香港的《文汇报》副刊《新晚报》连载。

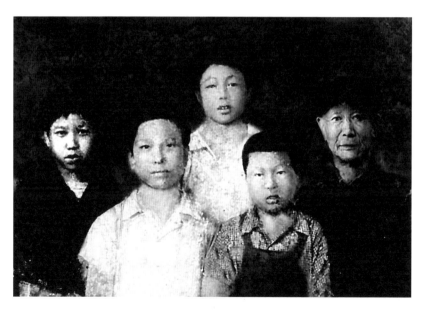

晚年的张竞生与三子彪、四子晓、五子优、六子友摄于广州，1959年前后

忽然有一天，一个自称是香港读者的人致信张竞生，对《浮生漫谈》说了一些恭维的话，最后提出拟进行文化交流，具体办法是寄些文物字画给他，由其在香港交易，彼此分成获利。张竞生历来视钱财如敝屣，即使家庭经济再困难，也不取那些来路不正之财，遂以外行为由婉拒。

也是无巧不成书，这时张竞生想起一个同事，是省参事室的参事，张竞生称他张参事，他住在德政路靠近小北路一条小巷的一楼，是张竞生的近邻。张参事是一个文人，家中藏书甚丰，对字画素有研究，为人谦逊，是一位好好先生，以同事兼近邻之故，成为张竞生家中的常客。张竞生以为同道之间，可以切磋书艺，征得张参事的同意，就将香港读者的来信转给他，由他们直接联系。

开始时，张参事按香港读者要求寄去一些字画，也得到一些报酬。没想到不久后的一天，祸从天降，张参事的儿子跑来哭诉，他父亲在昨天深夜被公安带走，临走时将书橱搜查得七零八落，并取走了一些信件。几个月后，张参事被押回户口所在地居委会，在宣判大会上被宣布为"美蒋特务"，判处管制三年，剥夺政治权利五年。

此事使张竞生大为惊骇，又十分后悔。原来，那个所谓香港读者竟然是台特分子，曾寄了一张反动传单及联络方法给张参事，张参事收到后虽没有回复，但因胆小怕事，加上缺乏政治常识，既没有及时报告，又没有将来信上交，只把信件夹在书本里，以致惹出祸端来。

一念之差，张竞生险成"美蒋特务"，却因不修边幅，真的被当成"流窜犯"。一个春寒料峭的清晨，天刚露出鱼肚白，张竞生已无睡意，遂起床披上旧棉袄，穿上旧布鞋，从法政路寓所出发到街上散步，经越秀北，过小北路，一副悠闲懒散的样子。一个年轻民警发现衣衫破旧的张竞生形迹可疑，遂上前盘问，张竞生告诉他是本市市民，民警见张竞生的衣着，愈加狐疑，一直尾随着来到法政路的住所，得到证实后才返回。

目送民警在晨曦中渐行渐远的背影，张竞生复杂的情绪简直无从言说……

1956年5月，由于编辑赵一山、高朗的积极推动，张竞生的自传体散文集《浮生漫谈》由香港三育图书文具公司出版。这本汇集了五十八篇文章，定价港币2元的小书，淋漓尽致地体现了张竞生的人生观，即"痛快地生活，情感地接触，愉乐地享用"，同时也鲜明地昭示着张竞生一以贯之的不矫饰、不虚美、不隐恶的散文观。执着地追求物质美与精神美的高度统一，是张竞生的生活态度，也是张竞生的写作态度，而身处"心潮逐浪高"的反右运动的漩涡之中，张竞生能以如此淡定的心态，天然去雕饰般挥写着如此纯粹的文字，放眼20世纪50年代的中国文坛，不是异数，也是奇迹。

当然，张竞生不是孙悟空，更无从跳出如来佛的掌心。他属于这个时代，关注这个时代，怀着一片赤子的情怀。1953年3月8日晚上，张竞生挑灯夜战，写下了一万三千字的"万言书"上书毛泽东主席，建议外交上不能与苏联"一边倒"，指出国家之间没有永远的朋友，也没有永远的敌人，只有永远的利益；建议重视农业，开发山利；节制人口增长，实行计划生育。遗憾的是这充满真知灼见的"万言书"，并未受到应有的重视，没多久就被有关部门批示："退回，酌办。"最后回到了张竞生个人的档案袋，与火热的现实构成尖锐的反讽。

作为省文史馆馆员，张竞生有参政议政的权利，其他建议可以搁置，唯独对计划生育，却一直念兹在兹。在《浮生漫谈》中，张竞生对数十年来提倡"节育"却效果不佳的问题进行了深刻的反思："我想这个节育的宣传，所以发生效力不大的缘故：第一是节育用的药料器具不易便利买到；第二是女子方面尚未觉悟，虽则男方要节育，但须靠女方的帮助，否则，就无法达到目的。就我个人说，当时与一女子同居数年（说不上是爱人），幸而仅生了一个小孩。及我四十岁后再娶，因在乡间学农，一连就生了五个孩子，始觉得多了。"针对社会上有关计划生育的提议，张竞生指出："近闻有些人已注意到节育有需要的提议了。我极赞成这个提议，而希望它能见诸实行。"

在列席1957年省政协会议时，张竞生又老调重弹，呼吁要以国家行为来控制人口增长，实行计划生育。当此之时，反右运动正处在严峻的关头，张竞生的言论引起反弹和批判。

无独有偶，从50年代初全国人口普查时就高度关注中国的经济发展与人口增长问题的著名经济学家、北京大学校长马寅初在1957年3月2日召开的最高国务会议上，当着毛泽东和其他国家领导的面，做了《控制人口与科学研究》的发言："中国人口多，土地少，人口这样发展下去，多少年以后，如果生产跟不上来，国家就很难富起来。……如果不采取节制生育的措施，我们会犯极大的错误，会给国民经济带来极大的困难，新中国将会背上一个极难摆脱的沉重包袱！"马寅初的一声"狮子吼"，使毛泽东也颇受震动，但他显然不同意马寅初的观点，他认为人口多是一种优势："人多议论多，热气高，干劲大。"马寅初却认为这是学术问题，不妨展开讨论，于是在充分调查研究的基础上，写出了《新人口论》，发表在1957年7月15日的《人民日报》。《新人口论》共分十个部分：一、我国人口

马寅初像

增殖太快；二、我国资金积累得不够快；三、我在两年前就主张控制人口；四、马尔萨斯的人口理论的错误及其破产；五、我的人口理论在立场上和马尔萨斯是不同的；六、不但要积累资金而且要加速积累资金；七、从工业原料方面着想亦非控制人口不可；八、为促进科学研究亦非控制人口不可；九、就粮食而论亦非控制人口不可；十、几点建议，显然，这样的人口理论比张竞生的节育理论更系统、更深刻，也更具震撼力。不出所料，该文面世，舆论大哗。《人民日报》不点名地批评马寅初："他们谈的并不是人口问题，并不是节育问题，并不是学术问题，而是现实的阶级斗争问题，严重的政治斗争问题。"原本简单的学术问题，一下子变成了严酷的阶级斗争问题，马寅初被划为右派的厄运在劫难逃。

反右运动甚嚣尘上，广东省文史馆亦非一片净土，省文史馆员罗翼群因为一句"农民处在饿死的边缘"的批评，而被定为广东省头号右派，漫画家廖冰兄奉命画漫画批判他，不久也不明不白地被打成右派；随后，原省参事室主任李洁之，原省农林厅长、民革广东省主委邱哲，农工民主党广东省副主委陈卓凡等先后被划为右派。

就在全国文史、参事系统反右运动呈现不可遏止之势时，国务院总理周恩来做出紧急指示，全国文史、参事系统多为专家教授和旧军政人员，应立即停止反右派运动。本来，省文史馆多次动员张竞生回单位参加鸣放，张竞生意识到来者不善，遂以老迈昏聩为由，闭门不出，在家翻译法文版《中国针灸学》，故反右期间没有多少出格言论，加上有周恩来总理的指示做挡箭牌，省文史馆的反右斗争，张竞生仅被内定为"中右"，没有"戴帽"，省却了许多皮肉之苦，避免了不测之祸。

四、最后的情人

张竞生曾立过一个宏愿：誓以情感救中国。这固然又是一个无从兑现的情感乌托邦，但以个人特质而论，张竞生确乎是一个彻头彻尾的情感派。不管政治气候如何急管繁弦，他情感的小溪始终汩汩清流，奔腾不息。

1957年3月14日清晨，春雨初霁。寂静的广州火车站站台上，年近七十的张竞生穿戴一新，手执一束香气四溢的鲜花，引颈翘首热切地注视着前方。老夫聊发少年狂，只因情人在远方。今早起来，张竞生惊讶地发现，多日的阴霾被太阳的光芒洞穿，街道旁的凤凰木绽满新枝，越秀山的梧桐树抽出幼芽，小鸟在枝头鸣叫，咚咚的心房在胸间狂跳，他暗骂自己没有出息。

　　正在张皇无措之间，一列来自南京的特快列车徐徐靠站。当人潮退尽时，一个胸前缀着一蕊大红花的少妇款款步下月台，那杏脸桃腮，那苗条身材，那成熟风韵，张竞生感到远在天涯，又似曾相识。是的，她就是自己的梦中情人汪翠微！

　　人生姻缘，莫非前定？！张竞生完全没有想到，在他将近古稀之年，还有这段未了的情缘，来得这么突然，来得这么神秘，来得这么强烈。

　　张竞生与汪翠微素未谋面，他们的相遇是由北京的友人张次溪居中撮合与一手促成的。

　　张次溪，1909年出生，广东东莞篁村人，我国著名史学家、方志学家，有《李大钊传》《北平志》《人民首都的天桥》等著述240多种。其父张伯桢是康有为的学生，曾与陈天华、邹容、秋瑾等人留学日本，发起"留日中国学生罢课运动"，参与革命党人活动，著有《同盟会革命史料》《华兴会革命史料》《南海康先生传》等著作。张次溪幼承庭训，毕业于北平孔教大学，曾在北平研究院史学研究会从事北平史籍的整理研究工作，奠定一生研究史学、方志学的基础。新中国成立后，在北京师范大学历史系担任《辛亥革命》历史资料丛刊的收集、整理、编辑工作。其时，张竞生已到省文史馆任馆员，撰写了《丁未潮州黄冈革命》等文，黄冈丁未革命是孙中山领导的武昌起义前十次武装起义的第三次，以首次使用孙中山创制的青天白日旗、阵亡和被捕杀志士达三百多人的惨烈场面而彪炳史册。张竞生的文章因考证周详、颇有新见而被征集收进《辛亥革命》史料丛刊。这样，以文会友，张竞生与张次溪函牍往来，竟十分投契。《浮生漫谈》在香港出版后，张竞生专门题签赠送张次溪一册。

　　人终为灰土，书终以传世。作为颇有家学渊源的文史专家，张

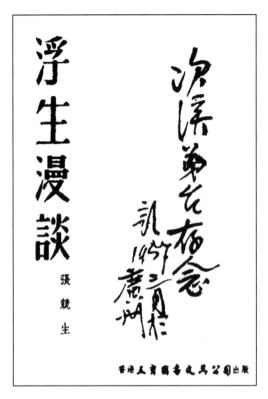

浮生漫談

張競生

次溪吾兄存念
一九五七二月於
廣州

香港上海書局有限公司出版

张竞生题赠张次溪的《浮生漫谈》

次溪深深懂得，书的生命往往比人的生命更久远。读着《浮生漫谈》，张次溪惊喜地发现，张竞生不仅是一个卓越的哲学家、美学家、性学家、出版家，更是一个出色的文学家。他的返归自然的生活理念，毫不设防的心灵袒露，特立独行的行事方式，常带感情的诗性表达，使张次溪如醉如痴，拍案叫绝！同时，张次溪又沉重地发现，张竞生其实是一个家庭生活极为不幸的人，他的三次婚姻均以失败告终，其中两任妻子自杀身亡，一任则闹得妻离子散，人生至此，情何以堪？但张竞生都挺过来了，他在理论层面上超越前进，在情感生活上却能自我开解。虽说鳏居多年，他的身体仍然壮硕，创作力仍然旺盛，如果有一个贤内助来体贴他寂寞的感情，料理他杂乱的生活，他完全能够创作出更多精彩的作品。

张次溪想到了南京的汪翠微。张家与汪家是累世通家之好，少年时张次溪还经常跟随父亲张伯桢先生到南京的汪先生家里做客，那婆娑的梧桐树与阴凉的小街道至今仍鲜活地镶嵌在他的记忆里。汪翠微是私生女，刚出生数十日就被汪夫人收养，汪先生与汪夫人将她视如己出，奉为掌珠。长到二十岁时，汪翠微已是亭亭玉立，出落成南京城里有名的美人，汪夫人把她嫁给一位大商人，开始时夫妻恩爱，相敬如宾，但几年后，那商人喜新厌旧，另外金屋藏娇，汪翠微便与之离婚，回到汪夫人家里。其时汪先生家道中落，日常用度已是入不敷出，多一张嘴，多一份负担。汪翠微知恩图报，为了个人生活，也为了奉养二位养父母，遂到夜夜笙歌的百乐门大舞场当舞女。舞场是一个大浆缸，它有着重塑人性与改变行为的巨大功能，在暧昧的灯光与蓬乱的节奏中，原来端庄纯朴的汪翠微摇身一变而为妖娆娇媚的舞场红人。

然而，汪翠微颇有一种出淤泥而不染的高洁，她不慕富贵，不羡骄奢，满心希望能得到一位有学问的知心人与她白头偕老，恰有一位学识渊深的豪侠少年因旧式婚姻羁绊，郁郁寡欢，游宦金陵，闻知汪翠微的艳名，特到舞场中寻找相识。正是襄王有意，神女有情，少年佳人一拍即合，两人遂同居了一年多的时间。汪翠微自喜终生有托，却不料政局突变，少年被迫去职，经济陷于困顿，两人又一拍两散。不久，南京解放，汪翠微痛感飘零人世，寄生社会，终非长久之计，在新社会里必须自食其力，自谋生路，遂到上海一个大家庭当保姆，将所得薪水寄回南京为养父母的生活之资。

张次溪同情汪翠微的遭遇，与其孤单一世当保姆，不若共偕连理侍竞生。他把这个打算写信告诉张竞生，张竞生开始并不在意，更未动心，但张次溪是一个热心人，他看准的事情就非办成不可。他连续来了三封信，盛赞汪翠微，如何心灵手巧，如何侠骨柔情，如何花容月貌；并且不无夸张地说她是南京妇女界的奇葩，提着灯笼无处寻的佳人；特别是她历经世故，却不改初衷，而今半世飘零，却名花无主；张次溪甚至说汪翠微至少可以帮助张竞生管顾小孩，主持家务，协助文学创作。他诚恳地劝张竞生做一个"东风主"，收留她，扶持她，把她培养成为一个文学家。这连篇累牍的溢美之词，使张竞生动了怜香惜玉的恻隐之心。

张次溪是"媒"做两边，居中撮合。对汪翠微，他也极力说项，称赞张竞生是一个杰出的哲学家、文学家，人格怎样高尚，精神怎样奋发，思想怎样深邃；近年来又如何父兼母职，为五个小孩洗衣做饭，料理家务，不辞劳苦；还感叹张竞生虽是一诺千金的情感派，却造化弄人，终生寻觅不到一位知心的伴侣，如果汪翠微能辅助张竞生，一定能使他在有生之年做出一番大事业。说得汪翠微心头撞鹿，跃跃欲试。

在张次溪的牵线搭桥之下，张竞生与汪翠微开始通讯，互诉衷情。汪翠微在第一次接到张竞生的"自我介绍"信时，对信中提出的情爱与同居问题，表示早在十六年前就已经知道张竞生的超前思想和浪漫行为，但毕竟初次认识，还是先交往一段再说为好。

在对待婚姻问题上，女性总是更加谨慎，张竞生十分理解汪翠微的心思，于是他提出两人先实行"通讯试婚制"。这是张竞生受到欧洲一些婚姻家庭专家提出的"试婚制"的启发而出现的灵光一闪，所谓"试婚制"，就是男女双方先同居一段时间，少则几个月，多则数年不等。在试婚期，男女的性情、人格、文化程度得到深入的考察和认识，如真正志同道合，就正式结婚，如不合适，就各奔东西。而张竞生提出的"通讯试婚制"，实质上就是先通过精神恋爱来考察两人究竟是否最后合适走向婚姻。

"通讯试婚制"是张竞生的创造，也由他这位欧洲情场老将先行示范。张竞生首先提出彼此要"先有信心"，假设两人是一对情侣、一对夫妻暂时分开在不同地方，每日彼此都写一封长信，情话喁喁，无所不谈，而且互相讨论，互相批评。在起始几封信，张竞生就已进入角色，将对方当作情侣，毫无顾忌向对方倾诉心中的情愫，并在张竞生的引导下，他们开始讨论第一个问题，就是彼此的情感到了什么程度，是毫无感情，一点感情，还是丰富的感情？经过几封信的攻势后，汪翠微认识到张竞生的情感极为热烈，好像"暴风雨"一样来得快速来得急骤。她说，以张竞生这样的热烈情感，真是打动了她的内心，使她心旌摇荡。确实，持久的热情也是一种天才，就像八十多岁的歌德仍有向十八岁的少女献殷勤的冲动，在对待心仪的女性时，张竞生总是激情澎湃，灵感奔涌，奇思妙想，在这个意义上说，张竞生是一位天生的情种。在情感的类型上，张竞生是"暴风雨"，汪翠微是"毛毛雨"，但爱能调和一切，经过十几封信的情感交流后，他们在情感上已达到"我我卿卿，一刻不能相离"的程度。

接着要解决的是"性格"问题。凡人都有个性，越聪明越有主见的人越有个性，如彼此都个性太强，针尖对麦芒，也就很难相处，这就需要彼此互相容忍和谅解。张次溪曾告诉张竞生，汪翠微以前曾在欢场上打滚，出于自我保护，她极其任性，但经历了许多世故，遭遇过许多困难，希望她能深自反省，浪子回头。张竞生在通信中，直言不讳地向她提出这个缺点，汪翠微也承认自己这个性格缺陷，表示今后好好改正。这使张竞生很有成就感，他自己也坦诚地承认"个性"中存在不少缺点，如遇事太主观，急于表态，又过于固执己见等。针对汪翠微"任性"的偏差，张竞生大胆地提出汪对他要"绝对服从"，这个矫枉过正的要求，使汪翠微大吃一惊，也理所当然地遭到她的反对。汪翠微表示，她向来独自在社会闯荡，锻炼了极坚强的性格，虽身处底层，但从不受人干涉鄙视，以损害自己的人格，摧残自己的尊严。张竞生得信后满面羞愧，他的所谓"绝对服从"，实在是太过专制、自私和无理取闹！于是他又赶紧去信把"绝对服从"修正为"相对服从"，甚至彼此"互相服从"，并进一步解释说，这个"服从"，不是服从彼此个人的意见，而是服从真理；不是服从个人的利益，而是服从彼此的利益，甚至服从大众的利益。张竞生的反复解释，使汪翠微感受到张竞生的诚恳与体贴，以及他的服善之勇和从善如流。这使汪翠微深受感动，她在复信中说："在我俩中说，你是比我老于经验，熟悉世故人情，比较富于学识，长于处理事务，所以我决定今后一式事情都要先和你商量，得到你的同意后，才去实行……"

第三个是经济问题。西谚云："爱情就是面包。"意即没有金钱就没有爱情。汪翠微对张竞生明确表示自己的态度，爱情不在经济，而在彼此真诚的感情。她知道张竞生作为一位高级知识分子，国家给予了较高的待遇，但要维持一家六口人的生活费以及应付五个孩子读书的费用，有时还要接济一些亲戚朋友，以致常常囊空如洗。而她本人比张竞生更穷，替人家做保姆所得的微薄工资，除了寄往家中奉养二老外，她自己连一件像样的衣服也不敢买。她多次向张竞生表示，她甘愿受贫，万勿以经济为顾虑，一对真正的伴侣，不求物质上的享受，而在彼此精神上的安慰、情感上的交孚与工作上的互助。她是这样想的，也是这样做的，经过一定时间的交往，她决定到广州来与张竞生同居，临行前需有一笔安家费安置二位养父母及用作旅途上的费用，约一百多元，由张竞生去筹集。张竞生也是两手空空，他想方设法向知心朋友摊借，仍然达不到起码的数额，汪翠微并未表示丝毫的不满，而是耐心地等待。走投无路之下，张竞生只好向出版社约定翻译一部外文书稿，预支一笔稿费。为了专心译事，张竞生写信告诉汪翠微，建议将同居的时间推迟一年半载。汪翠微接获此信后，以为张竞生对她的爱情发生变化，精神大受打击，肝肠寸断，茶饭不思，幸而第二天就接到张竞生另一封解释推迟同居的信，汪翠微始觉心安，坚信张竞生不负初心，情比金坚。

最后一项是年龄问题。张竞生身体强壮，精神健旺，虽说已是六十九岁的老人，却仍像四五十岁的中年男子。而汪翠微只有三十七岁，她与张竞生彼此交换过照片，十分赞赏张竞生神采奕奕精壮生威的样子，绝不嫌他老迈，表示真情爱他。在她接到张竞生推迟同居的信时，她曾在灯下宣誓，并把誓词寄给张竞生："现在我在灯下诚心诚意地向你宣誓：我爱你始终如一，决无中变，决无私心，决无一脚踏二桥，决无思念他人。我誓永久地，终生地在你身旁，决不离开。如爱你不是真心，叫我不得好死，死时粉身碎骨，五雷轰顶！"张竞生接到此信，真是羞愧万分，他忽略了她炽热的感情，以致差点铸成大错。

三个多月的时间，他们通信一百多封，彼此心心相印，情浓似酒。通讯试婚到此瓜熟蒂落，水到渠成。

在春雨缠绵中，张竞生把汪翠微接回到法政路二楼的家中。窗外，凤凰花正热烈地绽放着，两只白鹇在枝头跳跃、追逐、啁啾、鸣唱。张竞生仿佛置身梦中，在窗下，他把汪翠微细细端详：她穿着印有杜鹃花的衣衫，虽然淡雅朴素，却光彩照人，尽管"徐娘半老"，却风韵犹存；而且张竞生真切地发现，虽然照片已是"春风满面"，却仍然比不上她本人千娇百媚。纵然张竞生笔下生花，也自叹难以描摹乍见之下的汪翠微，此情此景，他感到借用马克思对燕妮的美貌的赞赏是再恰当不过了："但是我把阳光所未能记录的东西完善了，并且发现，我的眼睛虽然为灯光和烟草所损坏，但仍旧不仅在梦中，甚至不在梦中也能描绘形象。你好像真的在我面前，我双手捧着你，自顶至踵地吻你，跪倒在你的眼前，叹息着说：'我爱您，夫人！'事实上，我对你的爱情胜过威尼斯的摩尔人的爱情……我不能以唇吻你，只得求助于文字，以文字来传达亲吻……诚然，世间有许多女人，而且有些非常美丽。但是哪里还能找到一个容颜，它的每一个线条，甚至每一处皱纹，能引起我的生命中最强烈而美好的回忆？"

张竞生结识女友的事，早就对张超兄弟明言，两个稚龄小儿尚懵懂无知，主要是张超、张彪、张晓三个年纪较大的兄弟，他们都颇体谅父亲兼母职的艰辛，虽说内心不无失落与忧伤，但都没有表示反对。张超刚被华南师范学院附属中学保送上高中，住在落成不久的石牌新校，一般两周才回家一次，并未感到明显的不习惯。

那个星期六下午，张超回到家里，一个陌生的皓齿明眸的女子来开门，父亲张竞生告诉张超："这是汪姨。"张超的第一印象是眼前这位阿姨就像新中国成立前上海月份牌上不施粉黛的明星画像，他只是羞怯地点点头，却不好意思叫出声。

汪翠微的到来，使这个只有两居室的房子显得更加狭窄与逼仄，却也使凌乱的屋子有了家的气象。张超每次回家取生活费，汪翠微都客客气气，张超感到她对弟弟们都很关爱，与父亲也颇恩爱，两

张竞生在50年代末所写的《爱的漩涡》中回顾了他与汪翠微的交往

个弟弟都亲昵地称她为"妈妈"，老父亲脸上常挂着幸福的微笑。三个大孩子虽没有显得生分，难免有些冷淡与隔膜，但汪翠微却并不计较。张超每次辞家回校时，她总是拿出事先精心准备好的一罐佐膳的腌菜或小菜让张超带回学校。在张超眼中，汪姨确实是一位善于持家并精于女红、出得厅堂入得厨房的不凡人物，闲暇时父亲教她读书、作文、写字，她都能一丝不苟地完成，张超暗自庆幸一个残缺的家终于有了重获圆满的可能。

然而，好景不长。与张竞生同居不到两个月，汪翠微终于不堪张家的赤贫与萧索，忽然不辞而别。看到张竞生的捉襟见肘，寅吃卯粮，汪翠微大失所望，却不动声色，她在近期总是放出口风说要出去找工作，张竞生也表示支持，没想到却突然出走。大约过了一个多月，汪翠微回到法政路收拾行李，却对因何出走、去向何方三缄其口。临出门时，冷冷地对张竞生丢下一句"我走了，你保重"，就头也不回，扬长而去，前后判若两人，从此杳无音信。

汪翠微的突然出走，使张竞生受到沉重的打击，一下子苍老了许多。然而，作为一位哲学家，一切的经历、一切的挫折、一切的飞升与沉落、一切的爱恨情仇与恩恩怨怨，终将结晶为一笔弥足珍贵的人生财富。

当午夜梦回，对于汪翠微这个去向不明的最后情人，张竞生总是难以释怀，常常发出这样的浩叹与天问："她究竟是仙姬还是妖魔？"

第十一章　废墅残阳

一、劫后重逢

1960年春，同样因为呼吁提倡计划生育而遭受不公平对待的马寅初和张竞生，对此却采取了完全不同的态度。马寅初有宁折不弯的豪情与气概，他不顾连篇累牍的所谓炮轰，在《新建设》杂志发表了《重申我的请求》，为自己鸣不平，对报纸批判"马寅初为资产阶级服务"的结论不屑一顾，并予以还击："中国的资产阶级基本上已经消灭，我要为它服务亦无从谈起。"表现了马寅初士可杀不可辱的人格张力。

张竞生则意兴阑珊，对现实的政治避而远之，这是他的一贯策略。他早已厌倦了城市，厌倦了政治，厌倦了人与人的算计与纠缠。当情人走了，孩子大了，他变得格外怀念家乡朴陋的旧寨园。"我所最留恋的，不是这些小屋宇，而是在屋的周围创造了各种的风景。我在窗边种上桂花、牵牛花，藤叶满爬上窗缘，花卉点缀在窗边。在门前有炮子花，有瓜棚豆架，把这个屋宇遍处遮满了花卉、瓜果、豆粒与那些绿叶、稚枝、藤蔓。每当朝曦初上，娇嫩的日光穿过了这些蓓叶，射入了满屋的光辉；明月当头，这个月影在屋内晃耀，在床上徘徊，伴我们睡眠。夜莺在树上啼叫，满地上是虫声，在小声中的蚯蚓与蛇音中，加入了一种地虎如大鼓一样在张调音节，如在音乐会中的大乐一样好听。这是天籁地籁，人间那得模仿得到？人间那得几回闻到？这是大自然的夜景，人间——尤其是在城市的，那曾见到？"

法政路那个二层的小楼，张竞生再也不想待下去了。梅雨绵绵的春季刚过，张竞生就向省文史馆申请返回饶平筹办华侨农场，这是他多年未了的夙愿。考虑到张竞生年事已高，而且办华侨农场也并非一厢情愿之事，因此省文史馆只批准张竞生回饶平居住。

重归故里，昔日的绿窝却只剩下残垣断壁，满目疮痍使张竞生伤感不已，想起死于非命的妻子，张竞生不禁临风涕泪！故园无家可归，广州有家难回，饶平县委、县政府把张竞生安排在黄冈镇华侨旅社三楼的两个宽敞的大房间居住，一同回来的有张竞生两个最小的儿子张优和张友，父子三人相依为命，艰难度日。

年逾七十的张竞生常常穿一条短裤，光着上身，带着两个小儿子，从华侨旅社出发，大摇大摆地走过南门街道，到黄冈河游泳。他是自然之子，一生喜欢游泳，而且技术高超，在黄冈河上，他时而载浮载沉，手脚并用，悠游其中；时而躺在水面，静止不动，仿佛一叶浮萍，随波逐流。兴尽之后，他一丝不挂地爬到岸上，旁若无人地晒着日光浴，年老或年轻的妇女骂他老不正经，他也不以为意。风吹日晒，他那浑身黝黑的皮肤泛着一层古铜色的光泽，也成为黄冈河的一道风景。

1963年秋凉的一天，正是穿夹衣的季节，张超因身患肺结核，刚从华南师院附中高中结业，回到饶平休养。他每天都要到街上去散步锻炼，到河边去呼吸新鲜空气。这天上午十时左右，张超刚下到华侨旅社的一楼大堂，正准备跨出大门时，迎面进来一位穿蓝色

晚年陈铭枢像

干部服的彪形大汉和一位挺拔儒雅的白发长者，询问张竞生是否住
在这里。

张超好奇地打量来者，特别是那位白发长者，他走路微跛，却
很有风度，一望而知非等闲之辈。张超连忙请教其尊姓大名，但白
发老者避实就虚，只说是好朋友，张超心领神会，当即把他们引到
三楼张竞生的房间。

张竞生与白发老者相见，先是愕然，继而激动，随即扑上去两
人紧紧地拥抱在一起。

来者是张竞生的老同学陈铭枢，他到福州参加"福建事变""福
建人民政府"成立三十周年纪念活动，路过饶平，听说张竞生住在
黄冈县城，特来相见。

陈铭枢是张竞生相交最久、相知最深、帮助最大的同窗好友，
自从新中国成立前夕在南京匆匆晤面后，再未聚首，此番遽尔相逢，
迭经世变，物是人非，真是别有一番滋味在心头。

时近中午，张竞生百般留膳，陈铭枢却执意要走，他说汕头市政府已备好午宴，晚上还要赶到广州，公务在身，不便久留。张竞生遂挽着陈铭枢的手一直送到楼下，送到车上。

两位古稀老人殷殷叮嘱，依依惜别……

不久，张竞生收到陈铭枢寄来一幅素笺，里面有七律一首，深情记述两位同窗数十年的友谊，以及彼此的坎坷经历和对老友的殷切期望。捧读来诗，张竞生不禁老泪纵横，唏嘘不已。诗云：

> 黄埔江上三过秋，同窗今日几人留？
> 厉呵朋党声相应，促膝昆季气难求。
> 匡衡规谏功名薄，惊雷骤起岁月稠。
> 黄冈近睹惊精矍，有待新书挫九州。

二、学问无穷尽

青年的张竞生专门学习哲学，经历了半世坎坷后，晚年的张竞生又回归哲学，研究哲学，创造哲学。英国的哲学家培根说："读史使人明智，读诗使人聪慧，演算使人精密，哲理使人深刻，伦理学使人有修养，逻辑修辞使人善辩。"虽然垂垂老矣，但对各种知识的全面吸收和哲学问题的孜孜探求，成为张竞生晚年生活的全部内容。

将近半个世纪前，张竞生刚从法国学成归来时，曾在广州专诚谒见孙中山，与孙中山有过一次关于"系统"问题的探讨，这使他一直萦怀于心，寻思着如何从哲学的高度做理性而深入的思考，但始终未逢其时，未得其便，现在已是到了得偿心愿的时候了。

从1964年7月起，张竞生重温了从广州带回来的不多的几部哲学著作和相关书籍，包括《马克思恩格斯著作选》、列宁的《哲学笔记》、康德的《纯粹理性批判》、黑格尔的《精神现象学》，以及爱因斯坦的《物理学进化》、柯立斯尼科夫的《门捷列夫周期律》，还有一部《简明哲学辞典》等。张竞生一边阅读、思考，一边在那个黑色的笔记本上写下思想的火花和创作的提纲，他把这部哲学新著定名为《自然系统法》，并写下最初的文字："自然系统法怎样构成呢？自然系统法的构成有三个步骤：第一，是集中点，即所谓'核'，由核而团结外界的一切事物；第二，由这个中心点而生存，故在自下而上中一面有矛盾，由是有竞争，但最重要的是在竞争中，自己有团结力以战胜环境而成为自己的系统；第三，一面生存一面又在发展，发展也有二方面，一在适应环境而改变其原有性质，而一在加强自身的独立性。这三个步骤的现象与内容都可从各种科学中观察到的。"

这种探索自然奥秘的纯粹抽象的哲学思维成为张竞生的一种乐趣。他白天在河畔散步，晚上在灯下写作，目光灼灼，思如泉涌，一副沉思的哲人的形象。随着研究的深入，张竞生感到原来的题目已难以体现思想的成果，遂把书名改为《自然与人为系统法》，并拟定了具体的提纲："（一）规律与系统的异同；（二）宏观世界、微观世界与系统世界（无限与有限的统一）；（三）涡动与各种运动法 —— 先把各种感性系统起来；（四）思维能力与实践；（五）时空与运动系统法。"

张竞生一门心思扑在哲学研究上。他认为哲学是纯粹的，超越功利的，是一种以探究世界本质为职志的精神历险。越到晚年，张竞生就越欣赏罗马帝国皇帝，同时也是哲学家的马可·奥勒留的一句话："我，一个卑微的哲学家，我的最高志向就是绝不把痛苦强加给别人。"虽然马克·吐温说过，每个人都以他的经历创造他的哲学，但张竞生仍然努力在哲学的梦想中忘掉生活里的梦魇。

然而，吊诡的是，张竞生越是以疏离的姿态面对现实，现实越是以一种强大的异己的力量来限定他。当"文革"的狂飙席卷边远小城黄冈镇的时候张竞生无力反抗，也无从反抗，他只能俯首听从命运的安排。他带着两个小儿子，先是借住在黄冈镇丁未路南门附近一户侨眷家，不久又租住县人民医院旁边一条小巷的一间狭小的平房，这条巷子属于黄冈镇楚巷居委会。张竞生刚搬过去时，发现巷口屹立着三株绿影婆娑的大榕树，暗自庆幸难得这样的好环境，没想到走进巷里边的小平房，却阴暗而潮湿，憋闷而局促，而且屋里没有厨房，做饭时只好在门口支一个"柴林炉"，一点火炉气煤烟就弥漫房子，经常呛得张竞生咳嗽不止，涕泪交流。

如果没有研究哲学作支撑，张竞生简直难以忍受这样的生活。伊壁鸠鲁认为，与世界的烦扰和混乱保持距离的生活，就是一种幸福的生活。批斗和游街的人群每天都从门前经过，张竞生无法远离喧嚣，他唯一的泅渡就是更彻底地沉潜到哲学的研究中。就像果实脱却了空壳一样，在对哲学世界的探究与洞见中，张竞生排除了大干扰，进入了大宁静，取得了大收获。

黑格尔在其著作《小逻辑》中，曾提出了一个著名的论断："那在时间上最晚出的哲学系统，乃是前此一切系统的总结……将必是最丰富最渊博、最具体的哲学系统。"受到黑格尔这一系统辩证法的直接启发，张竞生把多年来关于系统的研究，几经斟酌，最终定名为《哲学系统》。"文章千古事，得失寸心知。"1967年6月，在这个小册子的扉页上，张竞生不无感慨地写道："八十老人幸而未死，得

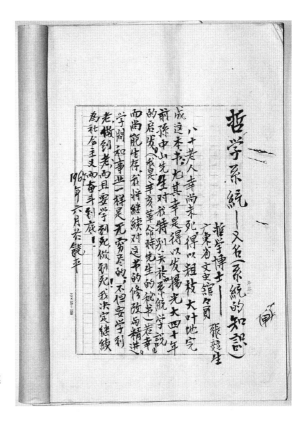

张竞生晚年著作《哲学系
统》手稿

以粗枝大叶地完成这本书，尤其幸是得以发扬光大四十年前孙中山
先生对我特别关于'系统学说'的启发（我是辛亥革命时先生的秘
书）。若幸而尚能生存，我将继续对这书的修改与精进。学问和事
业一样是无穷尽的，不但要学到老，做到老，而且要学到死，做到
死！我决定继续为社会主义而奋斗到底！"

在《哲学系统》中，张竞生批判了以休谟、康德、马赫等人以
主观唯物主义、不可知论、形而上学为特征的现象主义与以黑格尔

为代表的客观唯心主义，他说："由此推论黑格尔所谓的'概念的判断'，说成是普遍的定律不免于犯了粗浅与武断的毛病。"

黑格尔曾说道："只有知识是唯一的救星。唯有知识能够使我们对于事变之来，不致如禽兽一般，木然吃惊，亦不致仅用权术机智以敷衍应付目前的一时。唯有知识才可以使我们不至于把国家灾难的起源认作某个人智虑疏虞的偶然之事，把国家的命运认作仅系于一城一堡之被外兵占领与否，且可以使我们不致徒兴强权之胜利与正义之失败的浩叹。"张竞生反对这种单纯的知识观点以及孤立的认知方式。他指出："人类社会的结构定律有五种：从原始公社，到奴隶社会，封建社会，资本主义社会，终止于社会主义—共产主义社会。这五个社会组合成为一整个系统是由经济的内容，以政治为形式，所逐步进化的。"同时，他又发展了黑格尔"只有知识是唯一的救星"的观点，强调只有系统的知识才能有所发展，有所创造："这里可见系统的知识比诸规律为重要。因为开普勒与伽利略的四个律，若不从系统研究，总是分开而不相统属的。到了牛顿从系统的工作遂能成功发现万有引力。"

通过细致的辨析，张竞生比较了规律与系统的异同："规律是解释世界，系统是改变世界。再从发展说：规律认识后凭人类的主观能动性，也能改变世界，但系统不只是能改变世界，而且能创造世界。"诚如马克思在《关于费尔巴哈的提纲》中写道："哲学家们只是用不同的方式解释世界，而问题在于改变世界。"张竞生作为一个向马列主义者阔步迈进的哲学家，把对系统的重要性推向新的高度。

哲学家并非不食人间烟火，他也有世俗生活。张竞生终生奉行素食主义，其中最重要的一个项目就是果食。他认为水果无论在维生素、滋养料上，还是品种与味道上，都有其他食品所不及的地方。

因此，他终生嗜好水果，日常三餐都离不开水果，比较喜欢并经常买的有香蕉、柑橘、桃李和红柿等。他居住的楚巷附近大榕树下，就一溜摆开有许多水果摊，每逢张竞生经过，就有不少档主热情招徕，主动向他推荐。有的投其所好，说替他挑选留下最"雅"的水果，张竞生闻言大为高兴，不问价钱，要多少给多少。张超有两次回家探望老父亲，发现卖给张竞生的水果比市面上价钱高出二三倍，几近讹诈，力劝他不要上当受骗，以免被讥为傻瓜。开始时张竞生不哼不哈，张超说多了两遍，张竞生居然恼怒地斥责道："死捕螺！你不要管！人家敬重我，我花钱高兴就好，我不是单纯买水果，而是买高兴！"

"花钱买高兴！"这大约是只有哲学家才会使用的语言。在这苍凉的指斥背后，张超深深地读懂了老父亲的孤独与寂寞。

1968年7月，张竞生开始了他人生中最后一部著作的写作。这是一部纯粹的关于知识论的哲学著作，作者把它定名为《记忆与意识》。在前言中，张竞生写道："无记忆便无意识——即是无记忆便无知识、情感与意志。因为：（一）记忆是知识的仓库；（二）记忆是情感的活动力；（三）记忆是意志的锻炼所。我们在本书所要讨论的先在这项。其次是讨论人类脑质的组织法。末了，对于柏格森的唯心记忆说的批判，与对巴甫洛夫的反射条件学说的补充。"

在第一章"记忆与知识"中，张竞生从感觉、知觉、表象、思维等四个层次条分缕述，用充满诗意的笔调，从此到彼，由表及里，备述知识的来龙去脉，以及知识的规定性与确定性："由各种感觉留存于大脑皮质与其他大脑的位置所留下的痕迹后——即初级的、直觉性的记忆。再把这些各个特别的记忆，例如视、听、触、嗅、味、运动等等的记忆组成为有'系统的记忆法'是为知觉。至于表象乃由知觉的记忆再行组织而成。末了，思维系从感觉、知觉，尤其表象的各种记忆中改造过再造的与创造过而成。"

由此，张竞生得出结论："一切知识都由记忆而来。有什么记忆便有什么知识。有各种感觉的记忆直觉法，便只有这些直觉性的知识。进而有知觉的记忆，便有知觉的知识。再进而有表象的记忆法（例如'曾见过的''听见过的'便是表象的记忆法）与其知识，终于有总合其成的记忆法，而后才能总合的、完善的知识。换言之，无记忆便无知识，要有知识，则需要有好的记忆。"

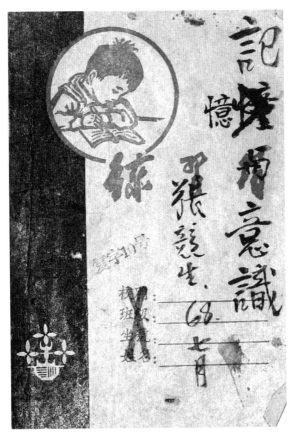

张竞生晚年著作
《记忆与意识》手稿封面

张竞生晚年像

本书写作到此便戛然而止。在"清理阶级队伍"时，张竞生以剥削阶级的残渣余孽之名被羁押于黄冈镇楚巷居委会的"毛泽东思想学习班"。

不久，张竞生获释。离开"牛棚"时，张竞生并没有回家，而是径直到照相馆拍照留影。相片上的张竞生面容憔悴，但两眼炯炯有神，透露着一股不屈不挠的斗志。张竞生还特地在相片后面题字以纪其事："六八年八月十三日到九月十五日于黄冈楚巷居委会。月来多虑少食，无运动，只准席地而睡。故衰面瘦，故'眼大'，髭发不理，故应老当益壮。"

三、厂埔书简

张竞生被安排在厂埔村里一间破祠堂居住。村里人说，这个地方常闹鬼，平时人迹罕至，垃圾遍地。张竞生刚跨进祠堂的门槛，一股阴风扑面而来。他倒吸一口冷气，不由退了出来，环视四周，只见祠堂前一片断垣残壁，脚下铺满肮脏的泥土和枯枝败叶，一派满目疮痍的破败景象。这就是他曾经熟悉的农村的面貌吗？

一周之前，张竞生还住在黄冈，虽然不断受到批斗，但在致儿子张彪的信中，他仍信心十足地表示要争取活到一百岁。他在信中写道：

彪儿：

信到。你为人是极稳当的，不是如超、晓的乱冲横碰！但你当好中再求好，例如当求一个专门学问，以便更加为社会服务的能力。以你的情况，断不可于数年内结婚，以免有家庭的负累。

我虽老，仍然在求学问。最近有许多刺激，但我自求宽慰，希望吃到一百岁吧。

祝安好。

父字

69年10月21日

一周之后，张竞生被编入厂埔村第二生产队，接受贫下中农的监督和改造。生产队队长陈类五十多岁，是一个善良的老农，他安顿好张竞生的住宿后，又安排张竞生在一家可靠的"三同户"搭食。这家"三同户"的男主人叫陈木家，是一个老实巴交的农民，女主人叫张妙荣，娘家在与大榕铺仅一山之隔的大新溪村，未出嫁时就认识张竞生，因此，对张竞生以亲戚相许，兄妹相称。

陈类关切地询问张竞生，是否要在生产队分粮，张竞生婉言谢绝，他说自己有工资，不应再增加生产队的负担。在"三同户"搭膳，也并非吃白食，他每天交给"三同户"三毛五分钱和一斤粮票，由"三同户"代为买米和菜。

本来就没有什么积蓄，突然搬家，花费不菲，张竞生很快就囊空如洗了。几个儿子，天各一方，向谁开口呢？大儿子张应杰（即黄嘉）在台湾，新中国成立后即失去联系，当然不做此想；二儿子张超高中辍学后，几经辗转，目前在南海县（今佛山市南海区）西樵山一个社队企业打零工，自己尚且朝不保夕；四儿子张晓听说偷渡去香港，正在半工半读，准备考试到德国留学（可惜三个月后，因车祸去世）；五儿子张优刚到洴洲一户人家入赘；小儿子张友也下乡到洴洲。看来，只有向三儿子张彪伸手了。张彪在华南师范学院政治系毕业后，留校两年，1968年9月分配到海南文昌县（今文昌市）铺前中学任教，文昌县军管会把刚分配来的大学生全部下放到农村劳动一年，接受贫下中农的再教育，张彪被安排在铺前公社地泰大队第七生产队劳动。

诸儿之中，唯张彪有固定工资，张竞生即发信向三儿子张彪求援：

彪儿：

前信想到？

初来此地，寄食人家，买物及送人，用费稍多，又闻馆薪本月可能减少消息。故望你即日寄给我数十到一百元为幸。

优已入赘人家，我被他拿去许多钱，望你勿受他骗！

我的新址：饶平县樟溪公社永乐大队厂埔村（新址只为疏

散，并无他故，不必挂念）。

祝安好。

父字

69年12月8日

张竞生遂在张妙荣家寄食。张妙荣夫妻两人，三个女儿一个儿子，收入少，人口多，一日三餐都是喝稀饭。张妙荣顾及张竞生年纪大，吃饭时要给他盛一碗稠的，张竞生不让，坚持与大家一致。他一般一顿吃一碗，或者多一点，吃完就到处走走，在山岭上，在小溪旁，在田埂边，看云卷云舒，日出日落。虽然住的地方污水横流，乌烟瘴气，但他极注意个人卫生，每天晚上都要洗澡，洗完后就赤膊擦一种爽身的珊粉。而且每个月必有一次步行到樟溪墟理发，顺便到摊档买油炸果和水果，犒劳自己，也补养身体。

队长陈类不清楚张竞生的复杂历史，也不理会张竞生的是非曲直，出于崇文尊老，除了定期参加政治学习外，他没有给张竞生安排具体工作。但张竞生并没有自外于厂埔村，而是与村里的父老乡亲休戚与共，他发现村里通往镇中学的道路崎岖窄小，特别是村头的小河一发大水就把道路淹没，既很不方便，又十分危险。张竞生主动找队长陈类与村支部书记陈春湖反映，建议抓紧建桥修路，并亲自规划和要求每户出工投劳，解决了学生上学行路难的问题，让群众对这个接受改造的小老头刮目相看。

1970年3月下旬，张竞生接到张彪的来信。张彪在信中说，在与农民的共同劳动中，发现当地水稻产量较低，其关键问题是缺乏良种，知道澄海县（今汕头市澄海区）是全国第一个吨谷县，潮汕地区普遍引种了高产水稻，想从饶平引进高产水稻品种到那里种植，彪兄：

前信想到？

和来此地觅食人家，贸物及送人

又闻舘业难继，减少清食，故望你即日

宗侄我数十到己百元为幸

优已入别人家，我劝他寄寿诗多分，

到你勿受他骗！

我的新址：饶平县，樟溪公社，

永乐大队，广埔村

说不尽 父字69十二月八日

（新址以为疏散，并无他故，不必挂念。）

6167

张竞生1969年12月8日写给张彪的信

请父亲支持和帮助。张竞生一贯重视农业，认为农业是立国之本，而推广良种良法是加快发展农业的重中之重，接到张彪的来信后，张竞生十分欣慰，当即向陈类和陈春湖请假，专程搭乘班车回黄冈镇到饶平县种子公司，购买了一公斤多的杂优水稻良种，用竹筒封装后直接寄往张彪所在的文昌县铺前镇地泰大队第七生产队。张竞生还修书一封，鼓励张彪积极劳动，虚心接受贫下中农的再教育，并拿出平时做学问的劲头，从仅见的《南方日报》中搜集到两则剪报，一并寄去供张彪参阅和研究。信中写道：

彪儿：

三月二十三日信收到，知尚在主持斗批改中，望努力尽职为要。

附剪报二纸，可与该站（良种站）接洽，该剪件乃从省《南方日报》剪出的，也可与该报（《南方日报》）接洽。总之，良种研究极有价值，望与你生产队共同努力。

附优信一件。

我们都好。

对你对象事，望多多认识后才行结婚，以免受子女及家庭之累。

祝安好。多来信。

父字

70年4月2日

张竞生也许是最勤于写家书的现代学人之一。从北大时期与褚松雪的恋爱，到"文革"时期对诸子的牵挂，半个世纪以来，家事、国事，爱情、亲情，林林总总，长短不拘，他写过几千封家书。"烽火连三月，家书抵万金。"这些家书，蕴含着张竞生丰富的情感世界，也折射出他睿智的哲学思想。可惜接二连三的运动，把这些珍贵的精神遗产一麻袋一麻袋地化为灰烬，仅剩下张竞生在人生的最后岁月致远在海南教书的三儿子张彪的几封家书了。

一天午饭后，张竞生坐在饭桌旁不说也不动。就在张妙荣收拾碗筷的时候，张竞生忽然说道："妹啊，有件事要跟你说，我不想在祠堂里住了，你帮我再找一间吧。"

张妙荣愣了一下，打趣地说："阿兄，你也怕闹鬼吗？"

张竞生苦笑了一下说："我是泥土埋了半截的人了，是鬼怕我，不是我怕鬼。我是怕吵啊！"

原来祠堂旁边那棵歪脖子的金凤树下最近设了一个卖猪肉的档口，每天吆喝声不断，人来人往，刀起刀落，让张竞生不胜其扰。

张妙荣就去找她的大伯陈木钦反映，陈木钦便与队长陈类和村妇女主任林玩珍商量，他们都很通情达理，也很体谅老人，找了几间给张竞生挑选。张竞生逐间比较了以后，选中了新楼围榕树下一间小平房，虽不宽敞，但通透明亮，屋子后面是草垛，屋前墙根下长满蒲姜与刺苳，使他多少感受到生命的亮色和大自然的气息。

张竞生搬到新楼围后，考虑到张妙荣家人口多拖累多，就提议到她的大伯陈木钦家里搭膳，以减轻她的负担。张妙荣尊重张竞生的意见，但逢年过节，炊麦酵包，或者做菜团，炸煎堆，刚刚出笼，张妙荣就会盛上一碗，赶紧叫大女儿惜刁或二女儿惜春，送到新楼围请张竞生趁热吃了，张竞生每次都只吃一个，其余的都全数退回。在那个物质高度匮乏的时代，张竞生知道，他领了堂妹的情，但绝不夺了孩子们的食。

村民们都忙于农活，没有谁陪伴他，张竞生是寂寞的。每天吃完饭后，他除了到村前山后走走，就在屋前的小土台上写字或看书。

饶平县樟溪公社厂埔村的一间小平房，张竞生在这里度过了人生的最后岁月，他常常孤独地在这个小土台前看书写字

当日上三竿或夕阳西下时，他就会跑到晒谷场上，对着太阳，做着自编的健身操。因为营养不良，他的身体已经缩小了不少，加上理了光头，穿着对襟衫，在太阳底下比比画画，孩子们以为他疯了，就跟着他，起哄他，拿沙子撒他。

张竞生无奈之下，只好跑去向张妙荣诉苦："妹啊，这些孩子没教养，拿沙子来撒我。"

张妙荣就把那些孩子斥责一通："他是我堂兄，你们谁也不能欺负他！"

以后就再也没有孩子对张竞生撒野了。

虽说身体没大碍，但张竞生越来越经常头昏。村里的赤脚医生来诊断过后，说是高血压，要他注意休息，但他总是闲不住。有一次他在屋前的土台子上写字时突然昏倒，张妙荣和林玩珍从田里赶回来抢救，又是掐人中，又是喂水喝，开始时，水喂进去，都从嘴角流出来，慢慢地能吃进去一点，咂咂嘴，眨眨眼，逐渐恢复神志，终于苏醒过来。

张竞生感动地拉着张妙荣和林玩珍的手说："如果没有你们及时拿水来喝，我早就去见阎罗王了，你们是我的救命恩人啊！"

在床上躺了好些天后，张竞生又恢复过来了。他有着坚强的毅力，更对自己的身体有着足够的了解和充分的信心。刚刚离开病床，他就急着给张彪写信，他总是不忘对儿子的开导和教育：

彪儿：

四月十五日信及夹交优之笺都到。

我于十余日前突然患病，不想食好几日，只觉困顿要睡。这是我一生中最大病！今已好了！望勿念。

你说三二百元建房事，我想这不成问题。但我望你最大问题是缓缓结婚。认识不患早，但结婚愈迟愈好。你能待多几年才结婚，便可少些子女累，而你作为父母者也可得些闲福了。

祝安好。

父字
70年青年节

八二高龄老父，在一生中患了最大病的时刻，为了儿子的婚事，仍牵肠挂肚，放心不下，这正应了一句古话：可怜天下父母心！

天气渐渐热起来，张竞生又能下河游泳了。他一般都在午后下水，脱得一丝不挂，随意地浸泡到水里。岁月不饶人，他已经游不动了，况且小河不是水阔浪高的大海，激发不起他搏击风浪的斗志。但是，他仍然喜欢静静地浸泡在温暖的水里的感觉，水在他脚底缓

张妙荣（左）、林玩珍（右）对晚年的张竞生照顾有加

缓地流过，他仰卧着，舒展着，无拘无束地看湛蓝的天、飘忽的云，看岸边苦楝树下那座破败而废弃的加工厂。他经常到加工厂避雨，他清楚地记得，门两边写着毛主席语录，左边是"千万不要忘记阶级斗争"，右边是"每年一定要把收割保"，虽经风吹雨打，仍然依稀可辨。有时，雨后碧空如洗，夕阳西下，站在废弃的加工厂前，望着迷茫的落日，张竞生会无端地回忆起那遥远的法国日出岛上，同样筑在山坡上的那座废墅，当年他与女友无忧无虑地一起冲浪、一起晒太阳浴的浪漫时光……

在水里泡久了，竟有些冷的感觉。张竞生就爬到岸上，埋到沙里，热了又下去泡。张竞生这样旁若无人地裸泳，招来了村里人的纷纷议论，有的人说他"神经病"，有的人骂他"老不正经"！他不以为意，更毫不理睬。

　　这引起了张妙荣的担忧，她忐忑不安地劝告张竞生，再去游泳时穿裤子下去。

　　张竞生淡然地说："不怕，都是肉。"

　　习惯成自然，以后居然再也没有人说三道四了。

　　6月中旬，张竞生收到张彪的来信。张彪分配到海南工作后，曾谈了一个女朋友。本来，张竞生一直谆谆告诫张彪要晚婚，以免过早受到家庭拖累，影响事业，影响前途。对女朋友一再嫌弃张彪家里贫穷、成分不好的情形，张竞生深以为虑，一再提醒张彪要从长计议，慎重择偶。张竞生主张爱情是有条件的，但这种条件应侧重自身精神性的修养，而不应侧重外在性的物质。当获悉张彪已与那个庸俗的女友分手时，张竞生欣喜不已，当即复信予以肯定和鼓励：

　　彪儿：

　　　　本月七日信到。欢喜你对象脱离——这个女子是不配与你的。她势利，嫌你穷；又乱说俺家庭成分。自解放后二十余年来，我是民主人士、政协干部，党政对我极优待——高级薪水待遇。

　　　　总之，她是普通的俗女，早脱离俺家，早好一日，你尚壮年，缓缓再求对象未迟。

　　　　热心待你年假来相晤。

　　　　祝安好。多来信，我们都好。

父字

70年6月14日

　　张竞生渴望与孩子们相聚，享受天伦之乐；渴望活到一百岁，继续研究学问，这样的心愿永远也无法实现了。40年代末期，张竞生在《大光报》连载的《新食经》中写道："聪明人固然要长命，但到一定的年纪，只求其思想的登峰造极，尤是文艺界的思想家，应当逐日求其思想的升华。升华的方法固有多种，然狂饮狂吸也是助思想入于'非非'的境界。我假定狂饮食首当在五十岁后，如此纵然于饱食狂饮之后而猝然死去，也算痛快的死法了。传说李太白是因酒醉过洞庭湖而捞月沉死的，如果确实，也算太白的痛快死法了。""刺激品固然不可过度，即在狂饮食中，以少醉为佳，太多饮吸，有时脑冲血就即时鸣呼了。"

张竞生没有想到，二十多年前随意写出的两段话，二十多年后竟一语成谶。

1970年6月18日凌晨，张竞生因突发脑溢血遽然逝世，终年八十二岁。去世时张竞生斜倚在床边的被子上，面色安详，书桌上油灯仍然亮着，面前摊着一本书。队长陈类说，昨晚深夜生产队里开完会后，他从张竞生博士的屋前经过，望见博士还在读书，没想到，这么突然就去了。大家听了，唏嘘不已。

张竞生去世时，张超、张彪远在外地，赶不回来；张优、张友胆小怕事，来奔丧时连停灵的屋子都不敢进。队长陈类遂主持料理了张竞生的后事。他选定了厂埔村大桥头一片空地做墓地，并要求每个生产队派一人参加。

落葬时忽然风雨交加，朴素的农民兄弟们就在风雨中安葬了张竞生。

雨过天晴，一道彩虹出现在张竞生的墓地前。

陈类感慨地说："老人是有福气。"

2002年4月5日至2008年6月9日

写于中国羊城梅花村

送别张竞生最后一程的生产队长陈类

旧寨园的张竞生博士墓，1980年从樟溪公社厂埔村移来

后　记

　　1982年初秋，一个萧索的清晨，一个十七岁的少年，踏着满地枯黄的桉树叶，踽踽独行在通往镇车站的泥土公路上。他刚刚诀别了正当壮年终日在土里刨食却为生活所压垮了的父亲，满怀忧伤，重返县城的师范学校继续卑微的学业。

　　暑假刚过，处处是校舍重新整修和扩建后留下的痕迹。就在即将跨进教室的时候，忧伤的少年忽然瞥见走廊里一溜儿摆开用旧报纸垫着的一堆堆白骨，他心头一紧，但来不及多想，就在急促的上课铃声中慌乱地坐到自己靠窗的座位上。

　　这节课是班会课，主题是乡土教育。班主任请县文化馆的老师为同学们讲述发生在本县的一个重大历史事件——黄冈丁未起义。这是孙中山领导辛亥革命之前十次武装起义的第三次，因仓促举事，寡不敌众，起义的火焰迅速为清军所扑灭，三百余名义士被杀害，是十次武装起义中最为壮烈的一次。学校就是当年起义的旧址，走廊里一堆堆的烈士遗骨仿佛在无言地诉说着那以生命为代价的抗争与厮杀。县文化馆的老师动情地说，黄冈丁未起义直接撼动了清廷的统治，也启发了青年张竞生的革命志向。当时张竞生在黄埔陆军小学读书，正是在该校副监督、后来成为广州黄花岗起义总指挥的赵声的指引下和家乡黄冈丁未革命志士的激励下，青年学子张竞生

才义无反顾地追随孙中山，参加同盟会，走上推翻清朝封建统治的
革命道路。

一次讲座，一番回望，少年不再忧伤，他初识了人间沧桑，也
记住了一个名字——张竞生。从此，那个少年，也就是我，与张竞
生结下了不解之缘。

张竞生，这个曾令多少人避之唯恐不及的名字，因了一份乡土
的情结，却使我一朝相遇，欲罢不能，念兹在兹近三十年，积累考
证近二十年，研究写作近十年。

张竞生是一个出色的哲学家。马克思曾经说过，哲学家们只是
用不同的方式解释世界，而问题在于改造世界。以此标准来衡量，
张竞生是一个完全合格的哲学家。他有不同于任何哲学家的解释世
界的理论体系，那就是他提出了"美治主义"。他认为，纵观人类社
会，不同的社会形态，统治者有着不同的统治方式，奴隶社会民智
未开，科学技术不发达，人对大自然存着一份敬畏之心，不得不借
助于鬼神观念和巫术活动来统治社会，故称之为"鬼治"；在漫长的
封建社会，封建统治者标榜"圣朝以孝治天下"，强调德化，提倡以
德来治理社会，称为"德治"；到了近现代社会，无论是西方国家，
还是东方国家，都依靠法律与制度来约束和规范人的行为，这就是
民主政治和法治社会，其核心就是"法治"。然而，在张竞生看来，
无论是鬼治、德治还是法治，都是俱往矣的过去式，未来真正的进
化的社会，必定是"美治"，即以美的理念来治理社会。鬼治可以吓
初民的无知，但不能适用于近世；德治可以教化人心，但无法有效
地管理社会；法治可以约束工业化的人民，却妨碍聪明人的自由发
展。只有提倡美治主义，奉行美治精神，实施美治政策，才能使人
民得到种种物质与精神上的满足，从而真正做到以人为本，实现社

会和谐。

张竞生是一个重要的美学家。在20世纪美学史上，张竞生承接王国维、蔡元培的余绪，是从实践的层面思考美育问题最为彻底并真正身体力行的一位。他的美学的核心内容是人生的美和社会的美，为阐述他的美学理念，他撰写了两部重要著作《美的人生观》和《美的社会组织法》。当然，张竞生的所谓美，是一种广义的美，凡历史进化、社会组织、人生观创造，都以这个广义的美为目的、为根据、为依归；他的所谓美的人生观，不是科学人生观、儒释道人生观、神秘派与直觉派人生观，而是一个科学与哲学组合而成的人生观，是生命所需要的一种有规则、有目的与能创造的人生观。在这里，张竞生强调了科学与哲学的融合，强调生命需要，强调创新创造，这些都突破了一般的美学范畴，因此，张竞生的美学观也就是他的哲学观。正如马克思所说："哲学不是世界之外的遐想"，"任何真正的哲学都是自己时代精神的精华"，"都要和自己时代的现实世界接触并相互作用"，它不仅要解释既成的世界，理论地"表征时代"，还要批判地对待现有的世界，理论地"超越时代"。以张竞生所处的时代，他过分地强调美治主义，确实具有明显的乌托邦色彩，即使在当前，正确的途径，仍然应该是以法治国、以德治国、以美治国三者的结合。然而，张竞生的美学思想，具有某种前瞻性和超越性，则是显而易见的。

张竞生是一个启蒙的性学家。他呼吁实行计划生育，提倡少生优生，其主张比马寅初整整提前了三十七年；率先打破性的禁忌，在北京大学首开性学第一课，以科学的态度传授性知识；发起中国第一次爱情大讨论，提出爱情是有条件的、可比较的、可变迁的、夫妻为朋友之一种的"爱情四定则"，引起知识界和社会上的广泛关注和持续讨论；征集出版《性史》，为所谓正人君子口诛笔伐，但从世界性学史的观点来看，这本小册子却有着非凡的意义，1951年被译成日文，1968年被译成英文，比改变美国的性学大师金赛发表《金赛性学报告》提前二十二年，被称为"中国最早的现代性教育论述"；出版发行中国第一本性教育杂志《新文化》月刊，不遗余力地开展性教育的宣传与普及工作。

张竞生是一个杰出的社会学家。他揭橥风俗调查，在全国范围内组织了大规模的风俗调查活动，培养风俗人才，征集风俗器物，筹设风俗博物馆，精心拟订我国第一份规范化的问卷调查表格《风俗调查表》，使学术走向民间，直接为现实服务，并促使移风易俗开始了可喜的起步。积极推动妇女解放运动，是妇女解放运动的急先锋，主张男女平权，在潮州金山中学任校长时，率先在全国招收女生，落实妇女教育权；在《新文化》开展讨论，呼吁给予妇女继承权；提倡婚姻自由，主张实行情人制和外婚制；甚至提出"新女性中心论"，设想新女性在社会上占据要津，以情爱养成情人，以美趣造成美人，以牺牲精神培养女英雄，建立女性占主导地位的"女性中心社会"，这就是张竞生理想中的完美社会。提出人尽其才、地尽其利、物尽其用、货畅其流、生极其趣，所谓生极其趣，就是在物质外，或在物质中，创造一种艺术的人生，美趣的生活，有益的玩耍，正当的消遣，于枯燥无聊的日常工作中，有登临、活动、鉴赏、凭眺与身心静养之种种高尚生活，这是美的、艺术化的、自然化的生活，是美治政策在改造社会层面上的体现和贯彻。

张竞生是一个乡村建设运动的实践家。中国历来以农立国，农业、农村、农民问题，始终是中国的根本问题。张竞生一直致力于乡村建设运动，在20世纪三四十年代，他率先在粤东山区开公路、育苗圃、办农校。以现在的眼光来考察，开公路，就是路通财通；育苗圃，就是良种良法；办农校，就是培训新型农民。这些创新举措，就是当今建设社会主义新农村的题中应有之义。眼见陷于民穷财尽的中国农村，张竞生提出实行民库证券，作为长期借款，资助处于赤贫中的农民维持生计，发展生产；七十年后，与张竞生这种运作模式如出一辙的孟加拉国吉大港大学经济系主任穆罕默德·尤努斯创立了小额贷款、个体创业的模式，使一亿穷人脱贫而获得2006年诺贝尔和平奖。历史往往有惊人相似的地方，但有人收获鲜花和掌声，有人却遭到误解和诟病，张竞生只做他认为值得做的，其他的已非所计。面对一盘散沙的农民，张竞生奔走呼号，积极筹组中国农民党，以提高农民组织化程度，维护农民的利益，也因人微言轻，以失败而告终。张竞生的探索，有着先行者的决绝与悲壮，更有着先行者的勇敢与担当。

张竞生是一个具有诗人气质的文学家。作为一个具有浪漫情怀的自由知识分子，他的思想具有很强的原创性和超前性，同时也具有浓厚的乌托邦色彩。但在本质上，他是一个诗人，周作人就曾称他有"诗人的天分"，他有一颗赤子之心。他早期的哲学著作、美学著作、社会学著作中，充满着奇思妙想，更洋溢着诗情画意。在北京大学1929年12月举行的建校三十一周年纪念大会民众心理测验中，张竞生被票选为最受喜欢的十大文学家之一，具体名单是：鲁迅、郭沫若、凌叔华、谢冰心、郁达夫、周作人、蔡元培、陈独秀、张竞生、林损。张竞生在文学上的突出成就集中体现在晚年创作的自传体随笔三部曲《浮生漫谈》《十年情场》《爱的漩涡》。虽然置身于充满火药味的现实政治语境中，张竞生却一点不受污染，而是纤笔一支，直抒性灵，另造新境。这些散文随笔具备了鲜明的思情意蕴：强烈的个性解放思想，激荡的情感对应关系，优美的自然风光描写，从而形成了张竞生独步文苑的卓越风姿。可以说，张竞生的散文，比徐志摩更艳情，比郁达夫更内敛，比胡适之更坦白，无论是精神品格，还是艺术成就，放置在20世纪五六十年代的中国文坛，都无出其右。

此外，张竞生最早在大学讲授逻辑学，最早提出和确立风俗学，最早把卢梭的《忏悔录》翻译到中国，最早开始大规模世界名著的译述计划，最早发表人体裸体研究论文……张竞生就是这样一个具有复杂的文化性格和丰富的精神内涵的历史人物。

然而，因为公开征集和出版《性史》，张竞生被斥为"淫虫"，沦为"贱民"，成为人人喊打的过街老鼠。百年以降，一般的民众固然以讹传讹，将张竞生视为"性学博士""民国文妖"，犹如洪水猛兽，危害世道人心；而神圣的学术殿堂则抱持傲慢与偏见，将他视为异端，扫地出门，意图使之堕入万劫不复的境地。

现实与历史的反差，真相与表象的错位，使我发愿要反抗遮蔽，追索真相，还原一个真实而全面的张竞生。不言而喻，张竞生是一个20世纪自由知识分子的精神范本，性学是他的底色，乌托邦的哲学思想和美学体系是他的亮点，为农民代言和为农民鼓呼是他的使命，特立独行，虽千万人吾往矣的不羁精神是他的灵魂。我的任务就是挖掘与清理、拾遗与重铸，尽可能逼近他生命的本真，复活一个未被涂抹的张竞生。

因为研究张竞生，我与许多人结了善缘，经历的许多事也成了佳话。这些美好的人和事，就像吉光片羽的闪耀，值得记录，更值得珍藏。

资料的收集是困难的，经历特殊历史语境的淘洗，凡是关于张竞生的东西几乎荡然无存。在张竞生博士次子张超先生的鼎力支持和协助下，我广泛搜集张竞生的直接史料与背景材料，先后踏访了饶平县浮滨镇大榕铺村、三饶镇琴峰书院、黄冈镇楚巷居委、樟溪镇厂埔村，以及广州、北京、上海、杭州等地，实地考察张竞生当年活动的遗迹，广泛采访知情人，抢救历史资料，并拍摄了大量照片。九十多岁高龄的巫佳音先生是当年受到张竞生精神感召而专程回国协助开公路的得力助手，他在接受我的专访，提供了许多珍贵的独家史料半年后就不幸去世；厂埔村是张竞生人生的最后一站，从未接受过访问的张竞生所在生产队队长陈类、张竞生搭膳的三同户张妙荣、张竞生借住的屋主林玩珍向我娓娓讲述张竞生的轶事。

历史现场的感悟加深了对现有史料的理解，为拓宽史料来源，我在遍访中山图书馆、广州图书馆、汕头图书馆、饶平档案馆的基础上，利用节假日，专程赴北京大学图书馆、国家图书馆、上海图书馆、杭州图书馆等查阅资料，获取线索。张超先生则倾其所有，把家藏的全部资料提供给我，并与我通信数十封，把记忆深处不为人知的父亲的点点滴滴诉诸笔端，作为素材，供我参考。为了生计，他奔走于香港、广州、饶平三地，倘来广州，则常到我家晤谈，多数在周末，家里人外出，我们就叫一个外卖，边吃边聊，常有意外的收获。据我多年的交往与观察，张超先生颇得张竞生博士神韵，有独立的人格，有独到的见解。有一次，他送给我一张名片，上面写着："退休老头子，半知道分子；挂个空头衔，有个破手机；到处流荡，没有固定地址，偶尔学上网。"颇有其父之风。

从事历史研究，就像警察搞侦探，当新的证据出土，就将导致新的结论呈现，时刻充满挑战、刺激和变数，苦在其中，乐也在其中。这是著名学者、中山大学副校长陈春声教授向我传授的研究学问的独得之秘，也是他支持我从事业余研究的缘由。为了方便我利用中山大学图书馆的有关资料，他特意将张竞生研究纳入其主持的"潮州文化的特质与内涵"合作项目，两次亲自到图书馆为我办理阅览证，并利用到台湾新竹的清华大学讲学之机，为我查找和复印了台湾学者彭小妍的研究专著《海上说情欲：从张资平到刘呐鸥》，带回广州送给我。当我出入于中大图书馆特藏室，翻阅着那些发黄变脆的史料，我便每每在心底里体味到陈教授这种切实的帮助对于张竞生研究的意义。

我始终坚信，有缘的人总会相聚。因为研究张竞生，我居然与相隔万里、素不相识的法国里昂市立图书馆中文部主任溥力先生不期而遇，并得到他的帮助。三年前，溥力先生组织在广州图书馆举行里昂中法大学回顾展，最后一天，我从报纸看到消息前去参观时，工作人员已在撤展，广州图书馆领导正在一家酒店为下午将返回法国的溥力先生饯行，当我获悉后即打的前往晤面，说明来意。溥力先生朴素、热情、博学，讲一口流利的中文，他说几年前台湾的彭小妍教授就到过里昂图书馆查阅过张竞生的相关资料，因此，他对张竞生颇为了解，也十分支持我的研究。回到法国后不到一个月，溥力先生就寄来了遍寻未得的张竞生博士论文《关于卢梭古代教育起源理论之探讨》法文本，从而填补了早期张竞生研究的史料空白。溥力先生在给我的来信中还写道，如需要更多的资料或信息，请随时与他联系。但不久，溥力先生就调往法国驻中国大使馆从事文化交流工作。我期待着有机会请他"吃美味的潮州菜，喝香冽的功夫茶"，因为那是另一个层面的文化交流。

我的张竞生研究与写作，不为功利，不为生计，纯粹出于个人兴趣，出于一种文化自觉，因此，显得不紧不急，遥遥无期。可是到了2006年，形势陡然为之一转。这一年五月黄金周，中国作家协会书记处原书记、著名书法家田滋茂先生在一次聚会的闲谈中，得知我研究张竞生有年，正在创作《文妖与先知：张竞生传》，他认为这是一个极有价值的题材，建议我抓紧申报中国作家协会重点扶持作品。之前我对此一无所知，但仍按照田书记的指点，由著名作家、广东省作家协会副主席廖琪老师帮助协调，并经广东省作家协会推荐向中国作家协会申报，没想到因题材独特而成为唯一获评委全票通过的长篇报告文学项目，成为当年广东省三部全国重点扶持作品之一，并被列入国家"十一五"时期文化发展规划。同年十一月中旬，我有幸赴京参加中国作家协会第七次全国代表大会，一天下午，生活·读书·新知三联书店副总编辑李昕先生到北京饭店来看我，我向他谈起了张竞生这个人物。我只谈了十五分钟，李昕先生就当场拍板说："这书就在我们三联出！"此前，著名作家雷铎老师极力推荐张竞生研究项目列入广东历史文化名人丛书，原广东省新闻出版局局长陈俊年先生也很希望张竞生这个题材能在广东出版，我把这些情况向李昕先生如实相告。李昕先生诚恳地说："那就请优先考虑我们三联！"我当即表示，三联如此厚待，我一定要把人生最重要的著作托付给三联！

此后，急管繁弦，节奏加快，为了给评传预热，我选编了张竞生20世纪50年代在海外出版的三部自传体散文集《浮生漫谈》《十年情场》《爱的漩涡》先由三联书店出版，李昕先生专门安排了徐国强先生当责任编辑。徐国强先生出身清华，文理兼通，富于创见，由他责编的《浮生漫谈——张竞生随笔选》甫一问世，不到三个月就印刷两次，成为广受读者追捧的畅销书。在此基础上，徐国强先生摒去其他工作，倾注最大热情，全力编好拙著。

特别令我感动的，是著名学者、北京大学中文系主任陈平原先生桑梓情深。六年前，我到北京搜集张竞生的资料时，由于同是潮州人的缘故，曾专程到先生的府上拜访和请益，先生放下手头的研究，与我这个来自家乡的不速之客倾心交谈整整一个下午。他建议我抓紧做口述实录，尽可能多地掌握相关当事人的第一手资料，同时注意考察当地的风土人情，把传主放到地域、历史与文化的纵深做全方位的观照，还推荐了一些北京大学的史料供我参考，临走的时候，先生还与夫人夏晓虹教授专门到楼下复印有关张竞生的研究资料送给我，使我深切地体会到一个真正学者的眼界、胸襟与气度！今年六月底，我有机会"从游"，陪先生和夏教授到东莞虎门销烟故址、袁崇焕故居、广东四大名园之一的可园寻访历史遗迹，一路亲炙芳泽，面聆教益，如饮醇醪，如坐春风。斯时，先生被延聘为香港中文大学中文系讲座教授，又被催着回北京大学执掌中文系，还将往台湾大学讲学，可谓百事缠身，但先生不惮烦，不嫌弃，亲自审阅拙著，提出在书后增加传主大事年表，以便于读者提纲挈领了解传主生平，更亲自为拙著作序推荐。先生的隆情高谊，再一次使我真切地体会到一个纯粹学者的人间情怀！

在拙著即将付梓之际，谨对上述各位师长与贤明的厚爱、关怀与帮助，致以深深的谢忱！在本书写作过程中，更多的领导、老师、亲友、乡贤以各自的方式提供帮助和支持，他们是：陈建功副主席、李敬泽先生、胡殷红大姐、萧立军先生、谭伯鲁先生、任启发先生、伊始先生、王垂林先生、陈志先生、吴小攀先生、李贺女士、蒲荔子先生、邵南燕大姐、江中孝博士、庄福伍先生、洪楚平先生、张彪先生、黄炎发舅舅、林振芳先生、林文钦先生、林耀署先生、林荣贵先生、陈有升先生、陈玉奇老师、余德俊老师、赵殿红博士、韦羽博士、林慕华博士、黄俊辉博士、肖馥筠女士、黄小坚先生、卓昆城先生、尹剑女士，等等，以及本人所在单位中共广东省委组织部的领导和同事们，本人在此一并表示诚挚的谢意！

当然，拙著的出版只是张竞生研究的阶段性成果，由于传主仍有不少尚未找到的轶著，欢迎读者提供相关信息，以便今后做出修订，俾使拙著日臻完善。

因了怀抱某种人生理想，我一直坚持一份艰难的业余写作。本职工作固已非常繁忙，但我从未偷懒，总是努力做到最好，因为在我看来，全力以赴做好工作不仅是职责所在，也是尊严所在。故此，个人的业余创作，只能利用别人觥筹交错之际或打牌唱K之时，久而久之，会有一些议论传到耳朵里，干扰甚至困扰平静的心境。这时，我就会想起孔子说过的一句话："人不知而不愠，不亦君子乎？"孔子所期望的境界，我或许无法达到，却愿意以此为鞭策。所以，不管遭遇何种现实，我始终没有放弃自己的人生目标。

为了完成此书，我差不多有十年没休过周末，五年没歇过春节。假日到图书馆查资料，真正研究与写作，只有从晚上十点到深夜一点这段时间。之前，要处理烦琐的事务和杂务，之后不敢再熬夜下去，因为第二天上午八点半必须准时坐到办公室里。我的母亲虽然不识字，却深明事理，十分担忧我因写作而损害健康，经常从老家打来电话叮嘱我不要太劳累。如今，可以让老人家放心的是，经过近十年伏案，终于得偿夙愿。我的亲戚黄耀池舅舅一直对我的业余写作以持续的关注与切实的帮助，他陪我到旧寨园踏访张竞生的旧址，经常协助安排相关活动，解除我的后顾之忧，使我得以潜心研究和创作。我的夫人黄红丽，理解和支持我的业余写作，她在工作之余承担了全部家务，还兼任我的"灶下婢"和"校对员"，当夜静更深饥肠辘辘的时候，她就会为我捧来一碗绿豆粥或白稀饭；而我每写完一节，她则是第一个读者，负责提供意见和做好校对。我的人生之作同样凝聚了她的智慧和心血。

今年是张竞生诞辰一百二十周年，当时移势易，当纷扰远去，当尘埃落定，是到了对曾被斥为"淫虫"、诬为"文妖"、蒙冤受屈近百年的张竞生进行全面清理和重新认识的时候。

在四处碰壁中，在半生蹉跎时，在万人唾弃后，张竞生在致《读书杂志》主编王礼锡的信中写道："弟素好谈论，但极努力向上，'以学问为学问'，不因时论攻击而见阻，亦不因世人誉赞而骄夸，誓守学者本色，誓终身牺牲于学问而不顾及其他也。"多年后，他在自己担任主编的《广东经济建设》月刊创刊号中指出："一件小草之裨益于人类是无穷尽的。至于烘热热之君王军阀其影响于社会不过一极短之时间性。故万万个拿破仑当然敌不上一个伏书案之巴斯德。"

明乎此，庶几可以谈论张竞生。昔日情人褚松雪曾对张竞生有一语中的评价："张竞生十分聪明，却不善于经营自己。"或许这话只说对了一半，张竞生从来不屑于经营自己，只用心经营学问；他不争一日之短长，却要争万日之短长。

这使我想起我的父亲经常教育我的一句话："精傻等长。"

谨以此书，献给我的父亲母亲——一对善良、勤劳而坚韧的中国农民。

2008年7月5日于中国羊城梅花村

再版后记

　　拙著《文妖与先知：张竞生传》出版十周年后再版，恰逢传主张竞生先生诞辰一百三十周年，改变中国震撼世界的改革开放四十周年。这是一个波澜壮阔的时代、一个创造传奇的时代、一个汉唐以来从未有过的时代。没有改革开放，就没有思想解放，就不会有张竞生研究，更不会有拙著的出版，乃至再版。一滴水映照太阳的光辉，一本书折射时代的兴衰，拙著出版十年来的际遇，可谓异彩纷呈，在我的记忆里，有一系列精彩的故事值得记述，这里攫取的是其中最动人的篇章。

　　2008年12月6日下午，《文妖与先知：张竞生传》新书发布会在北京三联书店举行。发布会由责任编辑徐国强先生主持，中国作家协会副主席陈建功先生、中国作家协会书记处原书记田滋茂先生、时任《人民文学》主编李敬泽先生、中国作家网主编胡殷红女士以及首都新闻界40多家媒体记者出席发布会。时任三联书店副总编辑李昕先生首先介绍本书的出版情况，他从书名的由来、传主的地位、学界的褒贬、合作的过程等方面饱含感情地娓娓道来，最后以其资深出版家的眼光对拙著做出评价："作者完全兑现他当初的承诺，他以全新的观念、翔实的史料、生动的描写、流畅的文笔，重新塑造了一代文化奇人张竞生的形象，传神地勾勒出张竞生那种我行我素、特立独行的文化性格。作为传记，这本书可谓融合了文学性传记的生动性和学术性传记的严谨性的优点，它写了许多好看的故事，然而却又是言必有据，无一字无来历的。这可以说正是我们所期望于传记类作品的理想境界。"听到这里，我的感动无以言状，泪水差点夺眶而出。但我仍然克制着，努力平静地继续听着，聆听各位老师的肯定和鼓励、鞭策与期许。我的感动实在太多：陈建功先生、田滋茂先生专程赶来，李敬泽先生抱着缠绵多日的重感冒坚持出席；刚刚上主席台时才发现中央政策研究室的林振义先生居然坐在媒体席上向我微笑致意，汕头电视台则派出一个由三人组成的摄制组专程来京拍摄新书发布会情况。而在会前，李昕先生告诉我，三联书店每年出书两三百种，能开新书发布会的也就七八种，今年第一个开的是杨振宁先生的《曙光集》，我是最后一个开，都在同一个地方举行。三联书店如此厚待我这个后生小辈，实在荣幸之至，感激不尽。

翌年2月28日上午，中国作家协会重点作品扶持办公室与广东省作家协会在京联合召开作品研讨会，中国作家协会副主席陈建功及著名评论家、作家胡平、廖琪、雷达、田滋茂、阎晶明、梁鸿鹰、李昕、萧立军、彭学明、张陵、胡殷红、何向阳、张柠、李朝全、雷锋、郭小东、吴佳联、温远辉、任启发、林振芳等老师参加研讨，与会专家学者充分肯定拙著是近年来一部难得的优秀传记文学作品，是中国当代传记文学的重要收获。此外，蒋述卓主席、陈剑晖教授、徐肖楠教授等都专门撰写了评论文章。拙著出版不到半年，就有包括《人民日报》《光明日报》《文艺报》在内的70多家国内外媒体刊发了新书出版消息或评论文章，《南方日报》、《晶报》、新浪网、凤凰网等8家媒体同时连载；《中国作家》《全国新书目》《中外书摘》等杂志摘载，收进《2008年中国报告文学精选》，并成为2009年北京图书订货会三联书店新书推荐第一本，《新京报》2009年2月份图书排行榜学术类第一名，凤凰网2009好书二百部传记类第一名。此后，获第八届广东省鲁迅文学艺术奖，入围第五届中国作家协会鲁迅文学奖。也许是水平有差距，也许是运气不够好，拙著在第五届中国作家协会鲁迅文学奖终评时，据说最后一轮投票以一票之差落选，但聊可告慰的是，在2011年3月6日接受《羊城晚报》专访时，陈建功副主席特别指出："这里值得一提的是广东作家张培忠的《文妖与先知：张竞生传》，虽然它和鲁迅文学奖失之交臂，但我觉得它是一部很好的作品。"

作品得奖与否，有其自身的命运，我固然在意是否得奖，但我更看重作品的口碑。有一次与曾风靡一时的电视连续剧《渴望》的总导演鲁晓威先生吃饭聊天，他直截了当地对我说："你的作品是十部电影的题材！"我听了以后，十分惊讶，也很受鼓舞！几经周折，拙著终于被改编为三十集电视连续剧《新青年》，由共青团中央宣传部、海军政治部、广东省委宣传部联合摄制。该剧由与张艺谋等同为第五代导演代表人物的何群担任总导演，由监制过《激情燃烧的岁月》《亮剑》《士兵突击》等影视剧的李洋担任艺术总监，由唐静担任制片人，由陆振华和林振芳等担任出品人。2012年4月16日下午，《新青年》关机仪式新闻发布会在全国政协礼堂举行，主席台前的巨幅剧照上印着两行主题词："理想信仰担当，激情守望一个热血沸腾的年代；血泪苦难彷徨，执着求索一条通往光明的道路。"宣传册的封底则标示："谨以此剧作为中国共产党第十八次全国代表大会献礼；谨以此剧作为中国共产主义青年团成立九十周年献礼！"这些布置把发布会烘托得花团锦簇。在介绍出席领导和主创人员后，共青团中央书记处书记周长奎代表联合摄制单位率先讲话，他充分肯定这部建团90周年的献礼片，并强调今年团中央将重点推介两部影视作品，第一部是《新青年》，第二部是《西单女孩》。接着由中共广东省委常委、宣传部部长林雄讲话，然后是广电总局副局长、中央电视台电视剧频道总监讲话，最后是海军副政委和全国政协副秘书长讲话。在当天的工作晚餐上，林雄部长当着我们这些主创人员说，这是一部很好的作品，下来要认真做好后期制作，把它打造成精品力作，争取上央视一套播出。大家都知道，央视一套是国内最重要最稀缺的媒体资源，能上央视一套，就是成功的标志。大家听了都十分振奋！后来由于人事变动，加上其他种种原因，《新青年》更名为《铁血兄弟》并在央视八套播出；未能上央视一套，固然是一种遗憾，但相比那些一拍完就进库房血本无归的近半数剧集，能顺利播出，已是难能可贵的成果。而令人欣喜的是，饰演男一号江流（张竞生原名）的实力派青年演员朱亚文，此前曾出演过《闯关东》三兄弟中的老二朱传武，《我们的法兰西岁月》中的周恩来，此后扮演由刚获得诺贝尔文学奖的莫言的原著《红高粱》改编的60集同名电视剧男一号余占鳌，则因缘际会，大红大紫。

朱亚文在饰演江流时虽也有可圈可点的表现，但时运不济，电视剧《铁血兄弟》没有走红，原著作品自然未能搭便车大卖。而此后我的业余时间全部转到明末清初收复台湾的民族英雄郑成功的研究和创作上，我想，我的持续了数十年的张竞生研究也该画上句号了。毕竟，生命宝贵，学问无涯，我不可能一辈子只守在一棵树下讨果子吃。

但同时，我也深深知道，张竞生是一座学术富矿。这三十年，我挖山不止，创作出版了传记，搜集整理出版其大部分著作，从法国里昂大学图书馆找到他的哲学博士论文，自费请法文教授翻译成中文出版，虽然竭尽全力，却也只是做了张竞生研究奠基铺路的工作，不少佚文还未找到，谋划多年的全集仍未出版，张竞生著作所蕴含的独特而深刻的哲学思想、美学体系、性学理论、文学价值、乡村建设的当代意义等等尚未展开全面的深度的探究与挖掘。也许，真正的张竞生研究在等待一个新的契机。

没想到，这个契机来得如此之快。今年是张竞生诞辰一百三十周年，进一步客观公正地认识、评价张竞生在思想文化和学术方面的杰出成就可谓欣逢盛世，正当其时。有鉴于此，韩山书院执行山长李伟雄与韩山师范学院文学与新闻传播学院院长赵松元、副院长孔令彬等在去年三上广州，与我反复沟通，诚恳磋商，达成协议，由我提供近三十年来搜集、积累、研究的张竞生绝大部分原著、史料，并在我整理编辑的三家出版社出版的《浮生漫谈》《美的人生观》《爱情定则》《卢梭教育理论之古代源头》《老吃货，吃不老》等几部张竞生著作的基础上，由我担任主编，提出编辑思想和编辑方案，韩山师范学院文学与新闻传播学院教授孔令彬、肖玉华担任副主编，成立编委会，聘请中山大学党委书记陈春声教授、北京大学中文系陈平原教授、中山大学中文系林岗教授担任顾问，自去年10月起，集合一批韩师文学与新闻传播学院现当代文学、文艺学、哲学等方面的师资力量，进一步补充搜集张竞生文稿，并加以编辑注释，张竞生后人家族则委托我全权代表，与韩山师范学院和北京三联书店商洽于今年底前出版十卷本《张竞生集》事宜。出版《张竞生集》，是广东学术界、出版界、文化界的盛事。为了把项目实施好，今年4月7日，《张竞生集》编委会扩大会议暨张竞生学术研讨会筹备会在潮州市韩山书院召开。北京三联书店副总编辑郑勇先生专程从北京赶来赴会，从出版的角度提出具体要求。我和郑勇先生初次相见，却一见如故。郑先生曾担任《读书》杂志主编，我久闻大名，并在该刊发表过拙作《现代中国第一次爱情大讨论始末》，故可以说与郑先生神交已久，相见恨晚。会议期间，我向郑勇先生汇报了在《张竞生集》出版之际，再版《文妖与先知》一书的想法，郑先生当即表示赞成，并说集传同时推出，可起共生之效。郑先生的坦诚真挚与干脆利落，与十年前李昕先生拍板出版拙著如出一辙！三联的品格和风范再一次深深地打动了我，感佩之情油然而生。

衷心感谢三联书店为再版拙著付出的辛劳！衷心感谢老师们和朋友们对我的业余创作的宝贵支持与指导帮助！

2018年8月3日于广州市白云山麓

新版后记

　　人与人有缘分，作家与创作对象也有缘分。屈指算来，与张竞生"结缘"，至今已有四十年。

　　人生能有几个四十年？当年在家乡读师范，始知张竞生；后来在广州读大学，始读张竞生；及至在省教育厅、省委组织部工作，先后与张竞生的次子张超先生、三子张彪先生交往，工作之余，收集资料，考证行迹，阅读研究，撰写文稿，出版研讨，改编影视，编选全集……无日无之，不离不弃，不计成本，与一个历史人物反复"纠缠"四十年。

　　古云："多易，似能而无效。"我生性愚钝，但我深知张竞生是一座学术富矿、一个文学渊薮。在持续不断的钻探与汲取中，我惊叹于张竞生作为一个革命者和学问家，在"继志述事"的传统框架下仍然具有巨大的阐释空间。

　　在文学画廊里，张竞生是"虽千万人，吾往矣"的"这一个"。

　　在学术领域上，张竞生是富于想象敢于创新创造的"先行者"。

　　在社会变革中，张竞生是独立潮头躬身服务大众的"实践家"。

　　时间是最好的审判官。100多年前的1921年秋季，北大校长蔡元培因足疾住院，由刚受聘为本校教授的张竞生代替自己讲授美学。与蔡元培"以美育代宗教"的理念不同，张竞生直截了当地提出实行"美治主义"，美的就是生活，它包括美的衣食住、美的体育、美的职业、美的科学、美的艺术、美的性育、美的娱乐、美的人生观和美的社会组织法等九大系统，尽管时人讥其美学体系是美的乌托邦，但随着时间的推移和形势的变化，其理论的实践性和前瞻性，却超越时空，直抵当下，与"人民对美好生活的向往就是我们的奋斗目标"的国策若合符节，毫无二致。

近几年，新冠肺炎疫情肆虐全球，深刻改变人们的生产方式和生活方式。为了饮食卫生，分餐制或使用公筷已成为人们的普遍共识和自觉行为。然而，在近百年前，张竞生就是这么提倡并实行的。曾与张竞生共事的翻译家兼作家彭兆良在其撰写的《张竞生的传奇生活》长文（载于上海《小日报》1947年10月25日至1948年2月20日）中写道："但因为食客既多而杂，也许客人中是有不洁之病的，足以贻害无穷。博士因创共食分羹制。其法各人多加一碗，筷两双，匙一把。食时，各人可用不入口之筷，夹取食菜于空碗中，然后再换筷送口。至于羹汤，亦先注碗然后送口——这样就可避免细菌了。"在《食经》和《新食经》中，张竞生站在科学的前沿，提出了"食什么"和"怎么食"的科学饮食的主张，强调食物的革命能引发医药卫生的革命，肯定了素食是比肉食更科学、更卫生、更经济、更人性的一种饮食方式。他赞美素食："谷粒类其美如珠玉，青菜类有花者、有叶者、有心者、有芽者、有苞者，人们看之无异茹香餐霞，不但其味清沁肺腑，抑且其色令人魂醉神摇。至于新鲜成熟的水果，种种色色极尽美观；苹果之粉红，如少女之颊，梨之青，李之紫，桃之娇羞，杏之轻盈，荔枝、龙眼之饱满，葡萄有像乳者，有似玛瑙珠者。凡这些物，若论其味无异于琼浆玉液。"这些文字，所呈现的，不但是美食，而且是美文；其所发挥的功能，不但作用于人的物质世界，更滋润着人的精神世界。张竞生不仅是饮食革命的先觉者，也是科学生活方式的倡导者。在后疫情时代，张竞生的这些理论资源和行为方式，将给世人以宝贵的启示。

尤为难能可贵的是，张竞生还是乡村建设运动的先驱者。中国历来以农立国，农业、农村、农民问题，始终是中国的根本问题，更是中国革命的基本问题。针对农村社会的人口问题，养老问题，征工问题，自然环境问题，地域、水利、交通及教育问题，他提出一系列真知灼见。当时农民生活非常困苦，他提出发放民库证券的构想，作为长期借款，资助赤贫农民维持生计，发展生产。70年后，孟加拉国吉大港大学经济系主任穆罕默德·尤努斯创立了小额贷款、个体创业模式，使一亿穷人脱贫，这个构想与张竞生当年的构想如出一辙，穆罕默德·尤努斯因此获得了2006年的诺贝尔和平奖。作为乡村建设运动的实践家，在二十世纪三四十年代，张竞生率先在粤东饶平开公路、育苗圃、办农校，与梁漱溟在山东邹平、晏阳初在河北定县积极推动乡村建设运动，造成声势浩大的全国影响。这些创造性的试验，与在中国共产党领导下业已解决的困扰中华民族几千年的绝对贫困问题，连同正在广袤的中华大地如火如荼地展开的乡村振兴战略，有着一以贯之的历史逻辑和文学逻辑。

这是张竞生的价值，也是其题材创作的意义。我花四十年的时间，以四十万字的篇幅，钩沉与还原，呈现与重构，力图勾勒出一个鲜活而立体的张竞生。并经由张竞生文学形象的矗立，为新时代山乡巨变创作添砖加瓦、推波助澜、摇旗呐喊。

这是一项充满诱惑的事业，也是一项极具挑战的工作。事实上，为张竞生画像，尽管险象环生，却仍大有人在。同样特立独行

的台湾著名作家李敖在年轻时曾多次发愿要为张竞生作传或成为张
竞生那样的人。查李敖早年日记，1958年9月11日："夜周弘送来
张竞生《十年情场》，立读竟之。"1960年7月19日："想写一篇张竞
生传。"1960年12月24日："决定写一部《中国性史》，并决定以此
为书名，谅此书必轰动寰宇，坐牢遗臭，皆于是矣。此书当以统计
学、社会学、性心理学、法律学等方法写之，过去拟写之《中国婚
姻史》只是另一条路，而此书之作，当更胜前书，以趣味为主，深
入研究当一似吾之毕业论文，今早忽想到着手写此书，可喜之大收
割也。"1960年12月13日："今晚与珂大谈写《中国性史》计划，为
之眉飞色舞，我意我定不会长寿，期以一年，速成此帙，期于惊世
骇俗而至于不朽。我想暂不写杂七杂八的文字而'集火'先成此书，
退伍后即思绝游闭户开笔著此书。众人呼呼入睡，我灯下写此段日
记，这是我一生中极重要的一段想法与计划，而我从今晚起，决定
努力以赴了！"1960年12月28日："众人甚赞我日记之佳与收集之
博，老马力赞我写大书——《中国性史》。"1961年2月19日："决定
写《中国性史》，先零售于报章，想可获登载。"1961年3月29日：
"我亦思著《中国性史》，还待何时乎？"1961年6月3日："与施珂谈
天后想到：该做第二张竞生。"

　　对于张竞生，李敖是读其书，想当其人，再作其传，可谓于张
竞生及其学问，心有戚戚焉。但李敖终于没有写出张竞生传，五十
年后，这个宏大的心愿由我来完成。

　　本书的初版和再版由北京三联书店出版，作者和书店有着良好
的合作。因缘际会，在本书出版十五年之际，人民文学出版社社长
臧永清先生、总编辑李红强先生、社科编辑室主任付如初老师慧眼
识珠，慨然接纳并安排拙著在中国作家作品出版的最高殿堂——人

民文学出版社出版。这是作者的荣幸，也是本书的荣幸。

根据付如初老师的意见，此次新版，对部分章节进行了修订，俾使对一些敏感的历史人物的评价把握更精准、对一些敏感话题的描述更精炼、对文学手段的使用更克制，努力使新版拙著"成为一个更为结实的非虚构的传记作品"（李敬泽语）。

值此拙著新版出版之际，衷心感谢人民文学出版社！衷心感谢一直以来关心、支持、帮助本人创作的家人、亲人、领导、老师和朋友们！

2023年9月20日于羊城云山居

附 录

一、张竞生大事年表

1888年，一岁。2月20日（农历正月初九），出生于广东省饶平县浮滨区桥头乡大榕铺村，名江流。

1896年，八岁。在离旧寨园二公里外的宫下村读私塾，取名公室。

1898年，十岁。奉"父母之命、媒妁之言"，与邻村一位八岁的女孩许春姜订婚。

1903年，十五岁。考入由饶平县琴峰书院改办的县立小学，半年后，考入由丘逢甲创办的汕头岭东同文学堂。

1906年，十八岁。考入广东黄埔陆军小学，与陈铭枢等同为第二期法文班学员。

1908年，二十岁。因带头整理伙食案被学校开除，旋由该校原副监督、地下革命党人赵声（百先）介绍赴新加坡谒见孙中山先生；返乡后，为了继续求学，被迫与许女士成婚。

1908年，二十岁。赴京在法文高等学校补习。

1909年，二十一岁。考入京师大学堂法文系学习。

1910年，二十二岁。协助陈璧君在京尝试营救汪精卫。

1911年，二十三岁。武昌起义胜利后，旋与刚出狱的汪精卫赴天津组织成立同盟会京津保支部。

1911年，二十三岁。获孙中山委任为南方议和团首席秘书，协助伍廷芳、汪精卫与袁世凯、唐绍仪谈判，促成清帝退位，终结封建王朝；次年年底，作为中华民国首批稽勋留学生，公派赴法留学，考入法国巴黎大学哲学系学习。

1913年，二十五岁。任中国留法学生会会长，积极参与推动勤工俭学运动。

1915年，二十七岁。毕业于巴黎大学文学院，因欧战转往里昂大学哲学系读书。

1916年，二十八岁。协助蔡元培、李石曾、汪精卫等与法国下议员穆岱、法国大学教授欧乐等在巴黎自由教育会所发起成立华法教育会。

1919年，三十一岁。通过《关于卢梭古代教育起源理论之探讨》论文答辩，获里昂大学文学院哲学博士学位；期间曾到英、德、荷、比、瑞士等国游历。

1920年，三十二岁。从法国回到了阔别八年的祖国，在广州面见陈炯明，建议广东带头实行计划生育，被陈斥为"神经病"；与孙中山会晤，畅谈系统论。

1921年，三十三岁。由邹鲁等潮属议员推荐出任潮州金山中学校长，大半年后，因厉行改革触动地方势力利益而被迫去职；年底即被学界领袖蔡元培聘任为北京大学哲学系教授。

1922年，三十四岁。与李大钊、李石曾、邓中夏等发起组织民权运动大同盟，并被选举为主席；年底，在北京大学成立25周年纪念活动中，由校长蔡元培亲自主持，由张竞生做《现在和将来的行为论》的学术演讲。

1923年，三十五岁。在《晨报副刊》发起中国第一次爱情大讨论，鲁迅、梁启超、周作人、许广平等均参与讨论；与褚松雪相识相恋。

1924年，三十六岁。与褚松雪结婚；成立"审美学社"，出版《美的人生观》；次年，以北京大学风俗调查会主席身份主持组织了对妙峰山、白云观、东岳庙、财神殿等庙会的风俗调查。

1925年，三十七岁。参加《京报副刊》"青年必读书""青年爱读书"征集；年底，在《京报副刊》发出了征集性史的广告：《一个寒假的最好消遣法——代"优种社"同人启事》；长子张应杰在北京出生。

1926年，三十八岁。征集出版《性史》，举国哗然；离开北大赴上海艺术大学任教务长。

1927年，三十九岁。褚松雪弃子出走；在上海正式创办《新文化》月刊，出版到第6期后以宣传性学罪名遭查封；与谢蕴如合股开办美的书店。

1928年，四十岁。着手进行二三千种世界名著的译述计划，美的书店遭上海同业与警局的摧残而倒闭。

1929年，四十一岁。以宣传性学罪名在杭州烟霞洞被浙江省教育厅厅长蒋梦麟派人拘捕，旋由张继所救；年底，再度赴巴黎游历。

1930年，四十二岁。获广东省主席陈铭枢资助，在巴黎组织"旅欧译述社"继续翻译世界名著。

1931年，四十三岁。陈铭枢去职，译书计划被迫停止；翻译弗洛伊德《梦的解析》等著作在上海《读书杂志》上发表。

1932年，四十四岁。翻译"浪漫派丛书"，由上海世界书局出版。

1933年，四十五岁。由巴黎返上海接儿子张应杰回饶平，与褚松雪彻底分手；由广东省主席陈济棠委任为广东省饶平县实业督办。

1934年，四十六岁。在饶平主持开公路、育苗圃，造福当地人民；为当地土豪劣绅中伤，受到通缉，被迫出走香港；旋赴上海，为晚景凄凉的清末名妓赛金花募捐。

1935年，四十七岁。由邹鲁介绍，与黄冠南女士结婚。

1936年，四十八岁。次子张超在广州出生。

1937年，四十九岁。主编《广东经济建设》月刊。

1938年，五十岁。举家迁回饶平，并担任饶平民众自卫团统率委员会主任委员，带领饶平民众抗日。

1940年，五十二岁。多次拒绝汪精卫赴南京担任伪职的邀请；组织饶平民众开展生产垦荒运动。

1941年，五十三岁。以特殊身份掩护共产党在饶平中部地区的活动。

1943年，五十五岁。创办饶平县初级农业职业学校，并担任校长。

1944年，五十六岁。在三饶镇举办饶平县农业产品展览会，并做《食的哲学》的主题演讲。

1946年，五十八岁。竞选"国大代表"落选，呼吁筹组中国农民党。

1947年，五十九岁。赴中国台湾、越南、新加坡、马来西亚等地游历和讲学，受到华侨及当地群众的欢迎。

1948年，六十岁。积极掩护武工队开展武装斗争，受到党的信赖。

1949年，六十一岁。与饶宗颐等发起组织"潮汕国民和平改革促进会"。

1950年，六十二岁。出席饶平县第一次人民代表大会，并被推选为饶平县生产备荒委员会主任委员。

1951年，六十三岁。赴南方大学政治研究院第四部学习，结业后被分配到省农林厅任技正。

1952年，六十四岁。妻子黄冠南自杀。

1953年，六十五岁。被聘任为广东省文史研究馆首批馆员。创作自传体散文《浮生漫谈》《十年情场》《爱的漩涡》，在香港、新加坡等地出版。

1957年，六十九岁。与最后一位情人汪翠微实行"通讯试婚制"，同居不久后又分开。

1958年，七十岁。在反右派运动中，被内定为中右。

1960年，七十二岁。国家处于经济困难时期，自愿回饶平为驻外馆员。

1963年，七十五岁。与陈铭枢在饶平县城黄冈镇华侨旅社相见。

1967年，七十九岁。撰写哲学著作《哲学系统》《记忆与意识》。

1968年，八十岁。多次被押往黄冈镇中山公园，受到红卫兵的批斗。

1969年，八十一岁。作为战备疏散对象，被遣送到饶平县樟溪公社永乐大队厂埔村劳动改造。

1970年，八十二岁。6月18日，读书到凌晨，因突发脑溢血而遽然逝世。

1984年7月5日，中共广东省委统战部、广东省文史馆、中共汕头市委统战部、汕头市政协及饶平县委、县政府、县政协联合召开"张竞生博士逝世十四周年纪念大会"，为张竞生恢复政治名誉，做出公正评价，并对其家属做了妥善安置。

1988年10月15日，饶平县举行"纪念张竞生博士诞辰一百周年大会暨学术思想讨论会"，大会由饶平县县长黄耀忠主持，县委书记曾宪松、县政协主席郑光天、广东省政协副秘书长丁身尊、中国俗文学会会长薛汕等在大会上讲话。会议高度评价张竞生的爱国思想、创新精神和学术成就。

二、本书参考书目

《爱弥儿》（上下卷），[法] 卢梭著，李平沤译，商务印书馆，2006年。

《爱如何降临》，[法] 帕特里克·勒莫瓦纳著，黄茳、孔潜译，上海书店，2007年。

《巴黎大学》，李兴业编著，湖南教育出版社，1988年。

《巴黎的放荡》，[法] 达恩·弗兰克著，王娟华译，海南出版社，2001年。

《北大旧事》，陈平原、夏晓虹编，生活·读书·新知三联书店，1998年。

《北大演讲百年精华》，雷欣编选，中国档案出版社，2002年。

《北京大学纪事》（上下册），王学珍、王效挺、黄文一、郭建荣主编，北京大学出版社，1998年。

《北京大学史料》（第一卷），北京大学校史研究室编，北京大学出版社，1993年。

《北京大学史料》（第一至第三卷），王学珍、郭建荣主编，北京大学出版社，2000年。

《布鲁卡的脑》，［美］卡尔·萨根著，金吾伦、吴方群、陈松林译，生活·读书·新知三联书店，1987年。

《蔡元培年谱》，高平叔编著，中华书局，1980年。

《蔡元培全集》，中国蔡元培研究会编，浙江教育出版社，1998年。

《蔡元培先生年谱》（上下册），王世儒编撰，北京大学出版社，1998年。

《蔡元培与胡适》，张晓唯著，中国人民大学出版社，2003年。

《曾经风雅——文化名人的背影》，张昌华著，广西师范大学出版社，2007年。

《忏悔录》（第一、第二部），［法］卢梭著，范希衡译，商务印书馆，2005年。

《潮汕史》（上册），黄挺、陈占山著，杜经国审定，广东人民出版社，2001年。

《潮汕文史探幽》，张道济著，中国文联出版公司，2004年。

《潮州府志》（上下卷），（乾隆）周硕勋纂修，潮州市地方志办公室、潮州市档案馆，2001年。

《陈独秀传》（上下册），任建树、唐宝林著，上海人民出版社，1989年。

《陈济棠》，肖自力著，广东人民出版社，2002年。

《陈铭枢回忆录》，朱宗震等编，中国文史出版社，1997年。

《触摸历史——五四人物与现代中国》，陈平原、夏晓虹主编，广州出版社，1999年。

《大哲学家生活传记》，[美]亨利·托马斯、达纳·李·托马斯著，武
斌译，书目文献出版社，1992年。

《党人三督传》，李烈钧等著，上海书店出版社，2000年。

《地域文化与国家认同》，程美宝著，生活·读书·新知三联书店，2006年。

《帝国的回忆——〈纽约时报〉晚清观察记》，郑曦原编，生活·读
书·新知三联书店，2002年。

《帝国落日——晚清大变局》，袁伟时著，江西人民出版社，2003年。

《读懂"性福"》，炎林主编，黑龙江人民出版社，2003年。

《二十世纪性史》，[加]安格斯·麦克拉伦著，黄韬、王彦华译，上海
人民出版社，2007年。

《法国高等教育概况》，晨光编译，武汉大学出版社，1982年。

《法兰西的特性》，[法]费尔南·布罗代尔著，顾良、张泽乾译，商务
印书馆，1997年。

《法兰西情书》，严济慈著，解放军出版社，2002年。

《风骨——从京师大学堂到老北大》，肖东发、李云、沈弘主编，北京
图书馆出版社，2003年。

《革命逸史》（第三集），冯自由著，中华书局，1981年。

《庚子勤王与晚清政局》，桑兵著，北京大学出版社，2004年。

《古罗马风化史》，[德]奥托·基弗著，姜瑞璋译，辽宁教育出版社，
2000年。

《古希腊风化史》，[德]利奇德著，杜之、常鸣译，辽宁教育出版社，
2000年。

《广东民国史》（上下册），广东民国史研究会编，广东人民出版社，
2004年。

《广东人在上海》，宋钻友著，上海人民出版社，2007年。

《广东文史资料存稿选编》，广东省政协学习和文史资料委员会编，广东人民出版社，2005年。

《海上说情欲：从张资平到刘呐鸥》，彭小妍著，2001年。

《红楼梦研究稀见材料汇编》（上下），中国艺术研究院红楼梦研究所、人民文学出版社编辑部编，人民文学出版社，2001年。

《胡适图传》，沈卫威著，广东教育出版社，2004年。

《胡适与北大文友》，朱洪著，湖北人民出版社，2007年。

《胡适杂忆》，唐德刚著，华文出版社，1992年。

《花落春犹在》（一至三册），褚问鹃著，1979年。

《回顾录》，邹鲁著，岳麓书社，2000年。

《艰难的国运与雄健的国民》，李大钊著，东方出版社，1998年。

《简论上帝、人及其心灵健康》，[荷兰]斯宾诺莎著，顾寿观译，商务印书馆，1999年。

《教育转型之镜》，王雪峰著，社会科学文献出版社，2006年。

《杰出的头脑》，[美]霍华德·加德纳著，乐文卿等译，中国友谊出版公司，2000年。

《今雨旧雨两相知》，张晓唯著，百花文艺出版社，2005年。

《金赛是谁》，周炼红、黄文泉著，广西师范大学出版社，2007年。

《金叶》，[英]丽莉·弗雷泽编，汪培基、汪筱兰译，上海文艺出版社，1997年。

《近代学人轶事》，叶新著，百花文艺出版社，2005年。

《近代中国留学史》，舒新城编，上海文化出版社，1985年影印。

《禁书100——世界文学作品查禁史》，[美]尼古拉斯·卡罗利德斯等著，余莉等译，国际文化出版公司，2006年。

《精神现象学》（上下卷），[德]黑格尔著，贺麟、王玖兴译，商务印书馆，1997年。

《狼人的故事》，[奥]西格蒙德·弗洛伊德著，李韵译，上海社会科学院出版社，2007年。

《老北大的故事》，陈平原著，江苏文艺出版社，1998年。

《老上海的同乡团体》，郭绪印著，文汇出版社，2003年。

《老上海四马路》，胡根喜著，学林出版社，2001年。

《李敖大全集》（二十册），李敖著，中国友谊出版公司，1999年。

《李敖新文集》（十九册），李敖著，时代文艺出版社，1999年。

《李银河自选集》，李银河著，内蒙古大学出版社，2006年，

《理想国》，[古希腊]柏拉图著，郭斌和、张竹明译，商务印书馆，1995年。

《历代艳歌》（上下册），刘琦、刘长海主编，作家出版社，2005年。

《历史背后》，张耀杰著，广西师范大学出版社，2006年。

《梁漱溟先生年谱》，李渊庭、阎秉华编著，广西师范大学出版社，2003年。

《灵魂与裸体的对话》，冷杉、叶冰编译，山东画报出版社，2006年。

《刘半农传》，朱洪著，东方出版社，2007年。

《流行——活色生香的百年时尚生活》，[英]K.莫微、M.理查德斯著，俞蘅译，中国友谊出版公司，2007年。

《留学生与中外文化交流》，安宇、周棉主编，南京大学出版社，2000年。

《六十亿人口的警示》，[美]K.雷辛格、K.施密特、R.潘狄亚罗著，朱爱萍、叶春辉、邢鹂译，中国农业出版社，2002年。

《卢梭·康德·歌德》，[德]卡西尔著，刘东译，生活·读书·新知三联书店，2002年。

《卢梭传》，[比]雷蒙·特鲁松著，李平沤、何三雅译，商务印书馆，1998年。

《卢梭评判让-雅克：对话录》，[法]卢梭著，袁树仁译，上海人民出版社，2007年。

《鲁迅年谱》（一至四卷），鲁迅博物馆、鲁迅研究室编，人民文学出版社，2000年。

《鲁迅全集》（一至十六卷），鲁迅著，人民文学出版社，1993年。

《鲁迅与胡适》，孙郁著，辽宁人民出版社，2000年。

《乱世飘萍——邵飘萍和他的时代》，散木著，南方日报出版社，2006年。

《论法国》，[法]约瑟夫·德·迈斯特著，鲁仁译，上海人民出版社，2005年。

《论人类不平等的起源和基础》，[法]卢梭著，高煜译，广西师范大学出版社，2002年。

《论人文教育》，[意]维柯著，王楠译，上海三联书店，2007年。

《逻辑学的传入与研究》，宋文坚著，福建人民出版社，2005年。

《马克思恩格斯选集》（第一至第四卷），中共中央马克思、恩格斯、列宁、斯大林著作编译局编，人民出版社，1972年。

《美学》（三卷四册），[德]黑格尔著，朱光潜译，商务印书馆，1995年。

《孟德斯鸠与卢梭》，[法]爱弥尔·涂尔干著，李鲁宁等著，上海人民出版社，2006年。

《民国初年的政党》，张玉法著，岳麓书社，2004年。

《民国广东大事记》，广东省立中山图书馆编纂，羊城晚报出版社，2002年。

《民国李石曾先生煜瀛年谱》，王云五主编，1980年。

《民国名流》，徐福生主编，上海古籍出版社，2004年。

《民国名人传》，贾逸君编，岳麓书社，1993年。

《民国时期社会调查丛编·家庭婚姻卷》，李文海主编，福建教育出版社，2005年。

《民国文坛名流归宿》，邢建榕主编，上海书店出版社，1999年。

《民国乡村建设运动》，郑大华著，社会科学文献出版社，2000年。

《民国演义》，蔡东藩著，文化艺术出版社，2004年。

《民国轶事》（一至十卷），车吉心主编，泰山出版社，2004年。

《民族瑰宝马寅初》，李正宏、黄团元著，湖北长江出版集团，2006年。

《名人与他们生命中的女人》，司马安编著，中国致公出版社，2005年。

《南京民国官府史话》，卢海鸣等编著，南京出版社，2003年。

《孽海自由花》，李冬君著，湖南教育出版社，2006年。

《欧洲风化史》（三卷本），[德] 爱德华·傅克斯著，侯焕闳等译，辽宁教育出版社，2000年。

《潘光旦图传》，吕文浩著，湖北人民出版社，2006年。

《潘光旦选集》（一至四集），潘乃谷、潘乃和选编，光明日报出版社，1999年。

《判断力批判》（上下卷），[德] 康德著，宗白华译，商务印书馆，1995年。

《青年必读书——一九二五年〈京报副刊〉"两大征求"资料汇编》，王世家编，河南大学出版社，2006年。

《情爱论》，[保] 瓦西列夫著，赵永穆、范国恩、陈行慧译，生活·读书·新知三联书店，1985年。

《穷人的银行家》，[孟] 穆罕默德·尤努斯著，吴士宏译，生活·读书·新知三联书店，2006年。

《饶平人民革命史》，中共饶平县委党史研究室编，1991年。

《饶平县志》，饶平县地方志编纂委员会，广东人民出版社，1994年。

《人口原理》，[英] 马尔萨斯著，敦煌文艺出版社，2007年。

《人类婚姻史》（一至三卷），[芬兰] E.A.韦斯特马克著，商务印书馆，2002年。

《人这种动物》，[英]戴思蒙·莫里斯著，杨丽琼译，华龄出版社，2002年。

《赛金花本事》，刘半农等著，中国人民大学出版社，2006年。

《上海摩登》，李欧梵著，北京大学出版社，2001年。

《少不读鲁迅　老不读胡适》，韩石山著，中国友谊出版公司，2005年。

《社会契约论》，[法]卢梭著，何兆武译，商务印书馆，2005年。

《十八世纪中国与欧洲文化的接触》，[德]利奇温著，朱杰勤译，商务印书馆，1991年。

《时为公务员的鲁迅》，吴海勇著，广西师范大学出版社，2005年。

《书局旧踪》，郭汾阳、丁东著，江西教育出版社，1999年。

《双梅影闇丛书》，叶德辉编，海南国际新闻出版中心，1998年。

《斯人不在》，陈远编，广西师范大学出版社，2006年。

《苏曼殊传》，柳无忌著，生活·读书·新知三联书店，1992年。

《孙氏兄弟谈鲁迅》，孙伏园、孙伏熙著，新星出版社，2006年。

《孙中山图传》，杨博文编撰，团结出版社，2006年。

《孙中山文粹》（上下卷），岭南文库编辑委员会、广东中华民族文化促进会合编，广东人民出版社，1996年。

《贪婪》，[英]亚历山大·罗伯逊著，胡静译，上海人民出版社，2004年。

《晚清民国时期上海小报》，李楠著，人民文学出版社，2006年。

《晚清七十年》，唐德刚著，岳麓书社，1999年。

《汪精卫集》，汪精卫著，上海书店，1929年。

《汪精卫全传》（上下册），林阔编著，中国文史出版社，2001年。

《往事并不如烟》，章诒和著，人民文学出版社，2004年。

《文化人的经济生活》，陈明远著，文汇出版社，2005年。

《文人的另一面——民国风景之一种》，[马来]温梓川著，钦鸿编，广西师范大学出版社，2004年。

《文坛登龙术》，章克标著，四川文艺出版社，1997年。

《文学中的色情动机》，[美] 阿尔伯特·莫德尔著，刘文荣译，文汇出版社，2006年。

《我的父辈与北京大学》，钱理群、严瑞芳主编，北京大学出版社，2006年。

《我与北大——"老北大"话北大》，王世儒、闻笛编，北京大学出版社，1998年。

《乌托邦》，[英] 托马斯·莫尔著，戴镏龄译，商务印书馆，2007年。

《伍廷芳集》（上下册），丁贤俊、喻作凤编，中华书局，1993年。

《伍廷芳评传》，丁贤俊、喻作凤著，人民出版社，2005年。

《西潮与新潮》，蒋梦麟著，团结出版社，2004年。

《现代性的五副面孔》，[美] 马泰·卡林内斯库著，顾爱彬、李瑞华译，商务印书馆，2003年。

《现代性的追求》，李欧梵著，生活·读书·新知三联书店，2000年。

《乡土先知费孝通》，张冠生著，北京大学出版社，2006年。

《乡土中国　生育制度》，费孝通著，北京大学出版社，1998年。

《萧友梅编年记事稿》，黄旭东、汪朴编著，中央音乐学院出版社，2007年。

《小逻辑》，[德] 黑格尔著，贺麟译，商务印书馆，2005年。

《心灵简史——探寻人的奥秘与人生的意义》，[奥] 阿德勒、[瑞士] 皮亚杰等著，中国言实出版社，2008年。

《新编古春风楼琐记》（共八集），高拜石著，作家出版社，2003年。

《新人口论》，马寅初著，中国人口出版社，2002年。

《星星、月亮、太阳——胡适的情感世界》，江勇振著，新星出版社，2006年。

《性爱问题》，徐桂佳著，社会科学文献出版社，2006年。

《性的报告》，阮芳赋著，中医古籍出版社，2002年。

《性感——一种文化解释》，江晓原著，海南出版社，2003年。

《性经验史》，[法] 米歇尔·福柯著，佘碧平译，上海人民出版社，2000年。

《性心理学》，[英] 霭理士著，商务印书馆，1997年。

《性与政治》，[奥地利] 奥托·魏宁格著，肖聿译，中国社会科学出版社，2006年。

《性欲三论》，[奥] 西格蒙德·弗洛伊德著，赵蕾、宋景堂译，国际文化出版公司，2005年。

《性政治》，[美] 凯特·米利特著，宋文伟译，江苏人民出版社，2000年。

《性之趣》，彭国梁主编，珠海出版社，2003年。

《言言斋性学札记》，周越然著，广西师范大学出版社，2004年。

《晏阳初传》，吴相湘著，岳麓书社，2001年。

《忆往谈旧录》，梁漱溟著，金城出版社，2006年。

《欲望的想象——1920—1930年代〈申报〉广告的文化史研究》，王儒年著，上海人民出版社，2007年。

《袁氏当国》，唐德刚著，广西师范大学出版社，2004年。

《阅世品人录》，陈存仁著，广西师范大学出版社，2008年。

《粤海挥尘录》，广东省文史研究馆编，上海书店，1992年。

《云雨——性张力下的中国人》，江晓原著，东方出版中心，2006年。

《遭遇解放——1890—1930年代的中国女性》，刘慧英编著，中央编译出版社，2005年。

《这个世界会好吗——梁漱溟晚年口述》，[美] 艾恺采访，梁漱溟口述，东方出版社，2006年。

《知堂回想录》，周作人著，敦煌文艺出版社，1998年。

《知堂乙酉文编》，周作人著，止庵校订，河北教育出版社，2002年。

《中国1927》，张福兴著，中共党史出版社，2007年。

《中国妇女服饰与身体革命（1911—1935）》，吴昊著，东方出版社，2008年。

《中国家庭婚姻非常裂变》，陈重伊著，中央编译出版社，2005年。

《中国近代妓女史》，邵雍著，上海人民出版社，2005年。

《中国礼教思想史》，蔡尚思著，上海古籍出版社，2006年。

《中国伦理学史》，蔡元培著，上海古籍出版社，2005年。

《中国人学史》，祁志祥著，上海大学出版社，2002年。

《中国文化西传欧洲史》，[法]安田朴著，耿昇译，商务印书馆，2000年。

《中国现代作家的浪漫一代》，李欧梵著，新星出版社，2005年。

《周氏三兄弟》，朱正著，东方出版社，2003年。

《周作人传》，钱理群著，北京十月文艺出版社，1990年。

《周作人年谱》，张菊得、张铁荣编著，天津人民出版社，2000年。

《自我论》，[苏]科恩著，佟景韩等译，生活·读书·新知三联书店，1986年。

《走在历史的路上》，顾颉刚著，江苏教育出版社，2005年。